Lessing

Benedikt Jeßing

Lessing

Eine Einführung in Werk und Deutung

 J.B. METZLER

Benedikt Jeßing
Germanistisches Institut
Ruhr-Universität Bochum
Bochum, Deutschland

ISBN 978-3-662-69453-4   ISBN 978-3-662-69454-1 (eBook)
https://doi.org/10.1007/978-3-662-69454-1

Die Deutsche Nationalbibliothek verzeichnet diese Publikation in der Deutschen Nationalbibliografie; detaillierte bibliografische Daten sind im Internet über http://dnb.d-nb.de abrufbar.

© Der/die Herausgeber bzw. der/die Autor(en), exklusiv lizenziert an Springer-Verlag GmbH, DE, ein Teil von Springer Nature 2025

Das Werk einschließlich aller seiner Teile ist urheberrechtlich geschützt. Jede Verwertung, die nicht ausdrücklich vom Urheberrechtsgesetz zugelassen ist, bedarf der vorherigen Zustimmung des Verlags. Das gilt insbesondere für Vervielfältigungen, Bearbeitungen, Übersetzungen, Mikroverfilmungen und die Einspeicherung und Verarbeitung in elektronischen Systemen.
Die Wiedergabe von allgemein beschreibenden Bezeichnungen, Marken, Unternehmensnamen etc. in diesem Werk bedeutet nicht, dass diese frei durch jede Person benutzt werden dürfen. Die Berechtigung zur Benutzung unterliegt, auch ohne gesonderten Hinweis hierzu, den Regeln des Markenrechts. Die Rechte des/der jeweiligen Zeicheninhaber*in sind zu beachten.
Der Verlag, die Autor*innen und die Herausgeber*innen gehen davon aus, dass die Angaben und Informationen in diesem Werk zum Zeitpunkt der Veröffentlichung vollständig und korrekt sind. Weder der Verlag noch die Autor*innen oder die Herausgeber*innen übernehmen, ausdrücklich oder implizit, Gewähr für den Inhalt des Werkes, etwaige Fehler oder Äußerungen. Der Verlag bleibt im Hinblick auf geografische Zuordnungen und Gebietsbezeichnungen in veröffentlichten Karten und Institutionsadressen neutral.

Einbandabbildung: Gotthold Ephraim Lessing. Gemälde / Öl auf Leinwand (o. J.) von Heinrich Lessing [1856–1911] (© bpk)

J.B. Metzler ist ein Imprint der eingetragenen Gesellschaft Springer-Verlag GmbH, DE und ist ein Teil von Springer Nature.
Die Anschrift der Gesellschaft ist: Heidelberger Platz 3, 14197 Berlin, Germany

Wenn Sie dieses Produkt entsorgen, geben Sie das Papier bitte zum Recycling.

Vorbemerkung

Dies ist eine Einführung. Man könnte auch sagen: Eine lesende Annäherung. Oder: Ein Vorschlag zu Lektüre und Deutung eines vielgestaltigen, ideengeschichtlich komplexen und anspruchsvollen, gattungsgeschichtlich innovativen sowie für das mittlere 18. Jahrhundert repräsentativen publizistischen, poetologischen und literarischen Werks.

Eine Einführung muss auswählen. Sie kann nicht jeden einzelnen Text vorstellen, besprechen, deuten. Sie muss entscheiden, mit der Präsentation welcher Texte die Leserin oder der Leser zur weiteren Beschäftigung mit Lessing gelockt werden und gleichermaßen ein zwar nur einführendes, aber doch schon gewissermaßen repräsentatives Bild des schriftstellerischen Werks erhalten kann. Diese Auswahlentscheidungen folgen natürlich auch subjektiven Kriterien, etwa bei der Auswahl der drei frühen Lustspiele, die hier behandelt werden. – Eine Einführung kann, will sie Texte vorstellen, nicht gleichzeitig Forschungsreferate liefern – zumal nicht bei einem in so überbordendem Maße beforschten Gegenstand. Sie kann nur dort, wo es zweckdienlich ist, auf einzelne Forschungsbeiträge zurückgreifen oder verweisen und abschließend weitere Hinweise geben. Ein Buch, das beides machte – extensive Vorstellung des Gesamtwerks *und* breite Vorstellung von Forschungsgeschichte und -positionen – wäre keine Einführung. Dieses Buch gibt es aber: Das *Lessing-Handbuch*, auf dessen ausgezeichnete Darstellung sich diese Ausführungen immer wieder stützen müssen oder dürfen.

Diese Einführung will das literarische Werk Lessings und einige seiner kanonisch gewordenen publizistischen oder poetologischen Arbeiten von den Texten her vorstellen, in versuchsweise genauer Lektüre, Analyse und Deutung. Gerade bei den Dramen werden jeweils unterschiedliche dramenanalytische Zugänge gewählt, die sich auch als dramendidaktische Zugänge im akademischen Unterricht bewährt haben.

Das Buch hatte seine ersten studentischen Testleserinnen: Danken möchte ich insbesondere meiner Mitarbeiterin Skadi von der Linden für die unschätzbare wie sorgfältige redaktionelle und korrigierende Begleitung des Schreibprozesses; danken möchte ich ebenfalls Luana Wolf für die überaus hilfreichen Hinweise zum Manuskript.

Die Texte Lessings werden in der Regel nach der großen, von Wilfried Barner verantworteten Ausgabe der *Werke und Briefe* im Deutscher Klassiker Verlag (1985–2003) zitiert (die Lessing-Welt hat sich seit Jahren darauf verständigt, auf diese Ausgabe mit der Sigle B zu verweisen; ich folge dieser Übereinkunft). Briefe von und an Lessing werden unter Angabe des Datums und ohne weitere Angaben immer nach dieser Ausgabe zitiert.

Bochum
im September 2024

Inhaltsverzeichnis

1	**Lessings Ort(e): Aufklärung, Empfindsamkeit**	1
2	**Theoretische Positionen**	7
	2.1 Antiquarisches	7
	2.1.1 *Laokoon oder über die Grenzen der Malerei und Poesie* ..	7
	2.1.2 „Wie die Alten den Tod gebildet"	12
	2.2 Aufklärung: Weltanschauliche Positionierung	16
	2.3 Literaturkritik	26
	2.3.1 „Briefe, die neueste Literatur betreffend"	27
	2.3.2 *Hamburgische Dramaturgie*	30
	2.4 Komödienpoetik	48
	2.5 Trauerspielpoetik	53
	2.5.1 Der Trauerspielbriefwechsel	53
	2.5.2 *Hamburgische Dramaturgie*	58
3	**Lessing als Lyriker: Anakreontik, Epigrammatik, Lehrdichtung** ..	65
4	**Lehrhafte Kurzprosa: Fabeln**	73
5	**Lustspiele**	83
	5.1 Variationen der Typenkomödie: *Der junge Gelehrte* · *Der Freigeist* · *Die Juden*	83
	5.1.1 *Der junge Gelehrte*	84
	5.1.2 *Der Freigeist*	93
	5.1.3 *Die Juden*	104
	5.2 Lustspiel oder verhindertes Trauerspiel? *Minna von Barnhelm* ...	111
6	**Trauerspiele**	127
	6.1 Fragmente: *Samuel Henzi, Faust*	127
	6.1.1 *Samuel Henzi*	127
	6.1.2 *Faust*	132
	6.2 *Miß Sara Sampson*	135

6.3	*Philotas*	148
6.4	*Emilia Galotti*	153
7	**Schauspiel: Nathan der Weise**	173
8	**Lessing heute?**	199

Abbildungsnachweise 205

Literatur 207

Lessings Ort(e): Aufklärung, Empfindsamkeit 1

„So sind die Schriftsteller. Das Publicum giebt ihnen einen Finger, und sie nehmen die Hand" (B 2, 601). – „Setzen Sie sich hier auf Ihre Richterstühle, meine Herren, Nikolai und Moses" (B 3, 670). Der Beginn von Lessings „Vorrede" zum 1. und 2. Band seiner *Schrifften* 1753, eine Zwischenbemerkung aus Lessings Brief an Friedrich Nicolai (und implizit auch Moses Mendelssohn) aus dem November 1756, der späterhin zum *Briefwechsel über das Trauerspiel* zählen sollte. Wenn man sich einer Charakterisierung Lessings ganz vorsichtig und von außen annähern will, zeigen die beiden Stellen *eines*: Lessing *spricht* zu seinen Lesern, spricht *mit* seinen Lesern, ganz gleich, ob mit dem anonymen Publikum einer (frühen) Werkausgabe oder mit den Berliner Freunden; schriftliche Mitteilung ist *Gespräch*, bürgerliche Öffentlichkeit – publizistisch, literarisch – und private Kommunikation sind Austausch, Konversation, wohlwollend-freundwillig, gewinnen wollend und beteiligend oder auch scharf im Ton bis zur Polemik. Aufklärung ist in diesem Sinne ein geselliges, ein kommunikatives, ein *Gesprächs*-Projekt!

„Sollte man ihn nun nach seinen eigenen Grundsätzen beschreiben, so würde man von ihm sagen müssen; er ist kühn, er verfährt nie nach den gemeinen Meinungen, er beurteilt und treibt alles auf eine besondre Art, er entdecket alle seine Gedanken frei und ist sich selbst sein eigner Führer" (B 2, 422). Es ist fast schon zum Topos geworden, mit dieser Charakterisierung des spanischen Philosophen und Arztes Juan Huarte (ca. 1530–1593), die Lessing 1752 zum Ende seines „Vorberichts des Übersetzers" zu *Johann Huarts Prüfung der Köpfe zu den Wissenschaften* liefert, den Übersetzer selbst charakterisiert zu finden (vgl. Albrecht 1997, 13; Fick 2016a, 53; Nisbet 2008, 167). Dass dies fast schon zum Topos geworden ist, macht es aber nicht falsch: Lessing ist, blickt man auf die Literaturgeschichte des 18. Jahrhunderts, auf die Geschichte der literarischen, ja der bürgerlichen Öffentlichkeit im Aufklärungsjahrhundert, von den späterhin ‚kanonisch' gemachten Autoren gewiss der nonkonformistischste, einer, der so sehr „nie nach den gemeinen Meinungen" verfuhr, so sehr „seine Gedanken frei" entdeckte, dass er, oft absichtsvoll und auch, um Aufsehen zu erregen, vielfach aneckte, in scharf geführte Auseinandersetzungen gezogen wurde oder hineinging, Risiko einging, politisches, ökonomisches oder auch ideelles (die eigene Reputation betreffend) – und auch deshalb eine, wenn man so will, einigermaßen unstete oder, beschönigend gesagt, abwechslungsreiche Biographie aufweist. Er wechselte bis zur Anstellung als Bibliothekar in Wolfenbüttel 1770 Lebensorte fast im Dreijahrestakt, wechselte damit beständig die ihm sich bietenden Möglichkeiten, Geld zu verdienen: publizistisch, als literarischer Autor, als Übersetzer, Reisebegleiter oder was auch immer. In viele für die mittlere Aufklärung kennzeichnende Debatten und, modern gesprochen, Netzwerke, in Freundeskreise und Briefzirkel gehörte er, schaltete er sich ein; einige Freundschaften davon trugen lebenslang, auch über zeitweilige Irritation oder Befremden hinweg.

Hier soll einleitend nicht Lessings Biographie nacherzählt werden; das machen etwa Monika Fick, knapp skizzierend, aber ganz im Sinne eines Rahmens für das großartige Lessing-Handbuch („Leben – Werk – Wirkung" im Untertitel; vgl. Fick 2016a, 40–51) und Hugh Nisbet in stupender, fast überbordender Detailfreude auf insgesamt über 1000 Seiten (Nisbet 2008) viel besser, als es hier geschehen kann. Hier sollen einleitend nur einzelne Linien systematisch nachgezogen werden: Orte, Freundschaften, Gegnerschaften, Publikationsorgane, zu denen Lessing beitrug oder die er begründete, Projekte, an denen er beteiligt war oder die er initiierte.

Im Gespräch mit der Aufklärung: Leipzig, Berlin. Zwei Orte markieren insbesondere Lessings Zugehörigkeit zur Aufklärung, auch da sie wiederholt Lebenszentrum und Wohnort waren: Leipzig und Berlin als Zentren der deutschen Aufklärung. In **Leipzig** sollte, nach väterlicher Privaterziehung und Lateinschule im sächsischen Kamenz, nach humanistischer Ausbildung an der Fürstenschule St. Afra in Meißen, das Theologie-Studium folgen, nach der Vorstellung des Vaters, selbst Pfarrer. In Leipzig war Lessing an dem für die frühe Aufklärung wichtigsten Ort: Christian Thomasius und Christian Wolff hatten hier am Anfang des Jahrhunderts den Rationalismus eines Descartes, eines Leibniz gelehrt, ja popularisiert, Gottsched lehrte hier seit Ende der 1720er Jahre, Gellert hatte hier gut zehn Jahre vor Lessing studiert, hatte sich 1744 habilitiert und hielt Vorlesungen u. a. über Poesie und Beredsamkeit; er hatte 1745, ein Jahr vor Lessings Ankunft, mit einer Reihe von ehemaligen Gottsched-Schülern die *Neuen Beyträge zum Vergnügen des Verstandes und des Witzes* begründet, in denen schon im selben Jahr sein erstes rührendes Lustspiel, *Die Betschwester*, publiziert wurde.

Lessing studierte aber – er war erstmals 1746 bis 1748 in Leipzig – nicht bei Gottsched, nicht bei Gellert und vor allem keine Theologie. Seine prägenden Lehrer waren Abraham Gotthelf Kästner (1719–1800), seit 1746 außerordentlicher Professor, Mathematiker, Philosoph und Jurist, der einen philosophischen Disputierzirkel unterhielt, und Johann Friedrich Christ (1700–1756), Historiker, seit 1739 Inhaber eines Lehrstuhls für Poesie und einer der Initiatoren für eine akademische archäologische Wissenschaft. Ein Studium wurde hier nicht abgeschlossen – das geschah erst mit dem Magister in Medizin in Wittenberg Ende April 1752. – Der zweite Leipziger Aufenthalt 1755 bis 1758 war gekennzeichnet vom Siebenjährigen Krieg: Lessing hatte nach seiner Rückkehr aus Berlin den Kaufmannssohn Gottfried Winkler kennengelernt, den er für vier Jahre auf einer Europareise zu begleiten einwilligte (gegen Gehalt natürlich). Lessing bereitete mit seinem Lehrer Christ die

Reise vor, die im Mai 1756 aufgenommen wurde: Man besuchte Johann Wilhelm Ludwig Gleim in Halberstadt, traf Friedrich Gottlieb Klopstock in Hamburg – doch in Amsterdam führten Ende Juli die Nachrichten vom Ausbruch des Siebenjährigen Krieges, dem Überfall Preußens auf Sachsen, zum Abbruch der Reise und zur Rückkehr nach Leipzig.

Berlin, wo Lessing erstmals von 1749 bis 1755, nur unterbrochen durch die Studienzeiten in Wittenberg im Winter 1748/49 und 1751, lebte, war eine nahe bei der Residenz Potsdam gelegene, aufstrebende Stadt. Im Umfeld des preußischen Hofes entfalteten sich ein modernes Buch- und Pressewesen, Theater und die preußischen Akademien der Künste und der Wissenschaften. 1749 gründete sich um den Verleger Friedrich Nicolai der sogenannte „Montagsclub", zu dem späterhin Lessing selbst und etwa der Schriftsteller Karl Wilhelm Ramler (1725–1798) sowie die Philosophen Johann Georg Sulzer (1720–1779) und Thomas Abbt (1738–1766) gehörten. Zur Berliner „Szene" gehörten die französischen Aufklärer Julien Offray de La Mettrie (1709–1751) und von 1750 an Voltaire (1694–1778), mit Moses Mendelssohn (1729–1786) lebte der bedeutendste Vertreter der jüdischen Aufklärung ebenfalls hier. – Zwischen Mai 1758 und November 1760 sowie zwischen April 1765 und April 1767 lebte Lessing nochmals in Berlin.

Hamburg und Wolfenbüttel waren ebenfalls wichtige Lebensorte Lessings, wichtige Stationen seiner schriftstellerischen Biographie – aber sie waren nicht Zentren der europäischen Aufklärung wie Leipzig und Berlin. Hamburg war prosperierende Handelsstadt, Weltstadt gleichsam, mit einem reichen kulturellen Leben: Barthold Hinrich Brockes (1680–1747) und Georg Philipp Telemann (1681–1767) hatten hier lange das kulturelle Leben mitbestimmt, Carl Philipp Emanuel Bach (1714–1788) wurde 1768, also während Lessings Hamburger Zeit, Nachfolger Telemanns. Wolfenbüttel, der Lebensort Lessings im letzten Lebensjahrzehnt, war ehemalige Residenzstadt – hatte aber nach dem Umzug des Fürstenhauses Braunschweig-Wolfenbüttel nach Braunschweig (1753) außer der Bibliothek kaum etwas zu bieten.

Im Gespräch mit Zeitgenossen: Freunde, Netzwerke. Lessings Wohnorte waren Zentren für Beziehungsnetze: Der erste Leipziger Aufenthalt, ebenso wie der Beginn des ersten Berliner Aufenthalts waren stark geprägt durch die Freundschaft zu Christlob Mylius (1722–1754), den Lessing schon aus Kamenz, als entfernten ‚Vetter', kannte, in Leipzig befreundete er sich ebenfalls mit dem Dramatiker Christian Felix Weiße (1726–1804).

In Berlin knüpfte Lessing Beziehungen zu allen wichtigen Personen der Berliner Aufklärung und literarischen Öffentlichkeit: Den Verleger Christian Friedrich Voß (1724–1795), in dessen Verlag die *Berlinische Privilegierte Zeitung* gedruckt wurde, lernte er 1752 kennen. Dessen Montagsclub vermittelte die Freundschaft mit dem Dichter und Gelehrten Karl Wilhelm Ramler (1725–1798), die Bekanntschaft mit dem aus der Schweiz stammenden Theologen und (Kunst-)Philosophen Johann Georg Sulzer (1720–1779), die Freundschaft zu Johann Wilhelm Ludwig Gleim (1719–1803), der insbesondere über seine Korrespondenz von Halberstadt aus gleichsam *das* Kommunikationszentrum der mittleren, empfindsamen Aufklärung war; wie mit Gleim befreundete sich Lessing ebenfalls 1755 sehr eng mit dem preußischen Offizier Ewald Christan von Kleist (1715–1759), wie Gleim Lyriker. Vermutlich Ende 1753 lernte Lessing Moses Mendelssohn kennen, 1754 dann den Verleger Friedrich Nicolai (1733–1811), den er mit Mendelssohn bekannt machte: Das Dreieck Lessing – Mendelssohn – Nicolai wurde zu einer auch die Ortswechsel Lessings überdauernden Konstante, ein Dreierzirkel der brieflichen Kommunikation, der gemeinsamen Publikationsprojekte.

Der Hamburger Aufenthalt brachte Lessing in Bekanntschaft mit Friedrich Gottlieb Klopstock (1724–1803), Friedrich von Hagedorn (1708–1754) und Matthias Claudius (1740–1815), mit Carl Philipp Emanuel Bach, vor allem aber mit der Familie von Hermann Samuel Reimarus (1694–1768) und dem Ehepaar König, dem Seidenhändler Engelbert König (gest. 1669) und seiner Frau Eva (1736–1778), mit der Lessing nach dem Tod ihres Mannes 1769 in Venedig zunächst in engem Kontakt blieb, mit der er sich 1771 verlobte, sie im Oktober 1777 heiratete. – Von Wolfenbüttel aus blieben sowohl Hamburger als auch Berliner Freundschaften bedeutsam: Zu den Kindern von Reimarus hielt Lessing engen Kontakt, Mendelssohn besuchte Lessing mehrfach in Wolfenbüttel (Oktober 1770, Juni 1773, Dezember 1777).

Im Gespräch mit der Öffentlichkeit: periodische Publikationsorgane. Lessings Orte waren allesamt Publikationszentren. Die von Voß in Berlin gedruckte *Berlinische Privilegierte Zeitung* war von 1748 bis 1755 sein ‚Arbeitgeber'. Als Redakteur verfasste er eine Unzahl an Rezensionen, die ihn, auch wenn sie allesamt anonym veröffentlicht wurden, als eine Kritikerstimme etablierten, die etwas zu sagen habe. Neben der sogenannten *Vossischen Zeitung* (d. i. die o. g. BPZ) publizierte er in den *Critischen Nachrichten aus dem Reiche der Gelehrsamkeit*, die 1750 und 1751 in Berlin mit „Genehmhaltung der Königl. Academie der Wissenschaften", so der Titelzusatz, erschienen. Seine Freunde Nicolai und Mendelssohn waren die Initiatoren und Herausgeber der *Bibliothek der schönen Wissenschaften und freyen Künste* (1757–1759); Lessing beteiligte sich 1757 und 1758 organisatorisch und mit einigen Beiträgen an dem Projekt. Gemeinsam mit Christlob Mylius gab er die vier Lieferungen (im Sprachgebrauch der Zeit: „Stücke") der *Beyträge zur Historie und Aufnahme des Theaters* heraus (1750), zwischen 1754 und 1759 verantwortete er alleine die vier Stücke der *Theatralischen Bibliothek*. Von April bis Dezember 1751 brachte er als Redakteur der *Berlinischen Privilegierten Zeitung* eine Beilage heraus mit dem Titel *Das Neueste aus dem Reiche des Witzes*. Und spät, als Bibliothekar in Wolfenbüttel, veröffentlichte er in der neubegründeten Zeitschrift *Zur Geschichte und Litteratur. Aus den Schätzen der Herzoglichen Bibliothek zu Wolfenbüttel* einerseits tatsächliche Funde, andererseits aber auch die „Fragmente eines Ungenannten", die Ende der 1770er Jahre zu einer scharfen Auseinandersetzung mit dem Hamburger Hauptpastor Goeze führten.

Doch nicht nur Zeitschriften oder Zeitungen waren Periodika, mit oder in denen Lessing sich an öffentlichen Auseinandersetzungen oder Gesprächen beteiligte: Die *Briefe, die neueste Litteratur betreffend* (1759–1765) waren eine die Briefform simulierende Wochenschrift, die in Nicolais Verlag erschien und zu der neben Lessing u. a. auch Mendelssohn und Nicolai Beiträge schrieben; die *Briefe, anti-*

quarischen Inhalts (1768/69) wurden zwar, wiederum bei Nicolai, in zwei Bänden publiziert, hatten aber dennoch Teil an der periodischen Teilnahme Lessings an der bürgerlichen Öffentlichkeit. Vor allem aber war die *Hamburgische Dramaturgie* (1767–1769) Periodikum: Zweimal wöchentlich sollten kleine kritische Beiträge zu Schauspielern und Aufführungen am Hamburger Nationaltheater das Programm begleiten. Dass nach einem halben Jahr sowohl Raubdrucke als auch, nach und nach, die inneren Probleme des Theaterprojekts die periodische Veröffentlichung verhinderten, ändert nichts am ursprünglich intendierten Veröffentlichungsplan.

Im Gespräch mit der Aufklärung II: Sensualismus, Empfindsamkeit. Natürlich bleibt jemand, der eine Generation *nach* Gottsched in Leipzig studiert, der *nach* Gellert beginnt, eigene dramatische Versuche, zunächst im Lustspielfach, zu schreiben, der über seine persönlichen Kontakte und Freundschaften und über seine ungeheuerliche, die europäische Literatur umfassende Lektüre und Rezensionstätigkeit mit neuesten Tendenzen von Ästhetik, Philosophie und Literaturprogrammatik in Kenntnis kommt, nicht bei einem wolffianischen oder gottschedianischen Rationalismus stehen. Aus England waren längst die sensualistischen und empiristischen Impulse von John Locke (1632–1704) und David Hume (1711–1776) aufs Festland, ins Heilige Römische Reich herübergekommen, die der Ratio, den oberen Seelenvermögen, die mittleren, die sinnlichen Vermögen als unhintergehbar an die Seite stellten: Dem Verstande sei nichts zugänglich, als was nicht über die Sinne vermittelt wäre. Sinnlichkeit *und* Verstand machen das Menschenbild des Sensualismus aus. Einflussreich waren ebenfalls etwa Jean-Baptiste Dubos' *Réflexions critiques sur la poésie et la peinture* (1719) mit ihrer Theorie der Affekte und der Rührung sowie Jean Jacques Rousseaus *Discours sur l'origine et les fondements de l'inégalité parmi les hommes* (1755; dt. *Von dem Ursprunge der Ungleichheit unter den Menschen*, Berlin 1756, übersetzt von Mendelssohn und von diesem „mit einem Schreiben an den Herrn Magister Leßing [...] vermehret"), das von großer Bedeutung für Lessings Mitleidsbegriff war.

Lessing nahm neuere Entwicklungen nicht nur zur Kenntnis, sondern vermittelte sie durch eigene Übersetzung der deutschsprachigen Öffentlichkeit. Francis Hutchesons (1694–1747) *System of moral philosophy* (publ. posthum 1755) erschien 1756 unter dem Titel *Die Sittenlehre der Vernunft*, empfindsame Lustspielästhetik der späten französischen Aufklärung bei Denis Diderot, die Lessing in den beiden Bänden von *Das Theater des Herrn Diderot* 1760 bei Voß in Berlin drucken ließ: Rührende Lustspiele, *Der natürliche Sohn* und *Der Hausvater* mitsamt aufschlussreichen, von Lessing nicht in jeder Hinsicht geteilten, aber geschätzten Abhandlungen etwa „Von der dramatischen Dichtkunst". Moses Mendelssohn, der wichtigste nicht nur der Berliner Freunde, publizierte 1755 seine *Briefe über die Empfindungen* und war im intensivsten Austausch mit Lessing auch hierüber: Eine Theorie des ästhetischen Empfindens als Erkenntnisvermögen.

Mit den Impulsen des englischen Sensualismus, Diderots, Gellerts, Mendelssohns u. v. a. m. denkt Lessing spätestens mit dem *Freigeist* (1749) und *Miß Sara Sampson* (1755) die notwendige Wirkung des Theaters (oder sogar der Literatur insgesamt) neu, theoretisch wird dies zunächst im „Briefwechsel über das Trauerspiel" (1756/57), grundlegend aber in der *Hamburgischen Dramaturgie* ausgeführt. Lessing ist, in literarhistorischen Kategorien sprechend, ein Aufklärer ‚der zweiten Generation', also ein Vertreter der Empfindsamkeit, der weniger die moralisch belehrende, vielmehr aber moralisch *bildende* Funktion von Literatur im Gesprächszusammenhang bürgerlicher Öffentlichkeit programmatisch betont. Ihm geht es nicht oder viel weniger um die vernunftgeleitete Belehrung etwa über einen Lehrsatz als vielmehr um die ‚Erziehung des Herzens', also die – natürlich auch an einem moralischen Kompass orientierte – bildende Modellierung der mittleren Seelenkräfte, des Gefühls, der Empfindung.

Theoretische Positionen 2

2.1 Antiquarisches

2.1.1 *Laokoon oder über die Grenzen der Malerei und Poesie*

Als im Juni 1766 der erste Teil seines *Laokoon* (s. Abb. 2.1) im Druck war, schrieb Lessing an den gerade in Halle installierten Rhetorik-Professor Christian Adolf Klotz (1738–1771): „Ich verspreche meinem Laokoon wenig Leser, und ich weiß es, daß er noch wenigere gültige Richter haben kann" (an Klotz, 9. Juni 1766). Das mag für das Publikum in Lessings Lebenszeit durchaus zugetroffen haben – insbesondere Klotz selbst wird sich in der Folge durchaus als ‚wenig gültiger Richter' erweisen (und damit Lessings Schrift „Wie die Alten den Tod gebildet" provozieren ...). Von heute aus gesehen, also im Rückblick auf das ästhetische Schrifttum des 18. Jahrhunderts, ist Lessings Essay, vielleicht neben Schillers Briefen *Ueber die ästhetische Erziehung des Menschen*, einer der Gipfelpunkte kunsttheoretischer Diskussion im Jahrhundert der Aufklärung.

Die Entstehungsgeschichte des Textes liegt im Wesentlichen im Dunkeln. In seiner Breslauer Zeit (1760–1765) jedenfalls versuchte Lessing wohl zunächst – so erzählte der mit ihm befreundete Gymnasialdirektor Samuel Benjamin Klose aus der Erinnerung gegenüber Lessings erstem Biographen, seinem jüngeren Bruder Karl Lessing –, zerstreute, verschiedentlich geschriebene antiquarische Aufsätze zu sammeln (vgl. B 5.2, 637). Als aber 1763 Johann Joachim Winckelmanns *Geschichte der Kunst des Altertums* erschien, in der der antiken Laokoon-Kolossalstatue eine für das Verständnis der Antike immense Bedeutung eingeräumt wird, entstand für Lessing ein doppelter Kristallisationspunkt für die noch zerstreuten eigenen Beobachtungen. Laokoon als Statue *und* als Gegenstand epischer Erzählung bei Vergil sowie Winckelmanns Kunstauffassung insgesamt (auch als Angriffspunkt!) vermochten, das Material in eine argumentative Logik zu bringen.

Der Bezugsrahmen, innerhalb dessen Lessing seine Überlegungen ‚über die Grenzen der Malerei und Poesie' entfaltet, geht allerdings weit über Winckelmanns *Geschichte der Kunst des Altertums* hinaus. Vielmehr stellt sich der *Laokoon* in eine

Abb. 2.1 Titelblatt *Laokoon* (1766)

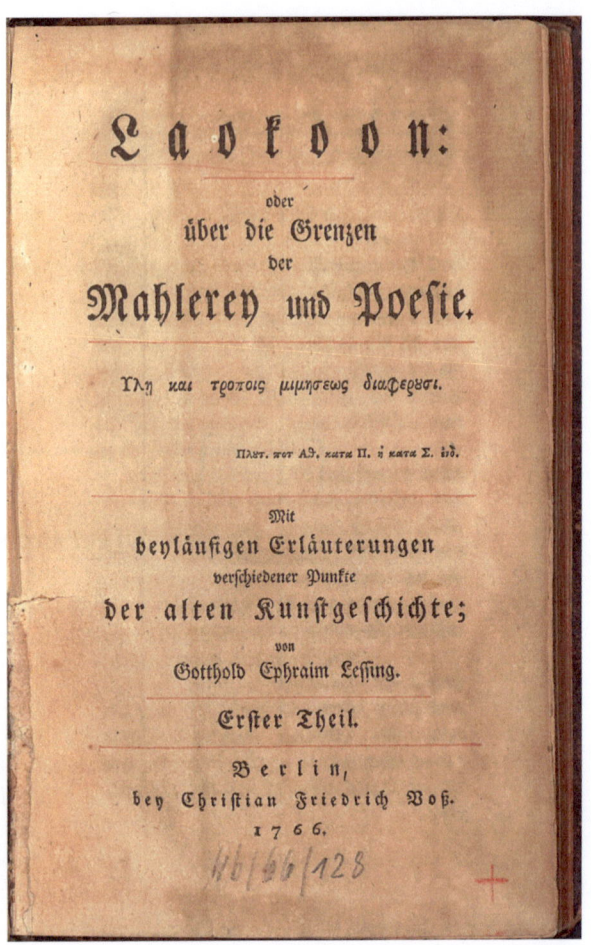

breite Tradition der Verhandlung der Differenz der Künste und greift auf ziemlich aktuelle Kunst-Literatur auch außerhalb dieser Auseinandersetzung zurück:

- die Nachahmungsästhetik seit dem Beginn der europäischen Renaissance ‚argumentiert' gleichsam mit einem missverstandenen Horaz-Zitat zugunsten der Ähnlichkeit von bildender Kunst und Poesie: „ut pictura poesis";
- vor allem in der italienischen Hochrenaissance entfaltet sich ein Wettstreit über die Vorrangstellung der Malerei bzw. der Bildhauerei innerhalb der bildenden Kunst (Paragone);
- in der englischen und französischen Literatur des frühen 18. Jahrhunderts entstehen für Lessings Differenz-Argumente wesentliche Schriften: Charles Dubos, *Réflexions critique sur la poésie, la peinture et la musique* (1719), James Harris, *Discourse on Music, painting and Poetry* (1744);

- im deutschsprachigen Raum sind es insbesondere die Lessings Empfindsamkeitsemphase viel näher stehenden (und, wie Lessing, Gottsched kritisch entgegenstehenden) Züricher Ästhetik-Professoren Johann Jakob Bodmer und Johann Jakob Breitinger, die nicht nur eine spezifische Programmatik der ‚poetischen Malerey' formulieren (z. B. Bodmer, *Critische Betrachtungen über die poetischen Gemälde der Dichter*, 1741), sondern bei denen auch die „Vergleichung der Mahler-Kunst und der Dicht-Kunst" zu einem anderen Ergebnis kommt als bei Lessing (Breitinger, *Critische Dichtkunst*, 1740);
- insbesondere Dubos und Breitinger entfalten in ihren Schriften eine spezifische, sehr moderne Zeichentheorie, die für Lessings Unterscheidung zwischen Malerei und Poesie von größter Wichtigkeit werden würde.

Ein Missverständnis: „ut pictura poiesis". Das Horaz-Zitat, das scheinbar den antiken Ausgangspunkt für eine Argumentation bildet, die Malerei und Dichtung sehr nah zueinander denkt, ja gleich setzt, kann nur in dieser Verkürzung so verstanden werden: ‚wie das Bild, so die Dichtung'. Das Verspaar aus Horaz' *Ars Poetica* bezieht sich eigentlich nur auf einen ganz bestimmten (und recht marginalen) Vergleichspunkt zwischen Malerei und Poesie: „Ut pictura poesis; erit quae, si propius stes / te capiat magis, et quaedam, si longius abstes" (v. 361 f.); ‚Eine Dichtung ist wie ein Gemälde: es gibt solche, die dich, wenn du näher stehst, mehr fesseln, und solche, wenn du weiter entfernt stehst' (Horaz 1984, 26 f.). Horaz geht es also nur um den Vergleich einer spezifischen Wirkung – salopp gesagt: Wenn man näher hinschaut, fesseln manche Kunstwerke besonders, andere, wenn man einen Überblick über das Ganze hat; und das sei bei Dichtung und Malerei gleich. Insbesondere in der Renaissance allerdings, im Barock (etwa bei Harsdörffer) und im französischen Spätklassizismus (Dubos, Batteux) wurde die verkürzte Formel „als eine produktionsästhetische Maxime gedeutet", die „die Strukturähnlichkeit der angesprochenen Künste belegen, wenn nicht sogar [...] auf ihre Identität hinweisen" sollte (Jacob 2009, 998). Dubos setzte die horazische Formel unmittelbar unter den Titel seiner *Réflexions critique sur la poésie, la peinture et la musique* (1719).

In seiner knappen Vorrede zum *Laokoon* geht Lessing zunächst weit hinter Horaz zurück, auf Simonides (6./5. Jh. v. u. Z.), dem Plutarch die „blendende Antithese" zuschreibt, „daß die Malerei eine stumme Poesie, und die Poesie eine redende Malerei sei" (B 5.2, 14), unterstellt aber sofort (mit Blick auf Horaz völlig zu Recht!), dass „die Alten [...] den Ausspruch des Simonides auf die Wirkung der beiden Künste einschränkten, [überdies] vergaßen sie nicht einzuschärfen, daß, ohngeachtet der vollkommenen Ähnlichkeit dieser Wirkung, sie dennoch, sowohl in den Gegenständen als in der Art ihrer Nachahmung, [...] verschieden wären" (ebd.). Insofern ist Lessings Angriffspunkt keinesfalls Horaz, nicht einmal zunächst der ‚Missbrauch' des Horaz-Zitats in produktionsästhetischer Hinsicht.

Laokoon-Statue: Winckelmann-Kritik. Ausführlich zitiert der erste Abschnitt des Essays die Interpretation der Laokoon-Statuengruppe aus Winckelmanns *Von der Nachahmung der griechischen Werke in der Malerei und Bildhauerkunst* (1755), legt dar, wie Winckelmann die bis zu Goethe und Schiller wirkmächtige

Formel für die Kunstwerke der Antike, „edele Einfalt und stille Größe" (B 5.2, 17), gerade vom Ausdruck von Gesicht und Körperhaltung Laokoons abgeleitet hatte. Und Lessing räumt ein, dass Winckelmann, in Betracht der Statue, Recht habe. Dessen „Seitenblick" (B 5.2, 18) auf Vergil aber fordere ihn zum Widerspruch heraus, denn, im Unterschied zur Statue, dürfe im epischen Gedicht, im literarischen Text allgemein, der Leidende schreien! Dies begründet Lessing auf differenzierte Weise: Der Schrei verzerre die Züge des Gesichts, ggf. sogar bis zur Hässlichkeit; diese, im bildenden Kunstwerk auf Dauer gestellt, vernichte die Wirkung des Kunstwerks. Wenn Vergils Laokoon schreie, sei er „eben derjenige, den wir bereits als den vorsichtigsten Patrioten, als den wärmsten Vater kennen und lieben. Wir beziehen sein Schreien nicht auf seinen Charakter, sondern lediglich auf sein unerträgliches Leiden" (B 5.2, 36). Da, einfach gesagt, in der Dichtkunst das Schreien ein vorübergehender Zustand ist, und da wir vor allem Laokoon (oder in einem anderen Beispiel, das sowohl Winckelmann als auch Lessing herbeiziehen, auch Philoktet bei Sophokles) in ganz anderen Zusammenhängen kennen- und sehen gelernt haben, kann in der Dichtung etwas geschehen, das in der bildenden Kunst obsolet ist. Hier macht ein „großes Maul zum Schreien" hässlich, wem aber falle dort überhaupt ein, dass zum Schreien, das der Dichter darstellt, ein hässliches Maul notwendig sei (vgl. B 5.2, 35).

Überdies sei auch, neben der Notwendigkeit der Milderung der Affektdarstellung im bildenden Kunstwerk aufgrund der Hässlichkeit des ‚großen Mauls zum Schreien', rezeptionspsychologisch dasselbe geboten: Da der bildende Künstler „von der immer veränderlichen Natur nie mehr als einen einzigen Augenblick" darstellen könne, dürfe dieser Augenblick nicht derjenige der „höchste[n] Staffel" des Affekts sein; das binde die Einbildungskraft, lasse ihr keine Möglichkeit, „von dieser Vorstellung weder eine Stufe höher, noch eine Stufe tiefer [zu] steigen" (B 5.2, 32).

Differenz der Künste. Damit ist der erste Teil des zentralen Arguments des gesamten Essays anmoderiert: Der bildende Künstler kann „von der immer veränderlichen Natur nie mehr als einen einzigen Augenblick" darstellen (B 5.2, 32)! Um es mit dem ersten Argument Lessings zu verbinden: In der Skulptur kennen wir Laokoon (innerhalb des Kunstwerks!) *nur* in der Situation des äußersten Leidens (und des unterdrückten Schreiens). Im Epos kennen wir Laokoon und seine Söhne *vor* dieser Sterbesituation „als den vorsichtigsten Patrioten, als den wärmsten Vater" und setzen die Stärke des Affekts beim Schreienden ins Verhältnis zu allem, was wir wissen. Nach genau dieser elementaren Grenze nämlich zwischen bildender Kunst und Dichtung fragt Lessing viele kleinere Argumentationsschritte später – am Ende des XV. Abschnitts. Hinsichtlich verschiedener Beispiele, die für beide Künste den Gegenstand darstellen, heißt es:

> Woran liegt es, daß manche poetische Gemälde [...] für den Maler unbrauchbar sind, und hinwiederum manche eigentliche Gemälde unter der Behandlung des Dichters den größten Teil ihrer Wirkung verlieren?
> [...]

> Der Knoten muß dieser sein. Ob schon beide Vorwürfe, als sichtbar, der eigentlichen Malerei gleich fähig sind: so findet sich doch dieser wesentliche Unterschied unter ihnen, daß jener eine sichtbare fortschreitende Handlung ist, deren verschiedene Teile sich nach und nach, in der Folge der Zeit, eräugnen, dieser hingegen eine sichtbare stehende Handlung, deren verschiedene Teile sich neben einander im Raume entwickeln. Wenn nun aber die Malerei, vermöge ihrer Zeichen oder der Mittel ihrer Nachahmung, die sie nur im Raume verbinden kann, der Zeit gänzlich entsagen muß: so können fortschreitende Handlungen, als fortschreitend, unter ihre Gegenstände nicht gehören, sondern sie muß sich mit Handlungen neben einander, oder mit bloßen Körpern, die durch ihre Stellungen eine Handlung vermuten lassen, begnügen. Die Poesie hingegen – – (B 5.2, 114 ff.)

Zeichentheorie: Natürliche und willkürliche Zeichen. Lessing beantwortet die Frage nach der Poesie nicht sofort, sondern schaltet eine Reflexion der unterschiedlichen künstlerischen Zeichen, die Malerei und Literatur benutzen, ein: Die „Mittel, oder Zeichen" der Malerei seien „Figuren und Farben in dem Raume", die der Poesie „artikulierte Töne in der Zeit" (B 5.2, 116) bzw. deren Schrift-Pendant: Buchstaben und Wörter müssen nacheinander gelesen werden, wie Töne der Sprache nacheinander erklingen. Gegenstand der Malerei sei demzufolge der Körper im Raum, derjenige der Poesie Handlung in der Zeit (vgl. B 5.2, 116 f.). Diese grundsätzliche Unterscheidung ist keine Erfindung Lessings: Sie wurde etwa in James Harris' *Three Treatises: The First Concerning Art, the Second Concerning Music, Painting and Poetry, the Third Concerning Happiness* (1744) entfaltet; die Zeichentheorie des *Laokoon*, die zwischen natürlichen und willkürlichen Zeichen unterscheidet, wurde entscheidend von Dubos und Diderot, aber auch von Mendelssohn und Breitinger vorbereitet: Dubos etwa hatte in seinen *Réflexions critiques sur la poésie et sur la peinture* (1719) zwischen den „signes naturels" der bildenden Kunst und den „signes artificiels" der Poesie unterschieden (vgl. dazu Schneider 2014, 73 f.), eine Unterscheidung, die Breitinger im ersten Kapitel seiner *Critischen Dichtkunst* (1740), „Vergleichung der Mahler-Kunst und der Dicht-Kunst", wieder aufgegriffen hatte (vgl. ebd., 19 f.). Der Körper, den Maler oder Bildhauer malen, ist innerhalb des Kunstwerks Zeichen, ähnelt aber dem *natürlichen* Körper, der nachgeahmt wird; der Buchstabe vertritt einen Laut gemäß einer *willkürlichen* kulturellen Übereinkunft: Jeder Laut könnte durch ein beliebiges Zeichen wiedergegeben werden, nötig ist nur, dass man sich einigt.

Raum und Zeit. So wie die Malerei keine Handlung darstellen kann – allenfalls in Andeutungen: ein wie auch immer gehobener Arm oder ein verzerrtes Gesicht sind Wirkung einer Bewegung, Handlung –, kann eigentlich Poesie keine Gemälde darstellen: Das, was im Gemälde simultan gegeben und dem Auge als Ganzes zugänglich ist, würde in der wie auch immer detaillierten poetischen Darstellung in sprachliche, schriftliche Sukzession aufgelöst und in seiner möglichen Wirkung zerstört: „[W]ie viel Zeit gebraucht er [der Dichter] dazu? Was das Auge mit einmal übersieht, zählt er uns merklich langsam nach und nach zu, und oft geschieht es, daß wir bei dem letzten Zuge den ersten schon wieder vergessen haben" (B 5.2, 124). Weil die einzelnen Züge eben nur durch die willkürlichen Zeichen der Schrift wiedergegeben, die Einzelbilder nur in unserer Einbildungskraft gegeben seien –

bei der Malerei aber „dem Auge [...] die betrachteten Teile beständig gegenwärtig" blieben (ebd.). Wenig später begründet Lessing, theoretischer argumentierend, das Versagen-Müssen der Poesie gegenüber der detaillierten Schilderung damit, dass

> das Coexistierende des Körpers mit dem Consecutiven der Rede dabei in Collision kömmt, und indem jenes in dieses aufgelöset wird, uns die Zergliederung des Ganzen in seine Teile zwar erleichtert, aber die endliche Wiederzusammensetzung dieser Teile in das Ganze ungemein schwer, und nicht selten unmöglich gemacht wird. (B 5.2, 127)

Dem könne der Dichter einerseits entkommen – Lessing bringt immer wieder Beispiele von Homer –, indem er einen Gegenstand oder menschlichen Körper eben nicht detailliert, sondern mit ‚*einem* Zug' benennt: Das schwarze Schiff (vgl. B 5.2, 118). Das ist simultan gegeben und öffnet Vorstellungsmöglichkeiten in der Imagination des Lesers.

Andererseits gebe es eben bei Homer auch Schilderungen eines Bildes – etwa den neuen Schild des Achill, den

> Homer, in mehr als hundert prächtigen Versen, nach seiner Materie, nach seiner Form, nach allen Figuren, welche die ungeheure Fläche desselben füllten, so umständlich, so genau beschrieben, daß es neuern Künstlern nicht schwer gefallen, eine in allen Stücken übereinstimmende Zeichnung danach zu machen. (B 5.2, 134)

Die epische Technik, die Homer hier anwende, sei die Umwandlung des räumlichen Nebeneinanders in zeitliches Nacheinander:

> Homer malt nemlich das Schild nicht als ein fertiges vollendetes, sondern als ein werdendes Schild. Er hat [...] sich des [...] Kunstgriffes bedienet, das Coexistierende seines Vorwurfs in ein Consecutives zu verwandeln, und dadurch aus der [in der Poesie] langweiligen Malerei eines Körpers, das lebendige Gemälde einer Handlung zu machen. Wir sehen nicht das Schild, sondern den göttlichen Meister, wie er das Schild verfertiget. [...] Eher verlieren wir ihn nicht wieder aus dem Gesichte, bis alles fertig ist. Nun ist es fertig, und wir erstaunen über das Werk, aber mit dem gläubigen Erstaunen eines Augenzeugens, der es machen sehen. (B 5.2, 134)

Bevor Lessing diese differenzierte Argumentation überhaupt entfaltet, stellt er unmissverständlich klar: „Es bleibt dabei: die Zeitfolge ist das Gebiete des Dichters, so wie der Raum das Gebiete des Malers" (B 5.2, 130).

2.1.2 „Wie die Alten den Tod gebildet"

Lessings Schrift „Wie die Alten den Tod gebildet" von 1769 ist in gewisser Weise eine Fortsetzung seiner antiquarischen Schriften, insbesondere der großen, nur in ihrem ersten Teil vollendeten Darstellung über den *Laokoon*. Andererseits ist die Schrift von 1769 auch eine mehr oder weniger polemische Antwort auf Angriffe des Hallenser Philologen und Professors Christian Adolph Klotz, der selbst einerseits vielfältig antike Kunstwerke, vor allem Münzen, Gemmen und geschnittene

Steine, in antiquarischen Schriften beschrieb, der aber in Reaktion auf eine Bemerkung Lessings im *Laokoon* eine Behauptung aufgestellt hatte, die Lessing zur Gegenreaktion provozierte. Klotz gehörte zu denjenigen Schriftstellern und Gelehrten, die die spielerisch-tänzerische Anakreontik gleichsam für den Inbegriff einer als heiter gedachten Antike hielten (die nur ein Phantasma des Rokoko ist: der griechische Dichter Anakreon hatte auch über anderes geschrieben als über Wein, Weib, Gesang und Geselligkeit): Bei ihm, Klotz, sind praktisch alle beobachtbaren geflügelten Figuren auf Münzen, Gemmen, geschnittenen Steinen Amor-Gestalten.

Klotz' Angriff bezog sich auf eine Fußnote im *Laokoon* (im XI. Kapitel, vgl. B 5.2, 94 ff.), wo Lessing die antike Vorstellung von Schlaf und Tod als Brüder, Söhne der Nacht, aus einer bildlichen Darstellung erläutert, „der eine weiß, der andere schwarz; jener schlief, dieser schien zu schlafen; beide mit übereinandergeschlagenen Füßen" (B 5.2, 96) und gleichzeitig bedauert, dass die neueren Künstler dazu übergegangen seien, den Tod nicht mehr so, sondern „als ein Skelet, höchstens als ein mit Haut bekleidetes Skelet vorzustellen" (B 5.2, 97). In seiner Vorrede zum zweiten Band der Übersetzung *Des Herrn Grafen von Caylus Abhandlungen zur Geschichte und zur Kunst* (1768) von Johann Georg Meusel hatte Klotz verschiedene antike Kunstwerke aufgerufen, die sehr wohl ein Skelett darstellen, eine Bronzeskulptur, geschnittene Steine, hatte sogar auf eine Schrift Winckelmanns hingewiesen (*Versuch einer Allegorie*, 1766), in der dieser auf zwei römische Urnen verweise, auf denen Skelette abgebildet seien (vgl. *Des Herrn Grafen von Caylus Abhandlungen zur Geschichte und zur Kunst*, 2. Band [unpagin.] *fol.* b1ʳ).

Lessing reagiert polemisch auf den ‚Angriff' des Hallensers und wirft ihm vor, in seinem angeblichen Widerspruch gleichsam Äpfel mit Birnen zu vergleichen – und bringt dann das Zentralargument jener Fußnote aus dem *Laokoon*, auf dem er insistiert: „Ich habe behauptet, daß die alten Artisten [bildenden Künstler] den Tod nicht als ein Skelet vorgestellt: und ich behaupte es noch" (ebd.). Was er nicht behauptet habe, sei, dass sich auf antiken Kunstwerken kein Skelett finde: Es sei dort allerdings nicht als Allegorie des Todes selbst abgebildet. Und in dieser Hinsicht wolle er jetzt den Beweis führen, und zwar doppelt: erstens den Nachweis darüber, wie die Alten den Tod gebildet hätten als Allegorie, zweitens den Nachweis darüber, wie Skelettdarstellungen in antiker Bildlichkeit zu verstehen seien.

Lessing führt als erstes und ältestes Dokument Homers *Ilias* an: Die „Homerische[ ] Idee", den Tod „als den Zwillingsbruder des Schlafes" zu denken[(B 6, 723): Der in einer Schlacht vor Troja gefallene Sarpedon wird von Apoll „den schnellen Geleitern, / Beiden, dem Schlaf und dem Tode, den Zwillingen" anvertraut, damit sie den Leichnam brächten „ins weite Gebiet des fruchtbaren Lykierlandes" (*Ilias* XVI, 679–681). Sodann geht Lessing noch einmal, wie schon in der Fußnote des *Laokoon*, auf jenen Kasten von Ebenholz ein, die Lade des Kypselos, wie sie bei Pausanias beschrieben ist:

> Da ist eine Frau gebildet, in der rechten Hand einen weißen Knaben tragend, welcher schläft, in der linken hält sie einen schwarzen Knaben, einem schlafenden ähnlich, und beide mit auswärts gebogenen Füßen. Inschriften zeigen an, was aber auch ohne sie zu verstehen ist, daß diese der Tod und der Schlaf seyn sollen, und die Wärterin beyder, die

Nacht. (*Pausanias Beschreibung von Hellas* V.18. Übers. von Ernst Wiedasch. München 1827, II. Band, S. 352)

Lessing setzt voraus, dass die griechische Antike eine sinnliche, allegorische Darstellung eines Abstraktums, also etwa die Personifikation des Todes, einmal gefunden oder gedacht, auch beibehalte – schlicht und einfach, da „ohne diese allgemeine Einförmigkeit [...] keine allgemeine Erkennlichkeit möglich" sei – also Wiedererkennbarkeit (B 6, 724). Lessing stellt – gegen Klotz – die richtige Frage: „Welche Ähnlichkeit mit dem Schlafe aber läßt sich im geringsten denken, wenn der Tod als bloßes Gerippe ihm zur Seite stand?" (ebd.).

Lessing untersucht – allerdings immer nach für ihn verfügbaren Abbildungen antiker Werke der Bildhauer- oder Malerkunst, nie unter Inaugenscheinnahme der Originale – Kunstwerke danach, wo auf ihnen welche allegorischen Gestalten auffindbar seien, die den Tod vorstellen könnten. Zuerst geht er auf eine Darstellung auf einem Seitenteil eines marmornen Sarges ein:

> Hier zeiget sich unter andern ein geflügelter Jüngling, der in einer tiefsinnigen Stellung, den linken Fuß über den rechten geschlagen, neben einem Leichname stehet, mit seiner Rechten und dem Haupte auf einer umgekehrten Fackel ruhet, die auf die Brust des Leichnames gestützt ist, und in der Linken, die um die Fackel herabgreift, einen Kranz mit einem Schmetterlinge hält. (B 6, 726)

Lessing interpretiert dieses Bild deutlich anders als der Autor der Quelle, aus der er die Abbildung kennt (Giovanni Pietro Bellori: *Admiranda Romanarum Antiquitatum ac veteris sculpturae vestigia [...] a Petro Sancti Bartolo delineata incisa*. Roma 1693): „Diese Figur, sagt Bellori, sei Amor, welcher die Fackel, das ist, die Affekten, auf der Brust des verstorbenen Menschen auslösche. Und ich sage, diese Figur ist der Tod!" Lessing widerlegt die Deutung, hier handle es sich um Amor: Unsinnig sei ein Amor, der „die Affekten in der Brust eines Menschen" auslösche (ebd.). Den Schlaf hätten die griechischen Dichter und die Künstler als jugendliche Gottheit dargestellt; wenn der Tod sein Zwillingsbruder sei, müsste dieser ebenfalls ein jugendlicher, beflügelter Genius sein.

Lessing erarbeitet sich die Attribute der Allegorie – gleichsam die einzelnen Metaphernbestandteile des Bildes: „Was kann das Ende des Lebens deutlicher bezeichnen, als eine verloschene, umgestürzte Fackel? Wann dort der Schlaf, diese kurze Unterbrechung des Lebens, sich auf eine solche Fackel stützt: mit wieviel größerm Rechte darf es der Tod?" (B 6, 728). Die Flügel stünden für die Überraschung, mit der er uns übereile; er führt Horaz an: „Ob mich ein ruhiges Alter / Sanft aufnimmt, ob [anitzo schon mich] der Tod mit dunklen Schwingen umschwebet" (Saturae Liber alter, I, v. 57 f.).

> Und der Kranz in seiner Linken? Es ist der Totenkranz. Alle Leichen wurden bei Griechen und Römern bekränzt; mit Kränzen ward die Leiche von den hinterlassenen Freunden beworfen; bekränzt wurden Scheiterhaufe und Urne und Grabmal. Endlich, der Schmetterling über diesem Kranze? Wer weiß nicht, daß der Schmetterling das Bild der Seele, und besonders der von dem Leibe geschiedenen Seele, vorstellet? Hierzu kömmt der ganze Stand der Figur, neben einem Leichnam, und gestützt auf diesen Leichnam. Welche Gottheit, welches

höhere Wesen könnte und dürfte diesen Stand haben wenn es nicht der Tod selbst wäre? (B 6, 729)

Lessing setzt sich in der Folge, ganz knapp zusammengefasst, damit auseinander, wie die Altertumsforscher eine Stelle aus dem Pausanias übersetzt und verstanden haben: Haben Tod und Schlaf übereinandergeschlagene Füße bzw. Beine oder, wie einige sagen, krumme, missgestaltete? Lessing setzt fest: Es sind übereinandergeschlagene! Eine Stellung der Ruhe, der Nicht-Bewegung, wie sie Schlaf und Tod gleichermaßen zukommt! Und dafür führt er viele Beweise an – aus Abbildungen von Grabmälern, die er aus verschiedenen Quellen als Abbildungen in seine Darstellung übernimmt (vgl. B 6, 736–749). Sein Fazit lautet: Schlaf und Tod sind Zwillingsbrüder, in der Regel beflügelt, der eine u. U. mit ‚dunkelen Schwingen' oder ganz schwarz (Pausanias: Lade), ihnen beigegeben ist meist je eine Fackel, dem ϑανατοσ (thanatos) oder *mors* oft Aschenkrug, Kranz oder Schmetterling, ὕπ-νοσ (hypnos) oder *somnvs* meist ein Füllhorn; beide sind sehr häufig in großer Ruhe dargestellt: Mit übereinandergeschlagenen Beinen bzw. Füßen. Thanatos und Hypnos sind Zwillinge.

In der Anmoderation des zweiten Teils seiner Abhandlung geht Lessing auf seine Angriffsposition gegenüber Klotz zurück: „Ich sage: die alten Artisten, wenn sie ein Skelett bildeten, meinten damit etwas ganz anders, als den Tod, als die Gottheit des Todes. Ich beweise also 1) daß sie nicht den Tod damit meinten: und zeige 2) was sie sonst damit meinten" (B 6, 754). Natürlich räumt er ein, dass auf Kunstwerken der römischen und griechischen Antike Skelette abgebildet seien. Er widerspricht allerdings der These, dass diese Skelette als Allegorien des Todes angesprochen werden könnten. Der erste Grund, den er anführt, ist in einem gewissen Sinne tautologisch: Skelette auf antiken Bildern oder in Skulpturen können nicht die Allegorie des Todes meinen, weil die Antike den Tod anders dargestellt hat – eben als Genien, Schlaf und Tod als Zwillingsbrüder. Einerseits bringt er sogar weitere, etwa Winckelmann oder Klotz unbekannte Beweise dafür an, dass die Antike Skelette abgebildet habe, unterstellt aber andererseits, dass der einzige Grund (etwa für Klotz), diese als Allegorien des Todes anzusprechen, derjenige sei, dass „wir Neuern" das täten (vgl. B 6, 757). Es gebe keinen einzigen Beweis für diese allegorische Bedeutung eines Skeletts.

Zusätzlich „bilden auch wir Neuern den Tod nicht einmal als bloßes Skelett; wir geben ihm eine Sense, oder so was, in die Hand, und diese Sense macht erst das Skelett zum Tode" (B 6, 758). Und es habe – da argumentiert Lessing wie Winckelmann – die antike Kunst grundsätzlich die Vermeidung ekliger Begriffe wie Moder und Verwesung versucht. Falls aber Skelettdarstellungen in antiken Kunstwerken vorkämen, seien das *larvae*; *larva* heiße nichts anderes als Gerippe, die Alten hätten allerdings unter diesem Begriff „eine Art abgeschiedener Seelen verstanden" (B 6, 765), was unter Hinweis auf eine Stelle bei Apuleius erläutert wird. Solche ‚larvae' seien als Gerippe dargestellt worden. Er zitiert Seneca, der als kindlich-einfältig verurteilt, wer an gerippeartige Gespenster glaube, die aus bloßen zusammenhängenden Knochen gebildet seien (Seneca, Epist. XXIV). Zudem: Mehrere

Gerippe auf einem Bild (wie in etwa mittelalterlicher Kunst) wären ja nun völlig widersprüchlich: Eins maximal könne die Allegorie des Todes sein, doch mehrere?

Lessing gibt letztlich der Einführung des Christentums die Schuld daran, dass an die Stelle des friedlichen Bildes vom Tod als Schlafes Bruder das Schreckbild des Gerippes getreten sei: „Gleichwohl ist es gewiß, daß diejenige Religion, welche dem Menschen zuerst entdeckte, das auch der natürliche Tod die Frucht und der Sold der Sünde sei, die Schrecken des Todes unendlich vermehren mußte. Es hat Weltweise gegeben, welche das Leben für eine Strafe hielten; aber den Tod für eine Strafe zu halten, das konnte ohne Offenbarung schlechterdings in keines Menschen Gedanken kommen, der nur seine Vernunft brauchte" (B 6, 778).

Lessing meint seine Argumentation gegen die Behauptung von Klotz, die Alten hätten den Tod doch als Skelett dargestellt, da das Skelett ja auf Bildwerken zu finden sei, durch Gegenbeweise, durch Stellen aus verschiedenen Dichtern der Antike, stützen zu können – Gegenbeweise allerdings, die, aus einiger Distanz betrachtet, seine Grundthese ins Wanken bringen. „Pallida mors", der bleiche Tod bei Horaz (*Carmina* [*Oden*] I.4, v. 13) sei doch ebenso wenig Skelett wie der ‚schwarzumhüllte Todtenherrscher' Thanatos in Euripides *Alkestis* (v. 850). Damit hat Lessing zwar recht, muss allerdings hier einen Widerspruch in seiner Schrift einräumen: Diese schrecklichen Todesbilder sind zwar kein Gerippe – entsprechen aber in keiner Weise jenem scheinbar friedlichen Zwillingsbruder des Schlafes, dem er den ersten, größeren Teil der Abhandlung gewidmet hatte. Er begründet diese Differenz auf dem argumentativen Hintergrund seines *Laokoon*: Der Differenz der Künste.

Lessing ordnet der Allegorie bzw. der Personifikation des Todes in den im ersten Teil der Abhandlung beschriebenen bildlichen Darstellungen, dem „Tode in allen möglichen Fällen", „einen Zustand der Ruhe und Unempfindlichkeit" zu. Der Dichter hingegen könne „den Tod noch so schmerzlich, noch so fürchterlich und grausam schildern, wir vergessen darum doch nicht, daß es nur der Tod ist, und daß ihm eine so gräßliche Gestalt nicht vor sich, sondern bloß unter dergleichen Umständen zukömmt" (B 6, 760). Lessing zieht im Folgenden, vor allem aus Homer und Statius, verschiedene Namen der Antike für „einen frühzeitigen, gewaltsamen, schmählichen, ungelegenen Tod" heran: „Der Arten des Sterbens sind unendliche: aber es ist nur Ein Tod" (B 6, 762). Unter „θανατοσ" habe der Grieche „den natürlichen Tod" verstanden „oder den Zustand des Totseins ohne alle Rücksicht auf die vorhergegangene" besondere Weise des Sterbens (B 6, 761). Und der Tod im Krieg oder durch Mord etwa passt nicht zum im ersten Teil der Schrift beschworenen Bild der jugendlichen Genien, die als Schlaf oder Tod sanft, wenn auch auf ‚dunkeler Schwinge', die Fackel vorübergehend oder für immer verlöschen.

2.2 Aufklärung: Weltanschauliche Positionierung

1785, gut vier Jahre nach Lessings Tod, ließ Friedrich Heinrich Jacobi (1743–1819) eine Schrift drucken (in der nebenbei Goethes „Prometheus" ohne dessen Wissen abgedruckt war), die letztlich auf einen Besuch Jacobis bei Lessing in Wolfenbüttel 1780, ein gutes halbes Jahr vor dessen Tod, zurückging: *Über die Lehre des Spinoza in Briefen an den Herrn Moses Mendelssohn*. Die Schrift enthält die an Mendelssohn, den engsten Freund des Verstorbenen, 1783 übersandte Aufzeichnung eines Gesprächs Jacobis mit Lessing, in dem dieser sein Bekenntnis zur Lehre des Spinoza abgegeben hätte. Nach der Lektüre einer Abschrift von Goethes „Prometheus", die er, Jacobi, Lessing gegeben habe, habe dieser gesagt:

> Der Gesichtspunkt, aus welchem das Gedicht genommen ist, das ist mein eigener Gesichtspunkt ... Die orthodoxen Begriffe von der Gottheit sind nicht mehr für mich; ich kann sie nicht genießen. Ἐν καὶ πᾶν! Ich weiß nichts anders. Dahin geht auch dieß Gedicht; und ich muss bekennen, es gefällt mir sehr. Ich. Da wären Sie ja mit Spinoza ziemlich einverstanden. Leßing. Wenn ich mich nach jemand nennen soll, so weiss ich keinen andern. (Jacobi: *Über die Lehre des Spinoza* ... 1785, 12)

Ἐν καὶ Πᾶν (‚Eins und Alles') ist die aus der Ethik des niederländisch-portugiesischen Philosophen Baruch de Spinoza (1632–1677) gezogene pantheistische Formel, gemäß der nicht ein personaler Gott außerhalb oder über der Welt stehe (und sie insofern auch nicht erschaffen haben kann), sondern sich in der Welt realisiert, in den Dingen der Welt sei (als Einheit in der Vielheit); die Einheit der vielfältigen Welt besteht damit in ‚Gott' (Vielheit in der Einheit).

Inwiefern die Wiedergabe des Gesprächs durch Jacobi authentisch ist, kann nicht überprüft werden, Lessings Nähe zu Spinoza schon. Allerdings ist Lessings Verhältnis zur positiven, also geschichtlichen Religion viel komplexer als das pantheistische Bekenntnis bei Jacobi vermuten lässt: Dieses ist, wenn authentisch, Ergebnis eines lebenslangen Auseinandersetzungsprozesses mit Religion. Diese Auseinandersetzung ist

- biographisch begründet in der Auseinandersetzung und Ablösung Lessings mit und von seinem Vater;
- philologisch-kulturhistorisch begründet in der fast lebenslangen Reflexion von Offenbarungsreligionen *und* ihren heiligen Büchern (die ja von Menschen geschrieben waren);
- publizistisch begründet in den öffentlichen Auseinandersetzungen vor allem mit der Orthodoxie, in der Hauptsache mit dem Hamburger Hauptpastor Johann Melchior Goeze (1717–1786);
- gleichsam pädagogisch ausgerichtet, insofern Lessing Religion im Sinne einer „Erziehung des Menschengeschlechts" versteht;
- in gewissem Sinne ‚friedenspolitisch' ausgerichtet, insofern Lessing, weit über Toleranz-Konzepte der Aufklärung hinausgehend, die vollständige gegenseitige Anerkennung der Religionen einfordert.

Die Auseinandersetzung mit dem Vater. In einem seiner großen Berliner Briefe an den Vater aus dem Frühjahr 1749, Briefe, die sich *auch* um die theatralischen Ambitionen drehen, notiert Lessing seine spezifische Haltung dem Christentum, auch dem Christentum seines Vaters, gegenüber:

> Die Zeit soll es lehren ob der ein beßrer Xst [Christ] ist, der die Grundsätze der christl. Lehre im Gedächtnisse, und oft, ohne sie zu verstehen, im Munde hat, in die Kirche geht,

und alle Gebräuche mit macht, weil sie gewöhnlich sind; oder der, der einmal klüglich gezweifelt hat, und durch den Weg der Untersuchung zur Überzeugung gelangt ist, oder sich wenigstens noch darzu zu gelangen bestrebet. Die Xstliche Religion ist kein Werk, das man von seinen Eltern auf Treue und Glaube annehmen soll. Die meisten erben sie zwar von ihnen eben so wie ihr Vermögen, aber sie zeugen durch ihre Aufführung auch, was vor rechtschaffne Xsten sie sind. So lange ich nicht sehe, daß man eins der vonehmsten Gebote des Xstentums, *Seinen Feind zu lieben* nicht besser beobachtet, so lange zweifle ich, ob diejenigen Xsten sind, die sich davor ausgeben. (30. Mai 1749)

Der Vater, Johann Gottfried Lessing, war einerseits ein konservativer, in einer Zeit unbedingter lutherischer Orthodoxie aufgewachsener und ausgebildeter Geistlicher, der andererseits schon eine gewisse Offenheit zu Tendenzen der Aufklärung, zum Pietismus, ja für schon empfindsame Einflüsse aus England zeigte. Der wiederum andererseits bestimmte Tendenzen der Aufklärung scharf ablehnte: Den Rationalismus Wolffs in Leipzig, Deismus und Freidenkertum sowieso (vgl. Nisbet 2008, 23; vgl. zu Lessings spannungsvollem Verhältnis zum Vater die Hinweise zur Entstehung des *Freigeist*, Abschn. 5.1).

Den ersten Teil der oben zitierten Briefpassage hätte er vielleicht noch mitunterschreiben können; spätestens aber nach dem ersten Semikolon muss er stutzig geworden, ja entsetzt gewesen sein: Wo befand sich denn auf diesem Wege des Zweifels der Sohn? Doch eher im Stande des Zweifels als dem der Überzeugung – zumal die ja als vielleicht gar nicht zu erreichen angegeben wird, als etwas, das zu erreichen man wenigstens bestrebt sein solle. Das im zweiten Teil der Briefpassage eingeforderte Recht (eines jeden!) auf individuelle Wahl der religiösen Überzeugung, ganz unabhängig von ererbter Religion aus regionaler Gewohnheit sozusagen, ist zwar eine wunderbare Formulierung eines modernen Verständnisses von Religionsfreiheit, wird aber mit Blick auf den „klüglichen Zweifel" und „den Weg der Untersuchung" *vor* der Glaubens*überzeugung* den Vater nicht zufriedengestellt haben: Kann Glaube Untersuchung vertragen? Und ist er nicht das Gegenteil von Überzeugung?

Hier soll nicht die Geschichte des problematischen und spannungsreichen Verhältnisses Lessings zu seinem Vater nachvollzogen werden (das geschieht ganz ausgezeichnet bei Nisbet 2008). Vielmehr sollen an der zitierten Briefpassage Momente der Reflexion von Religion bei Lessing ausgemacht werden, die gleichsam Keime sind von späteren Überzeugungen oder Ansichten. Natürlich ist der Zweifel Imperativ der Aufklärung und macht auch vor der religiösen (vermeintlichen) ‚Wahrheit' nicht halt; Zweifel ist Zentralmotiv, ja bestimmende Haltung im Fragment des Lehrgedichts „Die Religion", vielleicht schon um diese Zeit im Entstehen begriffen (publ. November 1751). Vor allem aber, was auf den Zweifel, wenn er nicht bequem sein will, folgt, die „Untersuchung", kennzeichnet Lessings Befassung mit Religion, das nachgerade lebenslange Nachdenken über natürliche und positive Religion, über die Offenbarungsreligionen – bis hin zu den „Fragmenten eines Ungenannten", die eben auch zweifelgeleitete, wissenschaftliche, da philologische ‚Untersuchungen' waren.

Insbesondere aber der Schlusssatz der Briefpassage formuliert eine lebenslange, bis in den *Nathan* hineinwirkende „Überzeugung" Lessings (die eben *keine* Überzeugung in Glaubenswahrheiten ist): Der Maßstab, an dem Religion sich erweist (oder scheitert), ist ausschließlich das moralische Handeln. Gerade die Bergpredigt (hier das Gebot der Feindesliebe: „Liebet ewre Feind. Thut denen wol die euch hassen. Segenet die / so euch verfluchen. Bittet fur die / so euch beleidigen", Lk 6,27 f.; *Biblia Deutsch* 1545) ist moralische Lehre für alltägliches, soziales Handeln; Jesus ist moralischer Lehrer für das Diesseits, und in dieser Nachfolge muss sich Religion erweisen.

Dialog der Religionen. Dass ein Pfarrerssohn im 18. Jahrhundert, unter den Bedingungen 1) rationalistischer Philosophie, 2) der Neologie, also des vergeblichen Versuchs, theologische Glaubenswahrheit mit empirischer Vernunftwahrheit zusammenzubringen und 3) des aus England kommenden Deismus, der Gott allenfalls als Schöpfer der Welt anerkennt, aber sein Eingreifen in die Schöpfung für nicht begründbare Annahme hält – dass ein Pfarrerssohn im 18. Jahrhundert, der sich ausgezeichnet auskennt im Feld antiker *und* neuzeitlicher Literatur, Kunst und Philosophie und der es sich zum Beruf machen möchte, publizistisch, von allen möglichen ‚Kanzeln', einzugreifen in vielfältige Debatten: Dass dieser Pfarrerssohn sich zeitlebens *auch* mit Fragen der Religion, ihrer Überlieferung und ihrer öffentlichen Bedeutung befasst, erscheint selbstverständlich. Eher überrascht aus dieser Perspektive, dass im frühen und mittleren Werk Lessings Religion und theologische Fragestellungen randständig erscheinen: Schaut man auf die Fülle der Rezensionen, meistenteils in der *Berlinischen privilegierten Zeitung* zwischen 1748 und 1755, so gibt es natürlich auch theologische oder religiöse Werke, die dort besprochen werden; diese sind aber absolut in der Minderzahl. Natürlich geht es im frühen Lustspiel *Der Freigeist*, zumindest auf der Oberfläche des dramatischen Konflikts, um einen Deisten oder Atheisten, Verächter der Religion, aber bei genauerem Blick ist Religion hier nicht Thema (und auch nicht Konfliktanlass; s. u. Abschn. 5.1.2).

Einer der wenigen frühen Texte, die tatsächlich in eine Debatte eingreifen und eine ganz eigene, nonkonformistische Position beziehen, ist die „Rettung des Hier. Cardanus". Der vierte Band der *Schrifften* 1754 enthält, neben den „Rettungen des Horaz" drei weitere „Rettungen": diejenige des Johannes Cochläus, der anonym erschienenen Schrift *Ineptus Religiosus* und eben die des Hieronymus Cardanus. Lessing inszeniert diese Texte bewusst als Provokation: Historische ‚Fälle' – die Verurteilung des katholischen Gelehrten Cochläus als Luther-Gegner in den ersten Jahrzehnten der Reformation, die Verdammung der eigentlich satirisch gemeinten Schrift *Ineptus Religiosus* als gottlos – historische Fälle also werden, polemisch etwa gegen die Orthodoxie gerichtet, wieder aufgerollt.

Bei der „Rettung des Hier. Cardanus" (vgl. B 3, 198–223) ist das nicht anders: Hieronymus Cardanus (Girolamo Cardano, 1501–1576) ist einer der ganz großen Universalwissenschaftler der italienischen Renaissance (Naturphilosophie, Mathematik, Astronomie und Technik). Dass dieser Gelehrte mit dem „Verdachte der Atheisterei" (B 3, 198) verleumdet worden, vollzieht Lessing in den gängigen Begründungen kurz nach und konzentriert sich dann auf eine für die Verurteilung einschlägige Passage in Cardanos *De subtilitate* (‚Über den Scharfsinn', 1550). In einer wohl nur einmal abgedruckten Passage dieser Darstellung des gesamten Universums und aller seiner Teile führt Cardano ein Streitgespräch der vier Religionen (vorjüdischer Götzendienst, Judentum, Christentum, Islam) vor und schließe, so der Vorwurf, mit einer Bemerkung, eine Entscheidung über den Sieg in diesem Streite stehe noch aus. – Lessing findet die entsprechende Edition von *De subtilitate*, übersetzt die entsprechende Passage ganz (B 3, 201–207) – und widerlegt den Vorwurf des Atheismus als unsinnig, allerdings, indem er Cardano der Parteinahme für das Christentum beschuldigt, wo er eigentlich hätte unparteiisch sein müssen: „Ich behaupte also, er sei mit keiner einzigen Religion aufrichtig verfahren, als mit der christlichen; die übrigen alle hat er mit den allerschlechtesten Gründen unterstützt, und mit noch schlechtern widerlegt" (B 3, 212). Gegen Cardanos Argument gegen das Judentum, „daß Gott dasjenige nicht könne gefallen haben, was er habe lassen untergehen" (ebd.), lässt Lessing einen Juden auftreten, der die jahrhundertlange Unterdrückung und Verfolgung der Juden eben nicht als Untergang, sondern als „nichts als eine verlängerte Babylonische Gefangenschaft" auffasst (ebd.): Das Christentum habe das Judentum nicht abgelöst, dies bestehe ja weiter! – Für Lessing ist, anders als (implizit) für Cardano und vor allem seine Verleumder, der Streit unaufgehoben, die „Frage nach der wahren Religion bleibt offen" (Fick 2016a, 131). Was aber an dem Text so wichtig ist: Lessings Argumente gegen Cardanos Parteilichkeit erzwingen eine *Gleichberechtigung der Weltreligionen* im Dialog, ein Dialog, der zweieinhalb Jahrzehnte später auf der Bühne, im *Nathan*, fortgeführt werden wird (vgl. Kap. 7).

Fragmentenstreit. Anti-Goeze. Der in der Textmenge umfangreichste, auf öffentlicher Bühne ausgetragene, schärfste – und folgenreichste – Streit um Fragen der Religion ist ohne Zweifel der sogenannte Fragmentenstreit. In der Zeit seiner Dramaturgentätigkeit am Hamburger Nationaltheaterprojekt 1767 bis 1769 hatte Lessing u. a. im Hause des Gymnasialprofessors und Hebraisten Hermann Samuel Reimarus (1694–1768) verkehrt – und eine Zeit nach dem Tod des Vaters hatten dessen Kinder, Elise und Albert Hinrich Reimarus, Lessing ein unveröffentlichtes umfangreiches Werk ihres Vaters übergeben: Die *Apologie oder Schutzschrift für die vernünftigen Verehrer Gottes*. Unter strengster Wahrung der Anonymität des eigentlichen Verfassers (der erst 1814 endgültig offengelegt wurde) veröffentlichte Lessing in seiner Wolfenbütteler Bibliothekszeitschrift *Zur Geschichte und Litteratur. Aus den Schätzen der Herzoglichen Bibliothek zu Wolfenbüttel*, gleichsam nahelegend, es handele sich um eine anonyme Fundsache aus der Bibliothek, Teile dieses Werks unter dem Titel „Fragmente eines Ungenannten". Er begann 1774 mit einem Fragment, das er „Von Duldung der Deisten. Fragment eines Ungenannten" nennt, 1777 veröffentlichte er unter dem Titel „Ein Mehreres aus den Papieren des Ungenannten, die Offenbarung betreffend" die fünf Fragmente, die eigentlich den Streit auslösten. Und die auch mit entschieden provozierenden Thesen auftraten, die Lessing, kleinteilig argumentierend, im selben Heft mit den „Gegensätzen des Herausgebers" begleitete. Ein letztes Fragment erschien 1778 unter dem Titel „Von dem Zwecke Jesu und seiner Jünger". Den Verlag seiner Bibliothekszeitschrift, die ‚Buchhandlung des Fürstlichen Waysenhauses' in Braunschweig, nutzte Lessing

2.2 Aufklärung: Weltanschauliche Positionierung

auch weitgehend für die Einzelveröffentlichung seiner Reaktionen auf Angriffe gegen ihn, vor allem diejenigen des Hamburger Hauptpastors Goeze (*Eine Parabel*, *Axiomata*, *Anti-Goeze*, 11 Stücke, alle 1778).

Eine Bemerkung in Reimarus' Vorbericht zu seiner *Apologie* korrespondiert auffällig mit der oben zitierten Feststellung Lessings im Brief an den Vater vom 30. Mai 1749, die „Xstliche Religion [sei] kein Werk, das man von seinen Eltern auf Treue und Glaube annehmen soll[e]". Bei Reimarus heißt es: „Wir müssen alle gestehen, daß wir das Christenthum nicht durch eigene Einsicht und freye Wahl, vor andern Religionen erkieset. Ein bloßer Zufall, daß unsre Eltern schon Christen, und zwar dieser Secte, waren, hat uns dazu gebracht". Nur das und die entsprechende ‚Einpflanzung' der Konfession der Eltern, sei der Grund, warum die eigene Religion für die einzig wahre gehalten werde (Reimarus 1972, 41).

Das ist aber eher eine Koinzidenz, die die Ähnlichkeit der Positionen von Reimarus und Lessing anzeigt. Reimarus' Thesen – genauer gesagt: Reimarus' Untersuchungsergebnisse, die schlicht und einfach unter Verzicht auf glaubendes Vorurteil und unter sehr präziser philologischer Erarbeitung beruhen, sind viel provozierender:

- Das erste Fragment, „Von der Verschreiung der Vernunft auf den Kanzeln" (B 8, 175–188), beansprucht die Geltungsmacht der Vernunft auch in Fragen der Offenbarung;
- das zweite, „Unmöglichkeit einer Offenbarung, die alle Menschen auf eine gegründete Art glauben könnten" (B 8, 189–236), zieht grundsätzlich in Zweifel, „daß eine Offenbarung, die einem Volke im Winkel des Erdbodens und in demselben Volke nur wenigen Personen, nur zu gewisser Zeit, und zwar durch Gesichte und Träume geschehen ist [also den jüdischen Propheten in der alttestamentlichen Zeit], [...] bei allen den andern Menschen [...] ein Mittel zur Seligkeit werden könne" (B 8, 234 f.);
- das dritte Fragment, „Durchgang der Israeliten durchs rote Meer" (B 8, 236–246), beweist aus dem Bericht des Buches Exodus selbst und hinzugezogenen etwa geographischen Schriften aus der griechischen Antike die Unglaubwürdigkeit des Wunderberichts; vielmehr sehe man wohl, „es komme von einem Schreiber, der weder diesem Zuge selber mit beigewohnet [...] noch auch von dem, was er erichtet, sich eine deutliche, und anderweitiger Erfahrung sowohl als Natur der Sachen gemäße Vorstellung gemacht" (B 8, 245 f.). Erdichtet!
- das vierte Fragment greift den Offenbarungscharakter der alttestamentlichen Religion selbst an; es führt den Beweis, „[d]aß die Bücher A.T. nicht geschrieben worden, eine Religion zu offenbaren" (B 8, 246–277): Reimarus führt eine Vielzahl von Stellen aus dem Alten Testament an, um zu zeigen, dass das alte Judentum keine Vorstellung „von der Unsterblichkeit der Seelen und ihrem Zustande nach diesem Leben" (B 8, 247) gehabt habe und insofern gar nicht den Charakter göttlicher Offenbarung haben könne;
- das fünfte Fragment, „Über die Auferstehungsgeschichte" (B 8, 277–311), zielt, gemeinsam mit dem 1778 nachgelegten Text „Von dem Zwecke Jesu und seiner Jünger" (B 9, 217–340) ins Zentrum christlicher Glaubenslehre: Sehr genau an

den verschiedenen Evangelienberichten über die Auferstehung arbeitend, zeigt Reimarus die auffälligen Widersprüche in diesen Erzählungen und leitet die radikal provozierende Feststellung daraus ab, dass die Auferstehung nicht stattgefunden habe, dass vielmehr die Jünger die Nachwelt mit einer Erlösungsreligion betrogen hätten: Sie hätten den Leichnam aus dem Grab entfernt und die Auferstehung sowie sein Erscheinen vor ihnen (etwa auf dem Weg nach Emmaus, Lk 24,13 ff.) erfunden.

Die grundsätzlich kritische Position, die Lessing in den „Gegensätzen des Herausgebers" (B 8, 312–350) einnimmt, begründet sich einerseits darin, dass er Reimarus vorhält, den Wortlaut der Bibel und das Christentum in eins zu setzen. In seiner „Neue[n] Hypothese über die Evangelisten als bloß menschliche Geschichtsschreiber betrachtet" (1778; B 8, 629–654), die in den unmittelbaren Zusammenhang der Auseinandersetzung gehört, erörtert Lessing die Vorgeschichte der Abfassung der kanonischen Evangelien: Mündliche Überlieferung und ein älteres Evangelium als die vier bekannten, deren ältestes mindestens 30 Jahre nach dem Tod Jesu geschrieben worden sei. Ja mehr noch: Es habe, gleichsam als jüdische Sekte, ein Christentum als Religion ohne schriftliche biblische Erzählung, ohne Evangelium als Text gegeben! „Auch war die Religion ehe eine Bibel war" (B 8, 312). – Lessing wendet sich ebenfalls gegen die Offenbarungsthese im vierten Fragment: Man könne der jüdischen Überlieferung nicht vorwerfen, dass sie kein Leben nach dem Tode kenne, „[a]uf die Göttlichkeit der Bücher des A.T. ist aus dergleichen Dingen wenigstens gar nichts zu schließen" (B 8, 330). Die „Christliche Religion [habe] nur erst zu einer gewissen Zeit, in einem gewissen Bezirke erscheinen" können: Das heiße doch nicht, dass „alle vorhergehende Zeiten, alle andere Bezirke keine seligmachende Religion" gehabt hätten (B 8, 332). Lessing bestreitet hier, auch gegen Reimarus' Argumentation, dass das „*Seligmachende* in den verschiedenen Religionen immer das *Nemliche* [i. S. v. Dasselbe!] müsse gewesen sein". Und fügt hinzu: „Gott könnte ja wohl in allen Religionen die guten Menschen in der *nemlichen Betrachtung*, aus den *nemlichen Gründen* selig machen wollen: ohne darum allen Menschen von dieser Betrachtung, von diesen Gründen die *nemliche Offenbarung* erteilt zu haben" (ebd.). Hier überschreiten die „Gegensätze des Herausgebers" die Auseinandersetzung mit Reimarus weit: Letztlich wird hier die Gleich-Gültigkeit aller Religionen – aller unterschiedlich sein dürfenden Offenbarung – behauptet, unter einer Voraussetzung: Der Moralität. „Gott könnte ja wohl in allen Religionen *die guten Menschen* [...] selig machen wollen". An dieser Stelle, im IV. Gegensatz, schaltet Lessing die Paragraphen 1–53 der „Erziehung des Menschengeschlechts" ein, auf die gleich noch zurückzukommen sein wird.

Mit der Publikation der fünf Fragmente 1777 und der „Gegensätze" ist ein Teil der protestantischen (Gelehrten-)Öffentlichkeit provoziert, Johann Daniel Schumann, Gymnasialdirektor zu Hannover, antwortet im September 1777 mit seiner Schrift *Über die Evidenz der Beweise für die Wahrheit der christlichen Religion*, wo er die alttestamentlichen Stellen anführt, die Jesus als den Messias weissagen. Lessing antwortet („Über den Beweis des Geistes und der Kraft", B 8, 439–445), indem er die Beweisführung Schumanns in Zweifel zieht („Nachrichten von erfüllten

2.2 Aufklärung: Weltanschauliche Positionierung

Weissagungen [seien] nicht erfüllte Weissagungen", B 8, 440). Der Wolfenbüttler Theologe Johann Heinrich Reß zieht mit „Die Auferstehungsgeschichte Jesu Christi gegen einige im vierten Beitrage zur Geschichte und Literatur [...] gemachte neuere Einwendungen verteidiget" gegen das fünfte Fragment zu Felde, auf die Lessing mit der „Duplik" reagiert (B 8, 507–586). Die oben schon angeführte „Neue Hypothese über die Evangelisten als bloß menschliche Geschichtsschreiber betrachtet" gehört in diese frühe Phase der Auseinandersetzung.

Am 17. Dezember 1777 veröffentlicht der Hamburger Hauptpastor Johann Melchior Goeze in den *Freywillige[n] Beyträge[n] zu den Hamburgischen Nachrichten aus dem Reiche der Gelehrsamkeit* seinen ersten Angriff auf Lessing: „Etwas Vorläufiges gegen des Herrn Hofrats Leßings mittelbare und unmittelbare Angriffe auf unsre allerheiligste Religion, und auf den einigen Lehrgrund derselben, die heilige Schrift" (B 9, 9–37). Damit ist der umfangreichste Teil des Fragmentenstreits eröffnet (wie das ‚Vorgeplänkel' mit Schumann, Reß u. a. in B 8, vollständig dokumentiert in B 9, 9–482(!)). Hier kommen grundsätzliche Positionsdifferenzen großen Ausmaßes zum Tragen: Das absolute Primat der heiligen *Schrift* (Luther: *sola scriptura*) als faktische Offenbarung göttlicher Wahrheit, neben der oder gegen die keine andere Wahrheit Bestand hat, menschliche Vernunft als grundsätzlich unfähig, an die Geheimnisse von Glaube und Offenbarung zu rühren, die Annahme einer absoluten Suprematie der christlichen Religion auf der Seite Goezes, historische Argumentation wie in der Evangelisten-Hypothese, vor allem aber Einstehen für das Recht, als Christ selbst unabhängig denken zu dürfen, auf der Seite Lessings: „Herr Pastor, wenn Sie es dahin bringen, daß unsere Lutherschen Pastores unsere Päpste werden; – daß diese uns vorschreiben können, wo wir aufhören sollen, in der Schrift zu forschen; – daß diese unserm Forschen, der Mitteilung unsers Erforschten, Schranken setzen dürfen: so bin ich der erste, der die Päpstchen wieder mit dem Papste vertauscht" („I. Anti-Goeze", B 9, 76).

Der polemische Ton, der die Auseinandersetzung kennzeichnet, ist nicht nur Sache Lessings („Und nun, Herr Pastor, arbeiten Sie nur darauf los, so viele Protestanten, als möglich wieder in den Schoß der Katholischen Kirche zu scheuchen", ebd.). Ganz im Gegenteil. In der Vorerinnerung zum Einzeldruck seiner ersten Reaktion auf die Fragmenten-Veröffentlichung (B 9, 117–123) greift Goeze Lessing persönlich an: Er sei „keiner Antwort würdig. Denn Sophismen, Equivocien, Fallacien, falsche, und schwache Leser blendende Bilder, statt der Gründe, Schlüsse und Axiomen, aus vieldeutigen, und von ihm nicht bestimmten Worten, Hohn und Naserümpfen über die Gegner, haben in der gelehrten Welt eben den Wert, den falsche Würfel in der bürgerlichen haben" (B 9, 120 f.). Er wirft Lessing vor, mit billiger Bibelkritik, mit seiner für einen Mann seines Metiers typischen „Theaterlogik" (B 9, 121) allenfalls „lautes Geklatsche" im ungebildeten Parkett erzielen zu wollen. Und er prophezeit: „Ich habe bei dem ersten Anblicke der Fragmente besorget [als sei er wirklich besorgt!], daß sie die Klippe sein würden, an welcher der bisherige Ruhm des Herrn Leßing scheitern wird. Der Ausgang wird meine gegründete Vermutung rechtfertigen" (B 9, 123).

In gewissem Sinne hatte Goeze recht – oder vielmehr: Er hat alles getan, um Recht zu bekommen. Schon in seiner allerersten Schrift im Dezember 1777 hatte er „große Herrn und andre Obrigkeiten" aufgefordert, den Zeitungsschreibern wie Lessing, „welche so unersetzlichen Schaden tun", „Zaum und Gebiß anzulegen" (B 9, 37). Nach dem elften „Anti-Goeze" hat, zumindest in der Chronologie der Ereignisse, der Apell Erfolg: Am 6. Juli 1778 untersagt der Herzog Karl von Braunschweig mit seiner „Resolutio für den Hofrat Leßing in Religions Sachen" (B 12, 186 f.) jede künftige Publikation in „Religions-Sachen [...] ohne vorherige Genehmigung" (B 12, 187). Lessing wird der Zensur unterworfen. Und wechselt gewissermaßen die Kanzel, will sagen, das Forum bürgerlicher Öffentlichkeit, um die Auseinandersetzung fortzusetzen. *Nathan der Weise* thematisiert das Verhältnis der Religionen, ihre Begründetheit in Geschichte, erhebt Widerspruch gegen alle Ansprüche christlicher Suprematie und präsentiert im Patriarchen einen inhumanen Orthodoxen – wie Goeze (s. Kap. 7).

Geschichtsphilosophie: *Erziehung des Menschengeschlechts*. Die ersten 53 Paragraphen der insgesamt 100 der *Erziehung des Menschengeschlechts* (s. Abb. 2.2) hatte Lessing schon im 4. Abschnitt der „Gegensätze des Herausgebers" bei Publikation der fünf provozierenden Fragmente des Reimarus mitpubliziert; die gesamte Schrift erschien Ostern 1780 bei Voß in Berlin.

Der Blickpunkt des Textes ist gleichsam erhaben: „Der Verfasser hat sich darin", so führt der angebliche Herausgeber in seinem Vorbericht aus, „auf einen Hügel gestellt, von welchem er etwas mehr, als den vorgeschriebenen Weg seines heutigen Tages zu übersehen glaubt" (B 10, 74). Aus dieser wenigstens leicht übergeordneten Perspektive blickt der Verfasser auf die Geschichte der Menschheit, auf die Abfolge religiöser Formationen zurück, interpretiert die Offenbarung „als Geschichte der Religionsvorstellungen und diese als eine stufenweise Entfaltung der Vernunft" (Fick 2016a, 437). Die Parallelisierung von individueller Erziehung und Menschheitsgeschichte ist mindestens im Blick auf das Christentum provokant: Wenn der jüdische Glaube dem Kindesalter zugeordnet wird, der christliche zum Jünglingsalter, dann ist letzterer nur eine Stufe, die überschritten werden *muss*. Und die heiligen Bücher von Juden und Christen bekommen einen gleichsam säkularen Stellenwert: Lessing „begreift die Schriften des Alten und Neuen Testamentes als Dokumente, an denen sich dieser kulturelle Lernprozess nachvollziehen lässt" (Vellusig 2023, 156).

Es lässt sich zeigen, dass Lessings Stufenfolge der Erziehung des Menschengeschlechts, auch die Vergleichung des vorchristlichen jüdischen Volkes mit einem Kind ähnlich argumentiert wie Spinoza in seinem *Theologisch-Politischen Traktat* (1670; vgl. dazu Fick 2016a, 437–440). Einmal abgesehen davon, dass Spinoza hier den biblischen Text (insbesondere die jüdische Überlieferung) als historisch entstanden, von Menschen gemacht betrachtet und damit der Bibelkritik von Reimarus und Lessing nahekommt – unterscheidet Spinoza zwischen der (sinnlichen) Sprache der Offenbarung und der vernunftmäßigen der Philosophie. „Er zeigt, daß das Ziel der Offenbarung ein sinnliches Analogon zu dem Ziel der Philosophie darstellt. Der Glaube, zu dem die Offenbarung anhalte, manifestiere sich in einer Lebensführung, die ebenso Nachahmung des Göttlichen sei und ebenso den Keim der Glückseligkeit in sich trage wie die philosophische Erkenntnis" (Fick 2016a, 438). Wie Spinoza

Abb. 2.2 Titelblatt *Erziehung des Menschengeschlechts* (1780)

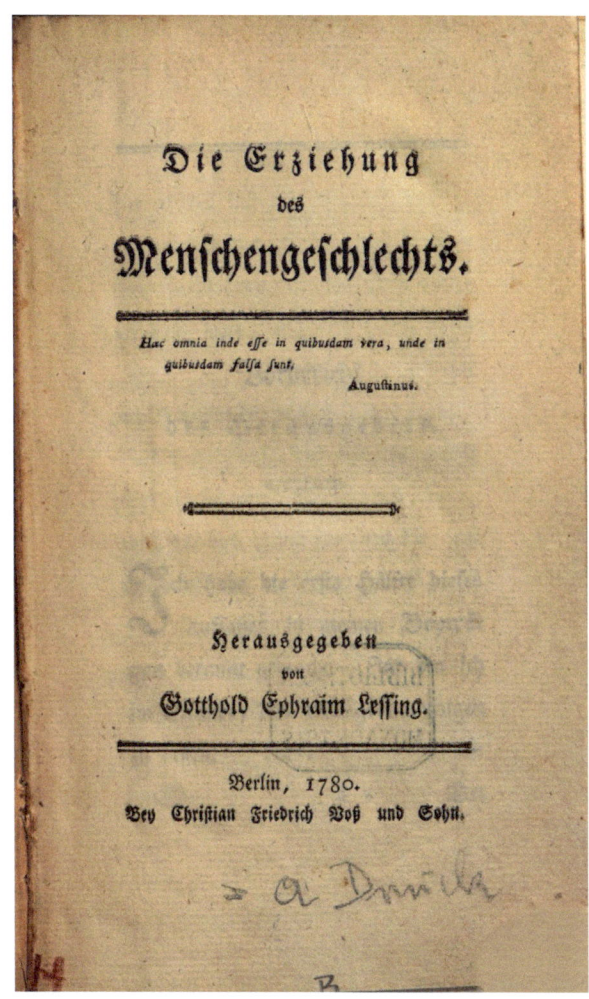

deutet Lessing die biblischen Erzählungen als an den sinnlichen Menschen gerichtet (vgl. ebd.). Die jüdische Religion wird bei Lessing als sinnliche, die christliche als geistige Religion gedacht. Aber: „Kann er [ein Mensch] in eben demselben Leben ein sinnlicher Jude und ein geistiger Christ gewesen sein? Kann er in eben demselben Leben beide überholet haben?" (§ 93, B 10, 98). Der geschichtsphilosophische Dreischritt, den Lessing hier andeutet, wird in § 86 vorweggenommen: „Sie wird gewiß kommen, die Zeit eines *neuen ewigen Evangeliums*" (B 10, 96). Im Sinnlichen der jüdischen Religion sei die Diesseitigkeit, die Nicht-Existenz eines Jenseits-Glaubens begründet gewesen, die Doppelheit der Welt in Diesseits und Jenseits im Christentum habe dessen Geistigkeit ausgemacht – und im dritten Alter der Welt (vgl. § 88) wird die Synthese von Jenseits und Diesseits, die Verwirklichung des Jenseits im Diesseits eintreten. Die Glückseligkeit dieses dritten Zustandes hängt an der Moralität des menschlichen Handelns, sie ist gegeben, „da er [der Mensch] das Gute tun wird, weil es das Gute ist, nicht weil willkürliche Belohnungen darauf gesetzt sind" (§ 85, B 10, 96). Dass dieses Ideal im moralischen Ideal der *Nathan*-Handlung auf einer subtilen sprachlichen Ebene geltend gemacht wird, resultiert möglicherweise aus der großen werkbiographischen Nähe von Erziehungsschrift und Schauspiel (s. Kap. 7). Zudem kommt der Text in § 85 in der Formulierung durchaus der Idee der Schönen Seele in Schillers Schrift *Ueber Anmuth und Würde* (1793) nahe, in der dieser den harmonischen Ausgleich zwischen Pflicht und Neigung mit diesem Ehrentitel bezeichnet hatte.

Die Tatsache, das im dritten Alter der Welt das Jenseits im Diesseits verwirklicht sein wird, hat zwei entscheidende Konsequenzen: 1) ist damit der Glaube an ein ewiges Leben im Jenseits, als auf ‚der andern Seite' obsolet; Lessing deutet (§§ 94–96) stattdessen den Gedanken einer Seelenwanderung an: „[W]arum könnte jeder einzelne Mensch auch nicht mehr als einmal auf dieser Welt vorhanden gewesen sein?" (B 19, 98); 2) sind damit Gott und Welt als vereinigt gedacht. „Terminologisch wird die Synthese angedeutet, indem Lessing in den Schlußparagraphen Gott (§ 82: ‚Allgütiger'), Vorsehung (§ 91) und ‚Natur' (§§ 84, 90) als Synonyme verwendet" (Fick 2016a, 429). Gottes Wirklichkeit liegt dann in den Vielheiten der natürlichen Dinge in der Welt, denen er damit eine Einheit gibt. Ἓν καὶ Πᾶν: Eins und Alles.

2.3 Literaturkritik

Lessing, insbesondere der junge Lessing, war ein viel beschäftigter und durchaus auch gefürchteter Rezensent. Zwischen 1749 und 1755 veröffentlichte er eine Vielzahl von Rezensionen in der von Mylius betriebenen *Berlinischen privilegirten Zeitung*; daneben lassen sich für die Jahre 1750/51 Rezensionen in den *Critischen Nachricht aus dem Reiche der Gelehrsamkeit* und für 1749/50 auch in den *Jenaischen gelehrten Zeitungen* nachweisen. Der Umfang dessen, was er besprach, war beträchtlich: Gottscheds Reden und Gedichte, Gellerts Briefe, lyrische Werke wie die Gedichtbände von Uz oder Gleim, Bodmers epischen Versuch in *Jacob und Joseph*, Klopstock und Klopstock-Beurteiler, Wielands frühe Erzählungen, Albrecht von Hallers anatomische Schriften (*opuscula anatomica*), auch französische Literatur: Rousseau, Voltaire, Crébillion, Montaigne, englische Romane wie der *Grandison* Richardsons, ästhetische Theorie bei Hogarth, bei Schönaich und Sulzer. Schriften seiner Berliner Freunde: Nicolais Milton-Abhandlung, Mendelssohns ihm sehr nahe liegendes Buch *Über die Empfindungen*, sogar Eigenes wie den fünften und sechsten Teil seiner *Schriften*; diese allerdings werden nicht besprochen, sondern angekündigt. Nur wenige Rezensionen sind überliefert, die in anderen Publikationsorganen erschienen wie etwa der von Mendelssohn und Nicolai 1757 bis 1759 in Leipzig herausgegebenen *Bibliothek der schönen Wissenschaften und Freien Künste* oder der *Hamburger Neuen Zeitung*. In der Tat war die *Berlinische privilegierte Zeitung* sein eigentliches Rezensionsorgan.

2.3 Literaturkritik

Als besondere Formen der Literaturkritik lassen sich zwei große Textkorpora ansprechen, die über längere oder lange Zeit periodisch, also etwa wöchentlich, publiziert wurden – und die tatsächlich an die Stelle der Rezensionstätigkeit für Zeitungen traten: Die sogenannten „Literaturbriefe", die *Briefe, die neueste Litteratur betreffend* (1759–1765) und die *Hamburgische Dramaturgie* (1767–1769).

2.3.1 „Briefe, die neueste Literatur betreffend"

Im Unterschied zu den Briefen, die Mendelssohn, Nicolai und Lessing im sogenannten ‚Trauerspielbriefwechsel' einander schrieben, waren die Einzeltexte der „Briefe, die neueste Litteratur betreffend" (s. Abb. 2.3) faktisch keine Briefe; jene waren reale Privatbriefe, die erst posthum veröffentlicht wurden (erstmals 1794),

Abb. 2.3 Titelblatt *Briefe die neueste Litteratur betreffend* (I. Theil, 1759)

die viel später aufgrund der inhaltlichen Kohärenz zusammengestellt und publiziert wurden (Petsch 1910). Diese, die „Litteraturbriefe", fingieren die Korrespondenz – und machen sich damit eine sehr beliebte private Kommunikationsform innerhalb vor allem des Bürgertums des 18. Jahrhunderts zunutze. Die Einleitung zum ersten Band (Berlin 1759, s. Abb. 2.3) moderiert eine Korrespondenzfiktion an: Ein „Herr von N.**, ein verdienter Officier, und zugleich ein Mann von Geschmack und Gelehrsamkeit, ward in der Schlacht bei Zorndorf verwundet" – die Rahmenfiktion stellt das Textkorpus also in den aktuellsten Zusammenhang des Siebenjährigen Krieges: einen der großen Siege der preußischen Armee über die nach Brandenburg einzufallen versuchende russische Armee am 25. August 1758. Verletzt sei Herr von N.** dem Kriegsgeschehen entzogen, „nach Fr** gebracht, und seine Wundärzte empfohlen ihm nichts eifriger, als Ruhe und Geduld". Aus „Langeweile und ein[em] gewisse[n] militärische[n] Eckel vor politischen Neuigkeiten" habe er Freunde in B** gebeten, ihm brieflich „die Lücke, welche der Krieg in seine Kenntnis der neuesten Literatur gemacht, ausfüllen zu helfen" (B 4, 455). Ein fiktiver Herausgeber weist auf die ‚beträchtliche Anzahl' der Briefe hin und darauf, wie er sie erscheinen lassen wolle: „Ich habe völlige Gewalt sie drucken zu lassen, wie und wenn ich will. Der Verleger [d. i. Nicolai, in dessen Berliner Verlag die Briefe erscheinen] meinte, daß es am füglichsten wöchentlich geschehen könnte; und ich lasse ihm seinen Willen" (ebd.).

Die Fiktion hat biographische Anknüpfungspunkte: Einer von Lessings wichtigsten und engsten Freunden in Leipzig (1755–1758) war ein „verdienter Officier, und zugleich ein Mann von Geschmack und Gelehrsamkeit", Ewald von Kleist. Nachdem dieser im Frühjahr 1758 wieder ins Feld musste, zog Lessing nach Berlin zurück – und im Gespräch mit den dortigen engsten Freunden Mendelssohn und Nicolai entstand die Idee einer Publikation oder eines Periodikums zur „neuesten Litteratur", die Idee, den mündlichen Austausch der Freunde in Briefform zu verschriftlichen und an einen Soldaten, wie Kleist, zu adressieren.

Er, also der fiktive Herr von N.**, habe, so beginnt der erste Brief, in seiner Zeit im Felde, in den zwei zurückliegenden Jahren, nicht viel verpasst:

> Etwas werden Sie freilich nachzuholen haben; aber nicht viel. [...] Gegen hundert Namen, [...] – die alle erst in diesem Kriege als Namen verdienstvoller Helden bekannt geworden; gegen tausend kühne Taten, [...] – kann ich Ihnen auch nicht ein einziges neues *Genie* nennen, kann ich Ihnen nur sehr wenige Werke schon bekannter Verfasser anführen, die mit jenen Taten der Nachwelt aufgehalten zu werden verdienten. Es gilt dieses von uns Deutschen vor allen andern. (B 4, 456)

Gesprächshaft geben sich die Briefe im Stil, gesellig: Sie wollen dem verwundeten Freunde etwas mitteilen. Wenn im Kommunikationszusammenhang bürgerlicher Öffentlichkeit dann Leserin oder Leser sich an die Stelle des Angeredeten setzen, sind sie plötzlich Empfänger der gesellig-launigen Mitteilung über die neueste Literatur.

Die Briefe, die Lessing beiträgt, lassen sich nicht auf einen Nenner bringen – zu vielfältig sind die Gegenstände. Es lassen sich aber einige Hauptgegner oder ‚Opfer' der Kritik bzw. Polemik ausmachen, eine Kritik, die Lessing (und das Berliner

2.3 Literaturkritik

Brief-Trio) ins Verhältnis setzt zur literarischen Landschaft der Zeit, ggf. in derart scharfer Entgegensetzung, dass von hier aus, so die selbstbewusste Prätention, eine neue Epoche der Literaturgeschichte ausgehe. Hier sollen allerdings nur wenige dieser Positionen sichtbar gemacht werden.

Christoph Martin Wieland (1733–1813) ist einer der Hauptgegner oder -opfer in Lessings Beiträgen zu den ‚Literaturbriefen' – und zwar *der* Wieland deutlich *vor* dem *Don Sylvio* (1764) und der *Geschichte des Agathon* (1765). Gegenüber Wielands freigeistigem Lehrgedicht *Die Natur der Dinge* (1752) und etwa seinen durchaus in anakreontisch-schlüpfrigem Ton gehaltenem *Anti-Ovid* (1752) zeigten, so Lessing im 7. Brief, die neueren Veröffentlichungen Wielands einen ganz anderen Dichter. Das ist durchaus zutreffend: Wielands *Empfindungen eines Christen* (1757), seine *Sympathien* (1756) sind religiös-erbauliche Schriften, die Dichtung für die Religion in die Pflicht nehmen. Schlimmer noch: In der Vorbemerkung zu den *Empfindungen eines Christen*, der „Zuschrift", hatte Wieland – um die eigene gottbegeisterte, neue Dichtung abzuheben – die „Anpreisung der gröbsten und schändlichsten Wollust" in der verkommenen weltlichen Dichtung angeprangert; als ein Beispiel führte er Johann Peter Uz (1720–1796) an, einen der bedeutenden Anakreontiker neben Hagedorn und Gleim – und Lessing, der in seiner Frühzeit eben auch anakreontisch dichtete. Lessing verunglimpft Wielands *Empfindungen* als bloße „Ausschweifungen der Einbildungskraft" (B 4, 471); ab dem 9. Brief zerlegt er Wielands *Plan einer Academie zur Bildung des Verstandes und Herzens junger Leute* (1758), indem er ihm vorführt, wie wenig stichhaltig seine Ableitung dieses Plans aus antiker Kultur sei, dass sein Verständnis der sokratischen Lehrmethode ein völliges Missverständnis sei – und dass er, Wieland, in der Schweiz (Wieland war zu diesem Zeitpunkt in Zürich bei Bodmer) seine Sprache verlerne: „Nicht bloß das Genie derselben, und den ihr eigentümlichen Schwung; er muß sogar eine beträchtliche Anzahl von Worten vergessen haben" (B 4, 487). — Im 63. und 64. Literaturbrief kritisiert Lessing die Bewunderungsästhetik von Wielands Trauerspiel *Lady Johanna Gray* (1758), einem Märtyrerdrama. Das erste deutsche Drama übrigens, das im Blankvers steht – den Lessing sehr viel später auch für den *Nathan* verwenden wird.

Johann Christoph Gottsched. Der 17. Literaturbrief wurde lange Zeit als Manifest der endgültigen Verabschiedung der Regelpoetik Gottscheds und des Einläutens einer neuen Epoche gelesen. Allein der Auftakt des Briefes ist unverhohlen polemisch: „‚Niemand', sagen die Verfasser der Bibliothek [d. i. Nicolais *Bibliothek der schönen Wissenschaften und Freien Künste*], ‚wird leugnen, daß die deutsche Schaubühne einen großen Teil ihrer ersten Verbesserung dem Herrn Professor *Gottsched* zu danken habe.' Ich bin dieser Niemand; ich leugne es geradezu" (B 4, 499). Gottsched wird vorgeworfen, dass er angesichts des desolaten Zustandes der deutschen Bühne in den ersten Jahrzehnten des Jahrhunderts angefangen habe, mehr schlecht als recht aus dem Französischen zu übersetzen, andere zu mehr schlechten als rechten Übersetzungen anzustiften – und mit der angeblichen Erneuerung des deutschen Theaters ein bloß französierendes geschaffen habe, „ohne zu untersuchen, ob dieses französierende Theater der deutschen Denkungsart angemessen sei, oder nicht" (B 4, 500). Polemisch setzt Lessing den Mustern Gottscheds, Corneille und Racine, auch Voltaire, *sein* Ideal Shakespeare entgegen sowie eines „unsre[r] alten Stücke" (B 4, 501), den *Doktor Faust*, zu dem er am Ende des Briefes eine eigene Szene (II.3) zu einem *Faust*-Drama notiert.

Faktisch ist alles, was Lessing hier als „neu" markiert, nicht die Erfindung des 17. Literaturbriefs: Gottscheds Machtposition im Felde literarischer Öffentlichkeit war längst im Schwinden begriffen: Die vierte, erweiterte Auflage der *Critischen Dichtkunst* (1751) versuchte vergeblich, etwa mit einem halbherzigen Abschnitt zum Roman, mit neueren Entwicklungen schrittzuhalten; mit Klopstock und Gellert hatte sich seit Ende der 1740er Jahre längst eine empfindsame Dichtungsvorstellung gegen Gottsched durchgesetzt, auch unterstützt durch die Züricher Bodmer und Breitinger; Johann Elias Schlegel hatte mit seiner „Vergleichung Shakespears und Andreas Gryphs" (1741) längst den Engländer (*an der Seite* von Gryphius eher als *gegen* ihn!) gegen die nachzuahmenden Franzosen gesetzt. Die Zeit Gottscheds war um 1760 in der Tat vorbei: „Lessing warf nur den letzten Stein: und der war tödlich" (Michelsen 1990, 75; vgl. dazu insgesamt Fick 2016a, 176 f.).

Klopstock ist natürlich Gegenstand verschiedener der Literaturbriefe: In der Kritik von Klopstocks Abhandlung „Von der Nachahmung des griechischen Silbenmaßes im Deutschen" (18. Brief) schwingt unverhohlene Bewunderung für den *Dichter* Klopstock mit: Dieser wird als ein „Genie" bezeichnet, das „von seiner Materie voll ist, und die tiefsten Geheimnisse derselben kennt" (B 4, 502), das aber deswegen nicht unbedingt transparent von der poetischen Machart seiner Verse sprechen können müsse. Klopstock ist auch Gegenstand dort, wo Lessing sich mit religiöser Dichtung kritisch auseinandersetzt. Das gemeinsam mit Karl Wilhelm Ramler (1725–1798) betriebene Projekt einer Edition der Sinngedichte von Friedrich von Logau (1605–1655), Epigramme aus der Zeit des Dreißigjährigen Krieges, wird in verschiedenen Briefen (36., 44. Brief) angekündigt, ja beworben; zeitgenössische Dramatik (Christan Felix Weiße), Publizistik (Johann Jakob Dusch, Johann Andreas Cramer) und vieles andere mehr besprochen.

Lessing arbeitete eigentlich nur zwei Jahre an den *Briefen, die neueste Litteratur betreffend* mit (1759/60), in den späteren Jahren trug er nur sehr vereinzelt Briefe bei (vgl. Fick 2016a, 174). Auf die Gesamtmenge aller Briefe bis 1765 gerechnet, stammt von Lessing weniger als ein Fünftel.

2.3.2 Hamburgische Dramaturgie

Im „Funfzigsten Stück" der *Hamburgischen Dramaturgie*, also praktisch auf der Hälfte der insgesamt einhundertvier Stücke und nach dem ersten Theatersommer 1767 spricht Lessing sein Lesepublikum unmittelbar an:

> Wahrlich, ich betaure meine Leser, die sich an diesem Blatte eine theatralische Zeitung versprochen haben, so mancherlei und bunt, so unterhaltend und schnurrig, als eine theatralische Zeitung nur sein kann. Anstatt des Inhalts der hier gangbaren Stücke, in kleine

lustige oder rührende Romane gebracht; anstatt beiläufiger Lebensbeschreibungen drolliger, sonderbarer, närrischer Geschöpfe, wie die doch wohl sein müssen, die sich mit Komödienschreiben abgeben; anstatt kurzweiliger, auch wohl ein wenig skandalöser Anekdoten von Schauspielern und besonders Schauspielerinnen: anstatt aller dieser artigen Sächelchen, die sie erwarteten, bekommen sie lange, ernsthafte, trockne Kritiken über alte bekannte Stücke; schwerfällige Untersuchungen über das, was in einer Tragödie sein sollte und nicht sein sollte; mit unter wohl gar Erklärungen des Aristoteles. Und das sollen sie lesen? Wie gesagt, ich betaure sie; sie sind gewaltig angeführt! – Doch im Vertrauen: besser, daß sie es sind, als ich. Und ich würde es sehr sein, wenn ich mir ihre Erwartungen zum Gesetze machen müßte. Nicht daß ihre Erwartungen sehr schwer zu erfüllen wären; wirklich nicht; ich würde sie vielmehr sehr bequem finden, wenn sie sich mit meinen Absichten nur besser vertragen wollten. (B 6, 429)

Das Publikationsprojekt, über das er hier spricht, das mittlerweile über 25 Wochen u. a. den Spielplan des Hamburgischen Nationaltheaters begleitete, sollte in der Tat eine „theatralische Zeitung" sein, sollte ein, so Lessing in der „Vorankündigung", „kritisches Register von allen aufzuführenden Stücken halten, und jeden Schritt begleiten, den die Kunst, sowohl des Dichters, als des Schauspielers, hier tun wird" (B 6, 185). Die Stücke, die aufgeführt wurden, referiert der Text auch getreulich, Anmerkungen zur ‚Kunst des Schauspielers' gibt es, zumindest anfangs, auch. Überhand aber nehmen sehr schnell in der Tat „lange, ernsthafte, trockne Kritiken über alte bekannte Stücke; schwerfällige Untersuchungen über das, was in einer Tragödie sein sollte und nicht sein sollte; mit unter wohl gar Erklärungen des Aristoteles". Mit andern Worten: Die *Hamburgische Dramaturgie* reflektiert sich hier, im fünfzigsten Stück, sowohl als literaturkritisches als auch als dramenpoetologisches Unternehmen. – Dass Lessing hier, ohne Rücksicht und ohne Koketterie, das Lesepublikum vor den Kopf stößt (sein Geschmack wäre leicht zu befriedigen gewesen; besser sei, die Leser seien getäuscht als er), ist ohne Zweifel Charakteristikum seines notorischen Nonkonformismus – und verrät vielleicht schon sein Gespür für das Scheitern des Theaterprojekts nicht einmal ein Jahr später.

Entstehungskontext. Die *Hamburgische Dramaturgie* (s. Abb. 2.4) ist Lessings größter, mindestens in gewissem Sinne ‚zusammenhängender' expositorischer, da dramentheoretischer *und* literaturkritischer Text. Er entstand im Zusammenhang mit Lessings Anstellung als Dramaturg am ‚Hamburger Nationaltheater'. Dieser Name allerdings hat mehr Prätention als Substanz: Das Ganze war ein kurzlebiges, nach nicht einmal zwei Jahren scheiterndes Projekt.

Hamburg war eine Handelsstadt, nicht von einem Hof geprägt, die, wie die norditalienischen Städte der Renaissance, durch Mitglieder alter, patrizischer Familien, die den Senat bildeten, regiert wurde – und verfügte über ein ansehnliches kulturelles Leben. Georg Philipp Telemann war Musikdirektor der Stadtkirchen, sein Nachfolger wurde, als Lessing schon in Hamburg war, Carl Philipp Emanuel Bach; Barthold Hinrich Brockes hatte hier gelebt, ebenso, am Anfang des Jahrhunderts, Georg Friedrich Händel. Schon seit 1677 gab es ein Opernhaus, das allerdings im zweiten Viertel des 18. Jahrhunderts verfiel; verschiedene Theatergesellschaften – durchaus die berühmtesten und bedeutendsten im Reich – gastierten hier: Caroline Neuber, die als Theaterprinzipalin mit Gottsched gemeinsam von Leipzig aus

Abb. 2.4 Titelblatt *Hamburgische Dramaturgie* 1 (1767)

eine Theaterreform angestrengt hatte, die Gesellschaft von Johann Friedrich Schönemann; der Theaterprinzipal Heinrich Gottfried Koch versuchte gar um 1760, eine stehende Bühne einzurichten.

Der Theaterprinzipal Konrad Ackermann schließlich ließ 1765 nach dem Abriss des alten Opernhauses am Gänsemarkt ein neues Theatergebäude errichten – sein Unternehmen geriet aber schon in der zweiten Spielzeit in eine prekäre finanzielle Schieflage. Ein ehemaliger Schauspieler der Schönemannschen Gesellschaft, Johann Friedrich Löwen – ein Freund des damals bedeutendsten Schauspielers, Konrad Ekhof, und auch theaterhistorischer Schriftsteller (*Geschichte des deutschen Theaters*, 1766) – konnte eine Gruppe wohlhabender Hamburger gewinnen, das finanzielle Risiko eines privat, d. h. bürgerlich geführten Theaterhauses zu übernehmen. Dass keiner dieser zwölf Sponsoren aus der patrizischen Oberschicht stammte, dass nur einer tatsächlich Hamburger Bürgerrecht besaß, war auf jeden Fall Grund dafür, dass das Projekt von Anfang an in der Stadtregierung keine Unterstützer hatte, war auch Mitursache für das schnelle Scheitern des großangekündigten Projekts. In seiner „Vorläufigen Nachricht von der auf Ostern 1767 vorzunehmenden Veränderung des Hamburgischen Theaters" versprach Löwen dem Publikum, „das deutsche Schauspiel in Hamburg zu einer Würde zu erheben, wohin es unter andern Umständen niemals gelangen wird", die „Verfeinerung des Geschmacks" und der Sitten gehörten zu den „großen Vortheile[n] [...], die eine Nationalbühne dem ganzen Volke verschaffen" könne (*Johann Friedrich Löwens Geschichte des deutschen Theaters (1766) und Flugschriften über das Hamburger Nationaltheater (1766 und 1767). Im Neudruck mit Einl. und Erl. hrsg. von Heinrich Stümcke. Berlin 1905*, S. 85 f.). Eine Nationalbühne für das ganze Volk!

Löwen hatte wohl vorgehabt – auch um der Förderung deutscher Originaldramen willen –, eigens einen Dramatiker vertraglich an das Haus zu binden; eine entsprechende Anfrage lehnte Lessing ab. Da aber Löwen unbedingt Lessing verpflichten wollte, stellte man ihn als Dramaturgen ein, also eine Art „hauseigenen Kritiker" (Nisbet 2008, 481). Löwen zog auch seinen Freund, den Schauspieler Konrad Ekhof, an die Bühne: Dieser hatte in Schwerin im Jahrzehnt zuvor den Versuch gemacht, eine Schauspiel-Akademie aufzubauen, die zwar nur ein Jahr bestehen konnte – aber Löwen wollte diese Erfahrungen und die daraus zu gewinnenden Impulse für die Schauspielkunst insgesamt auch in Hamburg nutzen.

Der Spielplan der zwei Spielzeiten, die das ‚Nationaltheater' bestand und die Lessing begleitete, bot wenig Überraschungen: Etwa 70 der insgesamt 120 aufgeführten Stücke waren französischen Ursprungs (in z. T. problematischen Übersetzungen, wie Lessing dann und wann bemerkt), etwa 40 waren deutsche Originaldramen, der Rest Übersetzungen aus dem Englischen, Niederländischen und Italienischen. Von den insgesamt 522 Aufführungen in den zwei Jahren entfielen 308 auf die französischen Stücke, 176 auf die deutschen und 38 auf diejenigen Übersetzungen aus anderen Sprachen (vgl. Nisbet 2008, 486). Lessings *Minna von Barnhelm* war das am häufigsten aufgeführte Drama (16 Vorstellungen), Voltaire war derjenige Theaterdichter, von dem die meisten Dramen aufgeführt wurden (10 Texte).

Spielplanbegleitung: fiktive Chronologie. Formal scheint die *Hamburgische Dramaturgie* mit ihren insgesamt 104 „Stücken" zwei ganze Jahre in wöchentlich erscheinenden Nummern auszuschreiten. Faktisch ist die Lage komplizierter: Zunächst erschien zwei Mal wöchentlich, dienstags und freitags, je ein Stück, die zwar einerseits den Spielplan begleiteten, insofern Lessing die Aufführung bestimmter Stücke zu bestimmten Daten als äußere, gleichsam chronologische Ordnung nutzte, aber andererseits von Beginn an keinesfalls diese chronologische Ordnung sklavisch befolgten, insofern etwa als jede Lieferung der Zeitschrift einer Inszenierung oder Aufführung gewidmet gewesen wäre (so verlässt etwa erst das 8. Stück die Aufführung am Eröffnungstage). Auch unterbrach Lessing die periodische Publikation der „Stücke" zwei Mal: Vom 8. Mai bis zum 14. August 1767 (31. Stück) verlief die zweimal-wöchentliche Veröffentlichung wie geplant regelmäßig; um es Raubdruckern schwieriger zu machen, verzögerte er die Veröffentlichung des 32. Stücks bis zum 8. Dezember 1767 (wo in Hamburg Theaterferien waren, da in Advents- und Fastenzeit kein Theater gespielt werden durfte). Bis Mitte April 1768 wurde wieder regelmäßig publiziert („Zweiundachtzigstes Stück. Den 12. Februar 1768"); die Stücke 83 bis 104, eigentlich schon vom Bewusstsein des Scheiterns des gesamten Projekts geprägt, wurden gar nicht mehr einzeln publiziert, sondern erst 1769 ans Ende der Buchausgabe gesetzt. Die fiktive chronologische Ordnung behält der Text aber bei: Jeweils unter der Überschrift, die immer nur Nummerierung der Stücke ist, steht das (scheinbare) Schreib- oder Veröffentlichungsdatum. Das letzte ist der 19. April 1768.

Spielplanbegleitung: Theaterkritik. Im letzten Stück der *Dramaturgie* (das sind „Hundert und erstes, zweites, drittes und viertes Stück") erinnert sich Lessing an den bei Start des Unternehmens ergangenen Auftrag: „,Sie sollten jeden Schritt begleiten, den die Kunst, sowohl des Dichters, als des Schauspielers hier tun würde.'" Und er fügt unmittelbar hinzu: „Die letztere Hälfte bin ich sehr bald überdrüssig geworden" (B 6, 683). Nichtsdestoweniger findet sich zumindest in den frühen Stücken auch Kritik bzw. meist Lob der Schauspieler und Schauspielerinnen: Konrad Ekhofs Darstellungsleistung wird etwa im dritten und vierten Stück im Blick auf seinen bewundernswerten Ausdruck von Empfindung, auch auf den schauspielerischen Einsatz der Hände, seiner Gestik gewürdigt:

> Man kann die enthusiastische Melancholie, das Gefühl der Fühllosigkeit, wenn ich so sagen darf, worin die ganze Gemütsverfassung des Sidney [im Lustspiel *Sidney* von Jean-Baptiste Louis Gresset, 1709–1777] bestehet, schwerlich mit mehr Kunst, mit größerer Wahrheit ausdrücken. Welcher Reichtum von malenden Gesten, durch die er allgemeinen Betrachtungen gleichsam Figur und Körper gibt, und seine innersten Empfindungen in sichtbare Gegenstände verwandelt! Welcher fortreißende Ton der Überzeugung! (17. Stück, B 6, 266)

An Sophie Friederike Hensel, einer ehemals in der Ackermannschen Truppe tätigen Schauspielerin, „ohnstreitig eine von den besten Aktricen [...], welche das deutsche Theater jemals gehabt hat" (B 6, 205) und von Friedrich Nicolai Lessing gegenüber für ihre Sara-Darstellung in Leipzig 1756 auf das Äußerste gelobt (vgl. Brief an Lessing vom 3.11.1756), schätzte Lessing ihre überragende Deklamationskunst, etwa die „meisterhafte Absetzung der Worte" (B 6, 207).

> Welches Feuer, welche Inbrunst beseelten jeden Ton! Mit welcher Zudringlichkeit, mit welcher Überströmung des Herzens sprach ihr Mitleid! Mit welcher Entschlossenheit ging sie auf das Bekenntnis ihrer Liebe los! Aber wie unerwartet, wie überraschend brach sie auf einmal ab, und veränderte auf einmal Stimme und Blick, und die ganze Haltung des Körpers, da es nun darauf ankam, die dürren Worte ihres Bekenntnisses zu sprechen. Die Augen zur Erde geschlagen, nach einem langsamen Seufzer, in dem furchtsamen gezogenen Tone der Verwirrung, kam endlich,
> „Ich liebe dich, Olint, –"
> heraus, und mit einer Wahrheit! Auch der, der nicht weiß, ob die Liebe sich so erklärt, empfand, daß sie sich so erklären sollte. (B 6, 206)

Vor allem die stimmlich-deklamatorische Qualität der schauspielerischen Leistung von „Madame Löwen", also Elisabeth Löwen, Tochter des Theater-Prinzipals Schönemann und Ehefrau des Initiators des Nationaltheaterprojekts, hebt Lessing hervor: Sie verbinde „mit dem silbernen Tone der sonoresten lieblichsten Stimme, mit dem offensten, ruhigsten und gleichwohl ausdruckfähigsten Gesichte von der Welt, das feinste schnellste Gefühl, die sicherste wärmste Empfindung" (B 6, 223). Angesichts der allerdings nur zaghaft gesetzten Akzente in ihrer Rede entfaltet Lessing eine Theorie des „Mouvement", des Affektausdrucks durch Stimme, von dem „leider! sehr viele Akteurs ganz und gar nichts wissen" (ebd.): Notwendig für die erwünschte Wirkung des Theaters sei es nämlich, dass

> die Rede aus einem durchdrungenen Herzen, und nicht bloß aus einem fertigen Gedächtnisse fließet. Die Wirkung ist unglaublich, die dieses beständig abwechselnde Mouvement der Stimme hat; und werden vollends alle Abänderungen des Tones, nicht bloß in Ansehung der Höhe und Tiefe, der Stärke und Schwäche, sondern auch des Rauhen und Sanften, des Schneidenden und Runden, sogar des Holprichten und Geschmeidigen, an den rechten Stellen, damit verbunden: so entsteht jene natürliche Musik, gegen die sich unfehlbar unser Herz eröffnet, weil es empfindet, daß sie aus dem Herzen entspringt, und die Kunst nur in so fern daran Anteil hat, als auch die Kunst zur Natur werden kann. (B 6, 224)

Lessing fügt hinzu, jede Kritik an der angeblichen etwa unakzentuierten, monotonen Sprechweise Elisabeth Löwens zurückweisend: „Und in dieser Musik, sage ich, ist die Aktrice, von welcher ich spreche, ganz vortrefflich, und ihr niemand zu vergleichen, als Herr Eckhof" (ebd.).

Kritik am französischen Theater. Die vorrangige kritische Stoßrichtung der *Hamburgischen Dramaturgie* setzt den Text insgesamt in scharfe Spannung zum Spielplan: Dieser wurde stark dominiert von Aufführungen französischer Dramen der vorvergangenen 100 Jahre. Und dieser französischen Dramatik und ihrer klassizistischen Poetik gilt der Großteil der Kritik Lessings. Im schon zitierten letzten Stück der *Dramaturgie* macht er sogar das wohlgemeinte Hamburger Nationaltheater-Experiment verächtlich:

> Über den gutherzigen Einfall, den Deutschen ein Nationaltheater zu verschaffen, da wir Deutsche noch keine Nation sind! Ich rede nicht von der politischen Verfassung, sondern bloß von dem sittlichen Charakter. Fast sollte man sagen, dieser sei: keinen eigenen haben zu wollen. Wir sind noch immer die geschwornen Nachahmer alles Ausländischen, besonders noch immer die untertänigen Bewunderer der nie genug bewunderten Franzosen; alles was uns von jenseit dem Rheine kömmt, ist schön, reizend, allerliebst, göttlich; lieber verleugnen wir Gesicht und Gehör, als daß wir es anders finden sollten; (B 6, 684 f.)

Und er begründet ausführlich die Kritik am französischen Theater in den vorangegangenen einhundert Stücken:

> Nach dieser Überzeugung nahm ich mir vor, einige der berühmtesten Muster der französischen Bühne ausführlich zu beurteilen. Denn diese Bühne soll ganz nach den Regeln des Aristoteles gebildet sein; und besonders hat man uns Deutsche bereden wollen, daß sie nur durch diese Regeln die Stufe der Vollkommenheit erreicht habe, auf welcher sie die Bühnen

aller neuern Völker so weit unter sich erblicke. Wir haben das auch lange so fest geglaubt, daß bei unsern Dichtern, den Franzosen nachahmen, eben so viel gewesen ist, als nach den Regeln der Alten arbeiten. (B 6, 686)

Diesem Vorhaben, „einige der berühmtesten Muster der französischen Bühne ausführlich zu beurteilen", kommt Lessing reichlich nach.

Der *Graf von Essex* des jüngeren Corneille, Thomas (1625–1709), wird in vier Stücken (22.–25.) ausführlich behandelt, allerdings nicht so sehr als Drama – „,Essex' ist ein mittelmäßiges Stück, sowohl in Ansehung der Intrigue, als des Stils" (B 6, 300) –, sondern vielmehr in der kritischen Kommentierung der Beurteilung des Stücks durch Voltaire. Diesem wirft Lessing letztlich ein falsches Verständnis des Verhältnisses von historischer Faktualität und poetischer Wahrheit vor, das Aristoteles in der *Poetik* längst geklärt habe!

Dem französischen *Essex* Corneilles stellt Lessing viel später (54.–59. Stück) und ebenfalls sehr ausführlich, in diesem Fall würdigend (!), einen englischen *Essex* gegenüber: *The Unhappy Favourite: Or, The Earl Of Essex* (1682) von John Banks (1650–1706). Noch ausführlicher präsentiert er (60.–68. Stück) einen exzentrischen spanischen *Essex* mit dem ebenso exzentrischen Titel *Dar la vida por su Dama, ó el Conde de Sex* (‚Das Leben für seine Herrin hingeben, oder der Graf von Essex'), 1638 von Antonio Coëllo (1611–1652) veröffentlicht. Diesen Text würdigt Lessing mit einer letztlich acht Stücke umfassenden Inhaltswiedergabe.

Der englische *Essex* von Banks wird explizit gegen den französischen gehalten: Einerseits schließt Lessing schon die Darstellung der Disposition des Dramas, seines „Plans", mit der Feststellung, „daß der Essex des Banks ein Stück von weit mehr Natur, Wahrheit und Übereinstimmung ist, als sich in dem Essex des Corneille findet" (B 6, 456). Andererseits ist die Tatsache, dass Banks ‚sehr glücklich' eine „Ohrfeige in sein Stück eingeflochten" habe (B 6, 457), in mehrfachem Sinne Anlass zu antifranzösischer Polemik: „Wie englisch, wie unanständig!" (B 6, 458). Lessing verweist nämlich auf die Kritik Voltaires an der Ohrfeige im *Cid* Pierre Corneilles (1606–1684). Was Voltaire zu Corneilles Genrebezeichnung „Tragi-Comedie" zu sagen hat, fertigt Lessing ab: „Was der Herr von Voltaire nicht alles schreibt! Wie gern er immer ein wenig Gelehrsamkeit zeigen will, und wie sehr er meistenteils damit verunglückt!" (ebd.). Insgesamt ist Lessings Urteil eindeutig: „Ich, meines Teils, möchte diese Szenen [von Banks] lieber auch nur gedacht, als den ganzen Essex des Corneille gemacht haben. Sie sind so charakteristisch, so voller Leben und Wahrheit, daß das Beste des Franzosen eine sehr armselige Figur dagegen macht" (B 6, 474).

Die *Rodogune* von Thomas Corneille (29.–32. Stück) wird im Blick auf Quelle und Stoff vorgestellt, in der Behandlung einzelner Figuren scharf kritisiert: Die „Verwicklung" (B 6, 335), die Corneille der Handlung gebe, macht Lessing lächerlich: Die Erdichtung der Intrige und all ihrer Umstände sei nur um ihrer Undurchsichtigkeit willen geschehen. Und die sprachliche Form tue ein Übriges: „Corneillen gut zu übersetzen, muß man bessere Verse machen können, als er selbst" (B 6, 341).

2.3 Literaturkritik

Stilkritik. In einer „gesuchten, kostbaren, schwülstigen Sprache kann niemals Empfindung sein" (B 6, 476): Nicht nur wird hier dem letztlich barocken Schwulst, der Geziertheit der poetischen Rede im französischen Drama das Urteil gesprochen – die sprachliche Form des französischen Dramas wird nur wenig später im 59. Stück an einen bestimmten sozialen Ort gebunden:

> Ich habe es lange schon geglaubt, daß der Hof der Ort eben nicht ist, wo ein Dichter die Natur studieren kann. Aber wenn Pomp und Etikette aus Menschen Maschinen macht, so ist es das Werk des Dichters, aus diesen Maschinen wieder Menschen zu machen. Die wahren Königinnen mögen so gesucht und affektiert sprechen, als sie wollen: seine [des Dichters] Königinnen müssen natürlich sprechen. Er höre der Hekuba des Euripides nur fleißig zu; und tröste sich immer, wenn er schon sonst keine Königinnen gesprochen hat. (B 6, 477)

Das französische Drama wird als höfisches Drama identifiziert, seine Etikette mit der des Hofes. Zudem wird es zweien für Lessing zentralen Momenten gegenübergestellt: Der Empfindung bzw. dem Ausdruck der Empfindung – und dem antiken Drama. Und beides ist *Natur*! Die Königinnen des Dichters „müssen *natürlich* sprechen"! – Deutsche von Adel in ihrer Frankophilie werden karikiert: „Unsere Großen lernen vors erste an den *** [schlüpfrige frz. Romane] kauen; und freilich ist der Saft aus einem französischen Roman lieblicher und verdaulicher. Wenn ihr Gebiß schärfer und ihr Magen stärker geworden, wenn sie indes Deutsch gelernt haben, so kommen sie auch wohl einmal über den – Agathon" (B 6, 531).

Vorwurf der Verfehlung aristotelischer Regeln. So wie eben die *Hekuba* des Euripides als Gegenmodell zum französischen Stil angeführt wurde, so nutzt Lessing Aristoteles (oder: sein Verständnis der Poetik des Aristoteles!), um den Beweis zu führen, dass Corneille und Racine, dass vor allem Voltaire diesen völlig missverstünden. Nachdem er in den Stücken 74 bis 79 seine eigene Dramenpoetik der Mitleidserregung, der Umwandlung der erregten Leidenschaften in tugendhafte Fertigkeiten entfaltet hat, weist er in den Stücken 80 bis 83 an vielfältigen Passagen aus Corneilles und Voltaires Überlegungen zur Dramenpoetik deren fehlerhafte Lektüre der Katharsis-Konzeption, der Auffassung des dramatischen Charakters bei Aristoteles nach. Angesichts der *Merope* Voltaires (mit der sich Lessing fünfzehn Stücke lang befasst: 36.–50. Stück) weist er die klassizistische Lehre von den drei Einheiten des Ortes, der Zeit und der Handlung, wie der französische Klassizismus sie aufweist, vehement zurück (mit Aristoteles!). – Doch trotz aller Polemik wertschätzt Lessing die Werke selbst durchaus, nur nicht den klassizistischen Anspruch, den ihre Verfasser erheben:

> Verschiedene französische Tragödien sind sehr feine, sehr unterrichtende Werke, die ich alles Lobes wert halte: nur, daß es keine Tragödien sind. Die Verfasser derselben konnten nicht anders, als sehr gute Köpfe sein; sie verdienen, zum Teil, unter den Dichtern keinen geringen Rang: nur daß sie keine tragische Dichter sind; nur daß ihr Corneille und Racine, ihr Crebillon und Voltaire von dem wenig oder gar nichts haben, was den Sophokles zum Sophokles, den Euripides zum Euripides, den Shakespeare zum Shakespeare macht. Diese sind selten mit den wesentlichen Forderungen des Aristoteles im Widerspruch: aber jene desto öfterer. (B 6, 589 f.)

Diderot, Favart: gewürdigte französische Dramatiker. Es gibt allerdings auch französische Dramatiker, die gut wegkommen: Charles Simon Favarts (1710–1792) Lustspiel *Soliman der Zweite* wird ausführlich gelobt (32.–36. Stück), *Der Hausvater* von Denis Diderot, ein rührendes Lustspiel in fünf Aufzügen (und von Lessing selbst übersetzt!) wird fünf Stücke lang (84–88) ausführlich gewürdigt – und gleich anfangs schon dadurch geadelt, daß es „den Franzosen nur so so gefällt, – wenigstens hat es mit Müh' und Not kaum ein- oder zweimal auf dem Pariser Theater erscheinen dürfen" (B 6, 599 f.). In Paris durchgefallen zu sein, spricht *für* das Drama – und gegen den französischen Theatergeschmack!

Voltaire-Kritik. *Ein* französischer Schriftsteller und Philosoph wird in der *Hamburgischen Dramaturgie* mit besonders scharfer wie differenzierter Kritik bedacht: Voltaire (d. i. François-Marie Arouet, 1694–1778). Dieser war, auch zeitgleich mit Lessing, in Berlin und am Hof Friedrichs II. eine einflussreiche Person. Schon am 8. August 1736 hatte Friedrich II. von Preußen, zu diesem Zeitpunkt noch Kronprinz, an den bewunderten französischen Aufklärungsphilosophen geschrieben, nach mehreren Begegnungen lud er ihn endlich nach Berlin ein, Voltaire kam 1750 in Berlin an. Im gleichen Jahr schalteten Lessing und Mylius im ersten Stück ihrer *Beyträge zur Historie und Aufnahme des Theaters* eine Teilübersetzung von Voltaires „Briefen über die Engländer" (*Lettres écrite de Londre sur les Anglois*, 1734) ein unter dem Titel „Des Herrn Voltaire Gedanken über die Trauer- und Lustspiele der Engländer" (*Beyträge* I, S. 96–109) und wiesen schon in der ersten Fußnote darauf hin, dass „der Herr von Voltaire beynahe der einzige ist, der unter seinen Landsleuten unparteyisch und vortheilhaft von der Schaubühne der Engländer geurtheilet hat" (S. 96). Voltaires Wertschätzung des englischen Theaters trug nicht wenig zur Shakespeare-Begeisterung Lessings bei.

Die Wertschätzung (zumindest dieser Position) Voltaires war aber bis zur *Hamburgischen Dramaturgie* einer kritischen Distanz gewichen. Dort wird Voltaire zum Gegenstand der schärfsten Auseinandersetzungen.

Voltaire vs. Shakespeare. Im zehnten Stück der *Dramaturgie* polemisiert Lessing anlässlich der *Semiramis* Voltaires auf der Hamburger Bühne, Voltaire sei spätestens mit diesem Stück zu der (natürlich irrigen) Überzeugung gelangt, „daß die tragischen Dichter seiner Nation die alten Griechen in vielen Stücken überträfen" (B 6, 234). Nachdem er diese Überzeugung ausführlich zitiert, höhnt Lessing:

> O freilich; was ist von den Franzosen nicht alles zu lernen! Hier und da möchte zwar ein Ausländer, der die Alten auch ein wenig gelesen hat, demütig um Erlaubnis bitten, anderer Meinung sein zu dürfen. Er möchte vielleicht einwenden, daß alle diese Vorzüge der Franzosen auf das Wesentliche des Trauerspiels eben keinen großen Einfluß hätten; daß es Schönheiten wären, welche die einfältige Größe der Alten verachtet habe. Doch was hilft es, dem Herrn von Voltaire etwas einzuwenden? Er spricht, und man glaubt. (B 6, 234 f.)

Angesichts der Geistererscheinung in der *Semiramis*, die bei der Erstaufführung in Paris das ach so aufgeklärte Publikum irritiert habe, erörtert Lessing im elften Stück der *Dramaturgie* die Fehlerhaftigkeit *dieser* Geistererscheinung: „Voltairens Geist

ist auch nicht einmal zum Popanze gut, Kinder damit zu schrecken; es ist der bloße verkleidete Komödiant, der nichts hat, nichts sagt, nichts tut, was es wahrscheinlich machen könnte, er wäre das, wofür er sich ausgibt" (B 6, 239). „Es erschrecken über seinen Geist viele [die große Menge der Figuren, Statisten, auf der Bühne], aber nicht viel" (B 6, 240). Positives Gegenbeispiel zu Voltaires schlecht gemachtem Gespenst ist für Lessing die Erscheinung von Hamlets ermordetem Vater als Geist. Dieser „kömmt wirklich aus jener Welt; so dünkt uns. Denn es kömmt zu der feierlichen Stunde, in der schaudernden Stille der Nacht, in der vollen Begleitung aller der düstern, geheimnisvollen Nebenbegriffe, wenn und mit welchen wir, von der Amme an, Gespenster zu erwarten und zu denken gewohnt sind" (B 6, 239). Vor allem die Tatsache, dass Shakespeare den Geist nur Hamlet erscheinen lasse, mache die Wirkung aus: „Das Gespenst wirket auf uns, mehr durch ihn, als durch sich selbst" (B 6, 240): Hamlets tiefstes Erschrecken modelliert das des Publikums! – Dementgegen sei „Voltaires Gespenst [...] nichts als eine poetische Maschine, die nur des Knotens wegen da ist; es interessiert uns für sich selbst nicht im geringsten. Shakespeares Gespenst hingegen ist eine wirklich handelnde Person, an dessen Schicksale wir Anteil nehmen; es erweckt Schauder, aber auch Mitleid" (B 6, 240 f.).

Diese Gegenüberstellung Voltaires und Shakespeares, immer zugunsten des letzteren, prägt auch das 15. und 16. Stück: Voltaires großer Erfolg *Zayre* – „es wird noch lange das Lieblingsstück der Damen bleiben" (B 6, 255) – wird Shakespeares *Othello* entgegengesetzt. Voltaires Liebe sei Galanterie, deren Ausdruck „der Kanzleistil der Liebe" (B 6, 256); Voltaires Eifersucht, der zweite Affekt, um den es in der *Zayre* geht, sei ebenso mechanisch: Sein Orosman sei „eine sehr kahle Figur" (B 6, 257). „Othello hingegen ist das vollständigste Lehrbuch über diese traurige Raserei; da können wir alles lernen, was sie angeht, sie erwecken und sie vermeiden" (ebd.). Dass Lessing Voltaire angesichts einer Bemerkung zu einer englischen Übersetzung seiner *Zayre* drei Denk- oder Lesefehler nachweist, ergänzt die Polemik gegen den Franzosen.

Poesie vs. Geschichtsschreibung. Angesichts des *Graf von Essex* von Thomas Corneille setzt sich Lessing scharf mit einer Kritik Voltaires auseinander: „Es gehört mit unter die Schwachheiten des Herrn von Voltaire, daß er ein sehr profunder Historikus sein will" (B 6, 294). Voltaire, der gegen Corneilles *Essex* historische Fakten (etwa das tatsächliche Alter der Königin Elisabeth o. ä.: „Aber was geht mich hier die historische Unwissenheit des Herrn von Voltaire an", B 6, 297) gegen die Wahrscheinlichkeit der Bühnenhandlung vorgebracht hatte, wirft er Unverständnis gegenüber dem Eigentümlichen der Poesie vor: Die Wahrhaftigkeit der poetischen Fiktion entstehe über die Charaktere der Figuren, nicht über die historische Faktentreue der Spielhandlung. Dies ist letztlich ein aristotelisches Argument:

> [D]ie Tragödie ist keine dialogierte Geschichte; die Geschichte ist für die Tragödie nichts, als ein Repertorium von Namen, mit denen wir gewisse Charaktere zu verbinden gewohnt sind. Findet der Dichter in der Geschichte mehrere Umstände zur Ausschmückung und Individualisierung seines Stoffes bequem: wohl, so brauche er sie. (B 6, 300)

Vorwurf borniert er Regelhaftigkeit. Die Hamburger Aufführung von Voltaires *Merope* führt zu einer grundsätzlichen, auch dramenpoetologischen Auseinandersetzung, die vom 36. bis zum 50 Stück (!) geführt wird: Lessing erarbeitet sehr genau, dass Voltaires Stück nichts sei als eine Bearbeitung (vgl. hierzu v. a. B 6, 429 f.) der *Merope*-Tragödie des Veroneser Dichters Scippione Maffei (1675–1755); Lessing verhandelt im 37. und 38. Stück das aus seiner Perspektive grundsätzliche Missverstehen der aristotelischen Wirkungspoetik im französischen Klassizismus (und eben auch bei Voltaire) – und bereitet gleichsam die eigene Deutung von *katharsis*, *eleos* und *phobos* im 74. bis 80. Stück schon vor (hier spricht er allerdings noch von Mitleiden und *Schrecken*, vgl. B 6, 365). Lange befasst er sich mit dem Stoff der Merope, damit, wie Maffei damit verfahren ist, welche Fehler er dabei begangen habe, welche Voltaire übernehme, welchen er auszuweichen versuche, welche er selbst mache. Voltaire erfülle zwar die klassizistische (gar nicht aristotelische!) Forderung nach Einheit von Ort, Zeit und Handlung formal. Allerdings: „Die Worte dieser Regel [hier: Einheit der Zeit] hat er erfüllt, aber nicht ihren Geist. Denn was er an *einem* Tage tun läßt, kann zwar an *einem* Tage getan werden, aber kein vernünftiger Mensch wird es an *einem* Tage tun" (B 6, 406).

Die klassizistische Drei-Einheiten-Lehre der Franzosen (die natürlich der Aristoteles-Rezeption der europäischen Renaissance entspringt) lehnt Lessing schließlich rundweg ab: „Möchten meinetwegen Voltairens und Maffeis Merope acht Tage dauern, und an sieben Orten in Griechenland spielen! Möchten sie aber auch nur die Schönheiten haben, die mich diese Pedantereien vergessen machen!" (B 6, 411). Die formale Beachtung von äußeren Regeln mache kein gutes Drama: „Die strengste Regelmäßigkeit kann den kleinsten Fehler in den Charakteren nicht aufwiegen" (ebd.). Die Kritik der Charakterzeichnung sowohl bei Maffei als auch bei Voltaire führt Lessing vor: Angesichts der Figur des Aegisth greift er auf eine Argumentation des von ihm hochgeschätzten Denis Diderot über wirkungsästhetische Momente der Charakterzeichnung im Drama auf, die er dann auch noch bei Euripides an verschiedenen Beispielen erörtert – und schließlich zeigt, welche Fehler Voltaire bei der Einführung dieses Sohnes der Merope gemacht habe (49. Stück).

Polemischer Ton. Lessings Ton gegenüber Voltaire ist durchweg spöttisch-polemisch: „[I]ch führe Anmerkungen von dem Herrn von Voltaire so gern an! Aus seinen geringsten ist noch immer etwas zu lernen: wenn schon nicht allezeit das, was er darin sagt: wenigstens das, was er hätte sagen sollen" (B 6, 535); Voltaire wird hier bloß noch als einer der „französischen Skribenten" wahrgenommen, „[e]s scheinet nicht, daß der Herr von Voltaire, seit dem er aus der Klasse bei den Jesuiten gekommen, den Terenz viel wieder gelesen habe. Er spricht ganz so davon, als von einem alten Traume; es schwebt ihm nur noch so was davon im Gedächtnisse; und das schreibt er auf gut Glück so hin" (B 6, 536).

Gottsched-Kritik. Mit der Kritik am französischen Klassizismus zielte Lessing natürlich auch auf die Theaterkultur an deutschen Höfen, die sich im Wesentlichen am französischen Theater orientierte, zielte aber auch auf Gottsched, der in seinem *Versuch einer Critischen Dichtkunst vor die Deutschen* (1730, 4. Auflage 1751) die

2.3 Literaturkritik

Nachahmung französischer Dramatik gleichsam als Königsweg für die Entstehung einer deutschen Dramatik empfohlen hatte (dass Lessings Kritik am französischen Klassizismus implizit auch eine Selbstkritik des Spielplans am Hamburger Nationaltheater war, ist mindestens aus der Rückschau offensichtlich!). Die Gottsched-Kritik der *Hamburgischen Dramaturgie* geht allerdings deutlich über die an der Orientierung am französischen Theater hinaus:

Wenn Lessing im 12. Stück, dort wo es um die Geister-Erscheinungen im Hamlet und in Voltaires *Semiramis* geht, scheinbar nebenbei über die Einrichtung der Fabel eines Trauerspiels spricht, bezieht er insgeheim große Distanz gegenüber der rationalistischen Instrumentalisierung der Bühne als Lehr-Instanz:

> Ich will nicht sagen, daß es ein Fehler ist, wenn der dramatische Dichter seine Fabel so einrichtet, daß sie zur Erläuterung oder Bestätigung irgend einer großen moralischen Wahrheit dienen kann. Aber ich darf sagen, daß diese Einrichtung der Fabel nichts weniger als notwendig ist; daß es sehr lehrreiche vollkommene Stücke geben kann, die auf keine solche einzelne Maxime abzwecken; daß man Unrecht tut, den letzten Sittenspruch, den man zum Schlusse verschiedener Trauerspiele der Alten findet, so anzusehen, als ob das Ganze bloß um seinetwillen da wäre. (B 6, 241)

Die ‚große moralische Wahrheit', die eben zur Einrichtung einer Fabel *nicht* notwendig ist, ist Gottscheds „Lehrsatz", von dem in der *Critischen Dichtkunst* (II. Teil, 10. Kapitel) der Trauerspieldichter ausgehen müsse, zu dem er sich eine Fabel erdenke, zu der er dann ein historisches oder mythologisches Exempel finden und dieses dann in fünf Akten als Handlung ausführen müsse. Lessings Argument ist hier allerdings nicht primär antirationalistisch, sondern literarhistorisch: Bei der antiken Tragödie sei nirgends zu sehen, dass diese nur um eines Lehrsatzes willen vorhanden wäre. – Auch das *Zentrum* der Komödienpoetik Gottscheds wird argumentativ ausgehebelt: die moralische Belehrung durch das *Verlachen des Lasterhaften*. Lessing hält dagegen: „Die Komödie will durch Lachen bessern; aber nicht eben durch Verlachen [...]. Ihr wahrer allgemeiner Nutzen liegt in dem Lachen selbst" (29. Stück, B 6, 323; vgl. dazu Abschn. 2.4).

Gelobt wird Luise Adelgunde Viktorie Gottsched etwa für ihre Übersetzung des *Poetischen Dorfjunkers* (*La Fausse Agnès*, 1736) von Philippe Néricault Destouches (1680–1754) und von dessen Komödie *Tambur nocturne*: *Das Gespenst mit der Trommel*. Beim Letzteren habe sie anscheinend, so lobt der Kritiker, das Original von Joseph Addison (1672–1719), *The drummer or the haunted-house* (1716), benutzt, um einige Fehler der französischen Bearbeitung rückgängig zu machen (vgl. B 6, 268). Im Gegensatz dazu wird der Gottschedin für ihre Übersetzung der *Cenie* von Françoise de Graffigny (1695–1758) „nur sehr mittelmäßige Mühe" attestiert, der Kritiker bedauert nachgerade, dass dieses „vortreffliche Stück [...] der Gottschedin zum Übersetzen in die Hände fallen" musste (B 6, 279).

Shakespeare. Schon im „Nachspiel" der *Dramaturgie* („Hundert und erstes, zweites, drittes und viertes Stück"), unmittelbar, nachdem er sich fast lustig macht über die phantastische Idee, den Deutschen ein Nationaltheater zu verschaffen, stellt Lessing der Dominanz der Franzosen etwas entgegen:

> Indes konnte das Vorurteil nicht ewig gegen unser Gefühl bestehen. Dieses ward, glücklicher Weise, durch einige Englische Stücke aus seinem Schlummer erwecket, und wir machten endlich die Erfahrung, daß die Tragödie noch einer ganz andern Wirkung fähig sei, als ihr Corneille und Racine zu erteilen vermocht. Aber geblendet von diesem plötzlichen Strahle der Wahrheit, prallten wir gegen den Rand eines andern Abgrundes zurück. Den englischen Stücken fehlten zu augenscheinlich gewisse Regeln, mit welchen uns die Französischen so bekannt gemacht hatten. Was schloß man daraus? Dieses: daß sich auch ohne diese Regeln der Zweck der Tragödie erreichen lasse; ja daß diese Regeln wohl gar Schuld sein könnten, wenn man ihn weniger erreiche. (B 6, 686 f.)

Die Faszination, die vom englischen Theater, natürlich insbesondere von Shakespeare ausgeht, ist mit Händen zu greifen: Die Einfachheit der elisabethanischen Bühne, ohne Verzierungen und elaborierten Bühnenaufbau, Stücke mit „beständige[r] Unterbrechung und Veränderung des Ortes": „da war nichts als die Einbildung, was dem Verständnisse des Zuschauers und der Ausführung des Spielers zu Hülfe kommen konnte" (B 6, 584). Weil sie dieser Hilfe nicht bedurften! Weil der dramatische Text so verfasst war, dass der Einbildungskraft des Zuschauers, der Wirkung des gespielten Textes auf ihn genug Nahrung gegeben wurde (vgl. Hamlet und der Geist seines Vaters; vgl. B 6, 240).

Gegen die Typenhaftigkeit und damit Künstlichkeit der gottschedschen Verlachkomödie (ebenso wie gegen Molière) setzt Lessing programmatisch Shakespeare, er sei hier, „so wie in allen andern noch wesentlichern Schönheiten des Drama, ein vollkommenes Muster":

> Wer seine Komödien in dieser Absicht aufmerksam durchlesen will, wird finden, daß seine *auch noch so kräftig gezeichneten Charaktere*, den größten Teil ihrer Rollen durch, sich vollkommen wie andere ausdrücken, und ihre wesentlichen und herrschenden Eigenschaften nur gelegentlich, so wie die Umstände eine ungezwungene Äußerung veranlassen, an den Tag legen. Diese besondere Vortrefflichkeit seiner Komödien entstand daher, daß er die Natur getreulich copierte. (B 6, 645)

Eben weil dies so sei, seien seine Figuren glaubhaft, erschienen der Einbildungskraft des Zuschauers wahrhaftig.

Der möglichen Reserviertheit des deutschen Publikums Shakespeare gegenüber, die nicht nur seiner Andersartigkeit geschuldet sein möge, sondern auch der Tatsache, dass Englisch in gehobenen Kreisen noch keine Fremdsprache sei, in der man literarische Texte lesen könne, begegnet Lessing im 15. Stück mit einem ausführlichen ‚Werbeblock' für Wielands Übersetzung, deren erster Band nur fünf Jahre vor der *Hamburgischen Dramaturgie* erschien (*Shakespeare. Theatralische Werke. Aus dem Englischen übersetzt von Herrn Wieland*. 1. Band Zürich 1762). „Die Kunstrichter [etwa auch Gottsched] haben viel Böses davon gesagt. Ich hätte große Lust, viel Gutes davon zu sagen"; etwaige Fehler, die man „Herrn Wieland" vorwerfen könne, würden um ein Vielfaches aufgewogen durch die „Schönheiten, die e[r] uns liefert" und an denen man „noch lange zu lernen" habe (B 6, 257 f.).

2.3 Literaturkritik

Nationale Theaterkulturen. Mit Shakespeare, mit dem englischen Theater, das Lessing dem französischen (und damit auch dem es nachahmenden deutschen) Theater entgegensetzt, ist ein Thema angespielt, das schon die „Ankündigung" des Unternehmens anmoderiert. Dort verweist Lessing auf Johann Elias Schlegels kleinen Text „Zur Aufnahme des dänischen Theaters". Hier nutzt Lessing den Verweis, um auf das Verhältnis von Schauspielern und Prinzipal, auf politische und ökonomische Organisationsfragen eines Theaters zu sprechen zu kommen (vgl. B 6, 183 f.). Bei Schlegel ging es aber auch um die nationalkulturelle Besonderheit einer jeden Theaterkultur, die eben sowohl historisch als auch geographisch und ethnologisch jeweils ihren eigenen Ort habe – und in gewisser Weise verbiete, dass Dänen oder Deutsche einfach antike Griechen oder Römer nachahmten – oder auch einfach Deutsche oder Dänen die Franzosen. Die Frage nach nationalkulturellen Theaterkulturen beschäftigt Lessing nachhaltig (es geht in Hamburg immerhin um ein zumindest prätendiertes *deutsches* Nationaltheater!):

- Französischer Theatergeschmack, französisches Drama ist selbstverständlich Gegenstand der *Dramaturgie*, aber eben auch etwa italienisches (Maffei, Goldoni, Gozzi u. a.), dem spanischen Theater widmet Lessing ausdrücklich zwei ganze Stücke (58./59. Stück), für das englische steht selbstverständlich Shakespeare paradigmatisch, aber englische Schauspielkunst (16. Stück) oder englische Dramentheorie, etwa die Richard Hurds (1720–1808; 90.–93. Stück) werden überdies erörtert. Mehrfach an anderer Stelle beklagt Lessing die Rückständigkeit der deutschen literarischen Kultur insbesondere gegenüber der französischen (vgl. 18. Stück, vgl. auch 80. Stück).
- Angesichts der Differenzen zwischen Griechenland und Rom in der Antike kommt Lessing auf die Frage nationeller Stoffe zu sprechen (vgl. 97. Stück), die Griechen hätten „fremden Völkern, aus deren Geschichte sie den Stoff ihrer Tragödie etwa einmal entlehnten, lieber ihre eigenen griechischen Sitten [geliehen], als die Wirkungen der Bühne durch unverständliche barbarische Sitten entkräften wollen" (B 6, 661). Letztlich thematisiert Lessing damit durch die Hintertür die eigene Praxis mit fremden Stoffen: Er macht eben keine *Medea* und keine *Virginia*, sondern anverwandelt die antiken Stoffe einer neuzeitlichen europäischen Kultur.
- Trotz allen Rückstands der deutschen Kultur unterlässt Lessing es nicht, verschiedentlich Verdienste für das deutsche Theater herauszustreichen: Die Gottschedin wird sowohl für ihre Übersetzungstätigkeit, wenn auch nicht immer, gelobt als auch für ihre Bearbeitungen; insbesondere aber Johann Elias Schlegel ist es, dessen beiden Komödien *Die stumme Schönheit* und *Der Triumph der guten Frauen* das höchste Kritikerlob erhalten: Ersteres sei „unser bestes komisches Original, das in Versen geschrieben ist", habe „überall eine ebenso fließende wie zierliche Versifikation", dass Schlegel es für das neue Kopenhagener Theater geschrieben habe, verursache allerdings, dass die „Sitten darin [...] wirklich dänischer als deutsch" seien (B 6, 247). Der *Triumph* sei „unstreitig eines der besten deutschen Originale" (B 6, 438). Lessing setzt sich mit Mendelssohns Kritik des Stücks im 21. Literaturbrief auseinander, zitiert ihn vielmehr aus-

führlich in Wertschätzung und Kritik, auch in seinen Missverständnissen: Dass Schlegel den Ehetyrann Agenor so entwicklungslos und unvorbereitet plötzlich heilen lässt, karikiert die oft mechanische, da zuletzt notwendige ‚Kur' des Lasterhaften in der sächsischen Typenkomödie, eine karikierte Mechanik, der die länger andauernde, schrittweise und psychologisch vorbereitete wie nachvollziehbare ‚Heilung' des Möchtegern-Schürzenjägers Nikander programmatisch entgegengesetzt ist.

Poetologie. Schon die Kritik etwa an Corneille, Voltaire oder auch an Gottsched ließ an verschiedenen, bereits aufgerufenen Stellen Positionen Lessings aufscheinen, die nicht durchgehend als ein geschlossenes poetologisches System angesprochen werden können, die aber Bausteine oder Elemente sind zu einer eigenen – eben der nachrationalistischen, empfindsamen – Dramenpoetik. Am kohärentesten ist dies wohl der Fall in den Stücken 74 bis 80, wo Lessing mit einer durchaus besonderen Aristoteles-Übersetzung und -Deutung die eigene Konzeption des bürgerlichen Trauerspiels eben aus der Wirkungspoetik der Tragödie bei Aristoteles ableitet. Da aber diese Poetik des bürgerlichen Trauerspiels nicht nur in der *Hamburgischen Dramaturgie* entfaltet wird, sondern auch im Briefwechsel Lessings mit Nicolai und Mendelssohn, da sie für das Verständnis sowohl der *Sara* und der *Emilia* als auch Lessings als wichtigstem Vertreter empfindsamer Literatur höchst bedeutsam ist, soll diese Poetik in einem eigenen Kapitel erörtert werden (und nicht unter den verschiedenen Rubra zur *Hamburgischen Dramaturgie* ‚verschwinden'; vgl. Abschn. 2.5). Gleiches gilt für die Komödienpoetik (vgl. Abschn. 2.4).

„Der Poet wählet sich einen moralischen Lehrsatz" – das ist der Ausgangspunkt, von dem bei Gottsched (*Critische Dichtkunst*, II. Teil, 10. Kapitel) der Trauerspieldichter ausgehen müsse, und gleichzeitig ist damit der Zielpunkt der dramatischen Wirkung markiert: Die Vermittlung einer moralischen Wahrheit, die dem Verstande des Zuschauers zugänglich gemacht werden soll, gleichsam verzuckert durch künstlerische Form und ggf. spannende Handlung. Das reicht Lessing bei weitem nicht:

> Wozu die saure Arbeit der dramatischen Form? wozu ein Theater erbauet, Männer und Weiber verkleidet, Gedächtnisse gemartert, die ganze Stadt auf einen Platz geladen? wenn ich mit meinem Werke, und mit der Aufführung desselben, weiter nichts hervorbringen will, als einige von den Regungen, die eine gute Erzählung, von jedem zu Hause in seinem Winkel gelesen, ungefähr auch hervorbringen würde.
> Die dramatische Form ist die einzige, in welcher sich Mitleid und Furcht erregen läßt; wenigstens können in keiner andern Form diese Leidenschaften auf einen so hohen Grad erreget werden [...]. (80. Stück, B 6, 580)

Unter den Kunstformen der Literatur also ist das Theater einzigartig! Für den Trauerspieldichter, der mehr ist „als ein witziger Kopf, als ein guter Versifikateur" (B 6, 339), bedeutet dies, einen völlig andersartigen Ausgangspunkt zu nehmen, als Gottsched es vorschlägt (und wie es, außer ihm selbst, möglicherweise niemals jemand gemacht hat): „Der Poet findet in der Geschichte eine Frau, die Mann und Söhne mordet; eine solche Tat kann Schrecken und Mitleid erwecken, und er nimmt sich

2.3 Literaturkritik

vor, sie in einer Tragödie zu behandeln" (B 6, 338). Ausgangspunkt ist also ein Fund: Ein Ereignis in der Geschichte (das kann natürlich auch biblische oder mythologische Überlieferung sein), bei dem eines wichtig ist: die ihm innewohnende Kraft, Mitleid und Schrecken auszulösen (dass Lessing hier, im 32. Stück noch von *Schrecken* und nicht von *Furcht*, wie im 74. bis 80. Stück spricht, lässt deutlich werden, wie auch während der Abfassung der Dramaturgie nach und nach das eigene Wirkungskonzept des Trauerspiels sich entwickelte).

Der Poet hat ein Problem: Er findet nicht mehr vor als das Faktum des Gatten- und Kindsmords. Jetzt muss er *erfinden*: „eine Reihe von Ursachen und Wirkungen" (ebd.), die das an sich unwahrscheinliche Faktum des Doppelmordes in der Familie gleichsam notwendig oder unausweichlich erscheinen lassen; anstelle historischer Glaubwürdigkeit (er erfindet ja gerade) muss er „die Charaktere seiner Personen so" anlegen, dass die Handlung aus ihrer Verfassung entspringt: An die Stelle historischer Wahrhaftigkeit tritt also die psychologische Wahrscheinlichkeit der Charaktere; diese wird nochmals plausibilisiert, wenn der Poet die Leidenschaften dem jeweiligen (erfundenen!) Charakter passend zumisst und sie Vorfall für Vorfall „durch so allmähliche Stufen durchzuführen [vermag]: daß wir überall nichts als den natürlichsten, ordentlichsten Verlauf wahrnehmen; daß wir bei jedem Schritte, den er seine Personen tun läßt, bekennen müssen, wir würden ihn, in dem nemlichen Grade der Leidenschaft bei der nemlichen Lage der Sachen, selbst getan haben" (B 6, 338 f.).

Genau dieses Verfahren – die dichterische Gestaltung psychologisch in jedem Schritt nachvollziehbarer *und* identifikationsfähiger Charaktere – könne dann ihre beabsichtigte Wirkung nicht verfehlen:

> daß uns nichts dabei befremdet, als die unmerkliche Annäherung eines Zieles, von dem unsere Vorstellungen zurückbeben, und an dem wir uns endlich, voll des innigsten Mitleids gegen die, welche ein so fataler Strom dahin reißt, und voll Schrecken über das Bewußtsein befinden, auch uns könne ein ähnlicher Strom dahin reißen, Dinge zu begehen, die wir bei kaltem Geblüte noch so weit von uns entfernt zu sein glauben. (B 6, 339)

Hier ist letztlich die Konzeption von Furcht als „das auf uns selbst bezogene Mitleid" (75. Stück, B 6, 557) schon da.

Faktisch ist Lessings Ausführung hier im 32. Stück nicht gegen Gottsched gerichtet, sondern gegen Thomas Corneille und seine *Rodogune*: Dort sei das Unwahrscheinliche des Vorfalls, die Geschichte einer Frau, die Mann und Söhne ermorde, schlichtweg durch weitere Unwahrscheinlichkeiten zur Tragödie aufgeplustert: Corneille habe nichts getan,

> als die Lücken zwischen beiden Verbrechen [dem Mord am Gatten und dem an den Söhnen] auszufüllen, und sie mit Dingen auszufüllen, die wenigstens eben so befremdend sind, als diese Verbrechen selbst. Alles dieses, seine Erfindungen, und die historischen Materialien, knetet er denn in einen fein langen, fein schwer zu fassenden Roman zusammen; und wenn er es so gut zusammen geknetet hat, als sich nur immer Häcksel und Mehl zusammen kneten lassen: so bringt er seinen Teig auf das Drahtgerippe von Akten und Szenen, läßt erzehlen und erzehlen, läßt rasen und reimen, – und in vier, sechs Wochen, nachdem ihm das Reimen leichter oder saurer ankömmt, ist das Wunder fertig; es heißt ein Trauerspiel [...]. (B 6, 340)

Nichtsdestoweniger ist diese produktionsästhetische Karikatur des Tragödienschreibens nur die polemische Steigerung der handwerklichen Mechanik des gottschedschen im Trauerspielkapitel der *Critischen Dichtkunst*: Mit der Bloßstellung der französischen Tragödie ist auch ihr Bewunderer in Deutschland gemeint!

Dramatischer Charakter. Schon der von Lessing wegen seiner beiden Komödien hochgeschätzte Johann Elias Schlegel nahm eine entscheidende Umwertung ästhetischer Kategorien aus der aristotelischen Poetik vor: Waren bei Aristoteles die Charaktere der Handlung untergeordnet (das Drama ist die Nachahmung einer *Handlung*!), verstand Schlegel das Drama als Nachahmung von Charakteren, aus denen diese Handlung fließe; psychologische Wahrscheinlichkeit macht bei Schlegel dramatische Handlung glaubhaft, nicht historische Beglaubigung (Schlegel führt das an Sophokles (!) vor in seinem „Auszug eines Briefs, welcher einige kritische Anmerkungen über die Trauerspiele der Alten und der Neuen enthält", vermutlich 1739).

Dieser Aufwertung des Charakters entspricht die Auffassung dieser ästhetischen Kategorie bei Lessing: Zunächst ordnet Lessing die Kategorie des Charakters sowohl den beiden großen dramatischen Gattungen zu sowie deren Hauptkonstituenten. In „der Komödie" seien „die Charaktere das Hauptwerk, die Situationen aber nur die Mittel [...], jene sich äußern zu lassen, und ins Spiel zu setzen", genau umgekehrt sei „es in der Tragödie, wo die Charaktere weniger wesentlich sind, und Schrecken und Mitleid vornehmlich aus den Situationen entspringt" (B 6, 437 f.).

Dass die Charaktere für die Komödie als bestimmend aufgefasst werden, hat auch mit der noch aus der Typenkomödie ererbten Komödienpoetik zu tun; Lessing aber deutet den Charakter (inklusive einer Interpretation des Charakters bei Aristoteles oder auch bei Richard Hurd) eben nicht mehr im Sinne des Typischen:

> In der ersten Bedeutung heißt ein *allgemeiner* Charakter ein solcher, in welchen man das, was man an mehrern oder allen Individuis bemerkt hat, zusammen nimmt; es heißt mit einem Worte, ein *überladener* Charakter; es ist mehr die personifierte Idee eines Charakters, als eine charakterisierte Person. In der andern Bedeutung [und so fassen es, so Lessing, Hurd und Aristoteles auf] aber heißt ein *allgemeiner* Charakter ein solcher, in welchem man von dem, was an mehrern oder allen Individuis bemerkt worden, einen gewissen Durchschnitt, eine mittlere Proportion angenommen; es heißt mit einem Worte, ein *gewöhnlicher* Charakter, nicht zwar in so fern der Charakter selbst, sondern nur in so fern der Grad, das Maß desselben gewöhnlich ist. (B 6, 654)

Dem Typus – etwa dem ‚eingebildeten Kranken' oder dem ‚Geizigen', die bei Molière wie bei orthodoxen Gottsched-Schülern wie Theodor Johann Quistorp (1722–1776) gleichsam Personifikation *einer* Eigenschaft sind – setzt er den mittleren, gemischten Charakter gegenüber: Abkehr von der Typisierung zugunsten eines viel größeren Realismus und psychologischer Nachvollziehbarkeit.

Diese Argumentation gegen die Typenkomödie greift Lessing im 92. Stück wieder auf: Molière, vor ihm Plautus (und implizit alle Verfechter und Vertreter der Typenkomödie) hätten beispielsweise „statt der Abbildung eines *geizigen Mannes* [...] eine grillenhafte widrige Schilderung der *Leidenschaft des Geizes* gegeben"

(B 6, 640); so etwas gebe es nicht in der Natur, der typisierenden Schilderung fehlten „alle die Lichter und Schatten" der „Vermischung verschiedener Leidenschaften, welche mit der vornehmsten oder *herrschenden* Leidenschaft zusammen den menschlichen Charakter ausmachen" (B 6, 641). Und Lessing setzt ein Bekenntnis zur realistischen Nachahmung auf dem Drama hinzu: „[D]iese Vermischung muß sich in jedem dramatischen Gemälde von Sitten finden, weil es zugestanden ist, daß das Drama vornehmlich das wirkliche Leben abbilden soll" (ebd.). Eine solche ‚getreulich kopierte Natur' finde sich als „vollkommenes Muster" bei Shakespeare (B 6, 645). In diesem Zusammenhang steht auch die Reflexion der *Betitelung* von Komödien im 21. Stück, die der Tradition nach immer nach dem schwarz-weiß-gezeichneten Typus im Zentrum der Komödie geschah. Dies ist insbesondere deswegen wichtig, da Lessing sowohl bei den *Juden* als auch in der *Minna von Barnhelm* von der Benennungskonvention abwich (s. Abschn. 5.1.3, 5.2).

Eingefügt ist diese Argumentation über den Charakter in die Reflexion der aristotelischen Bestimmung der Differenz von Geschichtsschreibung und Poesie: Übermittle der Geschichtsschreiber das jeweils historisch Besondere, sei Gegenstand des Dichters das Allgemeine (dem eine höhere philosophische Wahrheit eigne). Dieses Allgemeine, der eben angeführte allgemeine oder mittlere Charakter, bleibt allgemein, selbst wenn er historisch verbürgte Namen bekommt, die literarische Figur sogar Ähnlichkeiten mit den historischen Personen aufweise. Aristophanes etwa führe „einen Regulus, einen Brutus auf, nicht um uns mit den wirklichen Begegnissen dieser Männer bekannt zu machen, nicht um das Gedächtnis derselben zu erneuern: sondern um uns mit solchen Begegnissen zu unterhalten, die Männern von ihrem Charakter überhaupt begegnen können und müssen" (B 6, 635).

Was ist der Dichter? Erzeugt er aus dem Vorrat seines Regelwissens und seines Gedächtnisses? Lessing setzt dem *poeta doctus* des Barock und der Frühaufklärung einen auf die 1770er Jahre vorausgreifenden Genie-Begriff entgegen:

> Dem Genie ist es vergönnt, tausend Dinge nicht zu wissen, die jeder Schulknabe weiß; nicht der erworbene Vorrat seines Gedächtnisses, sondern das was es aus sich selbst, aus seinem eigenen Gefühl, hervor zu bringen vermag, macht seinen Reichtum aus; was es gehört oder gelesen, hat es entweder wieder vergessen, oder mag es weiter nicht wissen, als insofern es in seinen Kram taugt [...]. (B 6, 347)

Möglicherweise steckt hier einer der größten oppositionellen Impulse Lessings gegen Gottsched: Die Regeln des Kunstwerks sind nirgends vorgegeben oder verordnet als im Genie selbst: „Nicht jeder Kunstrichter ist Genie: aber jedes Genie ist ein geborner Kunstrichter. Es hat die Probe aller Regeln in sich. Es begreift und behält und befolgt nur die, die ihm seine Empfindung in Worten ausdrücken" (B 6, 657). Aus geniehafter Regel-Erzeugung geschaffene Kunst wird, zuweilen polemisch, der regelgeleiteten (oder nur regelerzeugten) gegenübergesetzt; Lessing sieht sich auf der Seite des Genies: „Man nenne mir das Stück des großen Corneille, welches ich nicht besser machen wollte" (B 6, 687). Und gleichzeitig kokettiert er mit seiner Rolle als bloßem Kritiker: „Ich bin weder Schauspieler noch Dichter" (B 6, 680).

Ausgeträumt. „Der süße Traum, ein Nationaltheater hier in Hamburg zu gründen, ist schon wieder verschwunden: und so viel ich diesen Ort nun habe kennen lernen, dürfte er auch wohl gerade der sein, wo ein solcher Traum am spätesten in Erfüllung gehen wird" (B 6, 690). Das letzte Stück, „Hundert und erstes, zweites, drittes und viertes", kündigt sich selbst in der dramatischen Gattung des Nachspiels (vgl. B 6, 679) an. Es ist ein Nachspiel, das erst einige Zeit nach dem Ende des Projekts geschrieben, noch viel später publiziert wird: „Denn ich will und kann es nicht bergen, daß diese letzten Bogen fast ein Jahr später niedergeschrieben worden, als ihr Datum besagt" (B 6, 690). Die Gründe für das Scheitern des Projekts sind oben schon reflektiert worden; die Selbstcharakteristik der *Hamburgischen Dramaturgie* allerdings, losgelöst ganz von dem Hamburger Vorhaben, markiert schon das Ende des 95. Stücks:

> Ich erinnere hier meine Leser, daß diese Blätter nichts weniger als ein dramatisches System enthalten sollen. Ich bin also nicht verpflichtet, alle die Schwierigkeiten aufzulösen, die ich mache. Meine Gedanken mögen immer sich weniger zu verbinden, ja wohl gar sich zu widersprechen scheinen: wenn es denn nur Gedanken sind, bei welchen sie Stoff finden, selbst zu denken. Hier will ich nichts als Fermenta cognitionis [bildhaft: die Hefe des Wissens, der Erkenntnis] ausstreuen. (B 6, 654 f.)

2.4 Komödienpoetik

Zu Beginn des 29. Stücks der *Hamburgischen Dramaturgie* schaltet Lessing anlässlich einiger Lustspiele, die über die Hamburger Bühne gingen, eine ausführlichere Reflexion über die Gattung des Lustspiels, der Komödie, ein:

> Die Komödie will durch Lachen bessern; aber nicht eben durch Verlachen; nicht gerade diejenigen Unarten, über die sie zu lachen macht, noch weniger bloß und allein die, an welchen sich diese lächerliche Unarten finden. Ihr wahrer allgemeiner Nutzen liegt in dem Lachen selbst; in der Übung unserer Fähigkeit das Lächerliche zu bemerken; es unter allen Bemäntelungen der Leidenschaft und der Mode, es in allen Vermischungen mit noch schlimmern oder mit guten Eigenschaften, sogar in den Runzeln des feierlichen Ernstes, leicht und geschwind zu bemerken. (B 6, 323)

Die Entgegensetzung, mit der die Passage beginnt – Lachen vs. Verlachen – bezieht die eigene, über die Jahre entwickelte Komödienpoetik auf eine ältere, die der sogenannten Verlachkomödie, der sächsischen Typenkomödie. Lessings eigene frühe Lustspiele, etwa *Der junge Gelehrte* oder *Der Freigeist*, arbeiten sich an diesem im zweiten Viertel des 18. Jahrhunderts bestimmenden Typus der Komödie ab (nebenbei: ohne ihn vollständig realisieren zu wollen – oder, anders gesagt: mit programmatischen Abweichungen vom Typus!).

Gattungsgeschichtlicher Hintergrund: die Verlachkomödie. Die sächsische Typenkomödie dient, abstrakt gesprochen, der Durchsetzung von ethischer oder psychischer Normalität angesichts lässlicher Laster (vgl. Steinmetz 1978, 21; Alt 2007, 224 f., Hofmann 1999, 66–76). Mit Gottscheds *Critischer Dichtkunst* umschrieben: „Die Comödie ist nichts anders, als eine Nachahmung einer lasterhafften Handlung" (Gottsched 1730, 594). Das Laster oder lächerliche Verhalten, das meist an einer, ggf. an mehreren Figur(en) vorgeführt wird, soll nicht „realistisch" dargestellt werden, sondern in einer typenhaften Idealisierung dem Verlachen preisgegeben werden. Im Verlaufe der Handlung soll es durch „normales", vernünftiges Verhalten ersetzt werden; das Laster soll nicht ein schweres Laster, etwa die Neigung zum Verbrechen sein, sondern ein „lächerlicher Fehler" der Haltung, des Denkens, der Selbsteinschätzung (Hypchondrie, eingebildete Gelehrsamkeit, Geiz o. ä.).

Auf der Bühne wird das Abweichende, das ‚Unvernünftige', Sozialschädliche, ‚Pathologische' vorgeführt und experimentell unterschiedlichen Normalisierungsstrategien unterworfen: Das Ideal ist die Durchsetzung des rationalen Arguments und die wie auch immer fragile wie fragwürdige Reintegration des Delinquenten in die sozialen Institutionen – meist die Familie. In der Kommunikation zwischen Bühne und Publikum wird der vorgeführte Abweichende dem befreienden Lachen bzw. Verlachen preisgegeben, dem Publikum gegenüber als Abweichung bloßgestellt – und gleichzeitig, im Zeigen der Normalisierungsstrategien, auf seine Korrigierbarkeit hin vorgeführt. Das Verlachte bestätigt die Normalität des Vernünftigen.

Rührende Komödie. Gottscheds Bestimmung der Komödie als Verlachkomödie dominierte zwar einerseits die Produktion von deutschen Originalkomödien (insbesondere und nicht überraschend in seiner *Deutschen Schaubühne*), war aber andererseits schon vor der *Critischen Dichtkunst* in Frankreich und in England, in den 1740er Jahren schließlich auch in Deutschland gleichsam unterlaufen oder, literarhistorisch, überholt worden. Richard Steele (1672–1729) hatte schon zu Anfang des Jahrhunderts empfindsame Komödien für die Londoner Bühne (z. B. *The Tender Husband*, 1705) geschrieben, empfindsame und von dem Typus in molièrescher Prägung abweichende, da differenzierte Charaktere wiesen unterschiedliche Komödien von Pierre de Marivaux (1688–1763) auf, mit Pierre-Claude Nivelle de La Chaussées (1692–1752) *Mélanide* (1741) war ein neues Lustspielgenre vollständig etabliert: Die *Comédie larmoyante*, das weinerliche oder rührende Lustspiel. Christian Fürchtegott Gellerts Lustspiele *Das Loos in der Lotterie* (1746) und insbesondere *Die zärtlichen Schwestern* (1747) etablierten das Genre im deutschsprachigen Raum.

Die Zuordnung des Attributs ‚larmoyante' stammte von Voltaire und hatte einen durchaus pejorativen Beigeschmack: Die Einmischung des Rührenden in die Komödie war Gegenstand verschiedenster Diskussionen. Eine dieser Diskussionen ‚moderiert' Lessing: Das erste Stück seiner *Theatralischen Bibliothek* (Berlin 1754) eröffnete Lessing mit „Abhandlungen von dem weinerlichen oder rührenden Lustspiele" (S. 1–85). Er übersetzt nach kurzer Einführung die anonym erschienenen „Reflexions sur le Comique-larmoyant" von Pierre-Mathieu Martin de Chassiron (1704–1767) sowie die lateinische Antrittsvorlesung Gellerts in Leipzig, „Pro comoedia commovente" (1751). Chassiron argumentiert, ganz grob gesagt, *gegen* die Beimischung von tragischen Elementen in die Komödie, Gellert, als Verfasser rührender Lustspiele, natürlich *für* das neue Genre. Lessing bringt, in der *Theatrali-*

schen Bibliothek, die beiden Positionen ins Gespräch und moderiert, wie er schon in seiner Vorbemerkung andeutet, mit dem Ziel, „einen Mittelweg zu wählen, auf welchem sie sich gewissermaßen beide vereinigen lassen" (B 3, 266).

Lessing lässt sich nicht nehmen, die beiden Positionen zu kommentieren bzw. den vorab angedeuteten Mittelweg zwischen beiden genauer zu bestimmen. In einer Fußnote zu Gellerts Vorlesung heißt es:

> [D]a es eine doppelte Art von menschlichen Handlungen giebt, indem einige Lachen, und andre ernsthaftere Gemüthsbewegungen erwecken: so muß es auch eine doppelte Art von Komödie geben, welche die Nachahmerin des gemeinen Lebens ist. Die eine muß zu Erregung des Lachens, und die andre zu Erregung ernsthaftrer Gemüthsbewegungen geschickt seyn. (*Theatralische Bibliothek* 1, 1754, 64)

Nur diejenigen Lustspiele seien „wahre Komödien [...], welche so wohl Tugenden als Laster, so wohl Anständigkeit als Ungereimtheit schildern, weil sie eben durch diese Vermischung ihrem Originale, dem menschlichen Leben, am nächsten kommen" (B 3, 279). Oder, in den Worten der *Hamburgischen Dramaturgie* (21. Stück) in Kommentierung von Voltaires Einschätzung seiner *Nanine* als rührender Komödie: Voltaire finde „den Übergang von dem Rührenden zum Lächerlichen, und von dem Lächerlichen zum Rührenden, sehr natürlich. Das menschliche Leben ist nichts als eine beständige Kette solcher Übergänge, und die Komödie soll ein Spiegel des menschlichen Lebens sein" (B 6, 287).

Nur ein Jahr später ordnet Lessing, im Schreiben vom November 1756 an Nicolai, also seiner ersten Antwort an den Berliner Freund im Rahmen des „Briefwechsels über das Trauerspiel", den moralischen Nutzen sowohl von Trauerspiel als auch Lustspiel dem „Vergnügen" zu – oder genauer: Ohne das Vergnügen an tragischen Gegenständen ebenso wie an lächerlichen und Lachen machenden gäbe es keinen Nutzen: „Beider Nutzen, des Trauerspiels sowohl als des Lustspiels, ist von dem Vergnügen unzertrennlich; denn die ganze Hälfte des Mitleids und des Lachens ist Vergnügen, und es ist ein großer Vorteil für den dramatischen Dichter, daß er weder nützlich, noch angenehm, eines ohne das andere sein kann" (B 3, 671). Unmittelbar zuvor hatte er noch einigermaßen gottschedisch argumentiert: Die Komödie solle „uns zur Fertigkeit verhelfen, alle Arten des Lächerlichen leicht wahrzunehmen. Wer diese Fertigkeit besitzt, wird in seinem Betragen alle Arten des Lächerlichen zu vermeiden suchen, und eben dadurch der wohlgezogenste und gesittetste Mensch werden. Und so ist auch die Nützlichkeit der Komödie gerettet" (ebd.).

Genau diese Funktion der Menschenerkenntnis im allgemeinen Leben ordnet auch eine Notiz am Ende der ersten Beilage Nicolais an Lessing im letzten Brief des Trauerspielbriefwechsels dem Lustspiel zu:

> Nehmen Sie, statt des moralischen Geschmacks, nach unsrer Erklärung, *die Fähigkeit, Anderer Handlungen zu beurteilen, insofern sie Lob oder Tadel verdienen*; so haben wir die Absicht der Komödie. Der Tadel wird öfters, wenn wir für die Person nicht sonderlich eingenommen sind, vom Lachen begleitet; daher sucht man in der Komödie sonderlich das Lachen zu befördern, und bedient sich sogar öfters des Burlesken, (das keine sittliche Absurdität zum Grunde hat) um uns in die Disposition zum Lachen zu setzen. (B 4, 732)

2.4 Komödienpoetik

Lessing bestätigt diese Einschätzung noch ein Jahrzehnt später im 29. Stück der *Hamburgischen Dramaturgie*:

> Zugegeben, daß der Geizige des Moliere nie einen Geizigen, der Spieler des Regnard nie einen Spieler gebessert habe; eingeräumt, daß das Lachen diese Toren gar nicht bessern könne: desto schlimmer für sie, aber nicht für die Komödie. Ihr ist genug, wenn sie keine verzweifelte Krankheiten heilen kann, die Gesunden in ihrer Gesundheit zu befestigen. Auch dem Freigebigen ist der Geizige lehrreich; auch dem, der gar nicht spielt, ist der Spieler unterrichtend; die Torheiten, die sie nicht haben, haben andere, mit welchen sie leben müssen; es ist ersprießlich, diejenigen zu kennen, mit welchen man in Collision kommen kann; ersprießlich, sich wider alle Eindrücke des Beispiels zu verwahren. Ein Präservativ ist auch eine schätzbare Arzenei; und die ganze Moral hat kein kräftigers, wirksamers, als das Lächerliche. (B 6, 323 f.)

Ob allerdings dem Ernsthaften, Rührenden im Lustspiel immer ein Lächerliches untermischt sein müsse, zieht Lessing – gegen Voltaire und mit zwei für ihn schlagenden Beispielen – in Zweifel: Wenn Voltaire nur den beständigen Übergang vom Lächerlichen zum Rührenden und umgekehrt als den Gang des alltäglichen Lebens betrachte, stritte dann nicht, so fragt Lessing, „der Herr von Voltaire wider die Erfahrung, wenn er die ganz ernsthafte Komödie für eine eben so fehlerhafte, als langweilige Gattung erkläret?" (B 6, 288). Lessing aber fügt hinzu: „Vielleicht damals, als er es schrieb, noch nicht. Damals war noch keine Cenie, noch kein Hausvater vorhanden; und vieles muß das Genie erst wirklich machen, wenn wir es für möglich erkennen sollen" (ebd.).

Das erste der beiden hier genannten Dramen, *Cénie: pièce nouvelle en cinq actes* (1751; in der Übersetzung bezeichnenderweise mit einem inhaltlich generalisierenden Untertitel: *Cenie, oder die Großmuth im Unglücke*) von Françoise de Graffigny (1695–1758), dessen Hamburger Aufführung Lessing im 20. Stück der *Hamburgischen Dramaturgie* kommentiert, schätzt er als „vortreffliche[s] Stück" (B 6, 279), dessen so echte „Sprache des Herzens" (B 6, 280) die Übersetzung der Gottschedin leider gar nicht getroffen habe. Diese nämlich könne „nur das Herz treffen. Sie hat ihre eigene Regeln; und es ist ganz um sie geschehen, sobald man diese verkennt, und sie dafür den Regeln der Grammatik unterwerfen, und ihr alle die kalte Vollständigkeit, alle die langweilige Deutlichkeit geben will, die wir an einem logischen Satze verlangen" (ebd.). *Ex negativo* und von der Übersetzung her charakterisiert Lessing das rührende Lustspiel der Mme de Graffigny: „Aber wie viel leichter ist es, eine Schnurre zu übersetzen, als eine Empfindung! Das Lächerliche kann der Witzige und Unwitzige nachsagen" (ebd.).

Der Hausvater ist ein Lustspiel Denis Diderots: Lessing hatte dessen *Le Père de famille* (1758) selbst übersetzt und die Übersetzung im zweiten Teil von *Das Theater des Herrn Diderot* (Berlin 1760) publiziert. Diderot (1713–1784) war einer der wichtigsten und fortschrittlichsten Intellektuellen Frankreichs im 18. Jahrhundert, der als Wissenschaftler, ja Universalgelehrter und Enzyklopädist, als Literaturtheoretiker, als Romancier und als Dramenautor eine Leitfigur der europäischen Aufklärung war. Diderots Abkehr von den Gegenständen der klassizistischen Dramatik in Frankreich und seine gleichzeitige Zuwendung zu bürgerlichen Gegenständen,

Figuren und Konflikten insbesondere im Drama, sein Eintreten für eine von Voltaire praktisch noch für unmöglich erachtete *comédie serieuse* war für Lessing von größter Bedeutung.

Ab dem 84. Stück der *Hamburgischen Dramaturgie*, natürlich anlässlich einer Aufführung des *Hausvaters* in Lessings Übersetzung (am 27. Juli 1767), würdigt Lessing Diderot und seine ernsthaften Komödien ausführlich – allein schon deshalb, weil er auf dem Pariser Theater erfolglos blieb und im hier sichtbar werdenden Abstand zur französischen Dramenkonvention schon gleichsam eine Qualität liege (vgl. B 6, 600). Lessing vollzieht ausführlich (84. und 85. Stück) die märchenhaft-orientalisch verkleidete Literatursatire in Diderots *Les bijoux indiscrets* (anon. 1748) nach, die unverhohlen auf die Bühnenkonventionen und die Dramenkultur des französischen Klassizismus zielt. Seine erste *comédie serieuse*, *Le fils naturel ou les Epreuves de la vertu* (anon. 1757) hatte Diderot mit dem Untertitel versehen: „Comédie en cinq Actes et en Prose, avec l'Histoire véritable de la pièce". Die ‚Geschichte' des Stücks, die der Untertitel avisiert, ist letztlich eine dramenpoetologische Rechtfertigung der neuen Spielart der Komödie: Neben der unbetitelten Vorrede, in der der Autor (also der anonym bleibende Diderot) ein Zusammentreffen mit der Titelfigur, Dorval, fingiert, und einer Überleitungsmoderation nach dem fünften Akt hängt Diderot drei „Unterredungen" unter dem Titel „Dorval und Ich" an, die die neue, abweichende Dramenästhetik thematisieren: Die Abkehr von der klassizistischen Doktrin der drei Einheiten, die Zuwendung zu allgemein-menschlichen Konflikten unter Privatleuten, die Darstellung oder Nachahmung von „Ständen" anstelle von Charakteren und die rührende Wirkungsabsicht sind wichtige Versatzstücke dieser Konzeption (dabei versteht Diderot den Begriff des Standes sehr weit – eher im Sinne der sozialen ‚Rolle': Familienrollen Hausvater, Sohn, Bruder usf.).

Dass Lessing hier eine Konzeption des Theaters vorfand, die der seinigen sehr nahe kam, ist einer der Gründe dafür, warum er Diderot so ausführlich würdigt – und dies nicht nur in den eben erwähnten Stücken der *Dramaturgie*. Lessing übersetzte beide *comédies serieuses* Diderots mitsamt den begleitenden, dramenpoetologischen Texten und ließ seine Übersetzungen 1760 bei Voß in Berlin verlegen: *Das Theater des Herrn Diderot. Aus dem Französischen* (der Erstdruck erschien anonym, beim Zweitdruck 1781 ist der Untertitel ergänzt durch „von Gotthold Ephraim Lessing"). Der erste Band einhielt *Der natürliche Sohn, oder die Proben der Tugend. Ein Schauspiel in fünf Aufzügen. Nebst der wahren Geschichte des Stücks*, der zweite den *Hausvater* sowie die Übersetzung von Diderots Abhandlung „De la Poésie dramatique" (‚Von der dramatischen Dichtkunst').

Lessings Konzeption und Praxis des bürgerlichen Trauerspiels, die zumindest im Trauerspielbriefwechsel und in *Miß Sara Sampson* der Diderot-Übersetzung deutlich vorausgingen, sind trotz großer Nähe keinesfalls deckungsgleich mit den dramenpoetologischen Überlegungen des Franzosen. Da, wo bei Diderot der erhabene Charakter bewusst der Einfühlung entzogen wird, steht bei Lessing der gemischte; Mitleid steht anstelle des Erhabenen (vgl. dazu ausführlich Fick 2016a, 218–222; vgl. auch Hochholdinger-Reiterer 2019). Vom 86. bis 91. Stück der *Hamburgischen Dramaturgie* setzt sich Lessing, weit ausholend auf Aristoteles zurückgreifend und sich distanzierend, mit Diderots Charakter-und-Stand-Überlegungen auseinander.

Nichtsdestoweniger sind die Neuerungen, die die Komödien Diderots sowie ihre jeweilige dramenpoetologische Rahmung oder Ergänzung kennzeichnen, für Lessing von großer Bedeutung insofern, als hier einer ernsthaften Komödie der Rührung (unter Inkaufnahme der Verletzung der klassizistischen Regeln) das Wort geredet wird, die mindestens neben die *comédie larmoyante*, das weinerliche Lustspiel, tritt und die Möglichkeiten des rührenden Lustspiels erweitert.

2.5 Trauerspielpoetik

2.5.1 Der Trauerspielbriefwechsel

Kontext. Zwischen Leipzig und Berlin – hier die beiden Freunde Friedrich Nicolai und Moses Mendelssohn (s. Abb. 2.5a, b) und dort Lessing – entspann sich zwischen dem 31. August 1756 und dem 14. Mai 1757 ein Briefwechsel, der vielfach anknüpft an Gegenstände, die die drei Freunde gesprächsweise in Berlin erörtert haben mögen, zumal Nicolai in unmittelbarem Vorfeld dieses Austauschs seine „Abhandlung vom Trauerspiele" vorbereitet hatte (die dann 1757 in der von ihm selbst herausgegebenen *Bibliothek der schönen Wissenschaften und freyen Künste* im ersten Stück des ersten Bandes erscheinen sollte, dortselbst S. 17–68). Lessing war im Oktober 1755 von Berlin nach Leipzig gezogen und wollte im Sommer den Leipziger Kaufmannssohn Gottfried Winkler auf eine Europareise begleiten. Diese wurde aufgrund des preußischen Überfalls auf Sachsen, dem Beginn des Siebenjährigen Krieges, in Amsterdam abgebrochen: Der erste Brief Nicolais sollte Lessing in Amsterdam erreichen, erreichte ihn aber erst einige Tage nach dem zweiten Brief in Leipzig. — Im Unterschied etwa zu den *Briefen, die neueste Litteratur betreffend*, den sogenannten Literaturbriefen, die die Form einer fingierten Korrespondenz für die wöchentliche Publikation nutzten, waren die Briefe über das Trauerspiel Privatbriefe zwischen drei innigen Freunden, Privatbriefe, die die Abwesenheit des einen, der nach Leipzig gezogen war, kompensieren mussten. Sie waren nie zur Veröffentlichung vorgesehen; da sie aber in dem besagten Zeitraum primär um Fragen des Trauerspiels kreisten, werden sie gleichsam wie ein geschlossenes Korpus betrachtet und gelegentlich auch als solches publiziert (erstmals durch Robert Petsch, 1910, unter dem Titel *Lessings Briefwechsel mit Mendelssohn und Nicolai über das Trauerspiel*).

Nicolais „Abhandlung" wie auch die Positionen, die die drei Korrespondenten in ihren Briefen einnehmen, stehen selbstverständlich im Kontext eines zeitgenössischen Diskurses um das bürgerliche Trauerspiel. Johann Christoph Gottsched hatte 1751 in der 4. Auflage der *Critischen Dichtkunst* auch über die *Comédie larmoyante* der neueren französischen Tradition gesprochen – und hierfür, weil „Komödie" ihm ein unangemessener Begriff schien, die Genrebezeichnungen „bürgerliche, oder adeliche Trauerspiele" vorgeschlagen (Gottsched 1751, 644); wenn Lessing in der Selbstankündigung seiner *Schrifften* (Bd. 5 und 6) in der *Berlinischen privilegierten*

Abb. 2.5 **a** Moses Mendelssohn. Porträt von Anton Graff, um 1771, **b** Friedrich Nicolai. Portrait von Ferdinand Collmann (ca. 1790) nach Anton Graff

Zeitung schreibt: „Ein bürgerliches Trauerspiel! Mein Gott! Findet man in Gottscheds critischer Dichtkunst ein Wort von so einem Dinge?" (B 3, 389), hat er also nicht genau gelesen oder überliest bewusst: Man liest bei Gottsched sehr wohl ‚ein Wort von so einem Dinge'! (vgl. Fick 2016a, 134 f.). – Johann Gottlob Benjamin Pfeil hatte praktisch zeitgleich mit *Miß Sara Sampson* seine Schrift *Vom bürgerlichen Trauerspiele* (in *Neue Erweiterungen der Erkenntnis und des Vergnügens*, Leipzig 1755) anonym veröffentlicht; dort hatte er eingangs einerseits Aristoteles als die unbestrittene Autorität im Feld des Trauerspiels beschworen, andererseits darauf hingewiesen, dass er ihn in Teilen kritisieren wolle, aber „dem ohngeachtet den meisten Theil seiner Beschreibung beybehalten, wenn ich das bürgerliche Trauerspiel, die Nachahmung einer Handlung nenne, wodurch eine Person bürgerlichen Standes auf dem Theater als unglücklich vorgestellet wird" (Pfeil 1755, 2). Er unterscheidet also auf der Ebene des sozialen Standes das bürgerliche vom heroischen Trauerspiel, damit implizit natürlich auch auf der Ebene der leitenden Konflikte; an die Stelle des heroischen Alexandriners soll die Prosarede treten. Die aus Aristoteles übernommene Wirkungsbestimmung wird umgedeutet: „Die Hauptabsicht des Trauerspiels ist, Schrecken und Mitleiden zu erwecken, oder wenn man lieber will, die Tugend auch ohngeachtet ihres Unglücks liebenswürdig und das Laster allezeit verabscheuungswürdig vorzustellen" (Pfeil 1755, 3). Das ist durchaus eine drastische Umdeutung der Erregung von Schrecken und Mitleiden – aber eine folgenreiche: Die Erregung von Leidenschaften durch das Theater wird mit dessen moralischer Wirkung oder gar Funktion gekoppelt.

Der Trauerspielbriefwechsel ist darüber hinaus in einem weit über die Gattungsfrage des Trauerspiels hinausgehenden diskursiven Feld angesiedelt: in demjenigen, ganz grob gesagt, der Psychologie der Empfindungen. Jean-Baptiste Dubos hatte seinen *Réflexions critiques sur la poésie et la peinture* (1719) eine Theorie der Affekte und der Rührung hinterlegt, Moses Mendelsohn legte 1755 seine Briefe *Über die Empfindungen* vor und übersetzte ein Jahr darauf Jean Jacques Rousseaus *Discours sur l'origine et les fondements de l'inégalité parmi les hommes* (1755; dt. *Von dem Ursprunge der Ungleichheit unter den Menschen*, Berlin 1756), das von großer Bedeutung für Lessings Mitleidsbegriffs sein mag, englischer Sensualismus bei David Hume und die *moral sense*-Philosophie insbesondere Francis Hutchesons ergänzen den diskursiven Hintergrund der Briefe.

Argumentationsgang des Briefwechsels. Nicolai eröffnet den Briefwechsel über das Trauerspiel, indem er Lessing eine knappe Zusammenfassung der zentralen Argumente seiner „Abhandlung vom Trauerspiele" liefert. Er wendet sich dort gegen die aristotelische Vorstellung der Katharsis: Nicht Reinigung der Leidenschaften solle das Ziel des Trauerspiels sein, sondern die möglichst heftige Erregung derselben. Sozialer Stand der Figuren im Trauerspiel sowie die Lehre von den drei Einheiten seien Nebenbestimmungen der Gattung. Die Leidenschaften, die das Trauerspiel erregen solle, seien Schrecken und Mitleiden, die beide in einer ersten Spielart des Trauerspiels als solche erregt werden sollten, in einer zweiten Spielart helfen könnten, Bewunderung zu erregen, in einer dritten mit der Bewunderung verschwistert sein könnten.

Lessings Antwort, längst wieder in Leipzig, stimmt Nicolai in Teilen zu: „*Die Tragödie soll Leidenschaften erregen*" (B 3, 669). Es komme aber darauf an, welche sie errege. Lessings erster Brief innerhalb des Briefwechsels artikuliert die Grundzüge der Mitleidsästhetik, die hier im Austausch diskutiert, in der *Hamburgischen Dramaturgie* (v. a. im 74.–80. Stück) dann gleich zum poetologischen „System" ausgebaut werden: Es gebe keine andere Leidenschaft, die das Trauerspiel auslöse, als das Mitleiden. Aus diesem erklärt Lessing alles andere, das dann keine eigenständige Leidenschaft mehr sei: „Das Schrecken in *der Tragödie* ist weiter nichts als die plötzliche Überraschung des Mitleides, ich mag den Gegenstand meines Mitleids kennen oder nicht" (B 3, 670); die „Bewunderung? O in der Tragödie, um mich ein wenig orakelmäßig auszudrücken, ist das entbehrlich gewordene Mitleiden" (ebd.). Alles drei sei nur die Stufenfolge *einer* Leidenschaft:

> Die Staffeln sind also diese: Schrecken, Mitleid, Bewunderung. Die Leiter aber heißt: Mitleid; und Schrecken und Bewunderung sind nichts als die ersten Sprossen, der Anfang und das Ende des Mitleids. [...] Das Schrecken braucht der Dichter zur Ankündigung des Mitleids, und Bewunderung gleichsam zum Ruhepunkte desselben. (B 3, 670 f.)

Am **Mitleid** macht Lessing die moralische Funktion des Trauerspiels fest – wohlgemerkt: Hier geht es nicht um die Vermittlung eines moralischen Lehrsatzes, sondern um die *Einübung* eines emotionalen Zustandes; nicht die höheren Seelenvermögen des Menschen, die Vernunft, sollen angesprochen werden, sondern die mittleren, das Gefühl:

> [S]o sage ich nunmehr, die Bestimmung der Tragödie ist diese: sie soll *unsre Fähigkeit, Mitleid zu fühlen*, erweitern. Sie soll uns nicht bloß lehren, gegen diesen oder jenen Un-

glücklichen Mitleid zu fühlen, sondern sie soll uns weit fühlbar machen, daß uns der Unglückliche zu allen Zeiten, und unter allen Gestalten, rühren und für sich einnehmen muß. [...] *Der mitleidigste Mensch ist der beste Mensch*, zu allen gesellschaftlichen Tugenden, zu allen Arten der Großmut der aufgelegteste. Wer uns also mitleidig macht, macht uns besser und tugendhafter, und das Trauerspiel, das jenes tut, tut auch dieses, oder – es tut jenes, um dieses tun zu können. (B 3, 671)

Diese fundamentale Bestimmung hat für Lessing entscheidende Konsequenzen:

1. Die beste Person im Stück müsse die unglücklichste sein, um mein Mitleid zu gewinnen;
2. Schrecken sei „das überraschte *und unentwickelte* Mitleiden" (B 3, 672),
3. Bloße Bewunderung sei gar nicht Gegenstand des Trauerspiels, sondern des Heldenepos.

Mendelssohns Antwort auf Lessings Brief an Nicolai (!) problematisiert das Verhältnis von Bewunderung und Mitleid in Lessings Überlegungen. Bewunderung sei „nicht bloß ein Ruhepunkt des Mitleidens, der nur deswegen da ist, um dem von neuem aufsteigenden Mitleiden wieder Platz zu machen", vielmehr sei sie die „Mutter der Tugend", eine ‚höhere Empfindung', die auf die bloß „sinnliche Empfindung des Mitleidens" folge, „ihr sanfter Schimmer verschwindet, wenn der Glanz der Bewunderung unser Gemüt durchdringt" (B 3, 676). Und Lessing diskutiert wiederum in seiner Antwort (28. November 1756) genau diese Kategorie der Bewunderung: Man müsse sie zunächst von der Verwunderung abgrenzen (Mendelssohn stimmt dem weitläufig zu in seiner Antwort; vgl. B 3, 686 f.); vor allem aber: Die Bewunderung „glänzende[r] Eigenschaften" oder im „höchsten Grade guter Eigenschaften" (B 3, 679) führe ein grundsätzliches Problem mit sich, weil diese Eigenschaften „unter dem allgemeinen Namen des Heroismus" mit „Unempfindlichkeit verbunden" seien „und Unempfindlichkeit in dem Gegenstande des Mitleids [ ] mein Mitleiden schwächt" (B 3, 681). Bewunderung schafft Distanz, wo Nähe erfordert ist. Bewunderung sei eben nicht „die Mutter der Tugend"! Das sei das Mitleid: „*Der mitleidigste Mensch ist der beste Mensch*, zu allen gesellschaftlichen Tugenden, zu allen Arten der Großmut der aufgelegteste" (B 3, 671):

> Die Bewunderung in dem allgemeinen Verstande, in welchem es nichts ist, als das sonderliche Wohlgefallen an einer seltnen Vollkommenheit, bessert vermittelst der Nacheiferung, und die Nacheiferung setzt eine deutliche Erkenntnis der Vollkommenheit, welcher ich nacheifern will, voraus. Wie viele haben diese Erkenntnis? Und wo diese nicht ist, bleibt die Bewunderung nicht unfruchtbar? Das Mitleiden hingegen bessert unmittelbar; bessert, ohne daß wir selbst etwas dazu beitragen dürfen; bessert den Mann von Verstande sowohl als den Dummkopf. (B 3, 683)

Gegenüber Nicolai (29. November 1756) differenziert Lessing seine Auffassung vom Mitleid: Tränenvolles Mitleid sei der mittlere Zustand, Rührung gehe ihm voraus, wieder tränenlose Beklemmung folge ihm. In einem ausführlichen Beispiel illustriert er die Dynamik der Mitleidserregung bis zur Beklemmung (vgl. B 3, 684–686).

2.5 Trauerspielpoetik

In seinem Brief von Mitte Dezember 1756 greift Mendelssohn Bewunderung als Gegenstand der Diskussion wieder auf und problematisiert deren Definition bei Lessing „als ein Ruhepunkt des Mitleidens", stellt sie mit der ästhetisch hergestellten relativen „Gemütsruhe" in Verbindung, die Winckelmann etwa einer Laokoon-Statue beimesse (B 3, 690). Lessing ist es dann, der in seiner Antwort vom 18. Dezember 1756 wieder von der Bewunderung auf sein Argumentationszentrum, das Mitleid, zurückkommt: Bewunderung gebe es immer gegenüber gewissen Vollkommenheiten, die, gepaart mit Unglücksfällen gerade der Vollkommeneren, umso größeres Mitleid auslösten (vgl. B 3, 694). Bewunderung sei aber eine Wirkung für den Augenblick, das Mitleid werde aber – fast unabhängig davon, was mein Mitleid auslöse, *geübt*; es komme nur darauf an, dass „mein Mitleid rege wird, und sich gleichsam gewöhnt, immer leichter und leichter rege zu werden" (B 3, 698).

Lessing stellt die Diskussion in den direkten Kontext der Aristoteles-Rezeption: der mittlere Charakter (vgl. B 3, 701), der Fehler, der notwendig ist, durch den der Held ins Unglück stürzt oder es auf sich zieht, die *hamartia* (vgl. ebd.); im Epos folge das Unglück des Helden aus ‚Verhängnis und Zufall' (vgl. B 3, 703). In einem der letzten Briefe, dem vom 2. April 1757, präzisiert Lessing die Aristoteles-Auslegung: Er geht Aristoteles' *phobos*-Verständnis durch und erläutert (aus heutiger altphilologischer Sicht unzutreffend):

> [D]ie Furcht [kann], nach der Meinung des Aristoteles, keine unmittelbare Wirkung des Trauerspiels sein, sondern sie muß weiter nichts als eine *reflectierte Idee* sein. Aristoteles würde bloß gesagt haben: *das Trauerspiel soll unsre Leidenschaften durch das Mitleiden reinigen*, wenn er nicht zugleich auch das Mittel hätte angeben wollen, wie diese Reinigung durch das Mitleiden möglich werde; und dieserwegen setzte er noch die *Furcht* hinzu, welche er für dieses Mittel hielt. (B 3, 716)

Spannend ist Mendelssohns implizite Thematisierung des Abstands der gegenwärtigen Diskussion von rationalistischen Wirkungskonzepten: „Die ästhetische Illusion ist wirklich im Stande, die obern Seelenkräfte auf eine Zeitlang zum Schweigen zu bringen" (B 3, 709): Theater spricht die mittleren Seelenvermögen an, die emotionalen, sinnlichen Kräfte. Und auf diesem Pfad argumentiert Lessing fort. Er insistiert darauf, „daß die Tragödie eigentlich keinen Affekt bei uns rege mache, als das *Mitleiden*. Denn diesen Affekt empfinden nicht die spielenden Personen, und wir empfinden ihn nicht bloß, weil sie ihn empfinden, sondern er entsteht in uns ursprünglich aus der Wirkung der Gegenstände auf uns; es ist kein *zweiter* mitgeteilter Affekt" (B 3, 714).

Löst das Trauerspiel Bewunderung aus (Mendelssohn) oder Mitleid (Lessing)? Schließt Mitleiden Schrecken und Bewunderung ein? Oder überwölbt es beide? Wie kann man sich die ‚Reinigung' der Leidenschaften vorstellen? Geschieht diese etwa durch die Furcht? Nicolais letzter Brief führt eine Reihe ungeklärter und ungeklärt bleibender Fragestellungen und Probleme an. Zentral aber, insbesondere für Lessing, ist die Entwicklung des Gedankens – ganz gleich, ob er von Rousseau oder von Hutcheson angeregt wurde (vgl. Schings 1980; Heidsieck 1979) –, die Einübung in Mitleid sei moralische, sittliche Verbesserung: Moralität des Menschen ist nicht reserviert als Domäne der höheren Seelenvermögen, der Vernunft. Die vom

Trauerspiel ausgelöste Leidenschaft fällt mit der sittlichen Bildung des Menschen zusammen.

2.5.2 Hamburgische Dramaturgie

Die im Trauerspielbriefwechsel erörterten Fragestellungen insbesondere nach der Qualität und der (sittlichen) Wirkung der durch das Trauerspiel ausgelösten Leidenschaften werden in den Stücken 74 bis 83 der *Hamburgischen Dramaturgie* differenziert erarbeitet. Anlässlich der Aufführung von Christian Felix Weißes regelmäßigem Alexandriner-Trauerspiel *Richard der Dritte* nimmt Lessing im 74. Stück Abstand vom Begriff des Schreckens, den einen der Affekte, den laut Aristoteles die Tragödie auslöse. Oder, genauer gesagt: Er nimmt Abstand von der bisher gängigen Übersetzung des aristotelischen φόβοσ (phobos) als ‚Schrecken'. Angesichts von Weißes Richard, eines „Ungeheuers", eines „seines Blutdursts sich rühmende[n], über seine Verbrechen sich kitzelnde[n] Teufel[s]" (B 6, 552), räumt Lessing natürlich ein, dass dieser Schrecken auslöse, „Erstaunen über unbegreifliche Missetaten, das Entsetzen über Bosheiten, die unsern Begriff übersteigen, [...] Schauder [...], der uns bei Erblickung vorsätzlicher Greuel, die mit Lust begangen werden, überfällt" (ebd.). Ein solcher Schrecken könne weder in die Absichten der Dichter der Antike noch in die Intention des Aristoteles fallen.

Furcht und Mitleid. Missverständnisse wie Weißes greulicher Richard hätten vermieden werden können, wenn man Aristoteles richtig verstanden hätte: „Das Wort, welches Aristoteles braucht, heißt Furcht: Mitleid und Furcht, sagt er, soll die Tragödie erregen; nicht, Mitleid und Schrecken. Es ist wahr, das Schrecken ist eine Gattung der Furcht; es ist eine plötzliche, überraschende Furcht" (B 6, 553). Damit sei aber, so argumentiert Lessing in Fortsetzung seiner Argumentation aus dem Brief (‚über das Trauerspiel') vom November 1756, der Nicolais Auftaktbrief beantwortet, der Schrecken eine Form des Mitleids: „die plötzliche[ ] Erblickung eines Leidens [...], das einem andern bevorsteht" sei „mitleidiges Schrecken" und damit Mitleid und nicht Schrecken (B 6, 554). Und er beweist diese Ineinssetzung mit Mendelssohn, ausgreifend aus dessen Briefen *Über die Empfindung* zitierend (vgl. B 6, 554 ff.), wo Mendelssohn eine ganze Reihe unangenehmer Empfindungen und eben auch den Schrecken aus dem Mitleid ableitet.

Damit ist die Furcht noch nicht definiert: Das ist Gegenstand des 75. Stücks. Mendelssohn würdigend und dann aber diesen dezidiert *nicht* mit Aristoteles' Position gleichsetzend, erklärt und übersetzt Lessing die entsprechende Passage aus der aristotelischen *Poetik* (13. Kapitel) neu:

> Man hat ihn falsch verstanden, falsch übersetzt. Er spricht von Mitleid und Furcht, nicht von Mitleid und Schrecken; und seine Furcht ist durchaus nicht die Furcht, welche uns das bevorstehende Übel eines andern, für diesen andern, erweckt, sondern es ist die Furcht, welche aus unserer Ähnlichkeit mit der leidenden Person für uns selbst entspringt; es ist die Furcht, daß die Unglücksfälle, die wir über diese verhänget sehen, uns selbst treffen

können; es ist die Furcht, daß wir der bemitleidete Gegenstand selbst werden können. Mit einem Worte: diese Furcht ist das auf uns selbst bezogene Mitleid. (B 6, 556 f.)

Lessing trumpft hier sehr selbstbewusst gegen bisherige Übersetzer und Ausleger des Aristoteles auf – insbesondere auch gegen den hochanerkannten *Poetik*-Kommentar von Anne LeFèvre-Dacier (1647–1720; Lessing hielt, wie viele andere, den Urheber (!) dieses Aristoteles-Kommentars für einen Mann!). Man könne die *Poetik* nicht verstehen, wenn man nicht *Rhetorik* und *Nikomachische Ethik* des Aristoteles hinzunehme, süffisant notiert er: „Es war gar nicht schwer, sich dieser Kapitel zu erinnern" – man muss sich einfach so gut auskennen wie er (B 6, 557). Nur dann könne man verstehen, warum Aristoteles bei der Wirkung der Tragödie nur die Furcht dem Mitleid beigesellt habe und keine andere Leidenschaft. Nur dann könne man das Verständnis von Mitleid bei Aristoteles nachvollziehen:

> Er glaubte nemlich, daß das Übel, welches der Gegenstand unsers Mitleidens werden solle, notwendig von der Beschaffenheit sein müsse, daß wir es auch für uns selbst, oder für eines von den Unsrigen, zu befürchten hätten. Wo diese Furcht nicht sei, könne auch kein Mitleiden Statt finden. [...] Er erkläret daher auch das Fürchterliche und das Mitleidswürdige, eines durch das andere. Alles das, sagt er, ist uns fürchterlich, was, wenn es einem andern begegnet wäre, oder begegnen sollte, unser Mitleid erwecken würde: und alles das finden wir mitleidswürdig, was wir fürchten würden, wenn es uns selbst bevorstünde. (B 6, 558)

Diese für die Wirkung des Trauerspiels notwendige „Möglichkeit [...], daß uns sein [des Helden] Leiden auch treffen könne", habe allerdings zur Voraussetzung, dass der Dichter den Helden „mit uns von gleichem Schrot und Korne schildere" (B 6, 559). Implizit begründet Lessing hier das bürgerliche Trauerspiel im Kontext des bürgerlichen Theaterprojekts in Hamburg: Ein Trauerspielheld, der vor einem bürgerlichen Publikum auf die Bühne gebracht würde, muss ‚von gleichem Schrot und Korn' wie seine Zuschauer sein, nicht unbedingt Stadtbürger, Kaufmann o. ä., aber gehobener Mittelstand; dasjenige, was ihn im Konfliktzusammenhang des Trauerspiels angeht, muss auch uns angehen können: Konflikte im Privaten, im Haus, der Familie. Oder, wie Nicolai es im Umkehrschluss im Trauerspielbriefwechsel gesagt hatte: „Können Sie auch wohl in Ernste glauben, daß, weil Hecuba *Mitleid* erweckt, die Zuschauer *fürchten* können, ihre Stadt verbrannt zu sehen, in die Sclaverei geführt zu werden und ihre Kinder zu verlieren?" (Brief vom 14. Mai 1757, B 3, 736).

Kritik des französischen Trauerspiels. Wie an (sehr vielen) anderen Stellen der *Hamburgischen Dramaturgie* schießt Lessing von seiner Aristoteles-Auslegung gegen das französische Trauerspiel: Die Märtyrer und die Ungeheuer, die Corneille auf die Bühne gebracht habe, seien für die von Aristoteles verlangten Wirkungen der Bühne völlig ungeeignet, zudem sei Corneille vom Irrglauben besessen, Aristoteles habe Mitleid oder Furcht gesagt: eines von beiden reiche auch. Das ist von Lessings Position aus völlig implausibel und wird weder Aristoteles noch dem Trauerspiel gerecht. Dies macht das 76. Stück völlig klar: Er argumentiert einerseits sehr genau an der antiken Poetik entlang, verweist andererseits, wiederum Mendelssohns Briefe *Über die Empfindung* ausführlich zitierend, darauf, dass Aristoteles

Mitleid ohne Furcht, also Bedauern eines Übels, das einem andern zugestoßen, ohne uns selbst treffen zu können, als Philanthropie bezeichnet habe (vgl. B 6, 563 ff.).

Die Wirkungspoetik des Aristoteles aber schließe, so das 77. Stück, nicht nur die Erregung der Leidenschaften, sondern auch deren Reinigung ein: Furcht, als ‚auf uns selbst bezogenes Mitleid', macht das Mitleid mit der Bühnenfigur nachhaltig:

> Sobald die Tragödie aus ist, höret unser Mitleid auf, und nichts bleibt von allen den empfundenen Regungen in uns zurück, als die wahrscheinliche Furcht, die uns das bemitleidete Übel für uns selbst schöpfen lassen. Diese nehmen wir mit; und so wie sie, als Ingredienz des Mitleids, das Mitleid reinigen helfen, so hilft sie nun auch, als eine vor sich fortdauernde Leidenschaft, sich selbst reinigen. (B 6, 566)

Von hier aus scheint Lessing seinen Argumentationsweg zu verlassen: Er geht auf die allgemeine Definition der Tragödie in der *Poetik* ein: Nachahmung einer Handlung, die mitleidswürdig ist (vgl. B 6, 567). Doch die Definition setzte die zu erregenden und zu reinigenden Leidenschaften an eine entscheidende Stelle im entsprechenden Satz: „Nachahmung einer Handlung, – die nicht vermittelst der Erzehlung, sondern vermittelst des Mitleids und der Furcht, die Reinigung dieser und dergleichen Leidenschaften bewirket" (ebd.). Epische Poesie versetze in Vergangenheit, dramatische simuliere Gegenwärtigkeit! Und die löse die genannten Leidenschaften aus!

Lessing zitiert nun die fehlgehenden Deutungen des Katharsiskonzepts bzw., wie er es sagt, des ‚moralischen Endzwecks': Es gehe Aristoteles tatsächlich um die Reinigung der Leidenschaften Mitleid und Furcht, nicht um die Reinigung des Menschen von irgendwelchen Fehlern durch die erregten Leidenschaften oder dergleichen: Diesem Argument widmet sich auch noch das 78. Stück. Mit einer zusätzlichen Differenzierung: Nicht die Personen auf der Bühne empfänden die Leidenschaften, sondern *wir*, als Zuschauer (vgl. B 6, 572). Gegen Daciers verkürzende Deutung des Reinigungsprozesses der Leidenschaften prägt Lessing dann jene Formel, die derjenigen aus seinem ersten Beitrag im Trauerspielbriefwechsel zur Seite gestellt werden kann – und logisch aus ihr folgt: Dort hieß es: „Der mitleidigste Mensch ist der beste Mensch", hier folgert er, dass „diese Reinigung in nichts anders beruhet, als in der Verwandlung der Leidenschaften in tugendhafte Fertigkeiten" (B 6, 574). Anders gesagt: Temporäres Mitleid mit den Bühnenfiguren und nachhaltigere Furcht um sich selbst führen zum Erlernen des Mitleidig-Sein-Könnens, einer sozialen Tugend. Und noch mehr: Da auch vom Mitleid ein Zuviel und ein Zuwenig im Zuschauer vorhanden sein könne, führe die Einübung ins Mitleidig-Sein durch die Tragödie zum Erreichen einer Mittellage, zu einer Ausbalancierung der Affekte (hier kommt Lessings Aristoteles-Deutung der modernen, altphilologischen Übersetzung der Katharsis als ‚Reinigung des Menschen von überschüssigen Leidenschaften' (Fuhrmann; vgl. Aristoteles' *Poetik* 1982) durchaus näher).

Wenn die *Hamburgische Dramaturgie* im 79. Stück wieder auf Weißes *Richard der Dritte* zurückkommt, konzediert Lessing, dass das Stück zwar nirgends Mitleid und Furcht errege, aber nichtsdestoweniger viele Schönheit habe („Poesie des Ausdrucks; Bilder; Tiraden; kühne Gesinnungen; einen feurigen hinreißenden Dialog", B 6, 578) – und dass es Wirkung zeige: Es vergnüge uns durch vielfältige

2.5 Trauerspielpoetik

„Beschäftigung unserer Seelenkräfte" (B 6, 580). Doch von hier aus fragt Lessing, warum mache man Theater, warum schreibe ein Dichter Dramen, wenn man den vornehmsten Zweck von Drama und Theater, ihr Alleinstellungsmerkmal, dass sie Mitleid und Furcht erregten, verschenkte: Voltaires Kommentar zum französischen Theater (vgl. B 6, 581–583) kommentiert Lessing lakonisch damit, dass im eigentlichen Sinne „auch die Franzosen noch kein Theater hatten", „daß es keine Tragödien waren", was sie Tragödien nannten (B 6, 581 f.), allenfalls Rührung, Zärtlichkeit, Erstaunen lösten die Stücke aus, die poetischen Verzierungen und die Galanterie verunklarten die notwendige einfache Einrichtung der Fabel, Corneilles Entweder-Furcht-oder-Mitleid-Theorem wird nochmals bemüht: Corneille und Racine, Crébillon und Voltaire seien einfach ‚keine tragischen Dichter', anders als die Alten stünden ihre Werke ständig im Widerspruch zu Aristoteles (vgl. 81. Stück, B 6, 589 f.). – Was das 82. und 83. Stück beweisen wollen, indem sie poetologische Aussagen Corneilles und Voltaires gegen das Original halten, gegen Aristoteles.

Zusammengefasst: Ausgangspunkt von Lessings Poetik des bürgerlichen Trauerspiels ist Aristoteles' *Poetik*, eine, zumindest prätendiertermaßen, genaue Re-Lektüre der *Poetik*, die diese von groben Missverständnissen und unzulässigen Ableitungen befreien soll. Lessing leitet nicht, wie der französische Klassizismus oder auch Gottsched, aus Aristoteles ein aus der Antike überkommenes und deswegen als vorbildlich erachtetes Regelsystem für die dramatischen Gattungen ab, sondern konzentriert sich auf die wirkungsästhetischen Aspekte der aristotelischen Poetik. Seine (Neu-)Übersetzung von *phobos*, seine Bestimmung von *Furcht und Mitleid* als diejenigen Affekte, die bei Aristoteles von der Tragödie ausgelöst und die (so Lessing) gereinigt werden sollten, bilden die Grundlage seines empfindsamen Konzepts des Trauerspiels. Damit markiert spätestens dieser Abschnitt der *Hamburgischen Dramaturgie* den Beginn des Einfühlungstheaters.

Wirkungsästhetische Funktion des Dramas ist die Erregung und Reinigung von Leidenschaften. Der moralische Lehrsatz, der bei Gottsched Ausgangspunkt und dessen Erkenntnis oder Erlernen Wirkungsziel des Trauerspiels war, spielt für Lessing eine untergeordnete Rolle. Die Reinigung der Leidenschaften, wie Lessing sie bestimmt, zielt zwar letztlich auch auf eine moralische Wirkung auf den Zuschauer ab; allerdings geschieht dies nicht über die oberen Seelenvermögen des Menschen, also den Verstand, sondern die mittleren Seelenvermögen, die sinnlich-geistige Dimension des Gefühls.

Lessing konzentriert die aristotelische Bestimmung, die Tragödie sei Nachahmung menschlicher Handlung, nicht so sehr auf die Handlung, sondern auf das Leiden des Protagonisten. Die Handlung muss so beschaffen sein, dass sie die erforderten Leidenschaften auslösen kann. Diesem wirkungsästhetischen Zweck wird alles untergeordnet: Die von Gottsched im Gefolge des französischen Klassizismus beschworenen Einheiten von Ort und Zeit werden als nebensächlich bewertet, solange die Einheit der Handlung gewährleistet sei (*Hamburgische Dramaturgie*, 46. Stück). Die Handlung müsse ein geschlossenes und wahrscheinliches Ganzes darstellen (*Hamburgische Dramaturgie*, 15. Stück), ihre Bestandteile müssten notwendig auseinander hervorgehen. Diese Notwendigkeit versteht sich bei Lessing allerdings in empfindsamem Sinne als psychologische Folgerichtigkeit (vgl. dazu zur ‚Einheit der Zeit' in Emilia Galotti Abschn. 6.4).

Da das dargestellte Leid des Protagonisten Mitleid im Zuschauer auslösen soll, muss Lessing, wie vor ihm schon Pfeil u. a., die für das Trauerspiel gültige Ständeklausel, die Beschränkung des Personals auf hochgestellte Personen, unterlaufen. Unglück, das uns bewegen solle, sei dasjenige, das Personen betrifft, die uns selbst ähnlich sind. Lessing betont, dass Charaktere, Begebenheiten und Leidenschaften so angelegt sein müssten, dass der Zuschauer bei jedem Schritt in der Lage sei zu erkennen, dass er in einer ähnlichen Situation ähnlich gehandelt hätte (*Hamburgische Dramaturgie*, 32. Stück).

Damit die dramatischen Figuren sich im höchsten Maße zur Identifikation anbieten können, müssen ihre Verhaltensweisen psychologisch folgerichtig, menschlich plausibel und wahrscheinlich sein: „[A]lle Personen der poetischen Nachahmung ohne Unterschied, sollen sprechen und handeln, nicht wie es ihnen einzig und allein zukommen könnte, sondern so wie ein jeder von ihrer Beschaffenheit in den nämlichen Umständen sprechen oder handeln würde und müßte" (B 6, 625). Dies betrifft nicht nur die Sprechhandlung in Monologen und Dialogen, sondern auch Mimik, Gestik, Bewegungen, die innere Zustände offenlegen: Ohnmachten, Weinen, verzweifelte Gesten.

Lessing ersetzt die hochgestellten Helden der Tragödie oder des klassizistischen Trauerspiels durch bürgerliche oder dem bürgerlichen Stand nahe Figuren. Ihm geht es nicht mehr um Bewunderung gegenüber einer Haltung, schon gar nicht um die Erregung distanzschaffender Affekte wie Jammer und Schauder. Identifikation erheischt nur die Figur, die den Menschen im Publikum mindestens ähnlich erscheint, nur dann kann die Rührung des Zuschauers bewirkt werden. Haupt- und Staatsaktionen werden zugunsten von Konflikten, die sich innerhalb des bürgerlichen Hauses, der Familie, entwickeln, abgelehnt (wie beide bürgerlichen Trauerspiele Lessings zeigen: Abschn. 6.2, 6.4).

Das Trauerspiel soll Mitleid und Furcht erregen. Mitleid könne nur mit solchen Charakteren empfunden werden, die dem Zuschauer grundsätzlich ähneln. Damit begründet Lessing nochmals seine Absage an Königs- bzw. Märtyrerdramen. Zuschauerin und Zuschauer müsse jederzeit möglich sein, sich in den Charakter einzufühlen. Jeder Mensch sei erschüttert, wenn er einen anderen Menschen leiden sehe. Mitleid setzt folglich immer dann ein, wenn die dargestellte (meist positive) Figur vor den Augen des Zuschauers leidet. – Schrecken als Empfindung, wenn Gräueltaten auf der Bühne dargestellt werden, sei keine anzustrebende Wirkung des Trauerspiels: Schrecken und Entsetzen schaffen Distanz, nicht Identifikation. Aufgrund dessen übersetzt Lessing das griechische *phobos* nicht mehr mit ‚Schrecken', sondern mit ‚Furcht'. Die Furcht garantiert die Nachhaltigkeit der theatralischen Wirkung. Das Mitleid entfaltet sich nur im zeitlichen Rahmen der Darbietung. Die Furcht allerdings ist etwas, das den Zuschauer auch nach der Aufführung noch verfolgt. – Aus seiner Neuübersetzung und Umdefinition der vom Trauerspiel auszulösenden Leidenschaften leitet Lessing ein spezifisches Verständnis des aristotelischen Konzepts der Katharsis ab. Das Trauerspiel soll die Affekte Mitleid und Furcht erregen, um diese im Anschluss zu reinigen. Lessing nutzt für diese Um-

2.5 Trauerspielpoetik

deutung der Katharsis die Mehrdeutigkeit des griechischen Genitivs bei Aristoteles aus, der einmal separativ (Reinigung *von den* Leidenschaften), einmal subjektiv (Reinigung *durch die* Leidenschaften) und einmal objektiv (Reinigung *der* Leidenschaften) übersetzt werden kann. Der bei Aristoteles nach Auffassung moderner Altphilologen separativ gemeinte Genitiv (vgl. Fuhrmanns Kommentar in: Aristoteles *Poetik*, 165) wird in der *Hamburgischen Dramaturgie* durch den objektiven ersetzt. – Wenn nicht mehr der Zuschauer von den Leidenschaften, sondern diese selbst gereinigt werden, muss Lessing das Ziel des Reinigungsprozesses angeben: Die Reinigung der Leidenschaften ist ihre Umwandlung in tugendhafte Fertigkeiten (vgl. 78. Stück).

Lessing als Lyriker: Anakreontik, Epigrammatik, Lehrdichtung

Anakreontik: *Kleinigkeiten* **1751.** In der Vorrede zum 1. und 2. Teil seiner *Schrifften* 1753 verweist Lessing auf eine „vor zwei Jahren unter dem Titel *Kleinigkeiten*" erschienene „Sammlung kleiner Lieder" (B 2, 601; s. Abb. 3.1).

> Diese Lieder enthalten nichts, als Wein und Liebe, nichts als Freude und Genuß; und ich wage es, ihnen vor den Augen der ernsthaften Welt meinen Namen zu geben? Was wird man von mir denken? – – Was man will. [...] Genug sie sind da, und ich glaube, daß man sich dieser Art von Gedichten, so wenig als einer andern, zu schämen hat. (B 2, 602)

Indem die Vorrede einräumt, dass nur „Wein und Liebe", „Freude und Genuß" besungen würden in den Liedern, dass sie als „jugendliche Aufwallungen einer leichtsinnigen Moral" oder als „poetische Nachbildungen niemals gefühlter Regungen" (ebd.) aufgefasst werden könnten, ordnet der Verfasser die Lieder einer literarischen Mode zu, ja: *der* literarischen Mode des mittleren 18. Jahrhunderts, des Rokoko – es sind *anakreontische* Lieder, *anakreontische* Gedichte.

Als ‚Anakreontik' wird ein Großteil der geselligen Gelegenheitsgedichte des deutschen Rokoko seit den 1740er Jahren bezeichnet: Lose an die Dichtungen des griechischen Dichters Anakreon aus Teos (6. Jh. v. u. Z.) angelehnt, umspielte anakreontische Lyrik, inhaltlich gewissermaßen unverbindlich und gleichwohl kunstvoll, Motive des Wein-, Liebes- und Lebensgenusses in schwebend leichtfüßiger Manier vor der Kulisse einer angenehmen Landschaft. Zur Darstellung von Empfindungen und Gefühlen stellte die literarische Tradition typisierte Bausteine zur Verfügung: Kulissen und Requisiten, Metaphern und andere sprachliche Bilder, Vers- und Strophenformen sowie Reimformen (hier war Anakreon keineswegs Vorbild: Antike Lyrik kennt keinen Endreim!). Häufig waren die Texte eingebunden in die repräsentativen Zusammenhänge adliger oder gutbürgerlicher Festlichkeiten und in den galanten Umgang mit dem weiblichen Geschlecht.

Lessings Halberstädter Freund Johann Wilhelm Ludwig Gleim mit seinem *Versuch in scherzhaften Liedern* (1744) und die Anakreon-Übertragung von Johann Peter Uz und Johann Nikolaus Götz (*Oden Anakreons in reimlosen Versen*, 1746), Friedrich von Hagedorns *Sammlung Neuer Oden und Lieder* (1742/44; *Oden und*

Abb. 3.1 Titelblatt *Kleinigkeiten* 1751 und *An den Anakreon*

Lieder in fünf Büchern, 1747) stellten die Muster auf für eine anakreontische Lyrik. Wenn der 22-jährige Lessing sich mit den 1751 erscheinenden *Kleinigkeiten* in die modische Strömung einreiht, dann arbeitet er sich, anders als etwa mit *Samuel Henzi* am Alexandriner-Trauerspiel, nicht an einem „alten" und schon halb überlebten Muster literarischer Rede ab, sondern gehört mit in die Anfangsjahre der Strömung – wenn auch vielleicht nicht so tonangebend wie Gleim oder Hagedorn (dass der anakreontische Lyriker Lessing gemeinhin in der Wahrnehmung verschwindet, hat weniger mit seiner Lyrik selbst zu tun als vielmehr damit, in wie hohem Maße der Dramatiker und publizistische Streiter Lessing alles überragt – auch in seinem Selbstbild). Die Leichtigkeit, die programmatische Dimension des sinnlichen Genusses, des Vergnügens stehen durchaus in der Nähe zur aufkommenden Empfindsamkeit; der provokative Verzicht auf Lehrhaftigkeit ist entschieden ‚anti-gottschedianisch' (was Lessing ebenso angesprochen haben mag wie das ganz und gar Unprotestantische des sinnlichen Vergnügens).

Dieser Selbstzuordnung Lessings entsprechend ist auch das erste kleine Lied der *Kleinigkeiten* gerichtet und betitelt „An den Anakreon". Dessen poetische Rede, „Anakreon singt; alles fühlt" (B 2, 363), wird einem trocken langweiligen Versschmied entgegengesetzt (der Name „Riesef" in v. 2 mag auf Lesefehler beim Satz zurückzuführen sein; vgl. B 2, 972). Anakreon ist Lehrer: „Anakreon! sprich, wie man spielt, / Daß niemand gähnt, daß alles fühlt?" (v. 3 f.); Anakreon war Schüler: „Sprichst du: mein Lehrer war der Wein", macht sich der lyrische Sprecher ebenfalls zu dessen Schüler: „Nun wohl! Er soll auch meiner sein" (v. 7 f.).

Programmatisch anakreontisch ist das achtstrophige Lied „Für wen ich singe" (B 2, 366 f.). Sechs Strophen lang beginnt der erste Vers jeweils mit „Ich singe nicht", abgelehnt werden lehrhafter oder gelehrter, um poetischen Ruhm bedachter oder patriotischer Gesang, abgelehnt Gesang, der sich ans Ausland richtet, übersetzt sein will (v. 20), abgelehnt religiöser Gesang: „nicht für kleine Knaben" mit „Naso [d. i. Ovid] in den Händen" (v. 1, v. 3), „nicht, durch Stolz gedrungen / Für dich, mein deutsches Vaterland" (v. 13 f.), „nicht für heilge Schwestern, / Die nie der Liebe Reiz gewinnt" (v. 21 f.). Die beiden letzten Strophen machen die Widmungsempfänger des Gesangs klar: Die Trinkbrüder, die Geliebte.

> Ich singe nur für euch, ihr Brüder,
> Die ihr den Wein erhebt wie ich,
> Für euch, für euch sind meine Lieder,
> Singt ihr sie nach? O Glück für mich!
>
> Ich singe nur für meine Schöne,
> O muntre Phyllis nur für dich!
> Für dich, für die sind meine Töne,
> Stehn dir sie an, so küsse mich.

Doppelt spielt der Text mit seiner möglichen, erhofften Wirkung: Glücklich ist der Sänger, wenn seine Lieder nachgesungen werden, erst recht ist er glücklich, wenn seine „Töne" der Geliebten passen, gefallen: Sie möge ihn zum Dank küssen!

Die Geliebte dieser Lieder trägt, ob sie nun, wie hier, Phyllis heißt, oder Iris, Dorinde, Climene, den Namen einer antiken Schäferin, so wie der männliche Sprecher sich oft als Damon maskiert, einem antiken Schäfernamen. Die Verklärung des Schäferlebens ist natürlich keine Erfindung der Anakreontik, sondern greift auf die Arkadien- und Schäferbegeisterung, auf die Vergil- und Theokrit-Rezeption seit der italienischen Renaissance (Tasso, Guarini) zurück. Aber die Verklärung des Schäferlebens kommt der Anakreontik gut zupass: Ein leichtfüßiges poetisches Rollenspiel, unbeschwert von den Fesseln der Regelpoetik wie vom Korsett höfischer Etikette und moralischer Strenge, weniger Trinklied zwar, doch gesellig-galante Tändelei.

In diesem Sinne sind „Das aufgehabne Gebot" (B 2, 365 f.), ein Liebe und Wein umspielendes Rollengedicht von Phyllis und Damon, und die Phyllis-und-Damon-Lieder „Phyllis an Damon" und „Phyllis lobt den Wein" (B 2, 384 f.) zu verstehen. „Das Schäferleben" (B 2, 382 f.) setzt die „süße Ruh, das Glück der Erden", die das „stille Volk" der Schäfer noch besitze (v. 2 f.), wie die Landlebendichtung eines Hagedorn oder Gleim („Lob des Landlebens") der amoralischen Stadt entgegen, in der Phyllis untreu zu werden droht, wo „falsche Mädchen" seien (v. 10). Allerdings gehen der Sprecher und sein Freund eben nicht auf's Land, sondern widmen sich dem Wein: Der mache ebenso „unbeständig" wie es die Mädchen seien: „Von nun an will ich auch so lieben" (v. 39). Dass Lessing in einer Selbstrezension der

Kleinigkeiten in der *Berlinischen privilegierten Zeitung* vom 4. Dezember 1751 die „Kenner" ersucht, u. a. „Das Schäferleben" „gänzlich zu überschlagen", weist natürlich erst recht auf das Gedicht hin (einige der inkriminierten Texte seien schon drei Jahre alt und man könne dem Verfasser ja doch nicht „zur Last legen, wenn sein Geschmack vor drei Jahren weniger geläutert war, als er es jetzo vielleicht ist"; B 2, 278).

Wenn Lessing „Die 47. Ode des Anakreons" (B 2, 379) übersetzt, ist natürlich, wie im Auftaktgedicht der *Kleinigkeiten*, der Namenspatron, die Orientierungsfigur für die ganze literarische Mode angesprochen. Wenn er allerdings eine „Nachahmung dieser Ode" (B 2, 380) direkt folgen lässt, wird ein Verfahren im Umgang mit dem antiken Muster sichtbar, das sich auch bei seinen Fabeln im Umgang mit Aesop und Phädrus zeigt (Kap. 4), ein Verfahren der Adaption *und* des Weiter- oder Umdenkens: Er greift die Motivik von Altem und Jüngling auf, redet aber in der zweiten Strophe nicht, wie Anakreon, mahnend-aufmunternd den Alten an, sondern den Jüngling: „Jüngling, trauerst du in Jahren, / Wo die Pflicht die Freude heißt? / Schäm dich! Du bist frisch an Haaren, / Jüngling, aber schwach am Geist!" (v. 5–8).

Anakreontische Lieder, Oden: *Schrifften* 1753. Die *Kleinigkeiten* waren 1751 anonym erschienen; mit der Übernahme eines größeren Teils dieser anakreontischen Gedichte in den ersten Band von *G. E. Leßings Schrifften* (1753) bekamen die Gedichte ihren Autor. An Stelle der Anakreon-Widmung im ersten Gedicht der *Kleinigkeiten* steht hier zunächst „Für wen ich singe" aus der alten Sammlung, dann ein sechsstrophiges Lied, das in der Widmungsanrede den lyrischen Dichter metonymisch durch sein Begleitinstrument ersetzt: „An die Leier" (B2, 607 f.). Dem anakreontischen Ton tut das keinen Abbruch: „Töne, sanfte Leier, / Töne Lust und Wein. / Töne, mir getreue Leier, / Töne sanfte Liebe drein" (v. 1–4). Verschiedene Formen des Singens werden strophenweise durchgespielt – Krieger, Held, Priester –, der Sänger hier jedoch will den diesseitigen, sinnlichen Genuss der Gegenwart gefeiert wissen: „Und an mir und meiner Leier / Lobet den Genuß der Zeit!" (v. 23 f.). Auch das ‚zweite Buch' der „Lieder" greift mehrheitlich auf die *Kleinigkeiten* zurück, hier finden sich allerdings auch 13 neue Lieder. In gewissem Sinne programmatisch ist das sechste der Lieder hier im zweiten Teil: „An den Horaz": „Laura löscht die Phyllis aus" (v. 14; B 2, 611). Es scheint so, als würde ein Teil des Anakreontischen, das Schäferliche, verabschiedet; im Gestus aber überträgt der Text nur die Motivik von Liebe und Wein auf Horaz:

> Horaz, wenn ich mein Mägdchen küsse,
> Entflammt von unserm Gott dem Wein,
> Dann seh ich, ohne critsche Schlüsse,
> Dich tiefer als zehn Bentleys ein. (v. 1–4)

Kuss und Weingenuss ermöglichen den erlebenden Nachvollzug der Dichtung des Horaz, den kein Richard Bentley (1662–1742), ein englischer Altphilologe, der 1711 eine kritische Horazausgabe publiziert hatte, ja nicht einmal „zehn Bentleys" irgend ermöglichen könnten.

Die Oden, die sich den Liedern anschließen (*Schrifften* Bd. 1, 101–128), von denen drei schon vorab gedruckt waren, sind im besten Sinne Gelegenheitsgedichte: „Auf eine Vermählung" (B 2, 617), auf den „Abschied eines Freundes" (B 2, 620), „An seinen Bruder" (B 2, 624) Theophilus Lessing (1732–1808), der gemeinsam mit dem Älteren in Wittenberg studierte. Hochzeitsgedicht und Weggeleit- oder Reise-Gedicht sind übliche Genres der Casualdichtung – ebenso wie das Totengeleit-Gedicht, das Epicedium. In „Der Tod eines Freundes" (man weiß nicht, um wen es hier geht) zeigt Lessing sich als guter Kenner der Epicedien-Muster und -Motive: „Geduld! Noch wenig Tage / Und wenige dazu, so sind wir was du bist" (v. 27 f.; B 2, 622); wie in barocken Epicedien wird der früh Verstorbene fast beneidet, da er „das Alter überspringen" konnte, „[d]es Lebens unschmackhaften Rest" (v. 31 f.; B 2, 623). Und der Verstorbene möge demjenigen, der als nächster „[a]us unsrer jetzt noch frischen Schar" (v. 46) die Reise antreten müsse, „[b]is an das Tor der bessern Welt" entgegenkommen (v. 50). Die Vision einer Vereinigung der Freunde im Jenseits fällt auffällig nicht-christlich aus: „Und führ ihn schnell, auf dir dann schon bekannten Wegen, / Hin, wo die Huld Gerichte hält. / Wo um der Weisheit Thron der Freundschaft Urbild schwebet" (v. 51–53).

Epigrammatik. Ebenfalls im 1. Band der Schriften, sich unmittelbar an die Oden anschließend, finden sich Prosa- und Versfabeln (B 2, 625–634); von der versifizierten Fabel distanziert sich Lessing spätestens 1759 in den Abhandlungen über die Fabel, die er seinem Fabelbuch beigibt. Die „Sinngedichte" (B 2, 635–645), die sich dann anschließen, sind – das zeigt auch das Motto aus dem 8. Epigramm-Buch des römischen Dichters Martial – Epigramme. Den Terminus des „Sinngedichts" erläutert Lessing in den „Zerstreute[n] Anmerkungen über das Epigramm und einige der vornehmsten Epigrammatisten", die er in den *Vermischten Schriften* 1771 den Epigrammen hinzugesellte. Dort löst Lessing, sehr holzschnittartig gesagt, zunächst das Epigramm von seiner Ursprungsbedeutung der ‚Aufschrift' auf einem Denk- oder Grabmal und macht dieses, den materialen Träger des Textes, zum Teil des Textes selbst. Mit Lessings Worten:

> Es muß über irgend einen einzeln ungewöhnlichen Gegenstand, den es zu einer so viel als möglichen Klarheit zu erheben sucht [das ist das, was vorher Grab- oder Denkmal war], in Erwartung setzen, und durch einen unvorhergesehenen Aufschluß diese Erwartung mit eins befriedigen. (B 7, 188)

‚Erwartung' und ‚Aufschluß' nennt Lessing die Teile des Epigramms, der „unvorhergesehene Aufschluß" ließe sich modern auch mit ‚Pointe' übersetzen. Das sieht dann in den „Sinngedichten" 1771 z. B. so aus:

> AUF DEN TOD EINES AFFEN
> Hier liegt er nun, der kleine, liebe Pavian,
> Der uns so manches nachgetan!
> Ich wette, was er itzt getan,
> Tun wir ihm alle nach, dem lieben Pavian. (B 3, 809)

Das ist ein über die Wettmotivik augenzwinkerndes, pointiertes *memento mori*, das mit dem Motiv des Nachäffens, Nachmachens spielt: Keiner kann der Nachäffung des Affen entkommen. – An anderer Stelle wird der Ton gar polemisch:

> AUF EINEN BRAND ZU * *
> Ein Hurenhaus geriet um Mitternacht in Brand.
> Schnell sprang, zum löschen oder retten,
> Ein Dutzend Mönche von den Betten.
> Wo waren die? Sie waren – – bei der Hand.
> Ein Hurenhaus geriet in Brand. (B 3, 808)

Lehrdichtung. Neben der Anakreontik und Epigrammatik versuchte Lessing sich auch in der Lehrdichtung, für die es ebenfalls antike Muster sowie eine ‚Konjunktur' im 18. Jahrhundert gab. Lukrez' *De rerum natura* (‚Von der Natur der Dinge'), Horaz' erstes Epistel-Buch und Vergils *Georgica* (alle drei aus der letzten Jahrhunderthälfte vor der Zeitenwende) waren Vorbilder für Alexander Popes *Essay on Man* (1733/34), ein Text, der für Lessing und Mendelssohn Anlass sowohl einer Auseinandersetzung als auch einer Publikation war (*Pope ein Metaphysiker!*, 1756), Albrecht von Hallers *Alpen* (1729) und auch durchaus, wenngleich nicht in lyrisch-epischer Großform, Barthold Hinrich Brockes' *Irdisches Vergnügen in Gott* (1721–1748) sind als bedeutende Lehrdichtungen zwischen Frühaufklärung und Empfindsamkeit auszumachen.

Von einem Lehrgedicht Lessings über die „Mehrheit der Welten" (mindestens im Titel angelehnt an Bernard Le Bouyer de Fontenelles *Entretiens sur la pluralité des mondes*, 1686) sind nur wenige Verse überliefert: Im 11. seiner 1753 im Zweiten Teil der *Schrifften* erstmals veröffentlichten „Briefe" rechnet Lessing mit dem wohl sechs Jahre alten Versuch ab (vgl. B 2, 681–683), von dem nur acht Verse eines Proömiums und 48 paargereimte Alexandriner aus den ersten drei Gesängen existieren (B 1, 26–28).

Immerhin der gesamte ‚Erste Gesang' des Lehrgedichts „Die Religion" ist überliefert (B 2, 264–276). Der Text wurde mitsamt einer „Vorerinnerung" im Novemberstück 1751 der von Lessing selbst gemachten „Beylage zu den Berlinischen Staats- und Gelehrten Zeitungen", „Das Neueste aus dem Reiche des Witzes", anonym publiziert. Die „Vorerinnerung" weist knapp auf den Plan des (nie fertiggestellten) Ganzen, ausführlich aber auf den Gegenstand des ersten Gesanges voraus: „Der erste Gesang ist besonders den Zweifeln bestimmt, welche wider alles Göttliche aus dem innern und äußern Elende des Menschen gemacht werden können" (B 2, 264). Das Thema des Gedichts sollte, so kann man die Zweifel-Thematik des ersten Gesangs wohl umkehren, die Begründung der Religion *trotz* der Unvollkommenheit der gegebenen Welt sein, als eine Durcharbeitung der Theodizee-Problematik, wie sie Gottfried Wilhelm Leibniz (1646–1716) in seinen *Essais de théodicées sur la bonté de Dieu, la liberté de l'homme et l'origine du mal* (1710) dargelegt hatte.

Der erste, der „Zweifel"-Gesang des Lehrgedichts über „Die Religion" legt ein düsteres, man kann auch sagen materialistisches Menschenbild zum Grunde – oder macht es, im Zweifel des lyrischen Sprechers, zu einem Ausgangspunkt, von dem aus sich die Ableitung der Religion entwickeln soll oder kann. Erst die Verse 18 bis 20, mitsamt der zweiten Hälfte des 17. Alexandriners, enthalten den Musenanruf – der natürlich nicht an die „Muse" sich richtet, sondern – an die Religion selbst: „Dein Feur, Religion! / Entflamme meinen Geist; das Herz entflammst du schon. / Dich fühl ich, ehrfurchtsvoll, gleich stark als meine Jugend, / Das törichte Geweb aus Laster Fehl und Tugend" (B 2, 266). Die 17 Verse vorab, die gemäß der „Vorerinnerung" den „Plan" des Ganzen entwerfen (vgl. B 2, 264), sind dunkel, erfragen Prädikate dessen, worüber gesprochen werden soll und kommen zu dem Schluss: „Wodurch dem Himmel treu allein ein Geist voll Licht / In jene Dunkelheit mit sichern Schritten bricht, / Die nach der grausen Gruft, in unerschaffnen Zeiten, / Auf unsre Seelen harrt, die March [das Gebiet] der Sterblichkeiten: / Dies sei mein rührend Lied" (B 2, 266).

Selbstzweifel („Was du von dir gedacht, ist falsch, ist lächerlich", B 2, 267) und Verzweiflung an „Schulweisheit", an irrtumreichen „Lehrgebäuden" (ebd.), führen zu der Frage „Was ist der Mensch", was bleibt von ihm, „[w]ann schnell das Uhrwerk stockt, das in ihm denkt und fühlet, / [...] wann ihn der Würmer Heer durchwühlet" (ebd.): „Durchforschet, Sterbliche, des Lebens kurzen Raum! / Was kommen soll, ist Nacht. Was hin ist, ist ein Traum. / Der gegenwärtige Punct ist allzukurz zur Freude, / Und doch, so kurz er ist, nur allzulang zum Leide" (B 2, 268). – Die Selbstreflexion des lyrischen Sprechers führt ihn zurück zum Moment seines individuellen Beginns, der Geburt: „Dort lag ich, blöder Wurm! [.../...] erzeugt im Schmerz zum Schmerze" (ebd.), „geistlos, Neigung Sinn und Witz lag noch in finstern Banden" (ebd.), unsicher, „[o]b meine Mutter nicht ein menschlich Vieh gebar?" (B 2, 269). Das Erwachen von sinnlicher Wahrnehmung und Geist wird rekapituliert, „[b]is Zeit und Züchtgung mich zum schlimmen Knaben machte. / Das Blut, das jugendlich in frischen Adern rann, / Trieb nun das leere Herz zu leichten Lüsten an" (ebd.). Die Macht der Laster, die Schwäche der Tugenden, die Vergeblichkeit „des Willens freie[r] Kraft" (B 2, 271), „Ruhmsucht" (B 2, 273): Das alles exemplifiziert „die lutherische Sündentheologie und die Lehre von der Knechtschaft des Willens (unter das Böse), die Lessing vorexerziert und empirisch untermauert" (Fick 2016a, 103).

Aber ist das die Position des Gedichts? Oder führt das Gedicht hier eine Haltung vor, die zwar der lutherischen Sündentheologie entspringt, die aber des Menschen und des Gottes unwürdig ist? Der lyrische Sprecher scheint sich selbst auf der Abwärtsbahn seiner Selbstbeschau zu bremsen: „Doch wie? was stößt den finstern Blick, / Den redlichsten Spion, vom Grund der Brust zurück? / Ich werde mir zu schwarz, mich länger anzuschauen, / Und Neugier kehret sich in melancholisch Grauen" (B 2, 275). Eine solche negative Sicht auf den Menschen, auf sich selbst, führt in letztlich tatenlose Dunkelheit der Melancholie. Das Ende des Fragments nimmt die „Schwarz"-Metaphorik wieder auf: „O Herz, schwarz wie der Mohr, und fleckigt wie der Panther! / Pandorens Mordgefäß, woraus das Übel flog, / Im Fluge wachsende durch beide Welten zog!" (B 2, 276). Das ist das Herz, zu dem in der Selbstreflexion die lutherische Sündentheologie es macht. Aber: „Es wäre Lästerung, dir [also einem solchen Herzen!] Gott zum Schöpfer geben!" (ebd.).

Lehrhafte Kurzprosa: Fabeln 4

Im Oktober 1759 erschien bei Christian Friedrich Voß in Berlin ein knapp 250 Seiten umfassendes Büchlein mit dem Titel *Gotthold Ephraim Lessings Fabeln: Drey Bücher. Nebst Abhandlungen mit dieser Dichtungsart verwandten Inhalts*. Lessing schickte den drei Büchern, deren jedes dreißig Fabeln enthält, eine Vorrede voraus, die das Bändchen als Ergebnis eines Bearbeitungsprozesses älterer eigener Schriften bezeichnet (Lessing war hier gerade dreißig Jahre alt!), älterer Schriften, die zu einem Teil dem Publikum auch schon bekannt waren. Im ersten Band seiner *Schrifften* (ebenfalls bei Voß 1753) waren dreiundzwanzig kleine Texte in einer mit „Fabeln" bezeichneten Abteilung (S. 131–186) untergebracht, von denen immerhin zehn Prosafabeln waren, die andern waren Fabeln in Versen oder aber Verserzählungen (etwa „Der Eremit", S. 169–185).

In der Vorrede des Fabelbuches (s. Abb. 4.1) thematisiert Lessing nachdrücklich sein Interesse für die Gattung: „Ich hatte mich bei keiner Gattung von Gedichten länger verweilet, als bei der *Fabel*. Es gefiel mir auf diesem gemeinschaftlichen Raine der Poesie und Moral" (B 4, 298; der ‚Rain' ist ursprünglich der unbeackerte Grenzstreifen zwischen zwei Äckern oder Feldern, hier als Metapher für dasjenige Gebiet, auf das Poesie und Moral gleichsam von beiden Seiten einwirken). Insbesondere die fünf Abhandlungen über die Fabel, die gut die Hälfte des Fabelbuches ausmachen – immerhin „der systematischste gattungstheoretische Entwurf Lessings" (Fick 2004, 187) –, belegen die Intensität des Studiums, das Lessing der Fabel widmete und von dem er hier spricht: „Ich hatte die alten und neuen Fabulisten so ziemlich alle, und die besten von ihnen mehr als einmal gelesen. Ich hatte über die Theorie der Fabel nachgedacht" (B 4, 298). Und was er insbesondere in der ersten Abhandlung ausführt, ist hier als Lektüreerfahrung zusammengefasst: Er habe sich „oft gewundert, daß die gerade auf die Wahrheit führende Bahn des *Aesopus*, von den Neuern, für die blumenreichern Abwege der schwatzhaften Gabe zu erzehlen, so sehr verlassen werde" (B 4, 298 f.).

Die Vorrede thematisiert den Abstand zwischen den frühen „Versuche[n] in der einfältigen Art des alten Phrygiers" und der gegenwärtigen Gestalt und Menge der Texte, einiges sei damals nur als Gedanke, als Anmerkung auf's Papier gebracht worden und habe ausgeführt werden müssen, „von meinen alten Fabeln" werde

Abb. 4.1 Frontispiz und Titelblatt *Fabeln* (1759)

man „nicht mehr als sechse" in dem gegenwärtigen Bändchen finden, die Fabeln in Versen, die Verserzählungen gar seien herausgenommen, sie „mögen auf eine andere Stelle warten" (B 4, 299).

Lessing stellt einen hohen Anspruch an seine Leserinnen und Leser: *Seine* Fabeln sollen aus seiner Fabeltheorie heraus gelesen, verstanden und beurteilt werden, „die *Fabeln* [seien] nicht ohne die *Abhandlungen* zu beurteilen" (ebd.), es „entlehnen doch beide, als Dinge, die zu Einer Zeit in Einem Kopfe entsprungen, allzuviel von einander, als daß sie einzeln und abgesondert noch eben dieselben bleiben könnten" (ebd.). Die fünf Abhandlungen über die Fabel sind ein anspruchsvolles Textkorpus, dessen Argumentation von Begriff und Geschichte der Gattung über ihre unterschiedliche Gestaltung in den vorangehenden anderthalb Jahrhunderten bis hin zu ihrem didaktischen „besondern Nutzen [...] in den Schulen" reicht (B 4, 407). Wie auch etwa im *Lessing-Handbuch* (Fick 2016a, 202 ff.) soll hier zunächst der Argumentationsgang des Abhandlungen nachvollzogen werden, bevor exemplarisch auf einzelne Fabeln eingegangen wird.

Vorgeschichte der Gattung. Die äsopischen Fabeln, vor allem in Gestalt ihrer lateinischen Überlieferung, waren in Mittelalter und Früher Neuzeit schon lange vor dem Einsetzen der Renaissance bekannt und ins Deutsche übertragen: Die Fabeln aus der lateinischen Äsopüberlieferung wurden etwa 1270 vermutlich vom Mindener Domdekan Gerhard van Minden in einer mittelniederdeutschen Fabelsammlung zusammengestellt (das sind 125 Fabeln); 1476 legte Heinrich Steinhöwel seine Edition und Übersetzung lateinischer Fabeln unter dem bezeichnenden Titel *Vita et fabulae [Æsopi]* vor. In der Poetik der Renaissance und des Barock spielte die Fabel überhaupt keine Rolle, sie wurde nicht als poetische Gattung geführt, sondern eher der Rhetorik zugerechnet. Nichtsdestoweniger hatte die Gattung Konjunktur im Reformationsjahrhundert: Luther empfahl Fabeln aus der äsopischen Tradition aus pädagogischen Gründen (vgl. Asmuth 1994, 105) und bearbeitete dreizehn von Äsops Fabeln, bei Burkhardt Waldis und Hans Sachs wurden äsopische Stoffe etwa in der Sangspruchdichtung verarbeitet.

Für die Weiterentwicklung der Gattung in der zweiten Hälfte des 17. Jahrhunderts war vor allem Jean de la Fontaine mit seinen *Fables choisies, mises en vers par M. de La Fontaine* (1668) entscheidend, der nicht nur die schon in der lateinischen Tradition verwendete Versform der Fabel weiterentwickelte mit gemischten Metren, sondern die Texte auch durch „poetische Schmuckelemente" und eine „im Text präsente Erzählinstanz sowie raffinierte Erzählverfahren und ein[en] plaudernde[n] Erzählstil" (Zymner 2006, Sp. 738) im Sinne der höfisch-klassizistischen Kultur Frankreichs literarisch aufwertete. Auch der Erfolg La Fontaines ermöglichte der Fabel einen Höhepunkt der Gattungsentwicklung im Kontext der Aufklärung: Friedrich von Hagedorn und Christian Fürchtegott Gellert etwa dichteten anakreontisch-spielerische oder aufgeklärt-pädagogische Fabeln als kurze Vers-Erzählungen, Gottsched ergänzte für die vierte, stark erweitere Auflage seiner *Critischen Dichtkunst* 1751 die Gattungskapitel u. a. durch den Abschnitt „Von äsopischen und sybaritischen Fabeln" (Gottsched 1751, 436–450), die er aufgrund ihrer Lehrhaftigkeit schätzt als „erdichtete Begebenheiten, die ihre Sittenlehre bey sich führen" (ebd., 436).

Lessings Fabeltheorie. Genau auf diese Vorgeschichte der Gattung geht Lessing in den Abhandlungen über die Fabel ein – mit entschieden kritischer Perspektive, mit systematischem Blick unter der Bedingung einer Rückbesinnung auf die antike Erscheinungsform der Fabel insbesondere bei Äsop.

Erste Abhandlung. Der systematische Blick auf die Gattung wird der historischen Befassung vorausgeschickt: die Unterscheidung zwischen einfacher und zusammengesetzter Fabel. Die einfache Fabel erzählt *eine* „erdichtete[ ] Begebenheit", aus der „irgend eine allgemeine Wahrheit" gefolgert werde könne (B 4, 346). Die zusammengesetzte Fabel erzählt letztlich zwei Fabeln, zwei einzelne Fälle, aus denen die Wahrheit des allgemeinen Lehrsatzes gezogen werden kann; man könnte auch sagen: Der zweite Fall, etwa ein sittlicher zwischen Menschen, erhellt die Wahrheit des ersten Falles, der in Form einer Tierfabel erzählt war.

Die Auseinandersetzung mit der Lessing unmittelbar vorausgehenden Tradition des Verständnisses der Fabel setzt nicht primär bei den Fabel*dichtern* an (auf diese kommt Lessing immer wieder beiläufig zu sprechen), sondern bei den Theoretikern oder Poetologen der Fabel. Das, was Lessing in der ersten Abhandlung an de la Motte, Richer, Breitinger und Batteux erörtert, betrifft erstens die von de la Motte in die Definition gebrachte und von den andern weitergedachte Bestimmung, die Fabel erkläre sich durch „*eine unter die Allegorie einer Handlung versteckte Lehre*" (B 4, 347). Lessing lehnt sowohl die Zuordnung der Trope der Allegorie als auch die Unterstellung einer ‚versteckten Lehre' rundweg ab. Die Allegorie (Lessing kennt sich ausgezeichnet aus in der antiken Rhetorik insbesondere Quintilians!) setze eine Ähnlichkeitsbeziehung zwischen der Bild- und Bedeutungsebene voraus; Lessing fragt dagegen: Sei der Fuchs, der den Hahn fresse, einem Stärkeren (gegenüber einem Schwächeren) nur *ähnlich* oder *sei* er nicht einfach der Stärkere? Eine solche Ähnlichkeitsbeziehung gebe es nur in der zusammengesetzten Fabel zwischen den beiden einzelnen Fällen: Das werde dann in der Tat eine Allegorie; Zwischen dem einzelnen Fall und der allgemeinen Wahrheit dagegen gebe es keine Ähnlichkeitsbeziehung! Und weil sie nicht allegorisch verfahre, verstecke oder verberge die Fabel auch nicht die allgemeine Lehre, sondern sie sei die Lehre selbst. Ja mehr noch, diese Lehre werde nicht nur nicht versteckt oder allegorisch verkleidet, sondern durch die Erzählung der „*anschauenden Erkenntnis* fähig gemacht" (B 4, 361; zum Verhältnis dieser für Lessings Fabelverständnis zentralen Formel zu Christian Wolffs Erkenntnistheorie vgl. v. a. Fick 2016a, 202 f.). Lessing leitet eine vorläufige Definition der Gattung ab:

> In der Fabel wird *nicht eine jede Wahrheit*, sondern ein allgemeiner moralischer Satz, *nicht unter die Allegorie einer Handlung*, sondern auf einen einzeln Fall, *nicht versteckt oder verkleidet*, sondern so zurückgeführt, daß ich *nicht bloß einige Ähnlichkeiten mit dem moralischen Satze in ihm entdecke*, sondern diesen ganz anschauend darin erkenne. (B 4, 369)

Der einzelne Fall wird allerdings nur unter einer Bedingung zum *einzelnen* Fall: der Erzählform des Präteritums. ‚Der Fuchs frisst den Hahn' ist Präsens generale: Das gilt (fast) immer und ist kein einzelner Fall. Sobald es aber heißt, ‚Ein Fuchs fraß einen Hahn', ist aus dem eben noch Allgemeinen ein einzelner Fall geworden. Und damit kann Lessing die Definition ergänzen: „*Wenn wir einen allgemeinen moralischen Satz auf einen besondern Fall zurückführen, diesem besondern Falle die Wirklichkeit erteilen, und eine Geschichte daraus dichten, in welcher man den allgemeinen Satz anschauend erkennt: so heißt diese Erdichtung eine Fabel*" (B 4, 376).

Zweite Abhandlung. Auf diesem Hintergrund erörtert Lessing den „Gebrauch[ ] der Tiere in der Fabel" (ebd.). Dass Tiere in Fabeln redeten, sei alles andere als das „Wunderbare", wie Breitinger es diskutiert. Die Tiere in der Fabel verfügten über eine „*allgemein bekannte Bestandheit der Charaktere*" (B 4, 380), also Stabilität, Unveränderlichkeit. Menschenfiguren hätten immer viele Eigenschaften, „ein Mensch" heiße noch nichts, „ein Fuchs" schon. Die Tiere *repräsentieren* moralische Eigenschaften *nicht*, wie etwa die List, sondern sie *sind* sie! — Zudem komme den Tierfiguren wirkungspsychologisch ein ganz wichtiges Moment zu: Sie sind uns unähnlich — keiner von uns ist Fuchs, Rabe oder Affe. Das heißt, sie laden eben nicht primär zur Einfühlung, zur Identifikation ein. Die Fabel müsse – was sie mit den Tierfiguren ausgezeichnet vermöge –, „die Erregung der Leidenschaften soviel als möglich vermeiden" (B 4, 384 f.); sie ziele auf „unsere klare und lebendige Erkenntnis eines moralisches Satzes", nicht auf Mitleid oder eine andere Leidenschaft, die diese Erkenntnis verdunkle (B 4, 384). — Hier ist Lessing *Aufklärer* im fast gottschedschen Sinne, so scheint es. Die klare und (in der Tiererzählung lebendige) Erkenntnis eines moralischen Satzes ist Absicht. Eine Funktionsbestimmung allerdings nicht *der Poesie* (insgesamt), sondern nur *einer* Gattung. Lessings Ort, sein Standpunkt im Aufklärungsjahrhundert zwischen lehrhafter Dichtung, empfindsamer Wirkungspoetik und beginnender Autonomieästhetik ist stets in Abhängigkeit davon zu verorten, über welche literarische Gattung, über welche Kunstform er spricht!

Dritte Abhandlung. Sodann diskutiert Lessing die in der Fabeltheorie seit der Antike gängigen Muster, nach denen innerhalb der Gattung Unterscheidungen gemacht werden; insbesondere geht es ihm um das Kriterium der „Verschiedenheit nemlich der darin [in der Fabel] handelnden Personen" (B 4, 386). Aphthonius (4. Jh.) habe zwischen vernünftigen (Menschen handeln in der Diegese), sittlichen (Tiere handeln) und vermischten Fabeln unterschieden, Batteux habe diese Unterteilung übernommen – und damit, gegen de la Mottes Fabeln gerichtet, allegorische Figuren (wie Aphthonius vor ihm schon die Götter) vollends aus der Fabel ausgeschlossen. Christian Wolff greife auch die Überlegungen des Sophisten auf, definiere ‚sittlich' und ‚vernünftig' aber anders: Sittlich sei eine „Fabel in so fern, als sie einer sittlichen Wahrheit zum Besten erfunden worden; und *vernünftig* in so fern, als diese sittliche Wahrheit der Vernunft gemäß ist" (B 4, 388).

Lessing baut auf der alten Unterscheidung und auf Wolff auf: Fabeln, „deren einzelner Fall schlechterdings möglich ist", heißen *vernünftige* Fabeln, solche, deren einzelner Fall nur „nach gewissen Voraussetzungen" möglich ist, *sittliche* (B 4, 390); diese wiederum, wenn höhere Wesen handeln, sind *mythisch-sittlich*, wenn alltägliche Wesen in ihren Eigenschaften erhöht werden (etwa wenn Tiere oder Bäume sprechen), liegen *hyperphysisch-sittliche* Fabeln vor (und je gemischte gibt es natürlich auch; vgl. B 4, 391 f.). Gerade bei den *hyperphysisch-sittlichen* Fabeln, unter die die Tierfabeln zu rechnen sind, sei allerdings entscheidend, dass der Fabeldichter nicht versuche, den Tieren im Prozess der Überhöhung einen vielschichtigen, komplexen menschlichen Charakter zu geben, sondern immer nur „einen Zug eines Charakters vorstelle[ ]" (B 4, 395). Daraus leitet Lessing ein für ihn unhintergehbares Kriterium der Gattung ab: die Kürze! Er diskutiert abschließend am aus dem Mittelniederdeutschen überlieferten *Reinecke Fuchs* (den Gottsched gerade in einer großartigen, philologisch ungeheuer geschulten und gelehrten Übertragung herausgegeben hatte; *Reinecke der Fuchs*, 1752) die Problematik des Tier-Epos, dem nur dann „der Name eines äsopischen Heldengedichts" beigemessen werden dürfe, wenn „ein einziger moralischer Satz in dem Ganzen zum Grunde liegen" würde (B 4, 397). Wenn nicht, sei das kein schlechter Text, aber eben kein äsopisches Epos (wie der *Reinecke*).

Vierte Abhandlung. Um Kürze geht es auch unter dem Titel: „Von dem Vortrage der Fabeln". Kürze ist hier aber keine bloß quantitative Bestimmung, sondern eine qualitative: Der erzählte einzelne Fall ist einfach, die Sprache präzise, ohne Beschreibungen, Nebenhandlungen oder Nebenaspekte oder dergleichen. Phädrus, der die lateinische Äsop-Rezeption anführt, habe schon mit der Überführung der äsopischen Prosa in Verse gegen die gleichsam puristische Bestimmung verstoßen; La Fontaine, der genau gewusst habe, dass der „vornehmste[ ] Schmuck" der Fabel sei, „ganz und gar keinen Schmuck zu haben" (B 4, 399), habe die Gattung, Quintilian missverstehend, ‚lustig' gemacht. In der Antike, so Lessing, habe die Fabel der Rhetorik angehört, La Fontaine habe sie „zu einem anmutigen poetischen Spielwerke" gemacht (B 4, 401), de la Motte, Batteux und andere seien ihm gefolgt; letzterer habe sogar ein langes Verzeichnis von poetischen Zieraten (Schmuckformen) aufgestellt, die sich für die Fabel eigneten. Lessing argumentiert nun – gegen Batteux und sein Verzeichnis, dann aber auch gegen La Fontaine, gegen Phädrus, nicht nur gegen Zierate, sondern auch gegen den Vers – für die poetisch schlichteste Form von Kürze und Präzision: die Prosafabel (vgl. B 4, 404 f.).

Die fünfte Abhandlung ist in gewissem Sinne die radikalste: „Von dem besondern Nutzen der Fabeln in den Schulen" (B 4, 407). Dieser Nutzen bestehe nämlich nicht darin, vermittels bestimmter Fabeln moralische Wahrheiten oder Lehrsätze ‚einzutrichtern'. Die Fabel als literarisch-rhetorisch-philosophische Gattung könne man nutzen, wenn man die Schüler Fabeln *erfinden* lasse: Schule sie doch (hier ist Lessing ganz nah bei Christian Wolffs *Philosophia practica universalis*) die Fähigkeit zur *Reduktion*, allererste Voraussetzung dazu sei die Kenntnis der Natur, die „weitläufige Kenntnis des Besondern und aller individuellen Dinge" (B 4, 409), die dann in die präziseste Erzählung eines einzelnen Falls umgesetzt werden müsse. Lessing entwirft hier fast ein Minimalcurriculum, wie man sich in der Schule über die Bearbeitung vorhandener, etwa äsopischer Fabeln, an die Erfindung eigener annähern könne – etwa durch die Veränderung einzelner Umstände in der Fabel oder durch die Isolation eines einzelnen Umstands, aus dem eine neue Fabel werden könne (vgl. B 4, 410 f.). Was hier gleichsam als Ideensammlung für den Unterricht kaschiert wird, verweist aber schon darauf, was Lessing macht, wenn er selbst Fabeln schreibt: Zumindest bei einem (durchaus großen!) Teil seiner Fabeln liegt eine Bearbeitung, ein Weiterdenken o. ä. antiker Fabeln vor.

Fabeln zur Poetologie. Die drei Bücher Fabeln, die in dem Büchlein von 1759 den fünf Abhandlungen vorausgehen, enthalten jeweils dreißig Fabeln. Die jeweils erste und dreißigste bilden einen Rahmen, der Aspekte poetologischer Reflexion der Gattung selbst in die Form einer Fabel kleidet.

Im ersten Buch thematisiert die Prolog-Fabel die Frage nach Zierrat und schmuckloser Einfachheit der Fabel, die Epilog-Fabel die einfache Beschaffenheit der Tiercharaktere. In „I. Die Erscheinung" imaginiert ein episches Ich in idyllischem Setting, in „der einsamsten Tiefe jenes Waldes, wo ich schon manches redende Tier belauscht, [...] an einem sanften Wasserfalle" die Begegnung mit der Muse der Fabel. Diese reagiert auf die Frustration des Ichs angesichts der eigenen Unfähigkeit, „einem [s]einer Märchen den leichten poetischen Schmuck zu geben, in welchem am liebsten zu erscheinen, *la Fontaine* die Fabel fast verwöhnt hat" (B 4, 302). Die Muse stellt klar: „Die Wahrheit braucht die Anmut der Fabel; aber wozu braucht die Fabel die Anmut der Harmonie" (ebd.). Aufgabe des

Fabeldichters sei es, die erzählte Begebenheit zu ersinnen, „der Vortrag sei des ungekünstelten Geschichtsschreibers, so wie der Sinn des Weltweisen" (ebd.). Prosa und Einfachheit und Klarheit des moralischen Satzes sind die Anforderungen an die Gattung! Die Sammlung an Fabeln, die jetzt folgt, grenzt sich programmatisch von la Fontaine, von der Versfabel (von Phädrus bis Gellert!) im Allgemeinen ab.

„XXX. Aesopus und der Esel" (B 4, 314) lässt den Esel vom Fabeldichter verlangen, ihn einmal „etwas recht vernünftiges und sinnreiches sagen" zu lassen. Aesop, der Fabeldichter aber, lehnt augenzwinkernd ab: „wie würde sich das schicken? Würde man nicht sprechen, du seist der Sittenlehrer, und ich der Esel?" (ebd.). Wie der Vortrag ohne überflüssigen Zierat, ohne Schmuck und Versgeklingel, so macht auch die Einfachheit und *„Bestandheit der [Tier-]Charaktere"* (B 4, 380) die Fabel aus.

Inhaltlich sind Prolog- und Epilogfabel des zweiten Buches über das Motiv des Neides miteinander verbunden. Insbesondere aber „I. Die eherne Bildsäule" verweist auf dasjenige, was innerhalb des Rahmens alle Fabeln dieses Buches tun: Sie dichten antike Fabeln, Aesop und Phädrus, um oder weiter (im Inhaltverzeichnis des *Fabel*-Büchleins von 1759, S. 243–245, werden unter den Titeln der Fabeln die Quellen jeweils angegeben). Auf der Bildebene dieser ersten Fabel des zweiten Buches schafft ein Künstler aus der bei einer Feuersbrunst zusammengeschmolzenen „eherne[n] Bildsäule eines vortrefflichen Künstlers" eine neue: „von der erstern in dem, was sie vorstellete, unterschieden, an Geschmack und Schönheit ihr gleich" (B 4, 315). Der Neid mäkelt: Erträglich sei das Neue nur, weil dem Künstler „die Materie der alten Bildsäule dabei zu Statten gekommen" sei. Bezieht der erste Teil sich nur auf das Umschaffen überlieferten Materials zu etwas Neuem, bezieht der zweite die Rezeption dieses Neuen mit ein; übertragen auf Lessings Fabelbuch selbst: auch die Rezeption auf dieses Buch, auf sein Verfahren des Umgangs mit Phädrus und Aesop.

Die Episode, die in „XXX. Minerva" der Göttin zugeordnet wird, ist Benjamin Hederichs *Gründlichem mythologischem Lexikon* (1770) nicht bekannt (vgl. Bd. 1, Sp. 1627); Minerva besiegt dort zwar im Zusammenhang des Kampfes der Titanen gegen Jupiter ein „ungeheure[s] Wunderthier, [...] welches ein schreckliches Feuer aus seinem Rachen spie" (ebd.) und versetzt etwa das Schiff der Argonauten nach der Fahrt als Sternbild an den Himmel. Hier ist das Ganze ein Bild: Der Drache (der Riesen), den Minerva besiegt, indem sie ihn an den Himmel schleudert, „glänzt [...] noch"; anders solle der Fabeldichter „die kleinen hämischen Neider [s]eines wachsenden Ruhms" (B 4, 328) behandeln: kämpfte er gegen sie, nennte sie, würde sein „Witz ihre der Vergessenheit bestimmte Namen verewigen" (ebd.).

Ebenso zielt die Epilogfabel des dritten Buches auf das Verhältnis des Dichters zum Publikum: Die Nachtigall, schweigend, weil die Frösche so laut sind, wird darauf hingewiesen, dass man die Frösche nur (so laut) höre, *weil* sie schweige; der Dichter, „Liebling der Musen", solle nicht zürnen „über die laute Menge des parnassischen Geschmeißes" (B 4, 341), solle auf keinen Fall aufhören zu dichten: Sonst hört man ja nur noch die laute Menge von Kritik und Afterdichtung.

Die Prologfabel des dritten Buches ist poetologische Fabel über das Verhältnis von Schmuck und Nutzen eines Gegenstandes; damit steht sie neben der Prologfabel des ersten Buches, ist aber ‚einfache' Fabel (im Sinne der 1. Fabelabhandlung):

I. Der Besitzer des Bogens
Ein Mann hatte einen trefflichen Bogen von Ebenholz, mit dem er sehr weit und sehr sicher schoß, und den er ungemein wert hielt. Einst aber, als er ihn aufmerksam betrachtete, sprach er: Ein wenig zu plump bist du doch! Alle deine Zierde ist die Glätte. Schade! – Doch dem ist abzuhelfen; fiel ihm ein. Ich will hingehen und den besten Künstler Bilder in den Bogen schnitzen lassen. – Er ging hin; und der Künstler schnitzte eine ganze Jagd auf den Bogen; und was hätte sich besser auf einen Bogen geschickt, als eine Jagd?
Der Mann war voller Freuden. „Du verdienest diese Zieraten, mein lieber Bogen!" – Indem will er ihn versuchen; er spannt, und der Bogen – zerbricht. (B 4, 329)

Zierrate, Schmuck verschönern zwar den Gegenstand, vernichten ihn aber hinsichtlich seines Nutzens; dichterischer Schmuck, spielerischer Vers o. ä. vernichten den moralischen Nutzen der Fabel, mindestens beeinträchtigen sie die Klarheit der Aussage.

Fabeln zu moralischen Themen und zum Literaturbetrieb. Die Fabeln der drei Bücher behandeln, neben der Fortführung der poetologischen Reflexion und der Bezugnahme auf die literarische Öffentlichkeit der Mitte des 18. Jahrhunderts, moralische Defekte wie Eitelkeit und Stolz, Egoismus und Bosheit, zeigen aber auch eine resignative Einsicht in die nicht-perfekte Einrichtung der Welt.

Die Eitelkeit des Pferdes sowie sein ‚Noch-höher-hinauf-Wollen' werden in I.5 („Zeus und das Pferd") bestraft – oder zumindest sowohl bloßgestellt als auch nicht befriedigt. Vor Zeus tretend in großer „Eigenliebe", die es glauben lasse, es „sei eines der schönsten Geschöpfe, womit du [Zeus] die Welt gezieret", wünscht es, noch besser, schöner zu sein: Es würde „flüchtiger sein, wenn meine Beine höher und schmächtiger wären; ein langer Schwanenhals würde mich nicht verstellen; eine breitere Brust würde meine Stärke vermehren; und da du mich doch einmal bestimmt hast, deinen Liebling, den Menschen zu tragen, so könnte mir ja wohl der Sattel anerschaffen sein, den mir der wohltätige Reiter auflegt" (B 4, 304). Zeus verwandelt nicht das Pferd, sondern erschafft das in diesem Sinne veränderte Pferd: „das häßliche *Kameel*" (ebd.). Und belehrt, ohne zu strafen, das eitle Pferd: „Dich deiner Vermessenheit aber dann und wann reuend zu erinnern" (B 4, 304 f.), solle das Kamel ‚fortdauern', also immer das Pferd seiner Selbstüberhebung wegen mahnen.

Überheblich ist mindestens der Stier in I.9 („Das Ross und der Stier"), der ein „feuriges Roß" verspottet, auf dem „stolz ein dreuster Knabe daher[floh]": Er ließe sich nicht „von einem Knaben [...] regieren" (B 4, 306). Das Roß jedoch fragt zurück, welche Ehre es denn brächte, als ein großes Tier einen Knaben abzuwerfen: Die überhebliche Wildheit des Stiers wird als (gesellschaftliche) Dummheit abgetan.

Eitler Stolz zeichnet den Pfau in III.27 aus („Der Pfau und der Hahn"): Der Hahn trete, so der Pfau zur Henne, immer so „hochmütig und trotzig" einher, doch schienen die Menschen das nicht zu bemerken, sagten sie doch nie, „der stolze Hahn;

sondern nur immer: der stolze Pfau" (B 4, 340). Die Henne verweist dem Pfau seinen Spott; der Stolz des Hahns sei „gegründet" und werde deshalb vom Menschen übersehen: „Der Hahn ist auf seine Wachsamkeit, auf seine Mannheit stolz", mit Recht, so die Henne, der Pfau hingegen auf nichts als „Farben und Federn" (ebd.), bloß äußerliches Gepränge, das den Stolz als Laster entlarvt.

Wie bei Zeus und dem Pferd in I.5 bitten in II.24 die Ziegen um eine ‚Verschönerung' ihres Äußeren, hier: um Hörner – und obwohl Zeus vage auf den Preis, den dies kosten werde, hinweist, insistieren sie. Sie bekommen „Hörner – und Bart! [...] O wie schmerzte sie der häßliche Bart!" (B 4, 325). Lessing gibt als Quelle dieser Erzählung die 15. Fabel aus dem vierten Fabelbuch des Phädrus an. Dort allerdings spielen die Hörner keine Rolle: Die Böcke beklagen, von Zeus mit dem Barte geehrt, dass auch ihre Frauen den Bart trügen, so dass „dignitatem feminae aequassent suam", also ‚die Würde der Frauen der ihren gleichkam'. Zeus weist bei Phädrus die Böcke darauf hin, dass sie den Ziegen den Bart lassen sollten; die Hauptsache sei doch, dass diese ihnen nicht an Tapferkeit glichen.

Hier lässt sich Lessings Verfahren im Umgang mit seinen Quellen gut studieren – ganz wie er es in der 5. Fabelabhandlung empfiehlt: Die Veränderung einzelner Umstände in einer Fabel, die sofort zu einer neuen führt. Bei Lessing geht es nicht primär um den Bart, sondern um die Hörner, der Bart ist hier nicht Ehre, sondern ‚hässlicher' Preis für die Ehre der Hörner; hier geht es nicht um die männliche Klage über die scheinbare Gleichstellung der Frauen und eine bloße Belehrung durch Zeus, sondern um die faktische Bestrafung der Eitelkeit oder Geltungssucht der Ziegen, auch Hörner zu wollen. „O wie schmerzte sie der häßliche Bart! Weit mehr, als sie die stolzen Hörner erfreuten!" (B 4, 325; zu Strategien der Umarbeitung der Quellen vgl. auch Fick 2016a, 207 f.).

Eine vergleichbare Strategie der Bearbeitung ist bei „Der Geizige" (II.16) beobachtbar. Lessing greift zwar auch in die äsopische Fabel ein: Bei ihm wird die Vorgeschichte des Diebstahls – Einschmelzen und Vergraben des Goldes, der allmorgendliche Besuch des Geizigen bei seinem Schatz, dessen Beobachtung durch den Dieb (vgl. Lessings Richardson-Übersetzung *Sittenlehre für die Jugend...*, 1757, 170 f.) –, weggelassen, hier fängt die Erzählung direkt mit dem Diebstahl an; hier legt der Dieb den Stein an die Stelle des vergrabenen Schatzes, bei Äsop empfiehlt der Nachbar: „Lege einen Stein anstatt des Goldklumpens hin; und bilde dir ein, dieser Stein sey dein Schatz, so bist du auf einmal wieder so reich als zuvor" (*Sittenlehre* 1757, 171), denn das vergrabene Gold sei ja nicht nutzbarer gewesen als keines. Entscheidend ist aber nicht, was Lessing eingreifend abändert, sondern was er hinzufügt: „Wäre ich auch schon nichts ärmer, erwiderte der Geizhals; ist ein andrer nicht um so viel reicher? Ein andrer um so viel reicher! Ich möchte rasend werden" (B 4, 322). – Zielpunkt der moralischen Belehrung ist nicht mehr (nur) der Geiz, das unsinnige Vergraben des Schatzes; Zielpunkt ist der Neid (!), dass jetzt ein anderer reicher sei.

Bloße Bosheit legt die Fabel vom „Dornstrauch" (II.27) offen: „Aber sage mir doch, fragte die Weide den Dornstrauch, warum du nach den Kleidern des vorbeigehenden Menschen so begierig bist? Was willst du damit? Was können sie dir helfen? Nichts! sagte der Dornstrauch. Ich will sie ihm auch nicht nehmen; ich will sie ihm nur zerreißen" (B 4, 326). Zweckloser, unnützer Zerstörungswille, ohne eigenen Gewinn: Das ist Bosheit.

Dass das Fabelbuch ins zeitliche Umfeld der *Briefe, die neueste Litteratur betreffend* gehören, zeigen verschiedene Texte. I.6 heißt, noch nichts verratend, „Der Affe und der Fuchs":

> Nenne mir ein so geschicktes Tier, dem ich nicht nachahmen könnte! so prahlte der Affe gegen den Fuchs. Der Fuchs aber erwiderte: Und du, nenne mir ein so geringschätziges Tier, dem es einfallen könnte, dir nachzuahmen.
> Schriftsteller meiner Nation! – – Muß ich mich noch deutlicher erklären?

Eine zusammengesetzte Fabel, die den zweiten einzelnen Fall gar nicht auserzählt, sondern nur andeutet, aber seine Vervollständigung als selbstverständlich nimmt: „Schriftsteller meiner Nation", die ihr alles nachahmen könnt, aber nichts schafft, das nachzuahmen niemand geringschätzig genug ist! Eine Polemik gegen die Nachahmung vorrangig französischer Literaturmoden (Gottsched, Chr. F. Weiße), Spott auf die völlige Abwesenheit von Originalität.

Und, bei aller kritischen Wertschätzung, gegen Klopstocks ‚hochfliegende' Poesie und die seiner Epigonen richtet sich III.2 „Die Nachtigall und die Lerche":

> Was soll man zu den Dichtern sagen, die so gern ihren Flug weit über alle Fassung des größten Teiles ihrer Leser nehmen? Was sonst, als was die Nachtigall einst zu der Lerche sagte: Schwingst du dich, Freundin, nur darum so hoch, um nicht gehört zu werden?

Die Fabeln, die sich polemisch auf den Literaturbetrieb der Zeit beziehen, verlassen in Teilen die Bestimmung der Gattung, die Lessing in den Abhandlungen entwickelt hatte. Zielen sie wirklich noch auf „unsere klare und lebendige Erkenntnis eines moralisches Satzes" (B 4, 384)? Ist Lessing hier wirklich noch Aufklärer im fast gottschedschen Sinne, oder nutzt er die Fabeln in ihrer Kürze nicht gleichsam als Prosa-Epigramm im Kampf der Positionen im Felde der literarischen Öffentlichkeit (wie vier Jahrzehnte später Goethe und Schiller die *Xenien* im Musenalmanach)? Auf jeden Fall entzieht sich zumindest in Teilen seiner Fabeln ihr Verständnis dem allgemeinen Publikum: „Lessing [...] setzt ein gebildetes Publikum voraus. Es muß mit den zeitgenössischen Parteiungen und Literaturfehden vertraut sein, um die Anspielungen zu verstehen; [...] es muß in der Lage sein, die Bezüge zu den antiken Vorlagen zu durchschauen" (Fick 2016a, 210). — Lessing hatte in der Vorrede zum Fabelbuch und den fünf Abhandlungen den Anspruch schon hochgeschraubt: Die Anspruchshöhe zumindest einzelner Fabeln übersteigt dies noch.

Lustspiele

5.1 Variationen der Typenkomödie: *Der junge Gelehrte · Der Freigeist · Die Juden*

Lessings frühe Lustspiele sind – das gilt zumindest für den *Freigeist* und den *Jungen Gelehrten* – Typenkomödien und gleichzeitig variieren oder modifizieren sie das Genre und reflektieren Möglichkeiten, ähnlich wie Johann Elias Schlegels von Lessing sehr geschätzte Verskomödie *Die Stumme Schönheit* (1747; vgl. *Hamburgische Dramaturgie* 13. Stück) und sein *Triumph der guten Frauen* (1747).

Der junge Gelehrte geht vermutlich, so deutet es Lessing in der Vorrede zum III. und IV. Teil seiner *Schrifften* (1754) an, auf ein dramatisches Projekt noch in der Schulzeit in Meißen zurück, in Leipzig arbeitete er im Herbst 1747 den Text aus und legte ihn zur Beurteilung der Theaterprinzipalin Caroline Neuber vor, die die Komödie sofort aufführte. Ein Einzeldruck unterblieb, die Erstveröffentlichung im Druck ist diejenige in den *Schrifften* 1754 (IV. Theil, S. 1–224).

Der Freygeist wurde im V. Teil der *Schrifften* (1755) gedruckt – leider ohne Vorrede, so dass die Entstehenszusammenhänge aus anderer Quelle rekonstruiert werden müssen. Es existiert ein ausführliches Szenar „vielleicht aus Leipziger Zeit" (Nisbet 2008, 86; zum Text dieses Szenars vgl. B 1, 348–360), also vermutlich von 1748 oder aus der ersten Hälfte 1749. Die Entstehung der Komödie steht im Zusammenhang mit der zunehmenden Sorge des Vaters, der Student Lessing könnte sich vom Pfad der Theologie entfernen und etwa „in der Absicht nach Wien gehen, daselbst ein Comoedienschreiber zu werden" (Brief Lessings an seinen Vater; 11. April 1749). Das Thema beherrscht auch den Brief vom 28. April 1749: Nicht nur, dass der noch nicht Zwanzigjährige zumindest hypothetisch von der Möglichkeit ausgeht, man könnte ihm vielleicht einmal „mit Recht den Tittel eines deutschen Moliere beylegen" – er gibt sogar zu, „sehr große Lust" dazu zu haben, sich diesen Titel zu verdienen. Verständnis für die unbegründbare Meinung, dass „ein Comoedienschreiber kein guter Christ seyn könne", bringe er nicht auf, er argumentiert sogar für ein Verlachen der Laster durch den Christen. Schließlich fragt er: „Und wenn ich [I]hnen verspräche eine Comoedie zu machen, die nicht die Hrn. Theologen lesen sondern auch loben sollen? [...] Wie wenn ich eine auf die Freygeister und auf die Verächter [I]hres Standes machte?" Dass die Figur des Theophan in jedem Fall den Stand des Theologen oder Geistlichen gut dastehen lässt, kann nicht bezweifelt werden; dass die Figur des Adrast einen „Freigeist" als Typus dem Verlachen preisgebe, hingegen sehr wohl. Dass sein Adrast so werden würde, wusste Lessing möglicherweise im April 1749 noch nicht.

Ebenfalls 1749 „verfertiget", so zumindest das Titelblatt des im IV. Teil der *Schrifften* 1754 (S. 225) veröffentlichten Werks, wurde das „Lustspiel in einem Aufzuge" mit dem Titel *Die Juden*. Da es mit dem *Jungen Gelehrten* im IV. Teil steht, widmet sich die Vorrede zum III. und IV. Teil auch diesem Text:

> Das zweyte Lustspiel, welches man in dem vierten Theile finden wird, heißt die Juden. Es ist das Resultat einer sehr ernsthaften Betrachtung über die schimpfliche Unterdrückung, in welcher ein Volk seufzen muß, das ein Christ, sollte ich meinen, nicht ohne eine Art von Ehrerbietung betrachten kann. Aus ihm dachte ich, sind ehedem so viel Helden und Propheten aufgestanden, und jetzo zweifelt man, ob ein ehrlicher Mann unter ihm anzutreffen sey? Meine Lust zum Theater war damals [also 1749] so groß, daß sich alles, was mir in den Kopf kam, in eine Komödie verwandelte. Ich bekam also gar bald den Einfall, zu versuchen, was es für eine Wirkung auf der Bühne haben werde, wenn man dem Volke die Tugend da zeigte, wo es sie ganz und gar nicht vermuthet. (*Schrifften* IV, 1754; Vorrede unpag.)

5.1.1 *Der junge Gelehrte*

Stoff und Handlung. Der alte, wohlhabende Kaufmann Chrysander hat einen zwanzigjährigen Sohn, Damis, sowie ein Mündel in passendem Alter, Juliane, die mittellose Tochter eines nach tragischem Bankrott verstorbenen Freundes. Als ihm ein Dokument in die Hände kommt, das einen gerichtlichen Prozess zu ermöglichen scheint, den Bankrott seines Freundes rückgängig und Juliane zur reichen Erbin zu machen, will er sie an seinen Sohn verheiraten, um den Reichtum in der Familie zu halten. Damis, in sechs Fremdsprachen überstudierter ‚junger Gelehrter', lehnt aus misogynen Gründen zunächst ab; Juliane ist außerdem gebunden: Sie liebt Valer, dieser liebt sie – und Chrysander hat der Verbindung vordem längst seinen Segen gegeben. Dieses Wort nimmt er jetzt zurück. – Als Lisette, Bediente Julianes, und Anton, Bedienter des Damis, gegenüber Letzterem Juliane als Scheusal zeichnen, um ihn auf jeden Fall abgeneigt zu halten, die Heirat einzugehen, wendet sich das Blatt: Damis möchte Juliane heiraten, weil ein Gelehrter mit einem ‚Hausdrachen' so recht in die Tradition großer Gelehrter passe. Lisette fälscht einen angeblichen Brief von Chrysanders Advokat, der die Echtheit des ihm in die Hände gefallenen Dokuments in Zweifel zieht: Chrysander zieht den Vorschlag einer Heirat Julianes mit seinem Sohn sofort zurück und gibt sein Mündel an Valer zurück, Damis will aber weiterhin heiraten. Juliane offenbart ihrem Vormund die Fälschung Lisettes und gefährdet damit, aus Rechtschaffenheit, das eigene und Valers Glück. Aber Damis entzieht sich rechtzeitig: Vom ersten Auftritt an hat er auf ein Schreiben von der Preußischen Akademie gewartet, von der er den ersten Preis für ein Traktat über die Lehre von den Monaden sicher erwartet. Als Anton den Brief aus Berlin endlich bringt (III.15), muss Damis lesen, dass sein Vertrauensmann in Berlin seine Schrift nicht einmal eingereicht habe, da seine Schrift mit den bloß philologischen Noten zum Wort Monade das eigentliche Thema völlig verfehlt habe, ja, über ihn werde überdies „in einer gelehrten Zeitung" gespottet, er sei „ein junges Gelehrtchen, welches überall gern glänzen möchte", das sich allenfalls durch „Schreibesucht" auszeichne (B 1, 231). Er entschließt sich, das ignorante Deutschland ganz zu verlassen, „Frankreich und England werden meine Verdienste erkennen" (B 1, 232). Der Vater, gerade noch entschlossen, ihn doch mit Juliane zusammenzugeben, ist froh, den „Narren wieder aus dem Hause" los zu sein (B 1, 236) – und für Valer und Juliane ist der Weg frei, ebenso wie für Lisette und Anton.

Typenkomödie. Damis, der junge Gelehrte, ist karikaturhaft überzeichneter Typus. Seine große, ohne Zweifel vorhandene Belesenheit und seine eher prätendierte Gelehrtheit äußern sich in Arroganz gegenüber anderen Akademikern, insbesondere aber gegenüber Nicht-Gelehrten und, explizit als Misogynie, gegenüber Frauen; sie wird im Drama (ohne dass Damis das verstehen kann) als bloße Pose und als völliges Selbstmissverständnis des „nur" philologisch Belesenen am Beispiel des Akademie-Traktats entlarvt.

- **Arroganz.** Gegen die angeblich beschränkte Gelehrsamkeit von Theologen, Juristen und Medizinern (also der mittelalterlichen Fakultäten) behauptet Damis die eigene exorbitante Gelehrsamkeit als Sprachenkenner und Philologe: „Lateinisch, Griechisch, Hebräisch, Französisch, Italiänisch, Englisch – – das sind sechs Sprachen, die ich alle vollkommen besitze, und bin erst zwanzig Jahr alt!" (I.1, B 1, 144): „o himmlische Gelehrsamkeit, wieviel ist dir ein Sterblicher schuldig, der dich besitzt! Und wie bejammernswürdig ist es, daß dich die wenigsten in deinem Umfange kennen" (I.1; B 1, 143).
Als Anton ihn auf Deutsch als seine siebte Sprache hinweist (eine Zählung, die Damis später gerne übernimmt!), klärt er seinen Diener darüber auf, dass er, Anton, Deutsch zwar spreche, aber nicht könne: „Du kannst deutsch, das ist, du kannst deine Gedanken mit Tönen ausdrücken, die einem Deutschen verständlich sind [...]. Du kannst aber nicht Deutsch; das ist, du weißt nicht, was in dieser Sprache schlecht oder wohl verbunden, rauh oder annehmlich, undeutlich oder verständlich, alt oder gebräuchlich ist: kurz, du weißt ihre Regeln nicht, du hast keine gelehrte Kenntnis von ihr" (I.1, B 1, 144).
Damis sieht sich als Bürger einer Gelehrtenrepublik: „Ein Gelehrter wie ich bin, ist für die ganze Welt; er ist ein Cosmopolit; er ist eine Sonne, die den ganzen Erdball erleuchten muß – –" (II.4, B 1, 178). Gleichzeitig ist er Universalgelehrter – angesichts der plötzlich in Aussicht genommenen Heirat mit einem Hausdrachen mit weitem Herzen: „[I]ch will meiner Braut die Wahl lassen, ob sie lieber einen Doktor der Gottesgelahrtheit, oder der Rechte, oder der Arzneikunst zu ihrem Manne haben will. In allen drei Facultäten habe ich disputirt; in allen dreien habe ich – –" (II.10, B 1, 188).
Lisette provoziert die direkteste, arroganteste Selbstcharakterisierung des jungen Gelehrten. Seine Feststellung „und bin erst zwanzig Jahr alt" bei solchem

Umfang an Gelehrtheit, wird zum Refrain, mit dem Lisette auf sein maßloses Selbstlob antwortet: Er „verstehe sieben [!] Sprachen vollkommen", sei in „dem ganzen Umfange der Geschichte, und in allen mit ihr verwandten Wissenschaften" ohnegleichen, sei von „demosthenische[r] Beredsamkeit" und als Poet unvergleichlich: „Gegen mich kriecht Milton, und Haller ist gegen mich ein Schwätzer". Und Lisette spitzt abschließend ihren Refrain polemisch zu: „Und Sie sind erst zwanzig Jahr alt! Ein Weltweiser ohne Bart, und ein Redner der noch nicht mündig ist! Schöne Raritäten!" Provoziert hatte sie Damis' Selbstlob durch eine scharfe Antwort auf seine Klage, er wolle „aus der Haut fahren" mit ihrem Hinweis: „Tuen Sie das, und fahren Sie in eine klügere." Jetzt, nach ihrem letzten Refrain, wirft er sie hinaus (III.3, B 1, 204 f.).

- **Philologische Beschränktheit**. Damis' Gelehrsamkeitsfixierung behindert nachhaltig Kommunikation. Des Vaters (der gegenüber dem Sohn natürlich gerne auch zeigen will, dass er das Gymnasium durchlaufen hat!) Aufforderung „ausculta et perpende" ('höre und erwäge') nimmt er nicht als Aufforderung zum Nachdenken (über's Heiraten!) ernst, sondern ergeht sich in Spekulationen, eine (wenigstens ähnliche!) Aufforderung in einer Rede des Odysseus an die Ithaker bei Homer gefunden zu haben (vgl. I.2, B 1, 148). Ganz ähnlich schaut er, als Chrysander in I.5 die Verlobung wieder ins Gespräch bringt, völlig desinteressiert in ein Buch. Als der Vater von Julianens Vater und seinem Bankrott spricht, spricht Damis über den Autor des Buches, das er gerade vorgibt zu lesen – und redet die ganze Zeit, bis er am Ende des Auftritts abgeht, um Anton zur Post zu schicken, am Vater vorbei.
Auf die Schulgelehrsamkeit seines Vaters blickt er hinab: Wenn Anton ihm verweist, seinen Vater einen Narren zu nennen, kontert er arrogant: „Lerne distinguieren! Ich schimpfe meinen Vater nicht, in so ferne er mein Vater ist, sondern in so ferne ich ihn als einen betrachten kann, der den Schein der Gelehrsamkeit unverdienter Weise an sich reißen will [...]; wenn der, sage ich, mit seinen Schulbrocken, bei welchen ich doch noch immer etwas erinnern muß, so prahlen will. In dieser Absicht ist er ein Narr, er mag mein Vater sein, oder nicht" (II.4, B 1, 179).
- **Gelehrten-Pose**. Neben der Selbstvorstellung des jungen Gelehrten dient vor allem sein Diener Anton auch der Exposition des Typus: Er charakterisiert seinen ,Herrn' als einen Menschen ohne Charakter, habe er doch „alle Augenblicke eine andre [Gemütsart]. Die Bücher, und die Exempel die er darinne liest, sind die Winde, nach welchen sich der Wetterhahn seiner Gedanken richtet" (I.6, B 1, 156). Anton karikiert Damis' Haltung bei der Mahlzeit: „Er krützelt mit der Gabel auf dem Teller; hängt den Kopf; bewegt das Maul, als ob er mit sich selbst redte; wackelt mit dem Stuhle; stößt einmal ein Weinglas um; läßt es liegen; tut als wenn er nichts merkte, bis ihm der Wein auf die Kleider laufen will; nun fährt er auf, und spricht wohl gar, ich hätte ihn umgegossen –" (III.1, B 1, 199). Eine Haltung, die Valer gegen Ende des Lustspiels aus eigener Erinnerung als bloße Pose entlarvt: „Ich weiß die Zeit noch sehr wohl, da ich in eben dem wunderbaren Wahne stand, es ließe gelehrt, so zerstreut als möglich, und auf nichts als

auf sein Buch aufmerksam zu tun. Doch glauben Sie nur, der muß sehr einfältig sein, den Sie mit dieser Falle überlisten wollen" (III.7, B 1, 213).
Lisette entlarvt die Pose angeblicher Tiefsinnigkeit und Konzentration, indem sie in III.14 Damis hinter seinem Rücken nachäfft – gegenüber dem Publikum also den lächerlichen Charakter verdoppelt. Als er's merkt und sie hinauswirft, fühlt er sich in seiner „Tiefsinnigkeit" von Lisette ‚lächerlich nachgeäfft' (III.15). Anton fragt, was er denn dichte, er: „ein Epithalamium", Anton fragt nach, er: „Ein Epitathalamium ist ein Thalassio" und weiter: „Ein Thalassio sei ein Hymnaeus" (B 1, 225) – und Anton entlarvt Damis, indem er vorgibt, selbst ein Hochzeitsgedicht für Damis begonnen zu haben und einen handschriftlichen Zettel aus Damis' Weste vorliest: Der erkennt den Text nach einiger Zeit (nachdem er Anton, also faktisch sich selbst, stilistisch mehrfach korrigiert hat) als eigenen und gibt ihn als den „Anfang eines philosophischen Lehrgedichts" aus, von Anton als „Quark" denunziert (III.15, B 1, 228). Juliane schließlich bringt es auf den Punkt: Damis' Rede ist „Galimathias" (III.8, B 1, 215), also „eine ungeschickte Verbindung wider einander laufender Begriffe und Bilder, welche keinen vernünftigen Verstand gewähren; Unsinn, bey den Engländern Nonsense" (Adelung II, Sp. 392).

- **Schonungslose Entlarvung des angemaßten Gelehrten-Status: Das Preisausschreiben der Berliner Akademie.** Von der ersten Szene an zieht sich das Motiv von Damis' sicherer Erwartung des ersten Preises für ein wissenschaftliches Traktat und entsprechender Post von der Berliner Akademie durch das Lustspiel – und die Auflösung dieser Erwartung in III.15 führt auch zur Lösung des Konflikts, den Damis verursacht. Er hatte unmittelbar vor Einsetzen der Handlung Anton zur Post geschickt – dieser kommt mit leeren Händen zurück – und nachdem der erste Akt der Exposition von Typus und Konfliktdisposition dient, wird ab II.9 Damis' völlig überspannte Erwartung (und ihre niederschmetternde Enttäuschung!) zum Leitmotiv: Für ihn ist „das Zukünftige [die bald eintreffende Mitteilung über den ersten Preis] schon so gewiß als das Gegenwärtige" (II.9, B 1, 187); Valer, als von Berlin kommend, hätte ihm doch, so klagt er, „die allerangenehmste Neuigkeit zuerst berichten können" (II.12, B 1, 193); gegenüber Valer wiederholt er diese Klage und bestimmt Gegenstand oder Thema des Traktats näher: „Die Monaden" seien „die Aufgabe gewesen", die lateinische Devise, mit der Damis hier protzt, „Unum est necessarium" (II.13, B 1, 194 f.), entstammt einerseits dem Lukas-Evangelium (10,42), steht aber andererseits beim Verfasser der Monadenlehre, Gottfried Wilhelm Leibniz in seinem „Examen religionis christianae". Vermutlich aber weiß Damis gar nicht, was er sagt. Er gibt gegenüber Valer und seinem Vater damit an, „nicht länger als acht Tage" für sein Traktat benötigt zu haben (II.14, B 1, 196). Anton, in III.2 wieder zur Post geschickt, aber erst nach III.6 wirklich dorthin gehend, bringt den Brief endlich in III.12, will aber Damis „noch ein wenig zappeln lassen" (III.14, B 1, 222); allein das Wort ‚Brief' aus dem Munde seines Vaters elektrisiert Damis (vgl. III.4).
Die Auflösung erfolgt in III.15: Damis selbst liest den ihn völlig entlarvenden Brief seines Berliner Freundes vor, der die Unmöglichkeit berichtet, das völ-

lig missglückte Traktat an die Akademie zu übergeben: Das Preisausschreiben der Akademie zielte (ohne dass Lessings Lustspiel das explizit sagt) gewiss auf eine Reflexion der Leibnizschen Monadologie, seiner letztlich metaphysischen Philosophie grundlegenden Elemente der Wirklichkeit, gewissermaßen der Ur-Einheiten ab. Damis hatte, in seinem grundlegenden Missverständnis von philologischer Pedanterie als Gelehrtheit, dies Thema völlig verfehlt: Die Akademie, so schreibt sein Berliner Korrespondent, „wollte nicht untersucht wissen, was das Wort Monas grammatikalisch bedeute? wer es zuerst gebraucht habe? was es bei dem Xenocrates anzeige, ob die Monaden des Pythagoras die Atomi des Moschus gewesen sind etc. Was ist ihr an diesen kritischen Kleinigkeiten gelegen, und besonders alsdann, wann die Hauptsache dabei aus den Augen gesetzt wird?" (III.15, B 1, 231). Dass der Freund dann noch aus einer „gelehrten Zeitung" zitiert, in der Damis als „ein junges Gelehrtchen, welches überall gern glänzen möchte" in seiner „Schreibsucht" verspottet wird, muss Anton vorlesen. Damis ist nichts als ein ‚akademischer Scharlatan' (vgl. Niefanger 2023, 29 ff.). Der Typus, der den Titel des Lustspiels bildet, hier im Diminutiv verspottet, ist endgültig der Lächerlichkeit preisgegeben. Aber hier unheilbar, unkorrigierbar. Wie Lessing aus dieser niederschmetternden Entlarvung die „Lösung" des dramatischen Konflikts ableitet, wird noch zu verhandeln sein.

- **Gelehrsamkeitsarroganz und Misogynie.** Ein Effekt von Damis' Arroganz ist die radikale Verachtung der Frau: „Mulier non Homo. [...] Wodurch zeigt man, daß man ein Mensch ist? Durch den Verstand. Wodurch zeigt man, daß man Verstand hat? Wann man die Gelehrten und die Gelehrsamkeit gehörig zu schätzen weiß. Dieses kann kein Weibsbild, und also hat es keinen Verstand, und also ist es kein Mensch" (II.12, B 1, 192). Keine Ehre sei es für einen Gelehrten, im Rufe zu stehen, mit einer Frau umzugehen:

> Mit wem man umgeht dessen Sitten nimmt man nach und nach an. Jedes Frauenzimmer ist eitel, hoffärtig, geschwätzig, zänkisch und Zeitlebens kindisch, es mag so alt werden, als es will. Jedes Frauenzimmer weiß kaum, daß es eine Seele hat, um die es unendlich mehr besorgt sein sollte, als um den Körper. Sich ankleiden, auskleiden und wieder anders ankleiden; vor dem Spiegel sitzen; seinen eignen Reiz darinne bewundern; auf ausgekünstelte Mienen sinnen; mit neugierigen Augen müßig an dem Fenster liegen; unsinnige Romane lesen und aufs höchste zum Zeitvertreibe eine Strücknadel in die Hand nehmen; das sind die wichtigsten seiner Beschäftigungen. Und Sie glauben, daß ein Gelehrter, ohne Nachteil seines guten Namens, solche närrische Geschöpfe weiter, als ihrer äußerlichen Gestalt nach, kennen dürfe? (I.2, B 1, 149)

Anton berichtet in I.6 dem Vater von den Gründen für Damis' Misogynie: „weil es einmal Gelehrte gegeben hat, die geglaubt haben, der ehelose Stand sei für einen Gelehrten der bequemste" (I.6, B 1, 157). Der Einfall, Mönch zu werden (den er in einer Gelehrtenbiographie sich angelesen habe), sei bei Damis verjagt worden von einem andern Gedanken: „Er wollte nunmehr heiraten, und zwar einen rechten Teufel von einer Frau" (I.6, B 1, 159). Wiederum eine angelesene Pose: „Aber glauben Sie, daß es ihm mit der bösen Frau ein Ernst war? Nichtsweniger! Eine Stunde darauf wollte er sich eine gelehrte Frau aussuchen"

(I.6, B 1, 160), schließlich habe Damis die Idee gehabt, „welche zu letzt seine Leibgrille ward. Er wollte mehr als eine Frau heiraten" (I.6, B 1, 162). Mit der ‚bösen Frau' wird's ihm aber ernst: Erst, als Lisette Juliane richtig schwarz zeichnet, entschließt sich Damis zur vom Vater vorgeschlagenen Heirat.

Gegenbilder: Valer und Juliane als empfindsame Charaktere? Gegenüber dem Typus des lebens- und sozialfeindlichen ‚jungen Gelehrtchen', auch gegenüber dem auch typisierend gezeichneten, lateinische Brocken im Munde führenden, eigennützigen und letztlich geldsüchtigen Kaufmann Chrysander, werden Juliane und Valer als empfindsame(re), vielleicht schon individuellere Charaktere vorgeführt. Valer ist studiert, hat aber die Gelehrtenpose durchschaut und abgelegt, Juliane ist mindestens gebildet: Sie durchschaut den „Galimathias" des präpotenten Jünglings. Zur Darstellung kommen aber ihre moralischen und empfindsamen Seiten: Juliane steht, fast zerrissen, zwischen Dankbarkeit dem Ziehvater gegenüber und der Liebe zu Valer: Ihrer Liebe zu Valer entsagen zu müssen, hält sie (vorübergehend) für ihre moralische Pflicht (vgl. II.1, B 1, 167) ebenso wie die Offenlegung des Betruges durch Lisettes Briefintrige. Anton zeichnet zu Beginn des III. Aktes ein Bild zerstörten Lebensglücks: „Valer und Juliane sind wie halb tot. Sie essen nicht, und reden nicht; sie sehen einander an; sie seufzen; sie schlagen die Augen nieder; sie schielen bald nach dem Vater, bald nach dem Sohne; sie werden weiß; sie werden rot. Der Zorn und die Verzweiflung sieht beiden aus den Augen" (III.1, B 1, 199). Als Chrysander, noch betrogen durch den angeblichen Brief seines Juristen, Juliane seinen „veränderten Entschluß hinterbringen" will, fragt er Valer: „Sie wird mir es doch nicht übel nehmen?" Valer darauf: „Übel? Sie werden ihr das Leben wieder geben, so wie Sie es mir wieder gegeben haben" (III.5, B 1, 211 f.). Empfindung erscheint bei Valer und Juliane vom Herz her begründet, als unabhängig von ökonomischen Verhältnissen: „Ich habe Julianen geliebt, da sie zu nichts Hoffnung hatte. Ich liebe sie auch noch, ohne die geringste eigennützige Absicht" (III.18, B 1, 236).

Ob Lessing in der Gestaltung dieser beiden Figuren schon Anleihen bei Konzepten des rührenden Lustspiels machte, bei Steele und Nivelle de La Chaussées, bei Gellert (*Das Loos in der Lotterie* erschien 1746, *Die zärtlichen Schwestern* 1747), bleibt zu diskutieren. Andernfalls hätte Lessing gleichzeitig mit Gellert Komödienfiguren entwickelt, die Mitleiden verdienen, deren Leiden aber, wie bei den *Zärtlichen Schwestern*, im Rahmen der Bühnenhandlung aufgehoben wird.

Die Bedienten-Figuren. Anton und Lisette, Diener des Damis und Dienerin oder Kammerjungfer der Juliane, haben tragende Rollen im Lustspiel inne. Damit folgt die Aufklärungskomödie der lateinischen Tradition, genauer: dem Einsatz der Sklavenrolle in der Terenzkomödie, wie sie auch schon bei Gottsched adaptiert wurde. **Anton** ist, vor allem wegen seiner Dienstzeit während Damis' Studium und damit während der Entstehungszeit des Lasters eingebildeter Gelehrsamkeit, eine zentrale Figur hinsichtlich der Fremdcharakterisierung der Titelfigur. Er ist es, der die jeweils angelesene wechselnde „Gemütsart" des Damis oder die mäandernden Ansichten über die Ehe(-frau) des Gelehrten gleichsam historisch referierend zur Sprache bringt. Anton erweist sich auf dem Hintergrund dieser Erfahrung als der bessere Menschenkenner: Chrysander gegenüber prognostiziert er in I.6 Damis' Verhalten seinem Vater gegenüber als ihm gut bekannte Pose: Er werde nach einem Buche greifen, „als wenn er darinne lesen wollte", „Hand an die Stirne", so „will er haben, daß man ihn für zerstreut halten soll" (I.6, B 1, 157). Und gegenüber Lisette berichtet er in II.3 das reale Verhalten des Sohns gegenüber Chrysander:

> Damis ist ganz außer sich; er läßt den Alten kein Wort aufbringen. Er rechnet ihm tausend Bücher her, die er gesehen; tausend, die er gelesen hat; andere tausend, die er schreiben will, und hundert kleine Bücherchen, die er schon geschrieben hat. Bald nennt er ein Dutzend Professores, die ihm sein Lob schriftlich mit untergedrucktem Siegel, nicht umsonst, gegeben hätten; bald ein Dutzend Zeitungsschreiber, die eine vortreffliche Posaune für einen jungen Gelehrten sind, wenn man ein silbernes Mundstück darauf steckt; bald ein Dutzend Journalisten, die ihn alle zu ihrem Mitarbeiter flehendlich erbeten haben. Der Vater steht ganz erstaunt; er ist um die Gesundheit seines Sohnes besorgt; er ruft einmal über das andre: Sohn, erhitze dich doch nicht so, schone deine Lunge! ja doch, ich glaub es! gib dich zufrieden! es war so nicht gemeint! (II.3, B 1, 173 f.).

Dramaturgisch wichtiger als Anton ist **Lisette** – in gewissem Sinne ist sie der Motor der Handlung ebenso wie, allerdings mit Umwegen, der Auflösung des Konflikts:

- Lisette befindet sich wiederholt im Versteck, d. h. nur eine der Figuren auf der Bühne und wir als Publikum wissen, dass sie da ist, dass sie zuhört. Wir wissen um sie als Wissende! Am Ende von I.4 versteckt Damis sie im angrenzenden Kabinett vor dem wiederkommenden Vater; am Ende von II.3 versteckt Anton sie ebendort – und als Damis sich endlich an die von ihm Versteckte erinnert, tut sie zu Beginn von II.5 so, als stecke sie dort seit I.4. Damit kommt Lisette natürlich diejenige Funktion zu, innerhalb der Bühnenkommunikation etwa Absichten oder Motive für bestimmte Handlungen (v. a. Chrysanders Gründe, Juliane jetzt nicht mit Valer, sondern mit Damis zu verheiraten), die sie heimlich erlauscht hat, weitergeben zu können – und in Handlung, Gegenhandlung umzusetzen;
- Aus ihrem Wissen nämlich resultiert die Intrige, die sie plant: „Wie wenn man von diesem Advocaten einen Brief unterschieben könnte, in welchem – – in welchem – – VALER In welchem er ihm die Gültigkeit des Documents verdächtig machte; willst du sagen" (II.2, B 1, 169). Als es am Ende des II. Aktes wirklich dringend wird, kommt der gefälschte Brief wieder zur Sprache (II.15): Moralische Zweifel auf Seiten Valers werden von Lisette gegen den pragmatischen Nutzen aufgewogen, der Betrug umgesetzt. Direkt im Anschluss, in III.1, überredet sie Anton, Chrysander den Brief zu übergeben – und umgarnt ihn erfolgreich (mit der Aussicht, dass sie beide ein Paar werden könnten), diese Bitte zu erfüllen.

Die Intrige wirkt bei Chrysander: „Das ist ein verfluchter Brief, Anton" (III.4, B 1, 205), aber bei Damis verfängt sie nicht: „Ich habe alles wohl überlegt, und ich muß es Ihnen nur mit ganz trocknen Worten sagen, daß eine böse Frau mir helfen soll, meinen Ruhm unsterblich zu machen, oder vielmehr, daß ich eine böse Frau, an die man nicht denken würde, wann sie keinen Gelehrten gehabt hätte, mit mir zugleich unsterblich machen will. Der Charakter eines solchen Eheteufels wird auf den meinigen ein gewisses Licht zurück werfen – –" (III.4,

B 1, 208). Bei Juliane bewirkt die Intrige aber das Gegenteil, geht fehl, bleibt wirkungslos: Betrug an ihrem fürsorgenden Ziehvater Chrysander ist ihre Sache nicht (vgl. III.10); in III.13 berichtet Lisette Anton schließlich von Julianes Ehrlichkeit: „Juliane hat uns selbst einen Strich durch die Rechnung gemacht" (III.13, B 1, 221);
- Lisette agiert im Interesse Julianes – und im eigenen (mit Liebesabsichten auf Anton) und versucht, Damis auszuspionieren. Sie geht ihm geschickt um den Bart – berichtet ihm von zweideutigem Lob durch Dritte, das sie gehört haben will: Er sei, so habe ein Ratsherr einmal seinem Vater gesagt, durch seinen „aufgeweckte[n] Geist", „tiefe Einsicht in die Staatskunst", „Geschicklichkeit seine Gedanken zierlich auf das Papier" zu bringen und „eine verschlagne Aufmerksamkeit auf die geringsten Bewegungen unruhiger Bürger" bestens geeignet, „einmal der beste Ratsherr von der Welt [zu] werden" (II.6, B 1, 184 f.). Chrysanders Beichtvater und sein Arzt hätten dem zwar widersprochen, indem sie Damis' Fertigkeiten als die beste Eignung zu jeweils ihrem Berufe reklamierten (vgl. II.8). Damis aber hört begierig nur das Lob; Lisette schmeichelt sich ein, um den Boden zu bereiten dafür, dass sie Damis Juliane ausreden will.

Wie die Briefintrige geht auch diese zweite List Lisettes nicht auf: Sie redet Juliane gegenüber Damis schlecht, schwärzt ihre Herrin an (vgl. II.10, II.11) – um ihn von einer Ehe abzubringen und die Liebe Julianes und Valers zu retten. Und sie verfehlt ihr Ziel völlig! Damis:

> Sie gönnt mich ihr, und beschreibt sie mir also vollkommen nach meinem Geschmacke. Sie hat es ohne Zweifel geschlossen, daß ich ihre Mamsell nur eben deswegen, weil sie das unerträglichste Frauenzimmer ist, heiraten will. [...] Ja, es ist beschlossen: ich will die Zahl der unglücklich scheinenden Gelehrten, die sich mit bösen Weibern vermählt haben, vermehren. [...] Kann ich keine Frau haben, die einmal ihren Platz in einer Abhandlung ‚de bonis Eruditorum uxoribus' [‚Über die guten Frauen gelehrter Männer'] findet, so will ich wenigstens eine haben, mit welcher ein fleißiger Mann seine Sammlung ‚de malis Eruditorum uxoribus' [‚Über die schlechten Frauen ...'] vermehren kann (II.11, B 1, 191 f.).

Valer entlarvt späterhin Damis' Verhalten als (angelesene) Pose: „Sie halten Julianen für Ihrer unwert, Sie halten sie für die Schande ihres Geschlechts, und eben deswegen wollen Sie sie heiraten? Was für ein ungeheurer Einfall! [...] Nein, nur in ein zerrüttetes Gehirn kann ein solcher Entschluß kommen!" (II.13, B 1, 195).

Konfliktlösung. Der niederschmetternde Ausgang seiner Bewerbung um den Preis der Berliner Akademie führt Damis – unfreiwillig – zur Auflösung des Konflikts. Die unmittelbare Folge der Lektüre des Briefs seines Berliner Korrespondenten ist Damis' Entschluss, zu gehen:

> O ihr dummen Deutschen! Ja freilich, solche Werke als die meinigen sind, gehörig zu schätzen, dazu werden andre Genies erfordert! Ihr werdet ewig in eurer barbarischen Finsternis bleiben, und ein Spott eurer witzigen Nachbarn sein! – Ich aber will mich an euch rächen, und von nun an aufhören ein Deutscher zu sein. Ich will mein undankbares Vaterland verlassen. Vater, Anverwandte und Freunde, alle, alle verdienen es nicht, daß ich sie länger

> kenne, weil sie Deutsche sind; weil sie aus dem Volke sind, das ihre größten Geister mit Gewalt von sich ausstößt. Ich weiß gewiß, Frankreich und England werden meine Verdienste erkennen – (III.15, B 1, 232)

Juliane, „eine dumme Deutsche" (III.16, B 1, 233), wird ihm stracks zuwider; er will nur „vor meiner Abreise noch zwei Schriften zu Stande bringen, die ich meinen Landsleuten aus Barmherzigkeit zurücklassen will" (III.17, B 1, 234) und Chrysander ist froh, den „Narren wieder aus dem Hause" los zu sein (III.18, B 1, 236).

Anton bekommt – gemäß der dramaturgisch wichtigen Rolle der Bedientenfiguren, das (komödienpoetisch autoreflexive) Schlusswort in den Mund gelegt. Nach der Bitte um seinen Abschied wird er scharf:

> und ich habe also meinen Abschied? Gott sei Dank! Empfangen Sie also auch den Ihrigen, welcher in einer kleinen Lehre bestehen soll. Ich habe ihre Torheiten nun länger als drei Jahr angesehen, und selber alber genug dabei getan, weil ich weiß, daß ein Bedienter, wenn sein Herr auch noch so närrisch ist – [...] wem nicht zu raten steht, dem steht auch nicht zu helfen. Bleiben Sie Zeitlebens der gelehrte Herr Damis! (ebd.)

Wie der Epilog-Sprecher im Drama der Frühen Neuzeit behauptet Anton, eine „Lehre" aus der vorgefallenen Handlung abzuleiten – ohne dass er sie hier auf den Begriff brächte. Eher soll sein erwünschter Abschied (und damit der Verlust seines Dieners und Begleiters) eine Lehre sein für Damis. – Dessen Abschied stellt allerdings eine signifikant andersartige Konfliktlösung dar als diejenige, die die sächsische Typenkomödie vorsieht. Hier vollzieht sich eben nicht die Normalisierung, eine Heilung des Lasterhaften, seine dann wieder mögliche Reintegration in das soziale Gefüge, meist das der Familie, das durch sein Laster in Mitleidenschaft gezogen war. Hier ist es der (Selbst-)Ausschluss des kranken Gliedes aus dem sozialen Zusammenhang, der daraufhin wieder intakt ist – zur Zufriedenheit aller! Der Liebe Julianes und Valers und auch derjenigen zwischen Lisette und Anton steht nichts mehr im Wege. Abstrakter gesprochen: Es gibt Laster, deren Einsicht bzw. Korrektur nicht intellektuell und empfindsam vermittelbar sind, da sich der Lasterhafte im alleinigen Besitz des Verstandes wähnt: Solche Laster können nur exkludiert werden! Dass es hier der Berliner Brief ist, der diese Selbstexklusion anstößt, ist einerseits deshalb von Bedeutung, da es eben nicht die Bemühungen aller andern, mit rationalen und empfindsamen Argumenten, mit Listen und Intrigen, sind, die die Konfliktlösung herbeiführen können, sondern ein Impuls von außen. Andererseits tritt dieser Berliner Brief damit gleichsam neben denjenigen, der in der *Minna* Tellheims (realen, nicht lasterhaften) Ehrkonflikt aufheben kann (vgl. Abschn. 5.2). Auch dieser Brief von Damis' Berliner Korrespondent erhält damit Charakteristika eines (innerweltlichen) *deus ex machina*, der die Hintergrundbedingung für eine Konfliktlösung darstellt.

5.1.2 *Der Freigeist*

Stoff und Handlung. Ort der Handlung ist das Haus des Kaufmanns Lisidor, der seine beiden Töchter mit zwei ebenfalls anwesenden jungen Männern verheiraten will: Die fromme Juliane mit dem Theologen Theophan, die muntere Henriette mit Adrast. Dieser ist der ‚Freigeist': Er begegnet Theophan, der zu ihm als zukünftigem Schwager eine freundschaftliche Beziehung aufbauen will, mit Kälte und Verachtung, die aus schlechten Erfahrungen mit Vertretern des geistlichen Standes und daraus resultierenden Vorurteilen und seiner an der Universität erworbenen Freigeisterei, einer letztlich atheistisch sich gebenden Ablehnung der Religion, herrühren. Adrast befindet sich in einem doppelten Konflikt. Erstens: Er hat das ererbte Vermögen in Wohlleben durchgebracht, hat sich Geld geliehen und sein Gläubiger will gerade heute die Schuld eintreiben; zweitens: Die für ihn von Lisidor vorgesehene Braut Henriette ist nicht diejenige, die er liebt. Er liebt Juliane – ein innerer Konflikt, den er, wie sich herausstellt, mit Theophan teilt: Dieser nämlich liebt Henriette. Adrast, der Theophan immerzu mit dem größten Argwohn begegnet, ihm etwas Böses zu wollen (selbst als dieser die Bürgschaft für ein neues Darlehen übernimmt), gesteht schließlich Juliane seine Liebe, wird dabei aber von Henriette belauscht. Theophan schließlich gesteht Adrast gegenüber erstens, dass Juliane ihn, Adrast, liebe und er selbst Henriette. Der Vater, vor die veränderte Situation gestellt, stimmt dem Brauttausch schließlich zu und der Konflikt ist gelöst; Adrasts faktischer Bankrott wird im Zuge dessen von Lisidor schlichtweg ignoriert, stellt also auch keinen Konflikt mehr dar.

Im Blick auf die Dramaturgie ist der *Freigeist* meisterhaft disponiert: Nach der Exposition im I. Akt gestalten der II. und IV. Akt die Liebesverwirrung: Liebe überkreuz von Männern und Frauen, die zunächst sich nicht äußern will. Der III. Akt, vorbereitet durch eine Gelenk-Szene in I.5, thematisiert die Finanzproblematik auf Seiten Adrasts, im V. wird alles gelöst: Das Problem mit dem Schuldschein, das Laster der vermeintlichen Freigeisterei und alle Liebesverwirrungen. Das ist eine ‚geschmeidige', doch Spannung erzeugende, Spannung haltende und natürlich letztlich lösende Gesamtdramaturgie, die nachvollziehbar macht, dass das Drama für zwei Jahrzehnte zu den meistgespielten Stücken auf deutschen Bühnen gehörte (vgl. Nisbet 2008, 93).

Adrast als Typus? Insbesondere der Expositionsaufzug des fünfaktigen Lustspiels weist der Figur des Adrast Eigenschaften zu, die über das weltanschauliche Moment der Freigeisterei hinaus insbesondere die letztlich a-soziale Gemütsart und Kommunikationsweise Adrasts herausstellen. Theophan wirft ihm seinen „verächtliche[n] Blick" (I.1, B 1, 364) und „stolzen Kaltsinn" (I.1, B 1, 363) vor, versucht, in einer gutgemeinten Standpauke, ihm den Kopf zurechtzusetzen: Er sei geblendet durch das „Neue", „Besondere", hingerissen „zu glänzenden Irrtümern": „Nennen Sie es wie Sie wollen; Freidenker, starker Geist, Deist; [...] Philosoph: es ist ein Ungeheuer, es ist die Schande der Menschheit. [...] Sie, mit einer solchen Anlage zu allen was edel und groß ist" – Theophan hatte Adrast eben das beste, empfindsamste Herz attestiert – „Sie entehren sich vorsetzlich" (I.1, B 1, 364 f.).

Adrasts Selbstausschluss aus geselliger Kommunikation wird auch von Lisidor hervorgehoben: „Schon wieder allein, Adrast? Sagen Sie mir, müssen die Philosophen so zu Winkel kriechen?" (I.3, B 1, 369). Und im Verweis auf die Selbstgespräche des Einsamen spottet er: „Ihr Herren Grillenfänger könnt freilich mit niemand Klügern reden, als mit euch selber" (ebd.).

Grillenfänger, Freidenker, Deist: Der Begriff, der den Titel des Lustspiels bildet, ist letztlich *kein* Lasterbegriff wie der Hypochondrist oder der Geizige. Das *Wörterbuch der deutschen Sprache* von Johann Christoph Adelung definiert ‚Freigeist' so: „ein freyer Geist, eine Person, welche frey, d. i. ohne Vorurtheile, denkt und handelt. Am häufigsten, der sich von den Gesetzen der Religion und guten Sitten los macht. Ein Freygeist in der Religion, der am häufigsten nur schlechthin ein Freygeist genannt wird" (Adelung II, 294); nach dem Engländer Anthony Collins (auf den Theophan in I.1 polemisch verweist) verwendet man auch den Begriff ‚Freidenker': „ein Nahme, welchen sich seit Collins Zeiten besonders die Gegner der positiven Religion gegeben haben" (Adelung II, 292; vgl. Anthony Collins: *A discourse of Free-thinking*, 1713). Ob Adrast in diesem Sinne überhaupt ein Freigeist ist, wird noch zu fragen sein.

Die typisierten Eigenschaften Adrasts (und auch Theophans) werden in den Dienern der beiden gespiegelt, ja ironisch gebrochen und dadurch dem Verlachen preisgegeben (laut Lisette wird dadurch der eine zum Spitzbuben, der andere zum Dummkopf; vgl. II.4): Johann, Adrasts Diener, markiert das Modische der Freigeisterei: „Weil ich selbst ein Atheist bin; das ist, ein starker Geist, wie es jetzt jeder ehrliche Kerl nach der Mode sein muß" (II.5, B 1, 388). Er definiert später in der Szene: „Ein Atheist ist nichts anders als ein Mensch, der keinen GOtt glaubt." Auf Martins Gegenfrage „Was glaubt er denn?" sagt er knapp: „Nichts" – und legt sein Verständnis der Freigeisterei als Lizenz zum epikureischen Wohlleben offen: „Wenn auch nichts glauben eine Mühe wäre; so glaubten ich und mein Herr gewiß alles. Wir sind geschworne Feinde alles dessen, was Mühe macht. Der Mensch ist in der Welt, vergnügt und lustig zu leben. Die Freude, das Lachen, das Huren, das Saufen sind seine Pflichten. Die Mühe ist diesen Pflichten hinderlich; also ist es auch notwendig seine Pflicht, die Mühe zu fliehen" (II.5, B 1, 390). Am Ende der Szene wird die Brüchigkeit seines ‚Atheismus' offensichtlich: Als Johann in einer seiner atheistischen Proklamationen beschwört, er wolle auf der Stelle erblinden, wenn es einen Teufel gäbe (vgl. II.5, B 1, 392), schleicht die Dienerin Lisette herbei und hält ihm unversehens die Augen zu, er hält sich wirklich für erblindet und will sich bekehren.

Dass es bei Adrast aber nicht nur um das von Johann so geliebte Wohlleben geht, hat auch dieser bemerkt: „Seit einer Zeit ist er mir zwar ganz aus der Art geschlagen; und ich sehe wohl, auch die Freigeisterei bleibt nicht klug, wenn sie auf die Freite geht. Doch ich will ihn schon wieder in Gang bringen" (II.5, B 1, 390). Das heißt, Adrast, wie wir ihn sehen (können), also Adrast als prospektiver Bräutigam, hat sich verändert, ist, in Johanns Augen, kein Freigeist mehr. Dem wird nachzugehen sein.

Biographische Begründung der Freigeisterei. Offensichtlich beruht Adrasts antireligiöse Haltung, beruhen seine Vorurteile auf Erfahrungen (auf die er nicht konkret eingeht): „Priestern habe ich mein Unglück zu danken. Sie haben mich gedrückt, verfolgt; so nahe sie auch das Blut mit mir verbunden hatte. Hassen will ich dich Theophan, und alle deines Ordens" (I.2, B 1, 368 f.). Seine Haltung ist offenbar nicht nur, wie Johann unterstellt, Pflicht ‚für jeden ehrlichen Kerl nach der Mode', sondern Effekt einer älteren, schlechten, ja schmerzlichen Erfahrung mit Vertretern der Geistlichkeit (die hier metonymisch an die Stelle der Religion treten). Damit bekommt das ‚Laster' Momente einer psychologischen ‚Tiefe' (das passt zu keinem Typus!); Adrast rückt in die Nähe von Tellheim!

Auch Lisidor und Theophan blicken auf den Lebenslauf Adrasts zurück – und stärken das psychologische Moment: Er wolle, so Lisidor, „kein ehrlicher Mann sein, wenn ich mir nicht eine rechte Freude darauf eingebildet habe, den Wildfang, wie sie Ihn sonst zu Hause nannten, zu meinem Schwiegersohne zu haben." Anscheinend aber hat Adrast über Studium und Reisetätigkeit eine große Veränderung durchgemacht, die Lisidor mindestens irritiert: „Freilich ist Er seit dem groß gewachsen; Er ist auf Reisen gewesen; Er hat Land und Leute gesehen. Aber, daß Er so gar sehr verändert würde sein wiedergekommen, das hätte ich mir nicht träumen lassen. Da geht Er nun, und spintisiert" (I.3, B 1, 369 f.). Nichtsdestoweniger hält Lisidor am früh gefassten Entschluss fest, Adrast mit der ebenfalls ‚wilden' Henriette passend zu verheiraten: „Henriette – – in ganz Deutschland muß kein Mädchen zu finden sein, das sich für Ihn, Adrast, besser schickte. Hübsch, munter, fix; sie singt; sie tanzt; sie spielt; kurz, sie ist meine leibhafte Tochter" (I.3, B 1, 371). Hinsichtlich der von Lisidor hier bemerkten Veränderung Adrasts über Studium und Reisetätigkeit verliert Theophan allerdings nicht die Hoffnung: „Adrast ist in der großen Welt erzogen worden; er hat alles, was bei derselben beliebt macht". Henriette, die vorgesehene Braut Adrasts, allerdings gibt zu bedenken: „Und wenn es auch Fehler sein sollten" – also dasjenige, was ‚in der Welt beliebt' macht. Doch (und das zielt schon auf das Ende der Komödie ab: die Korrektur des ‚Fehlers' bei Adrast) Theophan mahnt zur „Geduld; ein großer Verstand kann diesen Fehlern nicht immer ergeben sein. Adrast wird das Kleine derselben endlich einsehen, welches sich nur allzusehr durch das Leere verrät, das sie in unsern Herzen zurück lassen" (II.2, B 1, 383).

Empfindsamer zentraler Konflikt. Das Gespräch Lisidors mit Adrast in I.3 lässt den eigentlichen Konflikt des Dramas erkennen. Als Lisidor über die Passgenauigkeit seiner Töchter zu den vorgesehenen Ehemännern schwadroniert, spricht er *auch* über Juliane: „Die Juliane ist eine geborne Priesterfrau [...] [,] ist die liebe heilige Einfalt" (I.3, B 1, 371). Und hier verrät Adrast, in seiner Reaktion auf diese Charakterisierung, nicht nur seine große Anteilnahme an Juliane (um noch nicht von mehr zu reden), sondern auch eine menschliche Interessiertheit, die seine sonstige, freigeistig-misanthropische Haltung Lügen straft: „Juliane? Sagen Sie das nicht. Ihre Vollkommenheiten fallen vielleicht nur weniger in die Augen. Ihre Schönheit blendet nicht, aber sie geht ans Herz. Man läßt sich gern von ihren stillen Reizen fesseln, und man biegt sich mit Bedacht in ihr Joch, das uns andere in einer fröhlichen Unbesonnenheit überwerfen müssen. Sie redet wenig, aber auch ihr geringstes Wort hat Vernunft" (ebd.). Adrast hebt im weiteren Gespräch „Julianens gesetzte Anmut, ihre ungezwungene Bescheidenheit, ihre ruhige Freude" (ebd.) hervor, sie gewinne durch den Kontrast mit ihrer so andersartigen Schwester; doch hier – wir befinden uns ja noch im ersten Akt – zieht Adrast noch nicht die Konsequenzen aus seiner Anteilnahme für Juliane: „Ich habe bloß zeigen wollen, daß mich die Liebe für meine Henriette gegen die Vorzüge ihrer Schwester nicht blind mache" (I.3, B 1, 372).

Er hatte aber schon in seinem Monolog in I.2 (wohlgemerkt: Das ist alles Exposition! Und hier wird eben *nicht* der Freigeist als solcher exponiert!) angemerkt: „Ein alter Freund meines verstorbnen Vaters trägt mir eine von seinen Töchtern an. Ich eile herbei, und muß zu spät kommen, und muß die, welche auf den ersten Anblick mein ganzes Herz hatte; die, mit der ich allein glücklich leben konnte, schon versprochen finden. Ach Juliane! So warest du mir nicht bestimmt; du, die ich liebe? Und so soll ich mich mit einer Schwester begnügen, die ich nicht liebe?" (I.2, B 1, 369). *Dies* ist der eigentliche Konflikt (der den *Freigeist* neben die *Zärtlichen Schwestern* Gellerts als rührendes Lustspiel stellt)! Die Freigeisterei Adrasts ist auf der Universität angenommene modische Pose, sie ist die Grundlage für den Konflikt zwischen Adrast und Theophan – aber in der Handlungskonstellation der Komödie ist sie eben *nicht* der Grund des zentralen (Liebes-!)Konflikts, sondern allenfalls Effekt dessen: Adrast ist misanthropisch, kalt, verächtlich, weil er *unglücklich* ist!

Scheinbare Nebenhandlung: Adrasts Zahlungsunfähigkeit. Neben dem (scheinbaren) Charakter-Konflikt von Adrasts Freigeisterei und dem schon in I.2 angedeuteten Liebeskonflikt ist der dritte Konflikt, in dem sich die Hauptfigur befindet, ihre ökonomische Situation. Auch dieser Konflikt wird im I. Akt exponiert: Johann berichtet Adrast in I.5, er habe „Herrn Araspe", den Gläubiger Adrasts, „[j]etzt den Augenblick vom Postwagen [...] steigen sehen" (I.5, B 1, 375): Der Konflikt spitzt sich dramatisch zu, kommt unmittelbar in der Bühnenhandlung an. Adrast legt „ungerechte[m] Schicksal" und „blinde[m] Zufall" sein gegenwärtiges Unglück zur Last (I.5, B 1, 376) und will Araspe im Posthaus abfangen. Erst in II.5 wird der Faden wieder aufgegriffen – und charakterisiert Adrast zusätzlich; Johann: „Mein Herr erbte von seinem Vater und von zwei reichen Vettern keine kleinen Summen; und ich muß ihm das Zeugnis geben, er hat sie als ein braver Kerl durchgebracht" (II.5, B 1, 390).

Der gesamte III. Akt (mit Ausnahme von III.8) gehört dem Zahlungsunfähigkeits-Sujet – und hebt etwas an Adrast hervor: Seine Freigeisterei ist Misanthropie. Araspe charakterisiert Adrast als einen „spöttischen Freigeist[ ], welcher uns lieber das edelste, was wir besitzen, rauben, und uns alle Hoffnung eines künftigen glückseligern Lebens zu nichte machen möchte" (III.1, B 1, 394 f.). Und die ökonomische Bloßstellung durch den Gläubiger soll einem erzieherischen Zwecke dienen: „Schlechtere Umstände werden ihn vielleicht zu ernsthaften Überlegungen bringen, [...] vielleicht ändert sich, was fast immer zu geschehen pflegt, sein Charakter mit seinem Glücke" (III.1, B 1, 395). Theophan widerspricht dem, mäßigt; Adrasts Freigeisterei sei jugendlicher Irrtum wider eigentlichen Willen. Man solle nur warten,

5.1 Variationen der Typenkomödie: *Der junge Gelehrte · Der Freigeist · Die Juden*

„bis der Verstand zu einer gewissen Reife gelangt ist, und sich das aufwallende Geblüte abgekühlt hat. Auf diesem kritischen Punkte steht jetzt Adrast; aber noch mit wankendem Fuße" (ebd.). Und er habe schon Veränderung an Adrast bemerkt:

> Er ist in seinen Reden jetzt weit eingezogener, als man mir ihn sonst beschrieben hat. Wenn er streitet, so spottet er nicht mehr, sondern giebt sich alle Mühe, Gründe vorzubringen. Er fängt an, auf die Beweise, die man ihm entgegensetzt, zu antworten, und ich habe es ganz deutlich gemerkt, daß er sich schämt, wenn er nur halb darauf antworten kann. [...] Seine Verachtung der Religion löset sich allmälig in die Verachtung derer auf, die sie lehren. (III.1, B 1, 396)

Und Theophan ergreift die Initiative, das Wechselproblem des Adrast zu lösen: „Sie sollen so gütig sein und mir die Wechsel ausliefern, und meine Bezahlung dafür annehmen" (III.1, B 1, 397). Das ist dramaturgisch bedeutsam, gehört es doch zu Theophans (noch unausgesprochenem) Plan, Adrast von seiner wirklichen Güte zu überzeugen. Eine Einmischung, die Adrast scharf missversteht: „Ihre Falschheit, Ihre List" (III.2, B 1, 398) – ein Verdacht, den er in III.3 und III.4 vertieft: „Er ist unter allen seines gleichen [...] der hassenswürdigste" (III.3, B 1, 399), gegenüber Johann äußert er gar den Verdacht, Theophan habe Araspe über seinen Aufenthalt informiert (vgl. III.4, B 1, 400). Er hält alles, was Theophan mit den Wechseln anstellen könnte, für ein Instrument, ihn selbst zu demütigen: „Und Sie meinen, daß ich Sie mit einer demütigen Miene, mit einer kriechenden Liebkosung, mit einer niederträchtigen Schmeichelei darum [um Hilfe] ersuchen solle?" (III.5, B 1, 402). Theophan weist den Verdacht zurück – und als er Adrast die Wechsel einfach gibt, redet dieser wieder von „einem neuen Fallstricke", von „Wohltaten eines Feindes" (III.5, B 1, 404). Theophan zerreißt nach einer scharfen Beleidigung („Ich verachte Sie viel zu sehr, als daß ich Sie abhalten sollte, eine niederträchtige Tat zu begehen", III.6, B 1, 405) die Schuldscheine: „Bestehet Ihr Verdacht noch? *geht ab*" (ebd.). Adrast stutzt (in seinem Monolog in III.7: „Entweder er sucht mich zu beschämen, oder zu gewinnen", B 1, 406), sieht aber in Theophans Hilfsangebot keine Lösung: Er überlegt, auf noch ihm gehörende Grundstücke Gelder geliehen zu bekommen.

Adrasts Schuldenproblem bleibt zuinnerst an die dramaturgische Funktion der Durchführung seiner verächtlich-misanthropischen Haltung gebunden: In IV.9 begegnet Theophan dem neuen, von Adrast bestellten Geldwechsler, er will Adrast immer noch von seiner Güte überzeugen und bürgt für ihn, bittet allerdings vergeblich darum, seine Bürgschaft möge geheim bleiben (vgl. IV.9, B 1, 426). Das Geld-Thema leitet den V. Akt ein: Der Wechsler kann nicht anders, als, aufs Äußerste provoziert, Theophan als Bürgen zu offenbaren, was Adrast auf infame Weise missversteht: Er sieht die Bürgschaft als Beweis dafür an, dass Theophan sein „Feind" sei, ein „Heuchler" (V.1, B 1, 428), der „unbeschreibliche Ränke" anwende, ihn „aus diesem Hause zu bringen" (ebd.). In seinem Monolog in V.2 setzt er das fort: Theophan verfolge ihn mit „Verachtungen, Beleidigungen", „Bosheit"; „Hassen werde ich ihn, und wenn er mir das Leben rettete. Er hat mir das geraubt, was kostbarer ist, als das Leben; das Herz meiner Juliane" (B 1, 429 f.). Hier legt er offen, worum es eigentlich geht: Seine Haltung, seine Verachtung gegenüber Theophan rührt eben nicht aus der Freigeisterei, sondern ist Funktion des Liebeskonflikts!

Konfliktlösung. Nachdem der III. Akt sich bis zum siebten Auftritt nur mit der ökonomischen Zwangslage Adrasts befasste, stellt III.8 wieder die Verbindung zur Liebeshandlung dar – allerdings nicht, indem Geldproblem und falsche Liebespartner-Zuordnung thematisch miteinander verbunden würden, sondern nur auf der Ebene der Personnage. Adrast, in III.7 verblüfft wie verächtlich monologisierend über Theophans Hilfsangebot hinsichtlich der Schuldscheine, wird von seiner prospektiven Braut, Henriette, aufgesucht. III.8 zeigt beide in scharfer Auseinandersetzung: Er verlangt von ihr, sie möge sich ein wenig mehr nach dem Vorbild ihrer Schwester richten, sie verlangt von ihm, er möge sich an Theophan orientieren. Das Lob jeweils der bzw. des nicht gegenwärtigen Andern verrät insgeheim schon die jeweils eigentliche Neigung. Beiläufig entlarvt Adrast sich aber hier schon selbst: Als Henriette spöttisch auf eine Frauenzimmer-Bemerkung Adrasts sagt: „[W]ir schwachen Werkzeuge [die Frauen] wissen sonst den Mund am allerwenigsten zu gebrauchen", sagt er: „Wollte Gott". Und sie markiert die Bedeutsamkeit der Stelle (ohne dass er weiter darauf eingeht oder es überhaupt bemerkt): „Ihr treuherziges wollte Gott! bringt mich zum lachen, so sehr ich auch böse sein wollte" (III.8, B 1, 407).

Dramaturgisch dient der IV. Akt der Offenlegung der vom Vater naiv verordneten Missheiraten bzw. der gegenläufigen (aber konfliktlösungspragmatisch zueinander komplementären) Neigungen aller Beteiligten, der V. der „Heilung" des misanthropischen Freigeists.

- **Exposition des empfindsamen Konflikts im II. Akt.** Der Auftritt III.8 ist das dramaturgische Gelenk, das zur Offenlegung der eigentlichen Neigungen der vier Liebenden hinlenkt; angedeutet wurde diese empfindsame Konfliktlage schon im II. Akt, wird sichtbar schon beim ersten Auftritt der beiden Frauen. Was Henriette über den eigenen ‚Bräutigam' sagt, ist mindestens kritische Distanz – und lässt sie auf die in Aussicht genommene Ehe als einen Kampf vorausblicken: „Was für ein Stolz, was für eine Verachtung aller andern blickt dem Adrast aus jeder Miene! Du wirst es Adel nennen; aber machst du es dadurch schön? Umsonst sind seine Gesichtszüge noch so regelmäßig; sein Eigensinn, seine Lust zum Spotten hat eine gewisse Falte hineingebracht, die ihm in meinen Augen recht häßlich läßt. Aber ich will sie ihm gewiß heraus bringen; laß nur die Flitterwochen erst vorbei sein" (II.1, B 1, 380). Und das Lob des Bräutigams ihrer Schwester tut ein Übriges: „Dein Theophan hingegen hat das liebenswürdigste Gesicht von der Welt. Es herrscht eine Freundlichkeit darinne, die sich niemals verleugnet" (B 1, 380 f.). Da beide vornehmlich über Adrast reden – er ist schließlich die Titelfigur! – legt Juliane ein gutes Wort für ihn ein: „Wenn er in gute Hände fällt, kann er noch alles das werden, was er jetzt nicht ist, weil er es nie hat sein wollen. Seine Begriffe von der Ehre, von der natürlichen Billigkeit sind vortrefflich" (II.1, B 1, 381). Was Henriette natürlich auf sich bezieht: „Du sprachst von guten Händen, in die er fallen müßte, wenn noch was aus ihm werden sollte. Da er in meine nunmehr gefallen, wird er wohl nicht anders werden. Mich nach ihm zu richten, wird mein einziger Kunstgriff sein, uns das Leben erträglich zu machen. Nur die verdrüßlichen Gesichter muß

er ablegen; und da werde ich ihm die Gesichter deines Theophans zum Muster vorschlagen" (ebd.).
Lisette bringt in II.3 Theophan gegenüber die Charakteristik der in Aussicht genommenen Missheiraten auf den Punkt: „Juliane liebt Sie; und das geht mit rechten Dingen zu, denn sie soll Sie lieben. Nur Schade, daß ihre Liebe so ein gar vernünftiges Ansehen hat. Aber was soll ich zu Henrietten sagen? Gewiß sie liebt Sie auch, und was das verzweifeltste dabei ist, sie liebt Sie – aus Liebe" (II.3, B 1, 384 f.). Lisette ist kluge Beobachterin dessen, was im Hause vorgeht: „Seit Adrast im Hause ist, wollte ich sagen, fallen zwischen dem Adrast und Julianen dann und wann Blicke vor" (II.3, B 1, 386). Natürlich ist Theophan beunruhigt, aber Lisette kontert entlarvend: „Ja, Blicke fallen zwischen ihnen vor; Blicke, die nicht ein Haar anders sind, als die Blicke, die dann und wann zwischen Mamsell Henrietten und dem vierten vorfallen" (ebd.). Dramaturgisch gehören die ersten Szenen des II. Aktes noch zur Exposition: Die Liebes-‚Verwirrung' wird exponiert und mit der Vorstellung des ‚lasterhaften' Charakters aus dem I. Akt verbunden. Lisette legt damit, im Blick auf Adrast und Henriette, den eigentlichen Hauptkonflikt des Dramas offen:

> So viel ist gewiß, daß Adrast bei Henrietten ziemlich schlecht steht, so sehr sie sich auch nach seiner Weise zu richten scheint. Sie kann alles leiden, nur gering geschätzt zu werden, kann sie nicht leiden. Sie weiß es allzuwohl, für was uns Adrast ansieht; für nichts als Geschöpfchen, die aus keiner andern Absicht da sind, als den Männern ein Vergnügen zu machen. Und das ist doch sehr nichtswürdig gedacht! Aber da kann man sehen, in was für gottlose Irrtümer die ungläubigen Leute verfallen. (ebd.)

- **Durchführung des empfindsamen Konflikts im IV. Akt.** Der Beginn des IV. Aktes nimmt den Faden sowohl von II.1–3 als auch von III.8 wieder auf. Henriette ist noch böse auf Adrast („was mich unversöhnlich gegen ihn macht", IV.1, B 1, 410), und Juliane nimmt wieder Adrasts Partei: „Ist das eine Lobrede, wenn ich sage, daß ein Mann einen Tag nicht wie den andern aufgeräumt sein kann? Wenn ich sage, daß Adrasten die Bitterkeit worüber meine Schwester klagt, nicht natürlich ist, und daß sie ein zugestoßener Verdruß bei ihm müsse erregt haben? Wenn ich sage, daß ein Mann wie er, der sich mit finsterm Nachdenken vielleicht nur zu sehr beschäftiget" (ebd.). Hier ist allerdings nicht nur bemerkenswert, dass sie für Adrast spricht, sondern dass sie sein Verhalten, lustspielpoetologisch sein ‚Laster', eben nicht für ein solches hält, sondern für eine psychologisch begründbare Reaktion auf etwas, das „Verdruß bei ihm müsse erregt haben". Wir wissen, was eigentlich seinen Verdruss erregt!
Adrast gegenüber verhöhnt Henriette ihre ebenfalls anwesende Schwester: „Eine Betschwester die Lobrednerin eines Freigeistes! Was für ein Widerspruch! Entweder Ihre Bekehrung muß vor der Türe sein, Adrast; oder meiner Schwester Verführung" (IV.2, B 1, 411). Und setzt hinzu zu Adrast: „Ich fühle es in der Tat, daß ich anfange, Sie zu hassen" (ebd.).
In IV.3 sind Adrast und Juliane allein miteinander: Er markiert jetzt scharf seine Distanz zu Henriette: „[E]in Frauenzimmer zu entschuldigen, das eine Juliane zum Muster gehabt hat, und eine Henriette geworden ist; bis dahin langt meine

Höflichkeit nicht" (IV.3, B 1, 412). Hier ist keine Liebe: „Sie selbst hat mich wider sich eingenommen. Sie ist zu wenig Frauenzimmer, als daß ich sie als ein Frauenzimmer lieben könnte. Wenn ihre Lineamente nicht ihr Geschlecht bestärkten, so würde man sie für einen verkleideten wilden Jüngling halten, der zu ungeschickt wäre, seine angenommene Rolle zu spielen. Was für ein Mundwerk!" (IV.3, B 1, 413). Die wilde Unordnung ihrer Gedanken, die „beißenden Spöttereien" und „nachteiligen Anmerkungen", die Undurchsichtigkeit ihrer Art zu denken hebt er an Henriette hervor – und spiegelt schließlich sein eigenes Verhalten, ohne es zu merken, in seiner Kritik an Henriette: „Ach, Juliane, die Reden sind die ersten Anfänge der Taten; ihre Elemente gleichsam. Wie kann man vermuten, daß diejenige vorsichtig und gut handeln werde, der es nicht einmal gewöhnlich ist, vorsichtig und gut zu reden? Ihre Zunge verschont nichts, auch dasjenige nicht, was ihr das heiligste von der Welt sein sollte. Pflicht, Tugend, Anständigkeit, Religion, alles ist ihrem Spotte ausgesetzt" (IV.3, B 1, 414). Henriette als Freigeist! Erst Juliane weist ihn auf den Widerspruch in seinem Munde hin: „Stille, Adrast. Sie sollten der letzte sein, der diese Anmerkung machte" (ebd.); er sei ihr mit „einem bösen Exempel" (ebd.) vorangegangen, erst seit seiner Ankunft sei sie so. Adrast wehrt ab (moralisch korrekt!): „Wem habe ich meine Gedanken jemals anschwatzen oder aufdringen wollen? [...] Wenn ich sie oft laut und mit einer gewissen Heftigkeit verteidiget habe, so ist es in der Absicht, mich zu rechtfertigen, nicht andere zu überreden, geschehen" (IV.3, B 1, 415). Juliane hat trotzdem recht: Auch für Henriette gilt, was sie über Adrast sagte: Henriettes Verhalten, das ihr von Adrast vorgeworfene ‚Laster', ist eben auch eine psychologisch begründbare Reaktion auf etwas, das *ihr* Verdruss erregt hat!

Die Auflösung des empfindsamen Konflikts vollzieht sich komödientypisch – über eine unfreiwillige Zuhörerin: Hier ist es Henriette. Sie belauscht in IV.4 das ausdrückliche Liebesgeständnis Adrasts gegenüber Juliane: „Ich liebe Sie, schönste Juliane, und werde Sie ewig lieben. Nun, nun liegt mein Herz klar und aufgedeckt vor Ihnen da" (B 1, 417). Und indem er dies als eigentlichen Grund für seine Haltung Henriette gegenüber identifiziert, legt er beiläufig (und ohne es schon zu merken) den Grund für seine bloß prätendierte Freigeisterei offen: „Umsonst wollte ich mich und andere bereden, daß meine Gleichgültigkeit gegen Henrietten, die Wirkung an ihr bemerkter nachteiliger Eigenschaften sei; da sie doch nichts als die Wirkung einer schon gebundenen Neigung war. Ach! die liebenswürdige Henriette hat vielleicht keinen andern Fehler, als diesen, daß sie eine noch liebenswürdigere Schwester hat" (B 1, 417f.). Henriette reagiert: „Bravo! die Scene muß ich den Theophan unterbrechen lassen – – – *geht ab*" (B 1, 418). Das hören Juliane und Adrast und vermuten, Theophan werde jetzt informiert. Und Adrasts Verdacht gegenüber Theophan, er stelle sich nur unwissend in IV.6 und IV.7, wird auf's Engste verbunden mit seinem Grundverdacht gegen diesen, auch seine Hilfsbereitschaft in der Schuldenangelegenheit sei nur Verstellung und Falle – und damit mit Adrasts misanthropischer Welt- und Menschenansicht im Allgemeinen: Also mit dem, was der Titel des Lustspiels anzeigt!

Retardation. In gewisser Weise retardierend wirkt Lisettes Eingreifen in IV.8: Sie empfiehlt Henriette und Theophan, über die wahren Empfindungen Adrasts und Julianes sich Klarheit zu verschaffen: Es „müßte sich Herr Theophan in jemand anders verliebt stellen; und um zu erfahren, ob Adrast Mamsell Julianen liebe, müßten Sie [Henriette] sich in jemand anders verliebt stellen" (B 1, 424). Wenn beide Bedenken tragen wegen der Verstellung, zu der Lisette sie überreden wolle, spottet sie: „Besorgen Sie beide etwa, daß Sie es zu natürlich machen möchten?" (ebd.) – und legt natürlich die Neigung zwischen diesen beiden offen. Lisettes List (die Lustspielvariante einer Intrige) greift aber letztlich nicht: Die Selbstoffenbarungen der Beteiligten kommen dem zuvor!

- **Auflösung aller Konflikte.** Dramaturgisch äußerst geschickt verbindet das Ende des IV. Aufzugs den extrem zugespitzten Liebeskonflikt (Adrast gesteht Theophan in IV.7 seine Liebe, sein ausdrückliches Liebesgeständnis gegenüber Juliane!) sowohl mit der Schuldenproblematik und der misanthropischen Haltung des ‚Freigeists' – um letztlich alle Konflikte auf einen Schlag zu lösen!

Allerdings nicht ohne eine nochmalige Zuspitzung! Erster (und für die Konfliktlösung entscheidender!) Höhepunkt des V. Aufzugs ist die Auseinandersetzung Theophans mit Adrast in V.3, die den Ersteren wirklich an die Grenze seiner Gutmütigkeit bringt. Als Theophan feststellt, dass er, wenn erwiesen sei, dass Juliane Adrast liebe, von seiner Heiratsabsicht zurücktreten müsse, sieht Adrast dies als bloßen Hohn; Theophans Behauptung, Juliane liebe Adrast wirklich, wird von diesem nur als infame Spötterei missverstanden, die nur „vollkommen" wäre, wenn er „nicht auch versichern [könne], daß Sie Julianen nicht lieben" (B 1, 433). Hier gerät Theophan (endlich!) in Zorn und Verdrießlichkeit (vgl. ebd.) – und diesen Zorn glaubt Adrast (endlich!) dem Theophan als authentische Haltung: „Ich glaube in Ihrem Trotze mehr Aufrichtigkeit zu sehen, als ich jemals in Ihrer Freundlichkeit gesehen habe" (ebd.).

Das aber reicht Theophan lange nicht: Er holt zu einer großangelegten, empfindsam argumentierenden Standpauke aus. Er markiert die intellektuelle Arroganz Adrasts als Grund für dessen Blindheit – in einer Rede in dritter Person über denjenigen, der gerade einzig vor ihm steht:

> Adrast [...] betrachtet alles durch das gefärbte Glas seiner vorgefaßten Meinungen, und alles hin; und würde wohl oft lieber seine Sinne verleugnen, als seinen Wahn aufgeben. Weil Juliane ihn liebenswürdig fand, konnte ich mir unmöglich einbilden, daß er so gar verderbt sei. Ich sann auf Mittel, es beiden mit der besten Art beizubringen, daß sie mich nicht als eine gefährliche Hinderung ansehen sollten. Ich kam nur jetzt in dieser Absicht hierher; allein ließ mich Adrast ohne die schimpflichsten Abschreckungen darauf kommen? Ich würde ihn ohne ein weiteres Wort verlassen haben, wenn ich mich nicht noch derjenigen Person wegen gezwungen hätte, der ich von Grund meiner Seelen alles gönne, was sie sich selbst wünscht – – Mehr habe ich ihm nicht zu sagen – – *er will fortgehen.* (B 1, 435)

Zuvor jedoch gesteht er ein, wie es um ihn selbst bestellt ist: „Ich kenne und bewundere alle die Vollkommenheiten, die Julianen zu einer Zierde ihres Geschlechts machen; aber – ich liebe sie nicht. [...] Ich habe mir Mühe genug gegeben, meine Hochachtung in Liebe zu verwandeln. Aber eben bei dieser Bemühung habe ich Gelegenheit gehabt, es oft sehr deutlich zu merken, daß sich

Juliane einen ähnlichen Zwang antue. Sie wollte mich lieben, und liebte mich nicht" (B 1, 434). Sein Hauptargument läuft jeder rationalistischen Argumentation zuwider: „Das Herz nimmt keine Gründe an, und will in diesem, wie in andern Stücken, seine Unabhängigkeit von dem Verstande behaupten. Man kann es tyrannisieren, aber nicht zwingen" (ebd.). Und er gesteht: „Ich unterdrückte meine wachsende Neigung gegen eine andre Person nicht länger", und er habe „mit Vergnügen" (B 1, 435) wahrgenommen, dass auch Julianes Neigung nicht ihm, sondern einem Andern gelte: Adrast!

Dies ist der Kipppunkt für den „Freigeist": Adrasts ungläubigem Erstaunen begegnet Theophan zunächst mit Kälte, doch Adrast wendet sich ihm wirklich zu und meint, sich selbst einen Gefallen zu tun und Theophan eine Falle zu stellen, wenn er den andern überredet, sogleich Lisidor davon in Kenntnis zu setzen, dass er, Theophan, Julianen nicht liebe. Theophan ist sofort bereit dazu, verpflichtet aber Adrast, das Gleiche zu tun. Adrast zögert – aber aus andern Gründen: Er erkennt, gerührt!, die Ehrlichkeit des Andern: „Theophan – – Sie sind doch wohl ein ehrlicher Mann" (B 1, 437) – und Theophan kehrt zu seinem Charakter zurück: „Liebster Adrast, ich muß Sie umarmen. – – ADRAST Ich schäme mich – – Lassen Sie mich allein; ich will Ihnen bald folgen" (ebd.).

Widerlegung der bloßen Typenhaftigkeit des Freigeistes. Theophans Geständnis „Ich liebe Henrietten" (V.3, B 1, 437) löst bei Adrast eine vollkommene Wendung seiner Haltung aus: „Sie lieben Henrietten? Himmel! So können wir ja hier noch beide glücklich sein. Warum haben wir uns nicht eher erklären müssen? O Theophan, Theophan, ich würde Ihre ganze Aufführung mit einem andern Auge angesehen haben. Sie würden der Bitterkeit meines Verdachts, meiner Vorwürfe nicht ausgesetzt gewesen sein" (ebd.). Adrast legt offen, dass seine Bitterkeit und auch die Freigeisterei angenommene Haltung oder Pose war, deren eigentlicher Grund seine unglückliche Liebe gewesen sei. Und Theophan formuliert gleichsam eine psychologisch-anthropologische Lehre: „Vorurteile und eine unglückliche Liebe, sind zwei Stücke, deren eines schon hinreichet, einen Mann zu etwas ganz andern zu machen, als er ist" (ebd.). Adrast war immer ein anderer Mensch, als der, als der er sich ausgab: Jetzt sind die Bedingungen für die Entstellung getilgt (er betrachtet Theophan nicht mehr mit Vorurteilen, er sieht sein Liebesglück möglich) und er ist wieder bei sich. Das ist etwas vollkommen Anderes als die psychologisch unplausible Sekunden-Heilung des Typus in der Sächsischen Typenkomödie.

Diese Wendung ist längst vorbereitet – nicht nur durch Adrasts „Wollte Gott!" gegenüber Henriette (vgl. III.8, B 1, 407). Juliane und Adrast bereiten in IV.3, unmittelbar vor seiner Liebeserklärung, die Wende des prätendierten Freigeistes vor: Adrast nimmt einen absolut nicht-misanthropischen Standpunkt ein: „Wir sollen glücklich in der Welt leben; dazu sind wir erschaffen; dazu sind wir einzig und allein erschaffen" (IV.3, B 1, 416). Allein die beiläufige Behauptung des Erschaffen-Seins nimmt Gott als gegeben an! Und Religion wird plötzlich zu etwas Unverzichtbarem – zumindest für Pöbel und Frauen (was Juliane provoziert): „Man lasse daher dem Pöbel seine Irrtümer [...]. Doch nicht für den Pöbel allein, auch noch für einen andern Teil des menschlichen Geschlechts muß man die Religion beibehalten. Für den schönsten Teil, meine ich, dem sie eine Art von Zierde, wie dort eine Art von Zaum ist. Das Religiöse stehet der weiblichen Bescheidenheit sehr wohl; es giebt der Schönheit ein gewisses edles, gesetztes und schmachtendes Ansehen" (ebd.). Juliane reagiert empört:

> Halten Sie, Adrast. Sie erweisen meinem Geschlechte eben so wenig Ehre, als der Religion. Jenes setzen Sie mit dem Pöbel in eine Klasse [...]. Nein, Adrast; die Religion ist eine Zierde für alle Menschen; und muß ihre wesentlichste Zierde sein. Ach, Sie verkennen sie aus Stolz; aber aus einem falschen Stolze. Was kann unsre Seele mit erhabenern Begriffen füllen, als die Religion? Und worinne kann die Schönheit der Seelen anders bestehen, als in solchen Begriffen? in würdigen Begriffen von Gott, von uns, von unsern Pflichten, von unserer Bestimmung? Was kann unser Herz, diesen Sammelplatz verderbter, und unruhiger Leidenschaften, mehr reinigen, mehr beruhigen, als eben diese Religion? Was kann uns im Elende mehr aufrichten, als sie? Was kann uns zu wahrern Menschen, zu bessern Bürgern, zu aufrichtigern Freunden machen, als sie? (B 1, 416 f.).

Adrast bleibt hier auf der Oberfläche noch arrogant – gegenüber dem Pöbel, den Frauen, längst aber erscheint seine Freigeisterei unterlaufen von einer Hinwendung zu etwas (oder jemandem), das seiner vorgeblichen Haltung völlig zuwiderläuft.

Dass das Drama die ‚laster'-hafte Haltung biographisch begründet (vgl. I.2, B 1, 368 f.), dass es sie als angenommene Kälte oder Pose aus Unglück motiviert, dass es den Freigeist nach und nach Menschlichkeit und Erkenntnis gewinnen und äußern lässt, was dann in der empfindsamen Begegnung zweier zukünftiger Schwäger und Freunde (!) in V.3 gipfelt, widerspricht der Normalisierungsdramaturgie der Typenkomödie zutiefst und macht Adrast verwandt mit dem ebenfalls nach und nach erkennenden und lernenden Nicander in Schlegels *Triumph der Guten Frauen* (1747); dass es hier letztlich gar nicht um einen Konflikt um einen lasterhaften Typus geht, sondern um einen Konflikt zwischen Herzensneigung und Verstand bei insgesamt vier Figuren, stellt den *Freigeist* neben die rührende Komödie bei Gellert, insbesondere in den *Zärtlichen Schwestern* (1747).

Der Schluss des *Freigeist* ist dann Komödie pur: Lisidor verraten die beiden nur, dass sie die ihnen Zugedachte nicht liebten – und dass die Herzen der Frauen für einen andern Mann eingenommen seien als dem ihnen zugedachten (V.4). Erst nachdem Lisidor Lisette nach den Jungfern geschickt hat (V.5) und beklagt, nun müsse er sich neue Schwiegersöhne suchen: Sie beiden würden ja wohl nicht seine Töchter heiraten, ohne sie zu lieben, gestehen die beiden: „ADRAST Ich bete Julianen an. LISIDOR Julianen? THEOPHAN Ich liebe Henrietten mehr, als mich selbst. LISIDOR Henrietten?" (V.6, B 1, 441). Lisidor reagiert ganz als pragmatischer Kaufmann: „Also wäre der ganze Plunder mit einem Tausche gut zu machen? [...] Es ist doch immer besser, ihr tauscht vor der Hochzeit, als, daß ihr nach der Hochzeit tauscht" (ebd.) – und tut Adrasts Eingeständnis seines Bankrotts fast leichtfertig ab (vgl. ebd.).

Die Frauen werden vom Vater zunächst brüskiert, indem er für morgen die Hochzeiten ankündigt (V.7), reagieren unglücklich-bestürzt, Theophan aber gibt Juliane einen Korb, die gewünschten Paarungen kommen zustande. Lisidor: „Seid ihr aber nicht wunderliches Volk! Ich wollte jedem zu seinem Rocke egales Futter geben; aber ich sehe wohl, euer Geschmack ist bunt. Der Fromme sollte die Fromme, und der Lustige die Lustige haben: nichts; der Fromme will die Lustige, und der Lustige die Fromme" (V.7, B 1, 443). Und die Großmutter, die das Stück sozusagen in der letzten Szene aus dem Sacke zieht, begründet genau diese Vertauschung:

> Diese Veränderung ist mein Wunsch, mein Gebet gewesen? Ach, Adrast, ach Henriette, für euch habe ich oft gezittert! Ihr würdet ein unglückliches Paar geworden sein! Ihr braucht beide einen Gefehrten, der den rechten Weg besser kennet, als ihr. Theophan, Sie haben längst meinen Segen; aber wollen Sie mehr als diesen, wollen Sie auch den Segen Gottes haben, so ziehen Sie eine Person aus Henrietten, die Ihrer wert ist. Und Sie, Adrast, ich habe Sie wohl sonst für einen bösen Mann gehalten; doch getrost; wer eine fromme Person lieben kann, muß selbst schon halb fromm sein. Ich verlasse mich seinetwegen auf dich, Julchen. (V.8, B 1, 444)

Und sie verweist nochmals auf Adrasts geheiltes „Laster": „Vor allen Dingen bringe ihm bei, wackern Leuten, rechtschaffnen Geistlichen, nicht so verächtlich zu begegnen, als er dem Theophan begegnet" (ebd.). Der dann auch seine abgelegte Lasterhaftigkeit, man könnte auch sagen, seine vorurteilsbegründete Ungerechtigkeit Theophan gegenüber grundsätzlich einräumt: „Himmel! wenn ich mich überall so irre, als ich mich mit Ihnen, Theophan, geirret habe; was für ein Mensch, was für ein abscheulicher Mensch bin ich." Und Theophan hebt das Laster selbst als selbstgewollte Pose nochmals hervor: „Ich wiederhole es, Adrast, Sie sind besser als Sie glauben; besser, als Sie zeither haben scheinen wollen" (ebd.).

5.1.3 *Die Juden*

In der Anlage, der zentralen Thematik und der Durchführung widerspricht das Lustspiel *Die Juden* in mehrerlei Hinsicht der Poetik oder Programmatik der Typenkomödie der Frühaufklärung. Diese Widersprüche oder Differenzen müssen im Folgenden bzw. bei der Erarbeitung des Textes spezifiziert werden.

Historischer Kontext: Juden-Politik, Juden-Hass. Eine dieser Differenzen hat unmittelbar mit dem Gegenstand des Lustspiels selbst zu tun: Hier geht es nicht um eine gleichsam ahistorisch gegebene moralische Insuffizienz einer typisierten Figur – die etwa geizig, hypochondrisch oder misanthropisch wäre. Der Bezugsrahmen hier ist *historisch* – die ganz konkrete Situation von Juden in Preußen und Sachsen um die Mitte des 18. Jahrhunderts: Sachsen duldete, trotz des eigentlichen Willens, judenfrei zu bleiben, wenige wohlhabende und finanzkräftige jüdische Familien; ein purer Euphemismus ist es wohl, die Judenpolitik des Großen Kurfürsten Friedrich Wilhelm von Preußen (der von 1640 bis zu seinem Tode 1688 regierte) als ‚Toleranz-Politik' zu bezeichnen: Das sogenannte „Generalgeleit" ermöglichte ab etwa 1650 reichen Juden, sich in Preußen niederzulassen; der Preis für den Status eines „Schutzjuden erster Klasse" war hoch: Die Einnahmen flossen in Staats- und Stadt-Haushalte. Insbesondere mit Regierungsantritt Friedrich Wilhelms I. 1713 verschärfte sich die Situation dramatisch: Der Zuzug jüdischer Familien nach Berlin war nur unter Vorlage eines tadellosen Führungszeugnisses und unter Nachweis eines großen Vermögens möglich, aus jeder Familie durfte nur eines der Kinder (auch dies gegen Zahlung von Schutzgeld!) heiraten; alle andern Juden sollten ausgewiesen werden. Abgesehen von den sehr reichen, geschützten, für Hof, Wirtschaft und Militärhaushalt unverzichtbaren Juden wurden unter Friedrich II. ab 1740 weitere Restriktionen umgesetzt: Juden hatten keinen Zugang zu öffentlichen Ämtern (auch nicht an Universitäten oder Schulen), die Heirat mit Nicht-Juden war verboten, Immobilienerwerb an strenge Bedingungen gebunden, der Zugang zum zünftisch organisierten Handwerk verwehrt, Handel, mit wenigen Ausnahmen, nur mit Trödelkram erlaubt.

Die Ursachen für diese restriktive Politik gegenüber Juden sind vielfältig: Natürlich standen auch Neid und Konkurrenzangst nicht-jüdischer Kaufleute hinter bestimmten Forderungen an die Politik. Das exklusive Recht der Juden, Geld gegen (staatlich begrenzte) Zinsen zu verleihen, machte sie gleichsam für jeden Kreditnehmer als Betrüger verdächtig. Insbesondere aber ein letztlich aus der christlichen „Kultur" stammender Antijudaismus scheint hier der Ausgangspunkt gewesen zu sein: Schon in der vorreformatorischen Kirche, insbesondere aber auch mit Luthers Bibelübersetzung wurde die Schuld am Tode Jesu wahrheitswidrig den Juden angelastet (*de facto* waren es römische Behörden). Der radikale Antisemitismus des späteren Martin Luther kommt hinzu: Seine Schrift „Von den Juden und ihren Lügen" (1543) ist voll von ungeheuerlichen Vorurteilen („wie sie die Brunnen vergifftet, heimlich gemordet, Kinder gestolen") und Gewaltphantasien bis hin zur sofortigen Niederbrennung aller Synagogen und Vertreibung sämtlicher Juden. Mittelalterliche und frühneuzeitliche Stereotype über eine sogenannte jüdische Physiognomie – multipliziert seit Erfindung von Buchdruck und illustriertem Flugblatt – kamen hinzu (vgl. zum Antijudaismus im 18. Jh. insgesamt Stern 1971, Rohrbacher/Schmidt 1991, Benz/Bergmann 1997, Berghahn 2000).

Stoff, Inhalt. Unmittelbar in der Vorzeithandlung des Lustspiels ist ein Baron von zwei vermummten Dieben überfallen worden; ein zufällig vorbeikommender Reisender rettet ihn. Da der Überfall in der Nähe der Güter des Barons stattfand, nimmt dieser den Reisenden aus Dankbarkeit mit sich auf sein Schloss und will ihn auf einige Tage beherbergen. Da die Vermummung der beiden Diebesgesellen aus langen Bärten bestand, hält man sie für Juden; sowohl der Vogt des Anwesens, andere Bediente und sogar der Baron wiederholen bei dieser Gelegenheit alle geläufigen Vorurteile über das jüdische Volk. Allerdings kann der Fall schnell aufgeklärt werden: Dem Reisenden wird seine silberne Schnupftabakdose gestohlen, die daraufhin von Hand zu Hand wechselt und letzlich den Vogt des Barons, Martin Krumm, nicht nur als Dieb identifizierbar macht, sondern auch, da ihm zwei anklebbare Bärte aus der Tasche fallen, gemeinsam mit dem Schulze des Anwesens, Michel Stich, als die angeblichen jüdischen Straßenräuber entlarvt. Jetzt ist die Dankbarkeit des Barons so groß, dass er dem Reisenden die Hand seiner noch nicht wirklich heiratsfähigen Tochter anträgt (die diesem Vorschlag fröhlich zustimmt); der Reisende lehnt ab und legt schließlich offen, dass er selbst ein Jude sei. Beschämt über die eigenen, zuvor geäußerten Vorurteile gegenüber Juden schließt der Baron das Stück.

Dramaturgisch ist dieses Lustspiel in gewissem Sinne viel simpler als der *Junge Gelehrte* und insbesondere der *Freigeist*: 23 Auftritte ohne Akteinteilung präsentieren die Bühnenhandlung in schneller Folge, komplexere Intrigenentwürfe oder figurenpsychologische Differenzierungen wie etwa bei Adrast bleiben aus. Nichtsdestoweniger ist das Lustspiel sowohl im Hinblick auf dasjenige, was es inhaltlich verhandelt und politisch-erzieherisch vermitteln will, als auch im Verhältnis zur sächsischen Typenkomödie von großer Bedeutung.

Spiel mit Publikumserwartung. Der Titel – der bei der Komödie traditionell Laster oder lasterhaften Typus benennt – lässt eine Ständesatire über die im Titel genannte Gruppe vermuten; faktisch aber werden in den antijüdischen Äußerungen der verschiedenen Figuren die antijüdischen Haltungen des Publikums selbst vorgeführt. Hier gibt es keinen lasterhaften Typus als einzelne Figur, sondern eine lasterhafte, moralisch verwerfliche, menschenverachtende Haltung einer Gruppe von Menschen, ja des Kollektivs der nichtjüdischen Gesellschaft, eine Lasterhaftigkeit, der allenfalls die hundertprozentige moralische Integrität des Reisenden und vielleicht noch die Naivität des Fräuleins und die indifferente Frivolität Lisettes entgegengesetzt sind. Sprachrohre dieser stereotypen antijüdischen Haltungen sind der Vogt Martin Krumm, (zumindest anfänglich) der Baron und der Diener des Reisenden, Christoph:

- Wenn der Reisende im 2. Auftritt gegenüber **Krumm** die Vermutung des Barons wiederholt, die Räuber seien gewiss Juden gewesen (obwohl seiner Wahrnehmung nach „ihre Sprache [...] die ordentliche hiesige Bauernsprache" gewesen sei; B 1, 452), bestärkt Krumm vehement den Verdacht gegen die Juden: Sie seien im Allgemeinen doch „gottlose[s] Gesindel", seien alle „Betrieger, Diebe und Straßenräuber" und darum „auch ein Volk, das der liebe Gott verflucht hat" (B 1, 452 f.). Das beweise auch die Tatsache, dass bei einem Brand in Breslau doppelt so viele Juden als Christen umgekommen seien; das habe auch der Pfarrer in seiner Predigt bestätigt (vgl. B 1, 453). Martin Krumm ergeht sich in Vernichtungsphantasien: „Ich dürfte nicht König sein. Ich ließ keinen, keinen einzigen am Leben" (ebd.). Mit dem vorurteilsgeleiteten Hinweis auf alle Juden als Diebesgesindel entlarvt sich Krumm allerdings selbst: Er berichtet von der Geschicklichkeit angeblich jüdischer Taschendiebe – und erweist sich (für das Publikum sichtbar!) im gleichen Zuge als ein solcher: Er stiehlt dem Reisenden die Tabaksdose (die letztlich auch zu seiner Entlarvung dienen wird). „[H]üten Sie sich vor den Juden ärger als vor der Pest" (ebd.).
- Der **Baron** stößt (noch) ins selbe Horn wie Krumm und beruft sich auf seinen Schulze, den Spießgesellen Krumms: Dieser habe ihm angegeben, er habe „seit einigen Tagen dreie auf der Landstraße angetroffen" (6, B 1, 460). „Spitzbuben ähnlicher als ehrlichen Leuten", gehörten sie gewiss zu jenem „Volk, das auf den Gewinst so erpicht ist", dem es gleichgültig sei, „ob es ihn mit Recht oder Unrecht, mit List oder Gewaltsamkeit" erhalte, das „zur Handelschaft, oder deutsch zu reden, zur Betriegerei gemacht zu sein" scheine (ebd.). Als ‚Beweis' führt er die singuläre Erfahrung des Betrogenseins durch einen jüdischen Geldverlei-

her an – die er zum Vorurteil generalisiert: „O! es sind die allerboshaftesten und niederträchtigsten Leute" (B 1, 461), um gleich den physiognomischen Unsinn des antijüdischen Stereotyps anzuschließen: „Und ist es nicht wahr, ihre Gesichtsbildung hat gleich etwas, das uns wider sie einnimmt? Das Tücksche, das Ungewissenhafte, das Eigennützige, Betrug und Meineid sollte man sehr deutlich aus ihren Augen zu lesen glauben" (ebd.).

- Die Beharrlichkeit der antijüdischen Vorurteile demonstriert **Christoph**, der Diener des Reisenden, der nichts über seinen Herrn wusste, *nach* der Offenlegung der jüdischen Identität der einzigen moralisch integren Figur des Stücks: „Was? Sie sind ein Jude, und haben das Herz gehabt einen ehrlichen Christen in Ihre Dienste zu nehmen. Sie hätten mir dienen sollen. So wär es nach der Bibel recht gewesen. Nein, Sie haben in mir die ganze Christenheit beleidigt. Drum habe ich nicht gewußt, warum der Herr, auf der Reise, kein Schweinefleisch essen wollte, und sonst hundert Alfanzereien machte. Glauben Sie nur nicht, daß ich Sie länger begleiten werde! Verklagen will ich sie noch dazu" (22, B 1, 487). Christophs Anspielung auf ein angebliches Gesetz, das Juden verbot, Christen zum Diener zu nehmen, stellt den unmittelbaren Bezug zur Judenpolitik her, Verbote allerdings, die in den Ländern des Heiligen Römischem Reiches im 17. und 18. Jahrhundert unterschiedlich gehandhabt wurden (vgl. den Stellenkommentar in B 1, 1162).
- **Reflexion der Vorurteilsstruktur im Reisenden.** Schon auf die Judenhass-Tirade Martin Krumms im 2. Auftritt reagiert der Reisende kommentierend: „Wollte Gott, daß das nur die Sprache des Pöbels wäre!" (B 1, 453). Nicht nur, dass der Baron wenig später beweist, dass dies eben nicht nur die Sprache des Pöbels ist: Indirekt spricht der Reisende hier das Publikum der Komödie an. Dieses rechnet sich gewiss nicht zum Pöbel, muss oder müsste sich aber eingestehen, dass die Rede Krumms sich mindestens in Teilen mit den eigenen Einstellungen deckt! In seinem Monolog im 3. Auftritt reflektiert der Reisende über die Ursachen und Hintergründe für den Judenhass: „Wenn diese [die Juden] hintergehen so überlegt man nicht, daß sie die Christen darzu gezwungen haben. Ich zweifle, ob sich einer von ihnen rühmen kann, mit einem Juden aufrichtig verfahren zu sein. Dieser tut aufs höchste nichts, als daß er ihnen gleiches mit gleichem zu vergelten sucht. Wenn zwei Nationen redlich mit einander umgehen sollen, so müssen beide das ihre darzu beitragen" (3, B 1, 454). Und er legt scharfsinnig die wichtigste, aus der mittelalterlichen Kirche wie von Luther ererbte „christliche" Ursache für den Judenhass fragend offen: „Wie aber, wenn es bei der einen [Völkerschaft] ein Religionspunkt und beinahe ein verdienstliches Werk wäre, die andre zu verfolgen?" (ebd.)
Ebenso entlarvt er den physiognomischen Unsinn der antijüdischen Haltung. Als der Baron über die typische Gesichtsbildung ‚des' Juden schwadroniert und bemerkt: „Aber, warum kehren Sie sich von mir?" (6, B 1, 461) und der Reisende der Befürchtung Ausdruck verleiht, seine eigene Physiognomie könnte ihn verraten, widerlegt der Baron sein Vorurteil unwissend vollends: „Ohne ein Kenner der Physiognomie zu sein, muß ich Ihnen sagen, daß ich nie eine so aufrichtige, großmütige und gefällige Miene gefunden habe, als die Ihrige" (ebd.). Und der

Reisende thematisiert die Falschheit allgemeiner Vorurteile gegenüber ganzen Bevölkerungsgruppen: „Ihnen die Wahrheit zu gestehn: ich bin kein Freund allgemeiner Urteile über ganze Völker [...] – Ich sollte glauben, daß es unter allen Nationen gute und böse Seelen geben könne" (ebd.). Erst am Ende wird sich die Wahrheit dieser Bemerkung auch für den Baron herausstellen!

- **Dramaturgie I: Offenlegung der jüdischen Identität des Reisenden, Ambiguität des Schlusses.** Der Reisende legt die Vermummung, das Verkleidetsein der Straßenräuber offen: „Sollten Sie nicht glauben, ich wäre gestern mit den jüdischen Straßenräubern ins Handgemenge gekommen, daß ich einem darvon den Bart ausgerissen hätte? *er zeigt ihm den Bart*" (18, B 1, 479) und wendet den Verdacht, nach einigem Zögern, möglicherweise zu schnell einen Verdacht auf jemanden direkt zu lenken, auf den Vogt (vgl. ebd.). Die Entlarvung von Vogt und Schulze – immerhin zwei ‚Rechtspersonen' auf dem Gut des Barons – verpflichtet Letzteren zu gesteigertem Dank; der Reisende muss allerdings den vom Baron gedachten Dank, die Hand des Fräuleins, ablehnen: Es ist seine jetzt offengelegte jüdische Identität, die (bzw. das „Schicksal", Reisender; B 1, 486, oder „der Himmel", Baron, ebd.) ihn objektiv, da juristisch, hindert, die Hand der Baronstochter anzunehmen. Der Dank, den er erbittet, ist die Aufhebung des Vorurteils: „Zu aller Vergeltung bitte ich nichts, als daß Sie künftig von meinen Brüdern etwas gelinder und weniger allgemein urteilen. Ich habe mich nicht vor Ihnen verborgen, weil ich mich meiner Religion schäme. Nein. Ich sahe, daß Sie Neigung zu mir, und Abneigung gegen mein Geschlecht hatten. Und die Freundschaft eines Menschen, er sei wer er wolle, ist mir allezeit unschätzbar gewesen" (22, B 1, 486 f.). Damit macht er den Baron betroffen: „Ich schäme mich meines Verfahrens" (B 1, 487).

Dieser Schluss jedoch, die Aufhebung des vorurteilsgeleiteten Dankens beim Baron, ist ambivalent. Wenn der Baron äußert: „O wie achtungswürdig wären die Juden, wenn sie alle Ihnen glichen!" (ebd.), ist *sein* Vorurteil zumindest individuell gegenüber dem Reisenden korrigiert. Der Reisende entspricht nicht den Vorurteilen, erscheint aber als Sonderfall. Das Vorurteil gegen ‚die Juden' im Allgemeinen wird damit nicht korrigiert. Des Barons Äußerung bestätigt implizit, dass es viele Juden gibt, die eben Juden (nach dem Vorurteil!) *sind*, dass viele Juden dem Reisenden nicht gleichen (vgl. dazu den klugen Aufsatz von Ebach 2002, 39). In der Bearbeitung der *Juden* für die Ausgabe seiner *Lustspiele* (1767) verstärkt Lessing die ambivalente Haltung des Barons, indem er sie auch Christoph in den Mund legt: „[E]s gibt doch wohl auch Juden, die keine Juden sind" (B 1, 1163). Die Antwort des Reisenden auf den Baron korrigiert hier nur mäßig: „Und wie liebenswürdig die Christen, wenn sie alle Ihre Eigenschaften besäßen!" (B 1, 488). Lisettes Äußerung am Ende – dass Christoph gewissermaßen ‚jüdisch' geworden sei, indem er sich so verstellt habe (in seiner erlogenen Geschichte über seinen Herrn; vgl. ebd.) – teilt diese Ambivalenz. Einerseits rekurriert sie bestätigend auf das Vorurteil, andererseits weist sie auf das Zufällige des Jüdischseins bzw. eines entsprechenden Urteils hin: Nicht Religion oder Nation wären jetzt Grundlage für eine solche Einordnung, sondern morali-

sches bzw. unmoralisches Verhalten (wie bei Baron und Reisendem – und wie in Nathans Ring-Parabel!).
- **Dramaturgie II: Die Tabaksdose.** Mit dem Diebstahl der Tabaksdose des Reisenden im 2. Auftritt, der Krumm derjenigen Niederträchtigkeit entlarvt, die er den Juden unterstellt, beginnt letztlich die Bloßstellung der tatsächlichen Täter (beim Überfall auf den Baron). Vom 10. bis zum 21. Auftritt dreht sich nicht nur (fast) alles um diese Dose, sie wechselt auch mehrfach den Besitzer. Diente der 10. Auftritt noch der Anmoderation der Handlung zwischen Christoph und Lisette – wobei diese zunächst nur den Auftrag des Barons ausführen will, die Identität des Reisenden zu erfragen –, erkauft sich Krumm im 11. Auftritt, Lisette umgarnend, mit der Dose das Recht, der Dienerin die Hand zu küssen (vgl. B 1, 470). Lisette wiederum ‚tauscht' die Dose gegenüber Christoph ein für die ‚Wahrheit' über die Identität seines Herrn: Er erfindet eine haarsträubende Geschichte von holländischem Adel, Duell und Flucht. Christoph sodann zeigt sie seinem Herrn – der mittlerweile im Besitz des falschen Bartes von Krumm ist und einen entsprechenden Verdacht gegen den Vogt hat – und wird von ihm des Diebstahls geziehen, bis der Weg der Dose bis zurück zum Vogt verfolgt und damit der doppelte Verdacht bestätigt wird (20. Auftritt). Die Tabaksdosen-Handlung, so nebensächlich sie auf den ersten Blick erscheinen mag, so sehr sie Nebenhandlung von niederen Figuren des Lustspiels ist, ist einerseits ein starkes komödiantisches Moment (vielleicht das stärkste!) des Textes: Lisettes Witz und, oberflächlich gesehen, ihre Frivolität, stehen der gierigen Tumbheit Krumms und der Bauernschläue Christophs gegenüber; Lisette ist die Figur, die die Dosen-Handlung zusammenhält (und letztlich aufklärt). Andererseits führt diese Nebenhandlung dramaturgisch zur Entlarvung der wahren Täter beim Überfall auf den Baron und damit zur Offenlegung der Falschheit des bloß vorurteilsgeleiteten Verdachts gegen Juden – und letztlich damit auch zur Offenlegung der Identität des Reisenden. Die Tabaksdosen-Handlung ist somit, bei aller ihrer Einfachheit, das Zentrum der Handlung der *Juden*.
- **Dramaturgie III: Kein Komödienschluss.** Auch in seiner Schlusswendung weicht das Lustspiel vom typischen Komödienschluss ab: Verlobung oder in Aussicht genommene Hochzeit fungieren gewöhnlich als Zeichen der Versöhnung der durch das Laster ausgelösten gesellschaftlichen Konflikte. Verlobung oder Hochzeit werden zwar thematisiert (der Baron bietet die Hand seiner Tochter an), müssen aber unter den historischen Bedingungen der Entrechtung der Juden in Preußen und der Strafandrohung bei ‚Mischheiraten' suspendiert werden. Nur der letzte Auftritt lässt von Ferne eine mögliche Liaison zwischen Lisette und Christoph, also zweier Dienerfiguren, erahnen. Das ist (vgl. *Der junge Gelehrte*) auch komödientypisch, hat aber hier bei diesen Nebenfiguren nichts mit dem Hauptkonflikt zu tun. Und es schließt auf der Ebene der Personnage sowie unter Anspielung auf das Dosen-Motiv an das dramaturgische Zentrum der *Komödie* an.

Unmittelbare Wirkung: Die Auseinandersetzung zwischen Michaelis und Lessing. In seiner Besprechung des 4. Bandes von Lessings *Schrifften* (1754), in dem

Die Juden erstmals abgedruckt wurden, scheint der Theologe und Göttinger Philosophie- wie Orientalistik-Professor Johann David Michaelis den Text zu würdigen, vor allem aufgrund seiner „sehr ernsthafte[n] Sitten-Lehre, nehmlich die Thorheit und Unbilligkeit des Hasses und der Verachtung zu zeigen, damit wir den Juden meistentheils begegnen" (B 1, 1247). Allerdings erntet seine Behauptung, ein so edler und ehrlicher Jude (wie auch derjenige in Gellerts *Schwedischer Gräfin*) sei „zwar nicht unmöglich, aber doch allzu unwahrscheinlich", dieser „Mangel der Wahrscheinlichkeit, daß es solche Juden gebe" (B 1, 1248), störe das ästhetische wie sittliche Vergnügen am Text nachhaltig, Lessings scharfen Widerspruch. In seiner *Theatralischen Bibliothek* (1. Stück 1754, 279–291) reagiert Lessing mit einer Abhandlung „Über das Lustspiel Die Juden" (vgl. B 1, 489–497). Einerseits sei die Unwahrscheinlichkeit eines edlen Juden, setze man sie überhaupt als gegeben, der Effekt der Unterdrückung und Verachtung, die den Juden von den sogenannten Christen entgegengebracht werde. Diese Unwahrscheinlichkeit der Komödie (oder ihrem Verfasser) zur Last zu legen, erweist sich somit als bloße Scheinheiligkeit. Sein Reisender, so Lessing, sei wahrscheinlich: Vermögen, Welterfahrung und Bildung ermöglichten jedem Menschen, auch edel zu sein. Spreche man dies den Juden ab, so erfülle man „das Vorurteil [...], welches ich durch mein Lustspiel zu schwächen gesucht habe; ein Vorurteil, das nur aus Stolz oder Haß fließen kann und die Juden nicht bloß zu rohen Menschen macht, sondern sie in der Tat weit unter die Menschheit setzt" (B 1, 491). Außerdem sei ein so edler Mensch wie sein Reisender auch als Christ so selten, dass man ihn für unwahrscheinlich halten müsse. Zur Untermauerung seines eigenen Widerspruchs gegen Michaelis fügt Lessing die zutiefst empörte Reaktion Moses Mendelssohns auf Michaelis' Rezension bei, die dieser brieflich einem engen Freund, dem jüdischen Arzt Aaron Emmerich Gumpertz, geschrieben hatte. Mendelssohn: „Welche Erniedrung für unsere bedrängte Nation! Welche übertriebene Verachtung! [...] [M]it welcher Stirne kann ein Mensch, der noch ein Gefühl der Redlichkeit in sich hat, einer ganzen Nation die Wahrscheinlichkeit absprechen, einen einzigen ehrlichen Mann aufweisen zu können? Einer Nation, aus welcher, wie sich der Verfasser der Juden [also Lessing] ausdrückt, alle Propheten und die größesten Könige aufstanden? [...] Sollte diese Recension, diese grausame Seelenverdammung nicht aus der Feder eines Theologen geflossen sein? Diese Leute denken der Christlichen Religion einen großen Vorschub zu tun, wenn sie alle Menschen, die keine Christen sind für Meichelmörder und Straßenräuber erklären" (B 1, 493 f.). Dem ist nichts hinzuzufügen!

Doch! Dass Lessing schon in einer seiner frühesten literarischen Arbeiten gegen dummes, vorurteilsbehaftetes Denken, das jeder Begründbarkeit seiner Positionen mangelt, dass Lessing schon in einer seiner frühesten literarischen Arbeiten gleichsam analytisch die Entstehung von Vorurteilen aus der Ableitung von generalisierten Urteilen, die (bestenfalls!) von einem Fall ausgehend auf ein Allgemeines schließen, erarbeitet, dass er schon hier für (nicht nur) religiöse Toleranz eintritt, ist gleichsam ein Vorausblick auf den *Nathan*. Allerdings: In den *Juden* geht es nicht um Religion, sondern um ein moralisch und ethnisch scheinbar begründetes Vorurteil (vgl. Nisbet 2008, 96).

5.2 Lustspiel oder verhindertes Trauerspiel? *Minna von Barnhelm*

Alle Momente, die im *Jungen Gelehrten*, dem *Freigeist* und den *Juden* die Programmatik und die typisierende, letztlich auf moralische Normalisierung angelegte Poetik der Sächsischen Typenkomödie überschreiten, werden in Lessings deutlich späterem Lustspiel *Minna von Barnhelm, oder das Soldatenglück* (1767, angeblich schon 1763 vollendet) bei weitem übertroffen. Die *Minna* überbietet auch bei weitem die komödienpoetologischen Innovationen, die die Gattung bei Gellert und J.E. Schlegel erfahren hatte; ohne Übertreibung darf man sagen, dass Lessing hier ein Lustspiel ganz neuer Art erfindet, das sich allerdings gefallen lassen muss (zumindest von einschlägiger Forschung!), daraufhin befragt zu werden, ob es nicht eigentlich ein Trauerspiel sei, das zufälligerweise einen glücklichen Ausgang finde. Diese Forschungsposition (vgl. z. B. Seeba 1973, 84 f.; Pütz 1986, 232 f.; Alt 2007, 236 f.) wird allerdings am Text zu überprüfen und möglicherweise zu falsifizieren sein.

Entstehung. Dass das Titelblatt der Erstveröffentlichung der *Minna von Barnhelm* im „Zweyten Theil" der *Lustspiele* Lessings (Berlin 1767) den Titelzusatz trägt „Verfertiget im Jahre 1763" (s. Abb. 5.1), ist bedeutsam: Behauptet wird hier

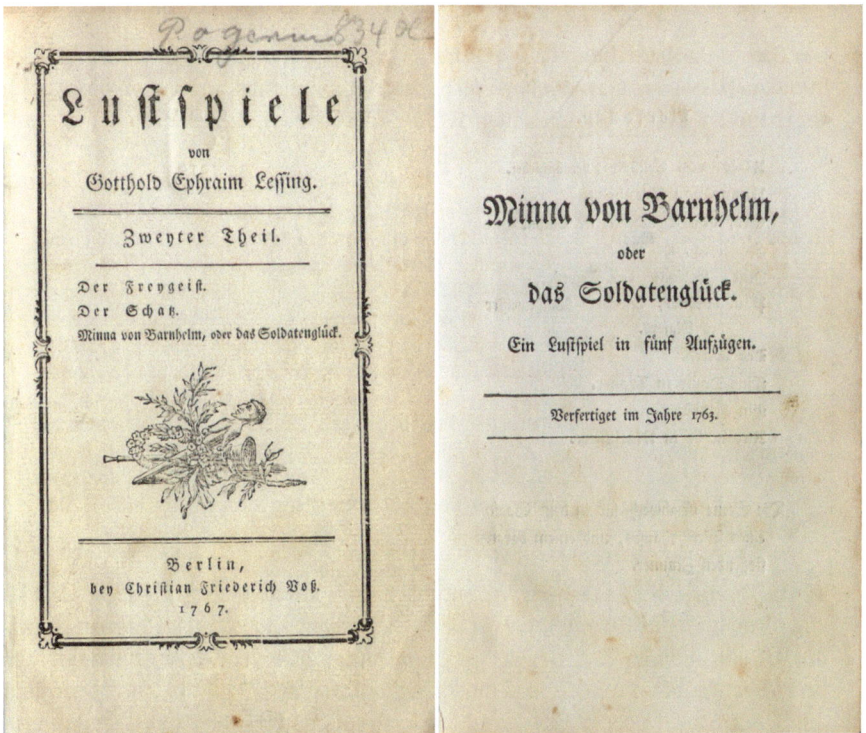

Abb. 5.1 Titelblatt *Lustspiele* (1767) Bd. 2 und Titelblatt *Minna von Barnhelm*

nämlich der Entstehungs- und Verfertigungsprozess des Dramas unmittelbar im Zusammenhang mit einem für alle Preußen und Sachsen, für die meisten ‚Deutschen' wichtigen historischen Datum: dem Ende des Siebenjährigen Krieges (1756–1763; Hubertusburger Friede: 15. Februar 1763).

Diese Behauptung ist falsch oder zumindest (beabsichtigt!) irreführend: „Ich brenne vor Begierde, die letzte Hand an meine *Minna von Barnhelm* zu legen [...]. Ich habe Ihnen von diesem Lustspiele nichts sagen können, weil es wirklich eines von meinen letzten Projekten ist. Wenn es nicht besser, als alle meine bisherigen dramatischen Stücke wird, so bin ich fest entschlossen, mich mit dem Theater gar nicht mehr abzugeben". Lessing schreibt dies in einem Brief an Karl Wilhelm Ramler am 20. August 1764. Also *nach* 1763! Im Frühjahr 1764 hatte Lessing mit Arbeiten an der *Minna* begonnen, abschließen kann er sie erst 1765. Die Erstaufführung fand am Hamburger Nationaltheater statt: Am 30. September 1767.

Historizität. Der Titelzusatz „Verfertiget im Jahre 1763" (B 6, 9) ordnet, wie gesagt, die Entstehung des Dramas einem bedeutsamen historischen Ereignis zu – und legt damit die Vermutung nahe, die Handlung des „Lustspiels in fünf Aufzügen" habe mit dem Siebenjährigen Krieg und seinem Ende zu tun. Um die Figuren und Konflikte der *Minna* historisch verorten zu können, muss kurz der historische Kontext umrissen werden:

- Der Siebenjährige Krieg war in mehrerlei Hinsicht eigentlich ein Weltkrieg. Der Preußen-Historiker Christopher Clark fasst die Rahmenbedingungen dieses auch sogenannten Dritten Schlesischen Krieges (Preußens) folgendermaßen zusammen:

> Verantwortlich für den folgenden Siebenjährigen Krieg (1756 bis 1763) war, dass Österreich und Russland in den sich zuspitzenden globalen Konflikt zwischen Frankreich und Großbritannien hineingezogen wurden. 1754/55 war es in den feuchten Tiefebenen im Tal des Ohio River zu wiederholten Gefechten zwischen britischen und französischen Kolonialtruppen gekommen. Während sich zwischen London und Paris ein neuer Krieg anbahnte, wollte der britische König Georg II. das mit Frankreich verbündete Preußen davon abhalten, über das Kurfürstentum Hannover herzufallen, das deutsche Heimatland des Königs. So, wie die Franzosen die Schweden in den frühen 1670er Jahren dazu benutzt hatten, die Brandenburger in Pommern unter Druck zu setzen, so boten die Briten nun der Zarin an, die Stationierung russischer Truppen und Schiffe entlang den Grenzen zu Ostpreußen zu finanzieren. Die Einzelheiten wurden in der im September 1755 beschlossenen [...] Konvention von Sankt Petersburg niedergelegt. (Clark 2007, 237)

Maria Theresia von Habsburg war zutiefst empört darüber, dass Preußen Schlesien im Rahmen des Ersten Schlesischen Krieges annektiert hatte; Preußen konnte mit Großbritannien den Bruch der Petersburger Konvention aushandeln, was Frankreich gegen Preußen *und* die Briten aufbrachte – und die Zarin war über die Briten erbost und schloss sich 1756 Frankreich und Österreich als einer großen antipreußischen Koalition an. Umzingelt, an der Ostgrenze bedrängt und

5.2 Lustspiel oder verhindertes Trauerspiel? *Minna von Barnhelm*

eine Großoffensive im Frühjahr 1757 erwartend, ließ Friedrich II., völlig überraschend für alle Großmächte, preußische Truppen in Sachsen einmarschieren: der Beginn des Siebenjährigen Krieges. Hier ist natürlich nicht der Ort, die Truppenbewegungen und insgesamt sechszehn großen Schlachten des Krieges nachzuerzählen, von denen Preußen in nur der Hälfte ein Sieg gelang, letztlich aber als siegreich aus dem sogenannten Hubertusburger Frieden hervorging. Christopher Clark nennt hierfür wiederum globalpolitische Gründe (die schwerer wögen als strategisches Geschick des preußischen Königs). Die Siege Preußens hätten, so Clark, vermocht, „Preußen so lange über Wasser zu halten, bis das alliierte Bündnis zerbrach" (Clark 2007, 246): Auf den Tod der Zarin folgte am 5. Januar 1762, wenigstens für ein (entscheidendes) Jahr, ein Bewunderer Friedrichs auf dem russischen Thron, Schweden sah ohne russische Hilfe die eigenen Kriegsziele in Norddeutschland unerreichbar, nach „einer Reihe schwerer Niederlagen in Indien und Kanada verloren auch die Franzosen das Interesse an der Fortführung eines Krieges, dessen Ziele nun eigenartig irrelevant erschienen. Nachdem Frankreich im Vertrag von Paris (10. Februar 1763) Frieden mit Großbritannien geschlossen hatte, stand Österreich alleine auf weiter Flur und mit erschöpften Finanzen da" (ebd.).

Der Hubertusburger Friede (15. Februar 1763) bestätigte den *status ante bellum*, Schlesien gehörte endgültig zu Preußen, Sachsen verlor die polnische Krone. Sachsen war die gesamte Kriegsdauer über besetztes Gebiet – und wurde zwangsweise zum Geldgeber für die preußische Kriegsführung: Die Städte und Stände der einzelnen Regionen mussten hohe Kontributionen an Preußen zahlen, die z. T. mit großem Zwang eingetrieben wurden.

Hiermit wären wir endlich bei *Minna von Barnhelm* angelangt:

1) Major von Tellheim, die männliche Hauptfigur, stammt aus dem Herzogtum Kurland (also dem Baltikum), eine Region nordöstlich von Riga. Kurland gehörte nicht zu Preußen: Es stritten sich polnischer König (der ein Sachse war) und russische Zarin um den größten Einfluss dort. Tellheim kämpft aber für Preußen: Er ist, gleichsam als „Ausländer", Major der preußischen Armee;
2) Minna von Barnhelm stammt aus Thüringen, das zu Sachsen gehört (seit 1640 sind dort Sachsen-Weimar und Sachsen-Gotha die bestimmenden Adelshäuser);
3) Im Verlauf des Krieges hielt sich Tellheim in der Nähe des Adelssitzes von Minna auf, weil er von den sächsischen Landständen Kriegskontributionen eintreiben sollte. Mittlerweile ist Friede – beide blicken zurück:

> v. TELLHEIM Sie erinnern Sich, gnädiges Fräulein, daß ich Ordre hatte, in den Ämtern Ihrer Gegend die Kontribution mit der äußersten Strenge bar beizutreiben. Ich wollte mir diese Strenge ersparen, und schoß die fehlende Summe selbst vor. –
> DAS FRÄULEIN Ja wohl erinnere ich mich. – Ich liebte Sie um dieser Tat willen, ohne Sie noch gesehen zu haben. (IV.6, B 6, 83)

Die Figuren sind also zutiefst eingebunden in das konkrete historische Ereignis. Dass genau die Situation, an die beide sich hier erinnern, den Konflikt generiert, um den es in der *Minna* geht, wird noch zu zeigen sein. Vorher aber muss der bloße Tatbestand ‚Figuren eines Lustspiels eingebunden in ein konkretes historisches Ereignis' komödienpoetisch kommentiert werden.

Komödienpoetik und Geschichte. In seiner Lehrsatz-Regel aus dem 10. Kapitel des II. Teils seiner *Critischen Dichtkunst*, also dem Tragödienkapitel, hatte Gottsched den Poeten angewiesen, nach Auffindung des moralischen Lehrsatzes und dem Spinnen einer allgemeinen Fabel in biblischer, mythologischer oder aber historischer Überlieferung einen passenden Fall, eine abgegrenzte Handlung zu suchen, die den moralischen Lehrsatz illustrieren könne. Im Gegensatz dazu sagt er zur Komödie: „Die Namen dörfen auch in einer Comödie *nicht* aus der Historie genommen werden" (Gottsched 1730, 602). Das hat seine Ursache in der grundsätzlichen Anlage seiner Poetik des Lustspiels. Bei Gottsched verträgt die Komödie keinen historischen Stoff respektive historisch konkrete Ereignis-Wahrheit oder wahre Personen. Vielmehr ist hier der Gegenstand der Komödie etwas ganz anderes: etwas Menschlich-Allgemeines, das an mittleren oder niederen Figuren ohne historischen Rang vorgeführt werden müsse, das Laster. Lessings *Minna* hat aber einen historisch genauesten Ort. Wenn Tellheim und Minna auch nicht-historische Figuren sind, so bleibt es das Setting – mitsamt den sehr konkreten historischen Umständen, ja sogar mitsamt dem preußischen König, der eine Rolle spielen wird!

Komödienpoetik: Titelkonvention. Aus der Ausrichtung der Komödie auf das Laster resultiert auch die Titelgebung für die entsprechenden Texte: Das Laster oder der lasterhafte Typus liefern den Titel: *Der Hypochondrist*, *Der junge Gelehrte*, *Die Pietisterey im Fischbeinrocke* u. v. a. m. Beim Trauerspiel liefert in der Regel der Name der tragischen oder vielleicht geretteten Hauptfigur den Titel: *Egmont*, *Don Carlos*, *Carolus Stuardus*, *Catharina von Georgien*, *Iphigenie*, *Medea*, *Antigone*, *Agamemnon* usw. Zu dieser Benennungskonvention befindet sich Lessings Komödie im Widerspruch: *Minna von Barnhelm [...]. Ein Lustspiel in fünf Aufzügen*. Betitelt ist der Text wie ein Trauerspiel; die Gattungsbezeichnung widerspricht dem! Und der Titelzusatz, *oder das Soldatenglück*, ist alles andere als auch nur eine Andeutung eines Laster-Konzepts, wie es die ‚alte' Komödie verlangte.

Dieser Widerspruch der *Minna* zur Benennungskonvention des Lustspiels wird in gewisser Weise fortgesetzt: Insofern nämlich, als Minna zwar die weibliche Hauptfigur des Dramas ist, aber letztlich an der männlichen Hauptfigur etwas dargestellt wird, das für Gottsched im Zentrum der Komödienpoetik gestanden hätte: ein scheinbares Laster, Tellheims übertriebener (oder übertrieben erscheinender!) Begriff von Ehre. Der, wie das Laster in der Typenkomödie, sozialschädlich wirkt: Tellheim kann, aufgrund seines Ehrverlustes, das Eheversprechen gegenüber Minna nicht halten, da dies *ihr* immens schaden würde!

Stoff, Inhalt, Durchführung. *Minna von Barnhelm* spielt kurz nach Ende des Siebenjährigen Krieges, also nach dem 22. August des Jahres 1763. Major von Tellheim, verwundet und unehrenhaft entlassen aus der preußischen Armee, wird in

5.2 Lustspiel oder verhindertes Trauerspiel? *Minna von Barnhelm*

einem Gasthof, mittlerweile völlig ohne finanzielle Mittel, in ein einfachstes Zimmer umquartiert, um einer neu angekommenen Dame Platz zu machen:

> V. TELLHEIM [...] Ich habe keinen Heller bares Geld mehr; ich weiß auch keines aufzutreiben.
> JUST Kein bares Geld? Und was ist denn das für ein Beutel, mit fünfhundert Taler Louisdor, den der Wirt in Ihrem Schreibepulte gefunden?
> V. TELLHEIM Das ist Geld, welches mir aufzuheben gegeben worden. (I.4, B 6, 17)

Die Dame, der Tellheim sein Zimmer im Gasthof überlassen muss, ist Minna von Barnhelm, die ihrem Verlobten (der zufälligerweise Tellheim ist) nachgereist ist, um ihn zu heiraten, völlig unsicher, in welchem Zustand, in welcher Verfassung sie ihn finden würde: „Sein Regiment ward nach dem Frieden zerrissen. Wer weiß, in welche Verwirrung von Rechnungen und Nachweisungen er dadurch geraten? Wer weiß, zu welchem andern Regimente, in welche entlegne Provinz er versetzt worden?" (II.1, B 6, 30 f.).

Tellheim sieht sich nicht in der Lage, Minna zu heiraten: Er habe kein Geld, keine Aufgabe, keine Ehre mehr. Er weigert sich, Hilfe anzunehmen: Weder möchte er auf das Angebot seines Freundes Werner eingehen, Geld von diesem zu leihen, noch fordert er verliehenes Geld von der Witwe Marloff zurück, das er deren Mann im Krieg geliehen hatte: Sie würde doch in Not fallen. Das Ethos, das er hier zeigt, trotz der Notlage von seiner Rechtschaffenheit keinen Deut abzuweichen, kennzeichnet – vielleicht hat es von Tellheim abgefärbt – auch seinen Bedienten Just: Tellheim entlässt ihn mangels Geldes im I. Akt aus seinen Diensten und bittet Just um die Rechnung für seine Arbeit. Just liefert allerdings eine Aufstellung, die zwar aufzählt, „[w]as der Herr Major mir schuldig": An ausstehendem Lohn und Auslagen „Summa Summarum, 22 Taler 7 Gr. 9 Pf.", aber dagegen rechnet er, was *er* dem Major schuldig ist für Arzt-, Pflege- und Kur-Kosten, für das Darlehen an Justs „abgebrannten und geplünderten Vater": „Summa Summarum, 114 Taler. Davon abgezogen vorstehende 22 Tlr. 7 Gr. 9 Pf. Bleibe dem Herrn Major schuldig, 91 Tlr. 16 Gr. 3 Pf." (I.8, B 6, 21).

Tellheims letzter Ausweg ist, beim Gastwirt den wertvollen Ring zu versetzen, den Minna ihm zur Verlobung geschenkt hatte – Minna allerdings erkennt den Ring wieder und luchst ihn dem Wirt ab. Dies ist der Ausgangspunkt der sogenannten Ringintrige: Minna versucht mit verschiedenen Mitteln, Tellheims Widerstand gegen die Heirat zu brechen. Sie vertauscht ihren eigenen Verlobungsring mit dem von Tellheim und gibt ihm eben diesen Ring zurück. So scheint es, als würde Minna nun ihrerseits die Verbindung lösen – verlobt sich ihm aber gewissermaßen nochmals.

Jetzt erst, in IV.6, kommt die wirkliche Lage zum Vorschein: Tellheim wird vorgeworfen, den Befehl des preußischen Königs (Friedrich d. Gr.) missachtet zu haben, Geldforderungen an die im Krieg unterlegenen Gegner, sogenannte Kriegskontributionen, einzutreiben. In Thüringen hatte er sich mit den Ständen auf die kleinstmögliche Summe geeinigt und das Geld zudem aus eigener Tasche gegen Aushändigung eines Schuldscheins vorgeschossen. Als Tellheim nach Kriegsende diesen Schuldschein bei der Berliner Kriegskasse einlösen will, beschuldigt man ihn der Bestechung durch die thüringischen Stände. Tellheim: „Hierdurch, mein

Fräulein, halte ich meine Ehre für gekränkt" (IV.6, B 6, 83). Dieser Bestechungsvorwurf ist das schwerwiegendste „Problem" Tellheims; Verletzung, unehrenhafte Entlassung und Untätigkeit wiegen längst nicht so schwer. Mit seinem Diener Just wartet er auf den Ausgang des Prozesses gegen ihn.

Im direkt folgenden Auftritt vollzieht Franciska, Minnas Bediente, die zweite List ihrer Herrin: Sie behauptet fälschlicherweise, dass Minna selbst mittellos sei: „Der Graf von Bruchsall hat das Fräulein enterbt, weil sie keinen Mann von seiner Hand annehmen wollte. Alles verließ, alles verachtete sie hierauf" (IV.7, B 6, 88). Als Tellheim dies hört, ändert sich sein Verhalten in grundlegender Weise. Er versucht nun, alles Nötige dafür zu tun, Minna nun doch heiraten zu können.

Überraschend kommt, zu Beginn des V. Aktes, die Nachricht, dass der König den Prozess habe niederschlagen lassen, so dass Tellheim nun juristisch rehabilitiert sei und auch das ihm zustehende Geld erhalten werde. Kurze Zeit später kommt das persönliche Handschreiben des Königs selbst. Jetzt ist Tellheims Wandlung mit Händen zu greifen: „Meine ganze Seele hat neue Triebfedern bekommen. Mein eignes Unglück schlug mich nieder; machte mich ärgerlich, kurzsichtig, schüchtern, lässig: ihr Unglück hebt mich empor, ich sehe wieder frei um mich, und fühle mich willig und stark, alles für sie zu unternehmen" (V.2, B 6, 91).

Der Konflikt scheint gelöst, doch Minna ihrerseits spielt mit Tellheim, weigert sich, Tellheim zu heiraten. Sie spiegelt damit Tellheims eigenes Verhalten wider (denn sie ist ja offiziell mittellos!). Als Tellheim, wie verwandelt, ihr die Glücksaussichten, die sie beide jetzt hätten, aufzeigen will, weist sie ihn mehrfach zurück: „Nein, Tellheim [...]! Ich weise Sie in die große Welt, auf die Bahn der Ehre zurück, ohne Ihnen dahin folgen zu wollen. – Dort braucht Tellheim eine unbescholtene Gattin! Ein Sächsisches verlauffenes Fräulein, das sich ihm an den Kopf geworfen", sei dazu nicht geeignet (V.9, B 6, 101). So droht der Komödie kurz vor dem Ende ein tragischer Ausgang. Als jedoch Minnas Oheim eintrifft, klärt sich die Situation auf: Minna gesteht die List – und die Ringintrige, die sie erst in V.12 auflöst. So steht Minnas und Tellheims Heirat nichts mehr im Wege.

Geschichte im Lustspiel: Öffentlichkeit und Privatheit. Das gesamte Drama ist auf verschiedenen Ebenen von dem unauflösbaren Ineinander von Politischem bzw. Öffentlichem und Privatem durchzogen: Schon der Handlungsort zeigt dies an, auch Minnas (zumindest geäußerte) Handlungsabsichten und insbesondere der Konflikt um Tellheims Ehre.

- **Der Ort des Geschehens** ist nicht, wie normalerweise in der Komödie üblich, ein Bürgerhaus, sondern ein Wirtshaus: Dieses ist einerseits Bestandteil einer öffentlichen Infrastruktur (Postpferde, Relaisstation), die Wirtsstube ist gewissermaßen noch öffentlicher Raum, in dem vielfältige Personen einander begegnen; andererseits bietet das Wirtshaus den Reisenden mit den Gastzimmern die Möglichkeit zur Entfaltung einer ‚Privatsphäre auf Zeit'. Wenn die Bühnenanweisung vor Beginn des I. Aufzugs sagt: „Die Scene ist abwechselnd in dem Saale eines Wirtshauses, und einem daran stoßenden Zimmer" (B 6, 10), wird der dramatische Raum, das Wirtshaus, explizit als Begegnungsraum zwischen

5.2 Lustspiel oder verhindertes Trauerspiel? *Minna von Barnhelm* 117

Öffentlichkeit und Privatheit konzipiert. Sogar die Kleidung einzelner Figuren spielt mit beiden Dimensionen: Tellheim erscheint u. a. in Uniform, Minna u. a. im Negligé. Der hier auf der Bühne präsentierte Schauplatz steht grundsätzlich uneigentlich, also metonymisch oder metaphorisch, für bestimmte gesellschaftliche Verhältnisse oder Gegebenheiten: Er ist sozialer Raum. Die Tatsache, dass Lessing die Handlung seines Lustspiels an einem so gearteten Schnittpunkt von Öffentlichkeit und Privatheit ansiedelt, steht in unmittelbarem Zusammenhang mit der Konfliktdisposition des Dramas.

- **Preußische Policei-Ordnung und privates Interesse.** Minna wird in II.2 vom Wirt aufgrund polizeilicher Meldepflichten, also öffentlicher, politischer Bedürfnisse, befragt. In II.1 tritt sie mit Franziska auf, selbst „*im Negligee, nach ihrer Uhr sehend*" (B 6, 28); dieses Negligé, ein leichtes Nachtkleid oder Nachthemd, also auf jeden Fall private, nachgerade intime Bekleidung, legt sie nicht ab oder bedeckt sich, als mit dem Ende des Auftritts der Wirt hereinkommt, „*mit einer Feder hinter dem Ohre, ein Blatt Papier und Schreibezeug in der Hand*" (II.2, B 6, 31).

Feder, Papier und Schreibzeug aber sind notwendiges Requisit: Unter Verweis auf „die weisen Verordnungen unsrer Policei" begründet der Wirt sein Eintreten: „Wir Wirte sind angewiesen, keinen Fremden, wes Standes und Geschlechts er auch sei, vier und zwanzig Stunden zu behausen, ohne seinen Namen, Heimat, Charakter, hiesige Geschäfte, vermutliche Dauer des Aufenthalts, und so weiter, gehörigen Orts schriftlich einzureichen" (B 6, 32). Das Drama führt die Akkuratesse preußischer (hier an die Gastwirte delegierter) Bürokratie präzise vor. Der Wirt referiert bzw. liest mit, was er notiert: „Dato, den 22. August a. c. allhier zum Könige von Spanien [d. i. der Name des Gasthauses] angelangt" (ebd.). In seinen Reaktionen auf Minnas Angaben zittert der Siebenjährige Krieg deutlich nach: Als Minna ihre Herkunft als „[v]on meinen Gütern aus Sachsen" angibt, notiert er zunächst, erschrickt dann aber: „Aus Sachsen! Ei, ei, aus Sachsen, gnädiges Fräulein? aus Sachsen? [...] Ei, ei! aus Sachsen! das liebe Sachsen!" (ebd.). Das Gasthaus befindet sich in Preußen, nahe schon bei der Residenz – und Sachsen war das erste Opfer des Krieges gewesen sieben Jahre zuvor und hatte beim Friedensschluss die polnische Krone verloren! Beruhigt ist der Wirt erst, als Minna, auf seine Nachfrage nach „Distrikte[n], Provinzen" in Sachsen („Unsere Policei ist sehr exakt, gnädiges Fräulein") ihre Herkunft „von meinen Gütern aus Thüringen also" angibt: „Aus Thüringen! Ja, das ist besser, gnädiges Fräulein, das ist genauer" (ebd.).

Wenn er die Befragung weiterführt, geraten polizeiliches Wissensinteresse und private Angelegenheiten miteinander in einen Konflikt: „Aber nunmehr, gnädiges Fräulein, Dero Verrichtungen allhier?" Minna ist überrascht: „Meine Verrichtungen?", und der Wirt präzisiert: „Suchen Ihro Gnaden etwas bei des Königs Majestät? [...] Oder bei unsern hohen Justizkollegiis?". Reisezweck wäre dann, eine Institution der politischen oder juristischen Öffentlichkeit aufzusuchen. Genau dem setzt Minna entgegen: „Nein, nein. Ich bin lediglich in meinen eigenen Angelegenheiten hier." Als der Wirt aber nach eben diesen „eigne[n] Angelegenheiten" fragt, bezieht Minna Franciska mit ins Gespräch ein: „Franciska, ich glaube wir werden vernommen" – und diese übernimmt jetzt die Beantwortung der Fragen des Wirts. Nicht, ohne zunächst einmal die zu schützende Privatheit bestimmter ‚eigner Angelegenheiten' zu thematisieren: „Herr Wirt, die Policei wird doch nicht die Geheimnisse eines Frauenzimmers zu wissen verlangen?"; der Wirt: „Allerdings, mein schönes Kind: die Policei will alles wissen; und besonders Geheimnisse" (II.2, B 6, 33).

Franciska ist es schließlich, die die persönliche Angelegenheit Minnas offenlegt, allerdings wiederum in signifikanter Vermischung von privater und öffentlicher, politischer Ebene: „So hören Sie nur, Herr Wirt; – aber daß es ja unter uns und der Policei bleibt! – [...] Wir kommen, dem Könige einen Officier wegzukapern – [...] Oder uns von dem Officiere kapern zu lassen". Die beabsichtigte Heirat Minnas mit Tellheim wird als politischer Coup ausgegeben, sogar als gegen den König selbst gerichtet, was den Wirt zutiefst erschreckt: „Wie? was? Mein Kind! mein Kind! –" (II.2, B 6, 33 f.).

Schon vorher, bevor der Wirt nach den „Verrichtungen" Minnas in der preußischen Residenz fragen konnte, hatte Franciska den Wissenseifer der preußischen Polizei ironisch gebrochen. Als der Wirt notiert: „Das Fräulein von Barnhelm, kommend von ihren Gütern aus Thüringen, nebst einer Kammerfrau und zwei Bedienten" (II.2, B 6, 32), schreitet sie sofort ein: „Einer Kammerfrau? das soll ich wohl sein?" Und sie bittet, dabei wirklich Intimes offenlegend, um Präzisierung: „Nun, Herr Wirt, so setzen Sie anstatt Kammerfrau, Kammerjungfer. – Ich höre, die Policei ist sehr exakt; es möchte ein Mißverständnis geben, welches mir bei meinem Aufgebote einmal Händel machen könnte. Denn ich bin wirklich noch Jungfer, und heiße Franciska; mit dem Geschlechtsnamen, Willig; Franciska Willig". Sie fügt noch einen halben Lebenslauf hinzu: „Es soll mir lieb sein, wenn mich die Policei recht kennt" (B 6, 33).

- **Anagnorisis, erregendes Moment**. Diese Szene ist eine Zentralszene für das Verständnis des Dramas: In einem Gasthof, also einem Teil der Öffentlichkeit, der Verkehrsinfrastruktur, aber im Gastzimmer, also zur Verfügung gestellter Privatheit auf Zeit, wird (Minna ist im Negligé!) ein öffentlicher, behördlicher „Meldevorgang" vollzogen. Öffentliche „Verrichtungen", die Minna vorhaben könnte, bei Hofe, bei Gerichten, stehen gegen ihre „eigenen", also persönlichen Angelegenheiten, die „Geheimnisse eines Frauenzimmers" gegen den Wissensdurst der preußischen Obrigkeit. Franciska treibt's auf die Spitze: Nicht nur, dass sie darauf besteht, als Kammer*jungfer* in den Akten aufzutauchen; vielmehr formuliert sie die persönliche Angelegenheit Minnas, ihren Verlobten zu suchen, um in einen gleichsam öffentlichen, politischen, ja sogar militärischen Akt „gegen" den König.

Und damit nicht genug: Die Befragung durch den Wirt macht nur gut die Hälfte der Szene aus; die zweite dreht sich um den Offizier, den der Wirt aus dem Gastzimmer verdrängen musste (die beiden Frauen tadeln ihn dafür), dreht sich um die Not aller Wirte jetzt im Nachkrieg, mit abgedankten Offizieren ohne Geld sich herumschlagen zu müssen – und darum, dass dieser Wirt noch gut weggekommen sei mit ‚seinem' Offizier, da der ihm wenigstens einen wertvollen Ring anstatt Geldes dagelassen habe. Als er Minna nach ihrer Expertise in Juwelenwerten fragt und den Ring zeigt, erkennt sie natürlich den Ring (sie trägt einen sehr ähnlichen am Finger!) und aus dem anonymen Offizier, dessen Gastzimmer die beiden Frauen jetzt haben, wird der eigene Verlobte, Tellheim. Gewissermaßen eine *anagnorisis in absentia*, die natürlich *das* erregende Moment in der *Minna* ist, nicht nur, weil immerhin schon die weiblichen Figuren jetzt wissen, dass sie und Tellheim am gleichen Ort sind, sondern weil von hier aus die Handlung initiiert wird: Minna kauft dem Wirt den Ring ab und setzt ihn in der Folge im Rahmen ihrer Ringvertauschungsintrige ein, um Tellheim zurückzugewinnen. Nach dem ‚policeilichen' Verhör der beiden Frauen, wohlgemerkt im Gastzimmer, Minna im Negligé, wendet sich das Blatt: Angesichts des Rings wird der Wirt zum Befragten; in der *anagnorisis* Tellheims in seinem Ring ist die „eigene Angelegenheit", deretwegen Minna hier ist, plötzlich ganz nah gerückt. Verlobungsringe sind etwas nur zwei Menschen betreffendes sehr Intimes – wie Negligé und Jungfernschaft.

- **Typus vs. Individuum, typisierte Fehlhaltung (Laster) vs. individuelle Kränkung.** Major von Tellheim scheint durch die „ihn beherrschende Ehrversessenheit" von einem „(durch die Komödienhandlung zu überwindende[n]) Laster bestimmt zu sein, das ihn zum uneinsichtigen Sonderling bestimmt, der sich Minnas entschlossenen Werbungsversuchen und den Hilfsangeboten seiner Bediensteten konsequent widersetzt" (Alt 2007, 236). Seine ‚Ehre', man könnte auch sagen: sein Ethos hindert ihn daran, Geld, das ihm „aufzuheben gegeben worden", zur Linderung seiner finanziellen Notlage einzusetzen (I.4, B 6, 17), hindert ihn daran, Geld von der Witwe Marloff anzunehmen, das tatsächliche Schulden, die ein im Krieg gefallener Offizier ihm gegenüber noch offenstehen hat, tilgen würde (vgl. I.6), hindert ihn daran, Geld von seinem früheren Wachtmeister Werner anzunehmen (vgl. III.7). Seine ‚Ehre' hindert ihn vor allem daran, die Ehe mit Minna einzugehen. Im Schlussauftritt des II. Aufzugs ist er erstmals mit Minna allein: „Sie suchten einen glücklichen, einen Ihrer Liebe würdigen Mann; und finden – einen Elenden" (II.9, B 6, 43). Diese seine zutiefst beschädigte Nachkriegsidentität ist für ihn Ursache genug, Minna davor zu schützen, mit ihm ins Elend zu stürzen, indem er die Verlobung auflöst:

> Sie nennen mich Tellheim; der Name trifft ein. – Aber Sie meinen, ich sei der Tellheim, den Sie in Ihrem Vaterlande gekannt haben; der blühende Mann, voller Ansprüche, voller Ruhmbegierde; der seines ganzen Körpers, seiner ganzen Seele mächtig war; vor dem die Schranken der Ehre und des Glückes eröffnet standen; der Ihres Herzens und Ihrer Hand, wann er schon ihrer noch nicht würdig war, täglich würdiger zu werden hoffen durfte. – Dieser Tellheim bin ich eben so wenig, – als ich mein Vater bin. Beide sind gewesen. – Ich bin Tellheim, der verabschiedete, der an seiner Ehre gekränkte, der Kriepel, der Bettler. – Jenem, mein Fräulein, versprachen Sie Sich: wollen Sie diesem Wort halten? (B 6, 45 f.)

Minna nimmt sein ‚Problem' nicht ernst oder verkleinert es willentlich: Für sie ist es eher Pose (oder, im Sinne der Typenkomödie, eine übertriebene, lasterhafte Haltung; nur Ehrpusseligkeit): „Ein widriger, melancholischer, ansteckender

Ton" (B 6, 45), „Das klingt sehr tragisch" (B 6, 46), Tellheim aber ist durch ihre Güte gekränkt, gedemütigt (vgl. ebd.) und er sagt sich in „Verzweiflung" (ebd.) von ihr los, ist entschlossen, „Sie nie, nie wieder zu sehen. – Oder doch so entschlossen, so fest entschlossen, – keine Niederträchtigkeit zu begehen, – Sie keine Unbesonnenheit begehen zu lassen" (ebd.). Auch im weiteren Verlauf hält Minna seine Beharrlichkeit noch für eine übertriebene Fehlhaltung: „Bloß ein wenig zu viel Stolz, Franciska, scheint mir in seiner Aufführung zu sein. Denn auch seiner Geliebten sein Glück nicht wollen zu danken haben, ist Stolz, unverzeihlicher Stolz!" (III.12, B 6, 68). Und wie ein Komödienlaster will sie seinen Stolz kurieren – mit einer (neben der Ringhandlung) zweiten Intrige: „Eines Fehlers wegen entsagt man keinem Manne. Nein; aber ein Streich ist mir beigefallen, ihn wegen dieses Stolzes mit ähnlichem Stolze ein wenig zu martern" (ebd.); in IV.1, also im unmittelbaren Anschluss an das eben zitierte Gespräch, trägt sie Franciska auf, Tellheim gegenüber anzugeben, sie sei enterbt, „unglücklich und verlassen" (B 6, 69). Ein Auftrag, den Franciska in IV.7 vollzieht (also am Ende des IV. Aufzuges).

Zwischenzeitlich, in Minnas und Tellheim großer Dialogszene IV.6, ist der tatsächliche Grund für Tellheims konsequente Haltung offengelegt worden. Scheinbar beharrt er auf seinem übertriebenen Stolz: Minnas „Landsmänninnen" würden, so spottet er, ihr „einen abgedankten, an seiner Ehre gekränkten Offizier, einen Kriepel, einen Bettler trefflich beneiden" (B 6, 80). Schließlich aber berichtet er ausführlicher:

> Sie erinnern Sich, gnädiges Fräulein, daß ich Ordre hatte, in den Ämtern Ihrer Gegend die Kontribution mit der äußersten Strenge bar beizutreiben. Ich wollte mir diese Strenge ersparen, und schoß die fehlende Summe selbst vor. [...] Die Stände gaben mir ihren Wechsel, und diesen wollte ich, bei Zeichnung des Friedens, unter die zu ratihabierende Schulden eintragen lassen. Der Wechsel ward für gültig erkannt, aber mir ward das Eigentum desselben streitig gemacht. Man zog spöttisch das Maul, als ich versicherte, die Valute bar hergegeben zu haben. Man erklärte ihn für eine Bestechung, für das Gratial der Stände, weil ich sobald mit ihnen auf die niedrigste Summe einig geworden war, mit der ich mich nur im äußersten Notfall zu begnügen, Vollmacht hatte. So kam der Wechsel aus meinen Händen, und wenn er bezahlt wird, wird er sicherlich nicht an mich bezahlt. – Hierdurch, mein Fräulein, halte ich meine Ehre für gekränkt; nicht durch den Abschied, den ich gefordert haben würde, wenn ich ihn nicht bekommen hätte. (B 6, 83)

Auch wenn Minna Tellheims ‚Problem' immer noch kleinreden will („O, über die wilden, unbiegsamen Männer, die nur immer ihr stieres Auge auf das Gespenst der Ehre heften! für alles andere Gefühl sich verhärten!", B 6, 84) – für Tellheim ist die Heirat mit Minna, also etwas Privates, aufgrund eines öffentlichen, politischen, ja juristischen Prozesses verunmöglicht worden: der Anschuldigung wegen Untreue, Bestechlichkeit und Unterschlagung sowie der unehrenhaften Entlassung aus dem Militärdienst des preußischen Königs. Bei Tellheim hat die Teilhabe am Politischen, Militärischen, am Öffentlichen, die Teilhabe an ‚Geschichte' also gleichsam zu einem schwerwiegenden Verlust von Identität geführt, hier eben mit schweren Auswirkungen auf das Private (vgl. dazu Michelsen 1990, 226 f., 256 f.)!

5.2 Lustspiel oder verhindertes Trauerspiel? *Minna von Barnhelm*

Minna missversteht Tellheims scheinbar borniert oder übertriebene Ehrversessenheit, metapoetisch und pointiert zugespitzt, gewissermaßen als Laster im Sinne der Typenkomödie (als das Tellheims Haltung auch drei Aufzüge lang scheinen mag), als ein Laster, dem man mit kleinen, lässlichen Intrigen korrigierend beikommen könnte: Der Ringintrige, der Behauptung von der angeblichen eigenen Enterbung und Verarmung. Erstens aber täuscht sie sich im Hinblick auf Tellheim: Auch wenn er in gewissem Sinne durchaus sein „stieres Auge auf das Gespenst der Ehre" richtet oder zu richten scheint – die juristischen Vorwürfe gegen ihn sind nicht Einbildung (wie die Krankheiten eines Komödien-Hypochondristen), sondern objektive Gegebenheiten, die subjektiv seine Ehre, objektiv aber seine gesellschaftliche Stellung verändern; sie sind Kränkung *und* soziale Deklassierung.

- **Minnas Korrekturversuche: Intrigen.** Mit der **Ringintrige** versucht Minna auf der Ebene der Beziehung, der privaten Angelegenheit, Tellheims ‚Defekt', seine scheinbar falsche Selbstinterpretation, aufzuheben, den dramatischen Konflikt zu beseitigen. Das funktioniert nicht wie gewünscht: Tellheim bemerkt den Ringtausch nicht und interpretiert jede Ringübergabe im Stück falsch.

Ausgangspunkt der Ringhandlung ist der schon skizzierte Auftritt II.2: Nach der Befragung durch den Wirt zeigt dieser Minna den vom noch ungenannten Offizier anstatt Geldes übergebenen Ring, sie erkennt ihn und nimmt ihn an sich. Über die folgenden Aufzüge hin bis zur Auflösung in V.12 ist der Ring, oft nur scheinbar nebensächlich, Thema des Gesprächs: Franciska berichtet Tellheims ehemaligem Wachtmeister Werner, Tellheim habe mangels Geldes einen Ring versetzt: „[E]s ist ein sehr kostbarer Ring, den er wohl noch dazu von lieben Händen hat" (III.5, B 6, 56); Werner misst einer solchen Gabe keine Bedeutung zu: Ein Offizier im Winterquartier bekomme häufig „ein Ringelchen an den Finger prakticiert" und Tellheim, „[b]esonders in Sachsen; wenn er zehn Finger an jeder Hand gehabt hätte, er hätte sie alle zwanzig voller Ringe gekriegt", was Franciska als einen Hinweis auf zumindest vermutbare Untreue Tellheims verstehen will: „Das klingt ja ganz besonders, und verdient untersucht zu werden", sagt sie für sich (ebd.).

Im großen Auftritt IV.6 – der die juristischen Hintergründe für Tellheims Haltung erklärt, in dem Minna mit vielen Worten vergeblich versucht, Tellheim trotz seines Ehrverlustes zur Heirat zu bewegen – leitet sie die Tauschhandlung ein. Sie zieht den Verlobungsring vom Finger und gibt ihn Tellheim zurück: „Hier nehmen Sie den Ring wieder zurück, mit dem Sie mir Ihre Treue verpflichtet. *überreicht ihm den Ring.* Es sei drum! Wir wollen einander nicht gekannt haben! [...] v. TELLHEIM *indem er den Ring aus ihrer Hand nimmt*: Gott! So kann Minna sprechen!" (IV.6, B 6, 87). Was Tellheim nicht weiß: Minna hatte nicht ihren, also den von Tellheim ihr geschenkten Ring am Finger, sondern seinen; sie übergibt ihm den Ring zum zweiten Mal, bestätigt also heimlich ihre Verlobung. In IV.5 hatte sie die Ringe getauscht; als Franciska fragt: „Warum das?", sagt sie, „*indem Franciska den andern Ring holt*: Recht weiß ich es selbst nicht; aber mich dünkt, ich sehe so etwas voraus, wo ich ihn brauchen könnte. – Man pocht – Geschwind gieb her! *sie steckt ihn an.* Er ists!" (IV.5, B 6, 79).

Sowohl im dritten als auch im fünften Auftritt des V. Aufzuges nimmt Tellheim den Ring, den er in der Tasche trägt, in die Hand, ohne ihn zu erkennen. Nach der Enterbungslüge von Franciska will Tellheim Minna „um Vergebung bitten, und sie wird mir vergeben". Franciska weist auf die scheinbare Entlobung hin: „Wie? – Nachdem Sie den Ring zurückgenommen, Herr Major?" Tellheim sucht und findet den Ring, und Franciska stößt ihn mehrfach mit der Nase drauf, den Ring genauer zu besehen: „Ist er das? *indem er ihn wieder einsteckt, bei Seite*: Wenn er ihn doch genauer besehen wollte!" Tellheim ist sich sicher: „Aber sie wird sich auch keinen Augenblick weigern, den Ring wieder anzunehmen. – Und habe ich nicht noch ihren? FRANCISKA Den erwartet sie dafür zurück. – Wo haben Sie ihn denn, Herr Major? Zeigen Sie mir ihn doch. V. TELLHEIM *etwas verlegen*: Ich habe – ihn anzustecken vergessen. [...] FRANCISKA Es ist wohl einer ziemlich wie der andere; lassen Sie mich doch diesen sehen; ich sehe so was gar zu gern. V. TELLHEIM Ein andermal, Franciska. Jetzt komm – FRANCISKA *bei Seite*: Er will sich durchaus nicht aus seinem Irrtume bringen lassen" (V.3, B 6, 91 f.). – In V.5 will er Minna den Ring wiederanstecken: „Hier, empfangen Sie es zum zweitenmale, das Unterpfand meiner Treue". Minna lehnt empört ab: „Ich diesen Ring wiedernehmen? diesen Ring?" Tellheim versucht es fast mit Gewalt, „*ergreift ihre Hand, um ihr den Ring anzustecken.*" Und Minna winkt mit dem Zaunpfahl: „Wie? mit Gewalt, Herr Major? – Nein, da ist keine Gewalt in der Welt, die mich zwingen soll, diesen Ring wieder anzunehmen! – – Meinen Sie etwa, daß es mir an einem Ringe fehlt? – O, Sie sehen ja wohl, *auf ihren Ring zeigend* daß ich hier noch einen habe, der Ihrem nicht das geringste nachgibt?" Franciska kommentiert: „Wenn er es noch nicht merkt!" – und Tellheim merkt *nichts*, versucht, nach längerem Wortwechsel mit Minna, nochmals, ihr den Ring anzustecken. „DAS FRÄULEIN *die ihre Hand zurück zieht*: Dem ohngeachtet, – um so vielmehr werde ich dieses nimmermehr geschehen lassen" (V.5, B 6, 94 f.).

In V.10, also fast schon vor Auflösung der Intrige, wird die Verwirrung noch größer: Just hat vom Wirt berichtet bekommen, dass Minna diesem in II.2 den Ring Tellheims abgekauft hat und Tellheim verdächtigt sie des heimlichen Bruchs der Verlobung, ja sogar der absichtlichen Herbeiführung des Zusammentreffens in dem Gasthaus: „Sie kamen hierher, mit mir zu brechen. Es ist klar! – Daß der Zufall so gern dem Treulosen zu Statten kömmt! Er führte Ihnen Ihren Ring in die Hände. Ihre Arglist wußte mir den meinigen zuzuschanzen" (B 6, 104). Ein Missverständnis, das nur daher rührt, dass er sich bis jetzt nicht vergewissert hat, *welchen* Ring er gegenwärtig gerade in der Tasche trägt. Ein Missverständnis, das Minna, unter Zeitdruck, da „[z]*wei Bediente, nach einander, von verschiedenen Seiten über den Saal laufend*" (BA zu V.12) die nahe Ankunft ihres Onkels, des Grafen von Bruchsall ankündigen, schnell auflösen muss. Nach dem Geständnis der Enterbungs-Lüge ist Tellheim fast sprachlos: „Erdichtet? Aber der Ring? der Ring?" (V.12, B 6, 106). Er will ihr ‚ihren' Ring zurückgeben, immer noch im Unklaren, doch Minna insistiert: „So besehen Sie ihn doch erst! – O über die Blinden, die nicht sehen wollen! – Welcher Ring ist es denn? Den ich von Ihnen habe, oder den Sie von mir? – Ist es denn nicht eben der, den ich in

5.2 Lustspiel oder verhindertes Trauerspiel? Minna von Barnhelm

den Händen des Wirts nicht lassen wollen?" (ebd.). Und im Gegensatz zu V. 5, wo Tellheim versucht, Minna gewaltsam den Ring wieder anzustecken, ist es hier die Frau, die die Angelegenheit regelt: „Geben Sie her, geben Sie her! *reißt ihn ihm aus der Hand, und steckt ihn ihm selbst an den Finger*: Nun? ist alles richtig?" (B 6, 106 f.). Tellheim erkennt die Intrige: „*ihre Hand küssend*: O boshafter Engel! – mich so zu quälen!" (B 6, 107). Wenn Minna allerdings das sehr selbstbewusste Schlusswort in dieser Angelegenheit spricht – „Dieses zur Probe, mein lieber Gemahl, daß Sie mir nie einen Streich spielen sollen, ohne daß ich Ihnen nicht gleich darauf wieder einen spiele" (ebd.) – verkennt sie zutiefst das Problem Tellheims: Seine Haltung die ersten vier Aufzüge hindurch war alles andere als ein Streich; vielmehr war sie psychologisch nachvollziehbar, eine objektive, juristisch begründbare Kränkung oder gesellschaftliche Degradierung!

Die **Enterbungslüge**, mit der Franciska versucht, durch die Behauptung, Minna sei ebenfalls arm, da vom rasend sächsischen, antipreußischen Onkel enterbt, die beiden Verlobten wieder auf eine Stufe zu setzen: Auch dies schlägt fehl. Tellheim, schon wissend, dass der König ihn wieder ins Recht gesetzt hat, aber noch an Minnas von Franciska behauptetes Unglück glaubend, will jetzt die Heirat, will (das ist natürlich eine Männerphantasie!) Minna sozusagen retten:

> Ärgernis und verbissene Wut hatten meine ganze Seele umnebelt; die Liebe selbst, in dem vollesten Glanze des Glücks, konnte sich darin nicht Tag schaffen. Aber sie sendet ihre Tochter, das Mitleid, die, mit dem finstern Schmerze vertrauter, die Nebel zerstreuet, und alle Zugänge meiner Seele den Eindrücken der Zärtlichkeit wiederum öffnet. Der Trieb der Selbsterhaltung erwacht, da ich etwas Kostbarers zu erhalten habe, als mich, und es durch mich zu erhalten habe. Lassen Sie sich, mein Fräulein, das Wort Mitleid nicht beleidigen. Von der unschuldigen Ursache unsers Unglücks, können wir es ohne Erniedrigung hören. Ich bin diese Ursache; durch mich, Minna, verlieren Sie Freunde und Anverwandte, Vermögen und Vaterland. Durch mich, in mir müssen Sie alles dieses wiederfinden, oder ich habe das Verderben der Liebenswürdigsten Ihres Geschlechts auf meiner Seele. [...] [F]olgen Sie mir nur getrost, liebste Minna; es soll uns an nichts fehlen. (V.5, B 6, 95 f.)

Doch diese weigert sich, diese Demütigung anzunehmen: Sie spiegelt ihm, natürlich sich spielerisch verstellend und übertreibend, sein eigenes früheres Verhalten wider. Dem Schreiben des Königs, das sie selbst auf der Bühne laut liest, setzt sie gleichgültig hinzu: „daß Ihr König, der ein großer Mann ist, auch wohl ein guter Mann sein mag. – Aber was geht mich das an? Er ist nicht mein König" (V.9, B 6, 99); sie scheint überhaupt nicht Anteil zu nehmen an Tellheims ‚Ehrenrettung', beharrt darauf, als „[s]ächsisches verlaufenes Fräulein" (B 6, 101) Tellheims nicht würdig zu sein – und gibt ihm den Verlobungsring zurück (allerdings nicht ihren, sondern seinen, den sie vom Wirt erhandelt hat). Scheinbar bricht sie mit ihm: Die Enterbungslüge und die Ringintrige werden ineinander verwoben.

- **Konfliktlösung.** *Deus ex machina*? Ist es aber der Brief des Königs, der die Konfliktlösung herbeibringt? Natürlich wendet er Tellheims Unglück, juristische Verfolgung und soziale Deklassierung sind aufgehoben – und zwar nicht aus königlicher Gnade, sondern aufgrund der Aufklärung des Sachverhalts (vgl. V.9,

B 6, 98 f.). Aber der Brief bringt Tellheim und Minna noch nicht zueinander, wie eben gezeigt: Die Enterbungslüge verlängert ihren Konflikt, *damit* Minna die Gelegenheit bekommt, Tellheims anfängliches Verhalten zu spiegeln.

Der Brief des Königs ist in der Forschung verschiedentlich (z. B. Alt 2007, 236) mit dem *deus ex machina* der antiken Dramatik (natürlich in der Tragödie; in der Komödie, bei Plautus und Terenz, gibt es keinen *deus ex machina*) gleichgesetzt worden: Nicht die Menschen seien mehr Herr des Geschehens, sondern, antik: ein Gott, modern: ein König. Der Vergleich hat einige Plausibilität für sich, trägt aber nicht: Erstens handelt es sich beim Brief Friedrichs II. nicht um einen „Gnadenakt" (Alt 2007, 236), sondern um die Mitteilung sozialer Rehabilitierung angesichts der Aufklärung des Sachverhalts. Gnade wäre es, ihn *trotz* seiner Schuld zu rehabilitieren – und das könnten in der Tat nur Götter. Zweitens führt der Brief des Königs nicht stracks zur Lösung des Konflikts – er ist nur ihre Hintergrundbedingung.

Auf diesem Hintergrund kann der Konflikt gelöst werden erstens durch *Tugend*, durch kommunikative Wahrhaftigkeit: Minna gibt die beiden ‚Intrigen'-Versuche zu und klärt Tellheim über seine ‚Blindheit' angesichts des Ringes, den er die ganze Zeit in der Tasche hatte, auf. Zweitens löst *Familienethos* den Konflikt: Der Graf von Bruchsall wäre, neben Friedrich II., durchaus ein weiterer Kandidat für den Titel eines *deus ex machina*; allerdings ist er keiner: Er ist Minnas Onkel, keineswegs der Sphäre unserer Figuren enthoben – einzig, dass er so spät und just, um den Konflikt endgültig zu beheben, auftritt, macht ihn besonders. Minna kündigt ihn schon in V.12, noch bevor sie die Enterbungslüge preisgibt, entsprechend an: Sie macht ihn Tellheim gegenüber (der noch wegen der angeblichen Enterbung vor Wut schnaubt) zum „besten Ihrer unbekannten Freunde", sie sollten jetzt dringend „[d]em Grafen, meinem Oheim, meinem Vater, Ihrem Vater" entgegeneilen (V.12, B 6, 106). Die Familienkonstellation, die Minna hier vorwegnimmt, wird in der Begegnung mit dem Grafen in V.13 realisiert:

> DER GRAF Mein Herr, wir haben uns nie gesehen; aber bei dem ersten Anblicke glaubte ich, Sie zu erkennen. Ich wünschte, daß Sie es sein möchten. – Umarmen Sie mich. – Sie haben meine völlige Hochachtung. Ich bitte um Ihre Freundschaft. – Meine Nichte, meine Tochter liebet Sie –
> DAS FRÄULEIN Das wissen Sie, mein Vater! – Und ist sie blind, meine Liebe?
> DER GRAF Nein, Minna; deine Liebe ist nicht blind; aber dein Liebhaber – ist stumm.
> V. TELLHEIM *sich ihm in die Arme werfend*: Lassen Sie mich zu mir selbst kommen, mein Vater! –
> DER GRAF So recht, mein Sohn! Ich höre es; wenn dein Mund nicht plaudern kann, so kann dein Herz doch reden. (B 6, 107 f.)

Neben Tugendhaftigkeit und Familienethos, die hier den Konflikt lösen, tritt aber tendenzielle *Ignoranz gegenüber dem Politischen*. Der Graf: „Ich bin sonst den Officieren von dieser Farbe, *auf Tellheims Uniform weisend* eben nicht gut. Doch Sie sind ein ehrlicher Mann, Tellheim; und ein ehrlicher Mann mag stecken, in welchem Kleide er will, man muß ihn lieben" (B 6, 108). Nebenbei bemerkt: Tellheim trägt hier Uniform! Er ist wieder in Stand und Recht gesetzt, die unehrenhafte Entlassung ist aufgehoben. Aber es ist Friede! Er trägt Uniform in der

Gaststube des Wirtshauses, aber zum Anlass seiner Versöhnung oder Wiederverlobung mit Minna, einer sehr privaten, intimen Handlung, die aber, sichtbar in Tellheims Uniform, durchwandert ist, durchzogen, unterlaufen oder kontaminiert, mindestens nicht losgelöst von großer Geschichte, von Politik.

Wer oder was handelt in der Geschichte? Die Mächtigen, die wie ein *deus ex machina* über die Schicksale der Kleineren entscheiden können? Die Kleinen selbst? mit ihren schnellgestrickten, unentdeckt und teils wirkungslos, teils sogar hinderlich verlaufenden besten Intrigenabsichten? Gerade mit der Verquickung von (privater) Komödien-Handlung und großer Geschichte bezieht Lessing gleichsam metadramatisch Stellung zum Konzept der (älteren) Aufklärungskomödie. Diese unterstellt, dass der Mensch mittels seiner Vernunft (oder ggf. auch durch Vernunft und Herz: Empfindsamkeit) in der Lage sei, Probleme zu lösen, Konflikte aufzuheben, moralische Insuffizienzen zu beseitigen zugunsten vernünftiger Normalität. Und in diesem Sinne handeln Minna und Franciska: Ringintrige und vorgebliche Enterbung sind Handlungsmuster der „alten" Komödientradition – die allerdings nicht mehr richtig greifen. Hier liegen Konfliktdimensionen vor, die eben nicht auf der Ebene der privaten moralischen Defekte oder Tics Einzelner angelegt sind, sondern deren Ursachen höherer Natur sind, politischer, militärischer, juristischer. Damit scheint auch nur der *deus ex machina*, hier der König von Preußen, durch seinen Eingriff den Konflikt aufheben zu können. Aber auch diese Konfliktlösung bleibt unvollständig, bleibt eben durchkreuzt von den privaten Absichten und Ansichten, stellt nicht wie auf Befehl Ordnung wieder her. Dies gelingt erst, allerdings unter der Bedingung des königlichen Briefes, durch Tugend, Familienethos – und tendenzielle Ignoranz gegenüber dem Politischen.

Trauerspiele 6

6.1 Fragmente: *Samuel Henzi, Faust*

6.1.1 *Samuel Henzi*

Lessings erstem bürgerlichen Trauerspiel, *Miß Sara Sampson* (1755), gingen Versuche im Alexandriner-Trauerspiel in der Gottsched-Nachfolge voraus. Fragment blieben alle: Von der Übersetzung von Marivaux' Trauerspiel *Hannibal* (vermutlich 1747) wurden nur einzelne Auftritte des I., II. und IV. Aufzugs fertig (vgl. B 1, 625–636); unter der Notiz „Versuch eines Trauerspiels" finden sich mit Datum vom 17. April 1748 zwei Auftritte des I. Aufzugs sowie der vermutlich erste des III. Aufzugs von *Giangir. Oder der verschmähte Thron*: Das hätte ein Originaldrama werden können (vgl. B 1, 243–247). Als Alexandriner-Drama sind auch die zwei Aufzüge desjenigen Trauerspiels überliefert, in dem Lessing – wie er es auch in den noch typenkomödienhaften Lustspielen *Der junge Gelehrte* und *Der Freigeist* tut – Abstand zu Gottsched gewinnt oder: etwas Eigenes versucht, bestimmte Schwerpunkte der dramatischen Konzeption verschiebt. Dieses Fragment ist *Samuel Henzi*. Die Entstehung des Fragments wurde von Karl Lessing bei der Nachlassedition auf 1749 datiert, d. h. er verortet die Entstehung in unmittelbarer Nähe zu den historischen Ereignissen in Bern, die die Auftritte gestalten.

Historischer Hintergrund. Samuel Henzi war am 17. Juli 1749 als Mitglied einer Verschwörung gegen die Patrizier-Obrigkeit der Stadt Bern gemeinsam mit den Mitverschwörern Nikolaus Wernier und Emanuel Fueter hingerichtet worden. Schon 1744 war der 1701 in der Nähe von Bern geborene Pfarrerssohn mit der Berner Stadtregierung in Konflikt geraten: Da er eine Forderung nach Wiedereinsetzung der alten (republikanischen) Verfassung der Stadt mitunterzeichnet hatte, wurde er aus dem Kanton Bern ausgewiesen. Er war journalistisch und schriftstellerisch tätig, war Partei im Leipzig-Zürcher-Literaturstreit (natürlich auf Seiten seines Landsmannes Bodmer gegen Gottsched) und konnte, begnadigt, in Bern 1748 eine Stelle als Bibliothekar annehmen. Die sogenannte Henzi-Verschwörung richtete sich gegen die Oligarchie innerhalb des ‚Großen Rates' der Stadt Bern, in dem nur noch ein verschwindend geringer Anteil der eigentlich berechtigten Patrizierhäuser vertreten war. Schon die Beschwerdeschrift von 1744 gehört in die Geschichte des Widerstandes gegen die Oligarchie; die Verschwörung wurde weder von Henzi begründet noch angeführt: Er schloss sich ihr vorübergehend an, wurde aber, gleichsam schon auf der Flucht, verhaftet und mit den beiden anderen Mitverschwörern hingerichtet.

Die Nachrichten über die Hinrichtung der Verschwörer fanden schnell ihren Weg ins deutsche Reich; in vielen Zeitungen wurde im Spätsommer und Herbst 1749 darüber berichtet. So auch in der von Lessings Freund aus Kamenzer Tagen, Christlob Mylius, mitherausgegebenen *Berlinischen privilegierten Zeitung*. Samuel Henzi spielte bei dieser Nachrichtenwelle eine besondere Rolle: Für viele wurde er zum Helden, der sich immer gegen gewaltsame und blutige Auflehnung ausgesprochen habe.

Handlung des Stücks. Genau diese Verklärung (oder mindestens tendenziöse Deutung) Henzis wird auch im ersten Auftritt des Fragments erkennbar. Henzi und Wernier eröffnen das Drama: Die Vorgeschichte der Verschwörung, die allgemeine politische Bedrängnis werden exponiert, insbesondere aber die Titelfigur:

> WERNIER [...]
> Bern sieht allein auf dich. Bern hofft allein von dir,
> Freiheit, und Rach und Wohl. Drum Henzi, gönne mir
> Das unermessne Glück, wann dich die Nachwelt nennet,
> Daß sie mich als den Freund vor ihrem Schutzgott kennet
> (I.1, B 1, 499)

Henzis Sicht auf die Oligarchie innerhalb des Großen Rates ist nicht nur Klage über die unrepublikanische, ja verfassungswidrige Herrschaft, sie ist Klage über den Verfall bürgerlicher Ordnung und Freiheit; sein eigenes Schicksal ist ihm unwichtig gegenüber dem der bürgerlichen Gemeinschaft:

> HENZI [...]   Enterbt von Amt und Ehre,
> Ertrüg ich mein Geschick, wanns einzig meines wäre.
> [...]
> Allein, wann Eigennutz den kühnen Rat belebt;
> Und wann den Grund des Staats die Herrschsucht untergräbt;
> Wann die das Volk gewählt zu seiner Freiheit Stützen,
> Den anvertrauten Rang gleich strengen Sceptern nützen;
> Wann Freundschaft statt Verdienst, wann Blut für Würde gilt;
> Wann der gemeine Schatz des Geizes Beutel füllt;
> Wann man des Staates Flehn, der sie aus Gunst erkoren,
> Der nur aus Nachsicht fleht, empfängt mit tauben Ohren;
> Wann wer der Freiheit sich das Wort zu reden traut,
> Zum Lohn für seine Müh ein schimpflich Elend baut;
> Freiheit! wann uns von dir, du aller Tugend Same,
> Du aller Laster Gift, nichts bleibet als der Name:
> Und dann mein weichlich Herz gerechten Zorn nicht hört,
> So bin ich meines Bluts – – ich bin des Tags nicht wert. (B 1, 500 f.)

Lessing modelliert seinen Helden ganz im Sinne der Verklärung, die ihm in einem großen Teil der Öffentlichkeit widerfuhr: Sein Widerstand gegen „die Tyrannei" sei durch alles andere als Eigennutz angetrieben, es gehe, immer im Namen Gottes, um „freies Volk" und „freie Wahl" (B 1, 502 f.). Es habe aber, so schnürt er schon den tragischen Knoten, in die Reihen der wohlmeinenden Verschwörer „ein Ungeheur [...] sich gedrungen, / Der flüchtge Rottengeist, verflucht von tausend Zungen, / [...] den nicht die Sorg' um Staat, / Den Rach' und Grausamkeit uns zugeführt hat; / Der die Tyrannen haßt nur um Blut zu vergießen" (B 1, 504). Und auf Werniers Nachfrage wird dieses Ungeheuer sofort identifiziert: Dücret (d. i. der „Fremdling"), so Wernier (ebd.), der in Genf geborene und zugezogene Jacques-Barthélemy Micheli du Crest (1690–1766), der hier, bei Lessing, zum blutrünstigen Antreiber gemacht wird.

Dücrets Ankunft – Henzi: „Ich hab' ihn her bestellt" (B 1, 505) – vertreibt Wernier, beendet den ersten Auftritt. In I.2 fragt Dücret, ob Henzi ernsthaft Wernier vertrauen wolle (der ihm wohl die Hand seiner Tochter ausgeschlagen hat). Henzi erwidert, wenn er Dücret, obwohl er unbedacht sei – und Zugezogener –, vertraue, dann doch wohl erst recht einem Berner, der sein Freund sei (vgl. B 1, 506). Dücret legt unverblümt seine Absichten offen:

> DÜCRET [...]
>   Komm mit mir aus der Stadt das Landvolk zu verstärken,
>   Und zeige dich die Nacht mit blutgen Wunderwerken.
>   Erschrecke, morde, brenn, vertilge Kind und Haus,
>   Und lösch mit Feur und Schwert Berns Schimpf und Knechtschaft aus.
>   Du schütterst? – – Feiger Mann – – (ebd.)

Die Entgegensetzung Henzis zu jedem gewaltsamen Aufstand wird, wie schon in I.1, offenbar; seine unmittelbare Antwort lautet: „Nur feig zu Grausamkeiten. / Geh, Untier, deine Wut soll mich vom Recht nicht leiten" (ebd.). Dücret insistiert: „Wer sich zu dienen scheut, der scheu sich nicht zu morden. / Die Not heißt alles gut. Sie hebt das Laster auf" (B 1, 507); der Zweck heilige jedes Mittel! Er überreicht Henzi ein Papier, auf dem die Namen stehen derjenigen, die noch in dieser „Nacht durch uns erkalten müssen" (ebd.). Henzi erschrickt, als er an oberster Stelle in der Liste den Namen des Stadtschultheissen Christoph Steiger liest, den der Henzi des Trauerspiels für den „redlichste[n] des Rats" hält (B 1, 508), dem der historische Henzi (was Lessing sehr wohl wusste) in einem französischsprachigen Gedichtband 1747 mit zwei Gedichten zur Wahl gratuliert hatte (und der sein Taufpate war). Henzi, hier im Drama, setzt Hoffnung gerade auf Steiger: „Er kann Berns Vater sein" (ebd.). In I.3, einem kurzen Monolog Dücrets, wird dessen persönliche, eben nicht politische Motivation offengelegt: Steiger sei sein „geschworner Feind": „Aus Rache gegen ihn hat Dücret sich verschworen" (ebd.). Falls nötig, müsse Henzi eben mit Steiger gemeinsam ermordet werden.

Der gewaltbereiten Position Dücrets setzen im II. Aufzug auch andere von den Verschwörern, hier in II.1 Fuetter (d. i. Emanuel Fueter, Leutnant der Berner Stadtwache), etwas entgegen: Großmut, Patriotismus und Gesetzestreue statt „Rach und Eigennutz" (B 1, 509). In einem langen Monolog versucht Dücret, die andern zu überzeugen: Die Figuren Wyß und Richard fallen ihm bei – und Fuetter nimmt auch gegen sie die friedfertige Position ein:

> Ihr seid des Haupts nicht wert, das uns der Himmel schenket,
> Das nur auf Freiheit sinnt, da ihr nur Rache denket.
> [...]
> Geht! raset, mordet nur, und stürzet eure Brüder,
> Sind es Tyrannen gleich, mit samt dem Staate nieder! (B 1, 512)

Mit dem Mord an den Ratsmitgliedern würden die Gewaltbereiten gleichzeitig alle bürgerliche Ordnung opfern. Fuetter droht, die andern zu verraten – und Dücret verleumdet Henzi, gegenüber Wernier zuvor das Geheimnis schon ausgeplaudert und damit indirekt die Obrigkeit in Kenntnis gesetzt zu haben.

Mit der Frage konfrontiert, ob er noch Mitverschwörer sei, entfaltet Henzi in II.2 eine eindrucksvolle Utopie bürgerlicher Ordnung *und* Freiheit, die er jedem Blutdurst gegenüberstellt:

> HENZI [...] Nur gleichgeteilte Sorg um das gemeine Heil;
> Nur fromme Sicherheit rechtschaffen ungezwungen,
> Nicht unbelohnt zu sein, und nie zur Lehr gedrungen,
> Der Wahrheit die man fühlt, nicht die der Priester sehn,
> Und für uns sehen will, freimütig nachzugehn;
> Nur unverfälschtes Recht, wann ärmre Bürger bitten;
> Nur ungestörte Wahl gleichgültger Mod' und Sitten;
> Nur unbeschimpfte Müh, die nicht, statt Lohns Genuß,
> Der Großen faulen Bauch mit sich ernähren muß;
> Nur schmeichelhafte Pflicht fürs Vaterland zu streiten,
> Statt eines Königes herrschsüchtgen Eitelkeiten,
> Um die ein rasend Schwerd eh tausend Bürger frißt,
> Als er ein einzig Wort in seinem Titel mißt:
> Nur dieses, Freunde, macht der Freiheit schätzbar Wesen,
> Für die schon mancher Held den süßen Tod erlesen. (B 1, 514)

Henzi erwähnt die Todesliste Dücrets: Er habe sie zerrissen; Fuetter ist entsetzt: „Steiger? Sterben?" (B 1, 515). Wyss jedoch unterstellt, Henzi mache gemeinsame Sache mit dem Stadtschultheissen. Auf Druck Richards gesteht Henzi, er habe Wernier ins Vertrauen gezogen – und trotz ihrer entsetzten Kritik sind es Richard, Wyss und natürlich auch Fuetter, die Wernier umarmen, als er in II.3 auftritt.

Intentionen – Zur Problematik des heroischen Trauerspiels. Hier bricht das Fragment ab – und Lessing deutet im 22. seiner als „Briefe" inszenierten Literaturkritiken von 1753 an, dass in den entgegengesetzten Zentralcharakteren „der Knoten des Stücks gegründet" sei (B 1, 1202); seine Absicht sei diese gewesen:

> den Aufrührer im Gegensatze mit dem Patrioten, und den Unterdrücker im Gegensatze mit dem wahren Oberhaupte zu schildern. Henzi ist der Patriot, Dücret der Aufrührer, Steiger das wahre Oberhaupt, und dieser oder jener Ratsherr der Unterdrücker. Henzi, als ein Mann, bei dem das Herz eben so vortrefflich als der Geist war, wird von nichts, als dem Wohle des Staats getrieben; kein Eigennutz, keine Lust zu Veränderungen, keine Rache beseelet ihn;

er sucht nichts als die Freiheit bis zu ihren alten Grenzen wieder zu erweitern, und sucht es durch die allergelindesten Mittel, und wann diese nicht anschlagen sollten, durch die allervorsichtigste Gewalt. (B 1, 1201 f.)

Bei Lessing soll es Dücret sein – „Haß und Blutdurst sind seine Tugenden, und Tollkühnheit sein ganzes Verdienst" (B 1, 1202) –, der die Verschwörung verrät und dem es gelingt, den eignen Kopf aus der Schlinge zu ziehen ...

Lessing stellt hier die Frage, ob nicht „der Stoff unsers Trauerspiels so gar zu neu ist" (B 2, 702), ob man den brandaktuellen Stoff nicht wenigstens mit verfremdenden Namen hätte maskieren sollen. Dies lehnt er ab: Er habe ja die Wahrheit nirgends beleidigt. Und er wäre nicht der erste, der einen aktuellen politischen Stoff zum Gegenstand eines Trauerspiel machte: Einhundert Jahre zuvor schrieb Andreas Gryphius seinen *Carolus Stuardus* (in der Erstfassung 1653) über die Hinrichtung Carls I. Stuart durch die Independenten Cromwells im Januar 1649, einen Justizmord wie hier. Neuigkeit des Stoffes spricht nicht gegen ein Trauerspiel. Und in gewissem Sinne, so könnte man fortspinnen, stürbe ja Samuel Henzi fast wie ein Märtyrer für die republikanischen Werte, die er beschwört. Hugh Barr Nisbet weist zu Recht darauf hin, dass Lessing in Anbetracht der republikanischen Werte, für die Henzi stirbt, in der Nachfolge von Gottscheds *Sterbendem Cato* stehe, sowie dass Lessing aus zwei Gedichten von Albrecht von Haller sehr gut und differenziert, wenn auch parteiisch, über die Missstände in Bern unterrichtet gewesen sei (vgl. Nisbet 2008, 254). Monika Fick (2016a, 90–93) verweist darauf, dass die Konzeption des *Samuel Henzi* anscheinend weit über das Verhältnis von Politik und Moral bei Christian Wolff hinausgehend auf Montesquieus Prinzipien aus seiner Schrift *De l'esprit des loix* (‚Vom Geist der Gesetze') zurückgreife – übrigens genauso „neu" wie der Henzi-Stoff: Die Schrift erschien 1748 in Genf. Samuel Henzi vertritt bei Lessing nicht irgendwelche republikanischen Prinzipien, und auch nicht unklare: In dem eben zitierten Monolog in II.2 tritt er ein für „Freiheit, Dienst am Staat bzw. Vaterlandsliebe und ‚Tugend'", die hier „eine unauflösliche Symbiose ein[gehen], jeder der Begriffe ist in dem andern mit enthalten. Henzi macht die Tugend von der freiheitlichen Verfassung abhängig" (Fick 2016a, 91). Und Tugend ist das Opfer sowohl der Machtgier des oligarchischen Rates wie des Blutdursts Dücrets.

Mit seinem Begriff von Freiheit, die die Bedingung für Tugend darstellt, mit seinem Eintreten für Volkssouveränität würde das Drama, in diesem Sinne zu Ende gebracht, ein hohes Risiko eingehen (in einem Reich, dessen Territorialstaaten ausnahmslos absolutistisch oder despotisch regiert wurden). Ob dies einer der Gründe war, warum das Projekt Fragment blieb, bleibt fraglich. Entscheidender ist wohl – auch dies verdankt sich einer Überlegung von Monika Fick, die hier fortgesponnen wird (vgl. Fick 2016a, 93) – dass Lessing, vielleicht während der Arbeit am *Henzi*, verstand, dass unter den Bedingungen eines empfindsamen Menschenbildes das Tragische gar nicht mehr auf der Ebene des Politischen zu suchen sei. Ein Trauerspiel, das Mitleid und Furcht erregen will, spielt unter unsersgleichen: Im Haus, in der Familie, im Privatleben.

6.1.2 *Faust*

Im 17. der *Briefe, die neueste Litteratur betreffend* vom 16. Februar 1759 vergleicht Lessing kritisch die französische und die englische Dramatik – insbesondere Racine und Corneille, die Klassizisten aus der Zeit Ludwigs XIV., mit Shakespeare. Der Vergleich geht entschieden zu Ungunsten der Franzosen aus. Dass das deutschsprachige Drama durchaus Nähe eher zum Engländer als zum von den Höfen präferierten französischen Drama habe, macht Lessing hier an einem Beispiel klar:

> Daß aber unsre alten Stücke wirklich sehr viel Englisches gehabt haben, könnte ich Ihnen mit geringer Mühe weitläuftig beweisen. Nur das bekannteste derselben zu nennen; *Doctor Faust* hat eine Menge Scenen, die nur ein Shakespearsches Genie zu denken vermögend gewesen. Und wie verliebt war Deutschland, und ist es zum Theil noch, in seinen *Doctor Faust*! (B 4, 501)

Lessing bezieht sich hier mit Sicherheit auf die Volks- und Puppenschauspiele vom Faust, die schon seit Beginn des 17. Jahrhunderts sowohl die Niederlande als auch das Heilige Römische Reich eroberten. Was Lessing wohl nicht weiß (bzw. hier nicht angibt), ist, dass die Nähe zu Shakespeare kein Zufall ist: Englische Wandertheatertruppen hatten Christopher Marlowes *Tragicall History of Dr. Faust* (bzw. Varianten dessen) von 1593 Anfang des neuen Jahrhunderts auf's Festland gebracht.

Frühestes Faust-Projekt. Dass Lessing selbst nicht unbetroffen war von der ‚Verliebtheit' Deutschlands „in seinen *Doctor Faust*", dokumentiert der 17. Literaturbrief selbst: Er enthält eine Szene, die aus einem größeren Faust-Projekt stammt, die 3. des II. Aufzugs. Wohl von der Mitte der 1750er Jahre an, sozusagen mit Fertigstellung der *Sara Sampson* (1755), arbeitete Lessing an einem *Doktor Faustus*. Am 8. Juli 1758 schrieb er von Berlin aus an den Schriftsteller-Freund Gleim in Halberstadt: „Ehestens werde ich meinen Doctor Faust hier spielen lassen. Kommen Sie doch geschwind wieder nach Berlin, damit Sie ihn sehen können!"

Aus der Aufführung wurde nichts: Überliefert sind Fragmente, das sogenannte ‚Berliner Szenar', das zu Vorspiel, erster und dritter Szene des ersten Aufzugs eine Prosaskizze enthält und eine Entwurfsfassung zur zweiten. II.3, die Szene aus dem 17. Literaturbrief, kann man hinzustellen. Was hier vorliegt, scheint relativ nahe an der Überlieferung des (dramatisierten) Stoffes: Im Vorspiel treffen in „einem alten Dome" (B 4, 59) „[v]erschiedene ausgeschickte Teufel [...] vor dem Beelzebub, Rechenschaft von ihren Verrichtungen zu geben" (ebd.). Bei Gelegenheit wird auch von Faust gesprochen, der nicht leicht zu verführen sei. Der „dritte Teufel", der soeben einen Heiligen zu Völlerei, Ehebruch und Mord verführt hat, „nimmt es auf sich, und zwar ihn [Faust] in vier und zwanzig Stunden der Hölle zu überliefern" (ebd.).

Ob und wie das geschieht, bleibt ganz im Dunkeln – es gibt keine Skizze zum dritten, vierten und fünften Aufzug. Einzig zwei Beschwörungsszenen sind fragmentarisch vorhanden: In I.2 steigt der Teufel in der Maske des Aristoteles aus dem Boden, tut, als könne er sich kaum an seine irdische Existenz erinnern, spielt gar mit dem Gedanken der Seelenwanderung – findet dann scheinbar zu sich selbst (bzw.

zu seiner maskenhaften Existenz) „und antwortet dem Faust" – so die skizzenhafte Weiterführung der Szene – „auf seine spitzigsten Fragen" (B 4, 61). Den Auftritt II.3 – den der 17. Literaturbrief enthält – entnimmt Lessing der Volkstheater- und Puppenspieltradition: Sieben höllische Geister treten auf und beantworten Fausts Fragen nach dem Maße ihrer Schnelligkeit. Lessing variiert hier allerdings. Schon die Schnelligkeit menschlicher Gedanken, die der fünfte Geist für sich reklamiert, wird relativiert: Unter den Anforderungen von Wahrheit und Tugend seien die Gedanken des Menschen eher träge – diesem Geiste traut Faust nicht. Die beiden letzten Geschwindigkeitsmaße sind Hinzufügungen Lessings: schnell wie die Rache des rächenden Gottes (!), nur übertroffen durch die Schnelligkeit des Übergangs vom Guten zum Bösen. Von der Gedankengeschwindigkeit an findet gleichsam eine ‚Moralisierung' der Schnelligkeitsmaße statt. Mehr ist nicht vorhanden von dem vermutlich ersten Arbeitsstadium.

Zweites Faust-Projekt: Ein bürgerliches Trauerspiel? Noch dunkler und unerschließbarer ist das zweite Stadium: Anscheinend – folgt man Hinweisen aus Briefen und Erinnerungen Dritter – plante Lessing hier einen Faust ganz ohne Teufel, völlig entzaubert: als bürgerliches Trauerspiel. Zumindest scheint das ein Brief Moses Mendelssohns an Lessing vom 19. November 1755 anzudeuten, in dem Mendelssohn geradezu davor warnt, Faust zum Gegenstand eines bürgerlichen Trauerspiels zu machen. Und zwanzig Jahre später, am 9. Dezember 1775, berichtet ein gemeinsamer Freund, der Wiener Staatsrat Gebler, an Nicolai, Lessing habe ihm einmal gesprächsweise „anvertraut, daß er das Sujet zweimal bearbeitet habe, einmal nach der allgemeinen Fabel [das wäre das Berliner Szenar], dann wiederum ohne alle Teufelei, wo ein Erzbösewicht gegen einen Unschuldigen die Rolle des schwarzen Verführers vertritt" (B 4, 853). Das Konzept scheint hier ganz diesseitig: Das Böse ist nicht im Teufel figuriert, sondern in einem moralisch zutiefst insuffizienten Menschen: Die Teufelsgestalt sollte moralisch rationalisiert werden – jeder Aberglaube bleibt fern, Verdammnis oder ähnliche Fragen werden nicht berührt.

Diese Angaben über zwei zurückliegende Faustprojekte Lessings bestätigt auch nochmals zwei Jahre später Friedrich Müller, d. i. der „Mahler" Müller, der 1778 einen eigenen *Faust* publizierte. Lessing habe ihm bei einem Treffen in Mannheim 1777 zudem gesagt: „Wer heut zu Tage [...], wo die Teufel schon so viel von ihrem Kredit eingebüßt, diesen Stoff für eine Vorstellung nach Wahrscheinlichkeit auffassen wollte, um wie Dante in seiner Göttlichen Komödie, oder Klopstock in der Messiade ernstliche Überzeugung und Glauben an die Sache selbst zu erwecken, würde immer einen Mißgriff wagen und seinen Zweck verfehlen" (B 4, 834). Auch wenn dies noch nicht in Richtung bürgerliches Trauerspiel argumentiert: Es ist eine zutiefst aufklärerische Position, vollends säkular. Über den Teufel kann man 1775 nicht mehr ernsthaft sprechen! – Eine vollständige Fassung eines *Faust*-Dramas, so berichtet zumindest Friedrich von Blanckenburg retrospektiv im Mai 1784 (vgl. B 4, 837), sei auf dem Versandweg auf einer Station in Leipzig verloren gegangen. – Schon hier, Mitte der 1770er Jahre, geriet Lessing, das zeigen weitere Dokumente, in Konkurrenz mit den jüngeren Theaterdichtern. Insbesondere von einem Herrn Goethe erzählte man sich wohl landauf landab, dass er nach seinem *Götz* und einigen anderen theatralischen Kleinigkeiten gerade an einem *Faust* sitze.

Dritte Projektphase. Schon im Gespräch mit Friedrich Müller scheint Lessing das Motiv der Rettung Fausts angesprochen zu haben. Um diese „Rettung" dramaturgisch zu bewerkstelligen, bedient er sich in der dritten Projektphase (etwa 1780) einer ganz eigenen Wendung, indem er scheinbar auf eine metaphysische Rahmung zurückgreift. Der Literaturkritiker und Romancier Johann Jakob Engel, ebenfalls ein Freund Lessings, beschreibt, längere Zeit nach Lessings Tod und in einem Brief an Lessings Bruder Karl, den Herausgeber des „Theatralischen Nachlasses", die Grundkonzeption des Dramas:

> Der Jüngling, den Satan zu verführen sucht, ist, wie Sie gleich werden errathen haben, Faust; diesen Faust begräbt der Engel in einen tiefen Schlummer, und erschafft an seiner Stelle ein Phantom, womit die Teufel so lange ihr Spiel treiben, bis es in dem Augenblick, da sie sich seiner völlig versichern wollen, verschwindet. Alles, was mit diesem Phantome vorgeht, ist Traumgesicht für den schlafenden wirklichen Faust: dieser erwacht, da schon die Teufel sich schamvoll und wütend entfernt haben, und dankt der Vorsehung für die Warnung, die sie durch einen so lehrreichen Traum ihm hat geben wollen. – Er ist jetzt fester in Wahrheit und Tugend, als jemals. Von der Art, wie die Teufel den Plan der Verführung anspinnen und fortführen, müssen Sie keine Nachricht von mir erwarten: ich weiß nicht, ob mich hier mehr die Erzählung Ihres Bruders oder mehr mein Gedächtnis verläßt; aber wirklich liegt alles, was mir davon vorschwebt, zu tief im Dunkeln, als daß ich hoffen dürfte, es wieder ans Licht zu ziehen. (*G. E. Lessings theatralischer Nachlaß* II. 1786, S. 196 f.)

Der Wissenschaftler der Moderne wäre also gerettet – Teufelsfiguren dienen nur noch als moralische Warngestalten. Man könnte auch sagen: Die Traumhandlung ist ein Spiel im Spiel, dessen Zuschauer der Träumende ist. Lessing führt in dieser Konstellation die Wirkungsmöglichkeiten von Theater vor: Faust als Betrachter der Teufels-Traum-Handlung wird moralisch gebessert. – Ob ein solches Drama allerdings unter der Konkurrenz der angesagten Sturm-und-Drang-Stücke der 1770er Jahre noch erfolgreich hätte sein können, kann man in Zweifel ziehen. Nicolaus Lenau wird in seinem episch-dramatischen *Faust*-Gedicht von 1836 auf diese Traum-Idee zurückgreifen: Allerdings, nicht um Faust zu retten. Im Gegenteil. Sein Faust entfaltet in der Schlusspassage den irrigen Gedanken, der Teufelsbündler Faust, der von Gott und Natur sich losgesagt hat, sei nur Traumgestalt, Figur in einem Traume Gottes, mit dem er, Faust, auf das Innigste verbunden geblieben sei. Und in diesem vermeintlichen Traum versucht Faust, sich dadurch, dass er sich die Brust durchsticht, dem Teufel zu entziehen. Da aber der Traum nur eingebildet ist, der Dolch aber real, verfällt er mit dem Selbstmord endgültig dem Teufel.

So wie ein „realer" Teufel oder Teufelspakt im Kontext der Aufklärung als schwärzester Aberglaube vergangener Zeiten oder dunkler Jahrhunderte die Schwierigkeiten des Fauststoffs auf der Bühne des Aufklärungsjahrhunderts illustriert, so gehört doch, was, zumindest im ersten Fragment, Faust nach der Rede der Teufel im Vorspiel auszeichnet, zum Innersten der Aufklärung. Das, was Faust nämlich auszeichnet, ist gleichsam das Proprium der Aufklärung: Das, was in der Reformation noch als *superbia* denunziert werden musste – jede Form der theoretischen Neugierde des Renaissance-Menschen, die grundsätzlichen Zweifel an scholastischen, mittelalterlichen Wissensbeständen – wird in der zweiten Hälfte des 18. Jahrhunderts positiv umgewertet: Faust ist wissbegierig, Vernunft, diesseitiges Wissenwollen, die hohe Wertschätzung menschlicher Vernunft charakterisieren ihn: „,Itzt', sagt der eine Teufel, ,sitzt er noch bei der nächtlichen Lampe und forscht in den Tiefen der Wahrheit'" (B 4, 59). Für noch mehr Wissenwollen Faust jedoch den Pakt mit dem Teufel eingehen zu lassen, markiert in gewissem Sinne das Problem von Lessings (vermutlicher) Konzeption: Ein Teufelspakt denunziert auch das positivst gewertete Wissenwollen – und Wissenwollen will die Aufklärung nicht denunzieren. Für Lessing, so führt Karl S. Guthke in einem älteren, aber lesenswerten Aufsatz aus, kann „der Drang nach Wissen und Erkenntnis eben nicht eine strafbare Sünde sein oder zur Sünde verführen, wie das in der Fausttradition der Fall war" (Guthke 1960, 143)

6.2   Miß Sara Sampson

Entstehung. Lessing selbst schrieb für die *Berlinische privilegierte Zeitung* eine Ankündigung des fünften und sechsten Teils seiner *Schrifften* (1755; s. Abb. 6.1). „Der sechste Teil fängt mit einem bürgerlichen Trauerspiele an, welches *Miß Sara Sampson* heißt. – Ein bürgerliches Trauerspiel! Mein Gott! Findet man in Gottscheds critischer Dichtkunst ein Wort von so einem Dinge?" Der implizit polemische Bezug auf Gottsched verweist auf das angeblich Neue, das den überkommenen Kanon der literarischen Gattungen Überschreitende des hier angekündigten Textes. Über den in der Anzeige dann aber nichts weiter gesagt wird, außer einer weiteren Invektive gegen Gottsched: „Dieser berühmte Lehrer hat nun länger als zwanzig Jahr seinem lieben Deutschland die drei Einheiten vorgepredigt, und dennoch wagt man es auch hier, die Einheit des Orts recht mit Willen zu übertreten. Was soll daraus werden?" (BPZ, 3. Mai 1755; B 3, 389). Nichts wird gesagt zum Gegenstand des Stücks, nichts über seinen Ton, seine sprachliche Form (Prosa im Trauerspiel!). Mit dem Hinweis auf den im Drama kaum merklichen Bruch der Einheit des Ortes verweist Lessing selbstironisch auf eine der geringfügigsten Innovationen des Textes.

Lessing hatte Anfang 1755 in Berlin zwei Freunde gewonnen: Gleim und Kleist. Gleim, in Halberstadt beheimatet, bekam von Kleist, also aus dem Berliner Freundeskreis, zu dem Lessing jetzt gehörte, am 2. April 1755 berichtet: „Herr Lessing ist 7 Wochen in Potsdam gewesen [...]. Er soll hier verschlossen eine Komödie gemacht haben" (B 3, 1206). Eine Komödie war es nicht geworden, sondern das bürgerliche Trauerspiel, das Lessing schon einen Monat nach Kleists Brief nach Halberstadt ankündigen konnte (s. o.). Ob die Anekdote, die Friedrich Wilhelm Basilius von Ramdohr kolportiert (der immerhin erst zwei Jahre *nach* dem Erstdruck der *Sara* überhaupt geboren wurde), stimmt, dass Lessing sich gegenüber Mendelssohn verwettet habe, in sechs Wochen ein Stück zu verfertigen, das den andern zum Weinen bringen werde (vgl. B 3, 1204 f.), lässt sich nicht erweisen.

Abb. 6.1 Titelblatt *Schrifften. Sechster Theyl* (1755) und Titelblatt *Miß Sara Sampson*

Stoff und Handlung. In der Vorzeithandlung ist Sara, die Tochter eines englischen Landedelmanns, Sir William Sampson, mit ihrem Liebhaber Mellefont vom Landsitz des Vaters geflohen und sitzt seit mehr als neun Wochen mit diesem in einem Gasthof: Er hat ihr die Heirat versprochen, zögert aber, das Versprechen einzulösen, da angeblich noch eine Erbschaftssache zu regeln sei, die ihn ökonomisch in den Stand setzen würde, eine Ehefrau resp. Familie zu unterhalten. In diesem Gasthof treffen nun Sir William Sampson und sein Diener und Freund Waitwell ein, um im besten Falle Tochter (und prospektiven Schwiegersohn) vergebend zurückzuholen. Gleichzeitig trifft aber, in einem Nebengasthof, die langjährige Geliebte Mellefonts, Marwood, ein, die Mellefont zur Rede stellt und ihr stärkstes ‚Argument' vorweist: Sie hat sich Arabellas bemächtigt, der gemeinsamen Tochter, die auf Wunsch Mellefonts fern von Marwood erzogen wurde. Sie kann Mellefont fast dazu überreden, Sara zu verlassen, dieser ‚kippt' dann aber zurück – und Marwood erwirkt von Mellefont die Möglichkeit, die Rivalin wenigstens einmal zu sehen, der sie als entfernte Verwandte Mellefonts unter dem Namen Lady Solmes begegnen wolle. Das erste Gespräch aber schlägt ganz anders aus als von ihr geplant: Sie hatte, um ihre Rache an Mellefont zu steigern, Sir William überhaupt erst auf die Spur Saras und Mellefonts gesetzt; als sie jetzt erfährt, dass Sara soeben einen überaus verzeihenden, liebevollen Brief des Vaters erhalten hat, den sie gerade beantworten will, fällt sie in Ohnmacht. In einem zweiten Gespräch weiß Marwood es so einzurichten, dass sie Sara zeitweise alleine sprechen kann: Sie klärt Sara über Mellefonts Vorleben, insbesondere über die Existenz der Tochter Arabella, und über seine notorische Heiratsscheu auf. Als Lady Solmes erzählt sie die Geschichte der Marwood, auch um den überaus negativen Charakteristika, die Sara von Mellefont erfahren hat, entgegenzuwirken – und gibt sich endlich als Marwood zu erkennen. Zwischen IV. und V. Akt liegt Sara in Ohnmacht, und die Stärkungstropfen, die ihre Kammerjungfer Betty ihr verabreicht, erweisen sich als tödliches Gift, das Marwood Betty als Medizin aufgedrungen hat. Sir William trifft seine Tochter erst, als sie stirbt. In einem empfindsamen Abschied überantwortet sie Mellefont als neuen Sohn und Arabella als neue Tochter ihrem Vater und stirbt. Mellefont ersticht sich selbst – und mit der Aussicht auf Arabella als neuer Tochter Sir Williams, wiewohl sie gegenwärtig noch mit Marwood auf der Flucht ist, endet das Trauerspiel.

Figuren und Figurenbeziehungen. Die Figuren in ihren unterschiedlichen Entwürfen sind die Träger der Handlung: Die empfindsamen, unter dem eigenen moralischen Fehlschritt leidenden oder liebevoll verzeihen wollenden Figuren wie Sara, Sir William oder Waitwell, die wankelmütige, hinauszögernde, schwache Figur Mellefont und die intrigante, sich verstellende, strategisch denkende Marwood. Die Konstellation der Figuren adaptiert Lessing aus einer antiken Vorlage, der euripideischen *Medea*, unter entscheidenden Akzentverschiebungen.

- **Medea – Marwood.** Im 7. Auftritt des zweiten Aufzugs macht Marwood die Medea-Anspielung explizit: „Zittre für deine Bella", droht sie Mellefont; „Ihr Leben soll das Andenken meiner verachteten Liebe auf die Nachwelt nicht bringen; meine Grausamkeit soll dieses Andenken verewigen. Sieh in mir eine neue Medea!" (II.7, B 3, 464). Doch nicht nur in der Drohung, die eigene Tochter durch „langsame Martern" (ebd.) zu ermorden, ist die Anspielung auf den *Medea*-Stoff plausibilisiert.
Bei Euripides ist Medea mit Jason, mit dem zusammen sie zwei Söhne hat, beim korinthischen König Kreon untergekommen (man benötigte nach dem Diebstahl des goldenen Vließes Asyl). Jason verliebt sich in Kreusa (Glauke), die Tochter des Königs; Medea straft Jason grausam: Sie ‚schenkt' Kreusa ein Kleid, das sie, als sie es anzieht, furchtbar verbrennen lässt; als Kreon der Tochter helfen will, stirbt auch er; Medea tötet die beiden Söhne und legt sie Jason zu Füßen – und entfliegt in einem Sonnenwagen, den Helios ihr schickt. – Diese Grundkonstellation bleibt erhalten: Allerdings steht im Zentrum jetzt Kreusa/Sara, Mellefont ist Jason, Sir William Kreon und Marwood Medea. Wir befinden uns nicht mehr in einem Königshaus, nicht mehr dynastisches Kalkül (Jasons ‚Linie' soll keine Zukunft haben) bestimmt die Handlungsabsichten – vielmehr ist der soziale Ort des Dramas die *Familie*, hier reduziert auf die Vater-Tochter-Beziehung (hinzu kommt Waitwell als Mutterersatz). Der dramatische Ort ist ein Gasthaus – der Schutzraum des Familien-Hauses fehlt. Im Zentrum steht auch

nicht mehr die furchtbare, Schaudern machende Rache der Medea-Nachfolgerin, sondern die Leiden Kreusas/Saras an der eigenen Schuld: dem Verlust der Tugend, der Wankelmütigkeit und Unentschlossenheit des Liebhabers und vor allem dem (scheinbaren) Bruch mit dem Vater (vgl. zum „Medea-Akt" insgesamt Ter-Nedden 2016, 145–153).

Marwood ist allerdings in mehrerlei Hinsicht ‚eine neue Medea', denn sie hat hier alle Fäden in der Hand, sie ist der Motor der Handlung, die allerdings nicht immer so verläuft, wie von ihr erhofft.

Obwohl Marwood erst mit Beginn des II. Aktes selbst auftritt, ist sie Bestandteil des Expositionsaktes: Direkt, insofern Mellefont in I.9 den Brief Marwoods erhält, in welchem sie ihre Anwesenheit am gleichen Ort, nur im Gasthof nebenan, mitteilt – das erregende Moment! Indirekt, da, was die Exposition vorbereitet, das Zusammentreffen von Sir William mit Sara und Mellefont, von ihr eingeleitet ist (wie sich erst im II. Aufzug herausstellt), hatte sie doch Sir William überhaupt erst auf die Spur Saras und Mellefonts gesetzt. Marwood ist es, die sich strategisch klug und kalt kalkulierend auf das Zusammentreffen mit dem ehemaligen Geliebten vorbereitet hat; sie hat das Versteck der gemeinsamen Tochter aufgespürt und sie aus der von Mellefont organisierten Obhut entführt. So ist es auch Arabella, die sie schon in ihrer ersten Szene gegenüber der Dienerin Hannah als schwerwiegendstes Unterpfand des sicher geglaubten Erfolgs bei Mellefonts anmoderiert:

> MARWOOD [...] Er riß das Kind vor einiger Zeit aus meinen Armen, unter dem Vorwande, ihm eine Art von Auferziehung geben zu lassen, die es bei mir nicht haben könne. Ich habe es von der Dame, die es unter ihrer Aufsicht hatte, jetzt nicht anders als durch List wieder bekommen können; er hatte auf mehr als ein Jahr vorausbezahlt, und noch den Tag vor seiner Flucht ausdrücklich befohlen, eine gewisse Marwood, die vielleicht kommen und sich für die Mutter des Kindes ausgeben würde, durchaus nicht vorzulassen. Aus diesem Befehle erkenne ich den Unterscheid, den er zwischen uns beiden macht. Arabellen sieht er als einen kostbaren Teil seiner selbst an, und mich als eine Elende, die ihn mit allen ihren Reizen, bis zum Überdrusse, gesättiget hat. (II.1, B 3, 449)

In II.3 spielt Marwood Arabella als ihre stärkste Karte aus, als sie sieht, dass all ihre Versuche, Mellefont zurückzugewinnen, fehlschlagen: ihr Vorschlag, „das schöne Landmädchen" (d. i. Sara) als bloße Affaire zu betrachten (II.3, B 3, 453), ihre Erinnerung an den Anfang ihrer beider Liebe (vgl. II.3, B 3, 455 f.). Und die Strategie hat vorübergehend Erfolg, indem Arabella Marwoods Bitte verstärkt:

> MARWOOD [...] Machen Sie nur, und kehren Sie wieder mit uns zurück.
> ARABELLA *schmeichelnd*: O ja, tun Sie dieses.
> MELLEFONT Mit euch zurückkehren? Kann ich denn?
> MARWOOD Nichts ist leichter, wenn Sie nur wollen.
> MELLEFONT Und meine Miß –
> MARWOOD Und Ihre Miß mag sehen, wo sie bleibt! – –
> MELLEFONT Ha! barbarische Marwood, diese Rede ließ mich bis auf den Grund Ihres Herzens sehen. – Und ich Verruchter gehe doch nicht wieder in mich?
> (II.4, B 3, 458)

Und Marwood markiert Mellefonts Schuld:

> MARWOOD [...] Allein, daß Sie einem alten Vater sein einziges Kind raubten; daß Sie einem rechtschaffnen Greise die wenigen Schritte zu seinem Grabe noch so schwer und bitter machten, daß Sie, Ihrer Lust wegen, die stärksten Banden der Natur trennten, das, Mellefont, das können Sie nicht verantworten. Machen Sie also Ihren Fehler wieder gut, so weit es möglich ist, ihn gut zu machen. Geben Sie dem weinenden Alter seine Stütze wieder und schicken Sie eine leichtgläubige Tochter in ihr Haus zurück, das Sie deswegen, weil Sie es beschimpft haben, nicht auch öde machen müssen. (II.4, B 3, 459)

Gegenüber Tochter und ehemaliger Geliebter ist Mellefont fast widerstandslos manipulierbar: „O Marwood, mit was für Gesinnungen kam ich zu Ihnen, und mit welchen muß ich Sie verlassen! – Einen Kuß meine liebe Bella" (ebd.); in II.6 allerdings, zwischenzeitlich war er allein, ‚kippt' er zurück: „War es möglich, daß ich zwischen einer Marwood und einer Sara nur einen Augenblick unentschließig bleiben konnte? Und daß ich mich fast für die erstere entschlossen hätte?" (B 3, 461). Auch Arabellas hilfloser Versuch, ihn doch zu binden, schlägt fehl. Wenn in II.7 Mellefont und Marwood allein sind, spitzt sich die Auseinandersetzung bis zur Morddrohung zu. Mellefont, Marwood zu ihren völligen Ungunsten mit Sara vergleichend, bezeichnet sie als „eine wollüstige, eigennützige, schändliche Buhlerin, die sich jetzo kaum mehr muß erinnern können, einmal unschuldig gewesen zu sein" (B 3, 462). Er habe sich „nichts vorzuwerfen, als daß ich dasjenige genossen, was Sie ohne mich vielleicht der ganzen Welt hätten genießen lassen" (ebd.). Schließlich macht sie die Morddrohung an der gemeinsamen Tochter, ja die Drohung furchtbarer Marter sowie die Medea-Anspielung explizit (vgl. B 3, 464). Hier verlässt sie jede Contenance: Sie geht mit einem Dolch auf Mellefont los, der diesen an sich nimmt. Dass er mit diesem nach Saras Tod im V. Aufzug Selbstmord verübt, weist darauf hin, dass Marwood gleichsam bis zur Schlussszene das Figurenhandeln beeinflusst bzw. mitbestimmt!

- **Charakterisierung: Verstellung.** In ihrem Monolog in IV.5 legt Marwood ihr wichtigsten Charakteristikum offen:

> MARWOOD *indem sie um sich herum sieht*: Bin ich allein? – Kann ich unbemerkt einmal Atem schöpfen, und die Muskeln des Gesichts in die ihnen jetzt natürliche Lage fahren lassen? – Ich muß geschwind einmal in allen Mienen die wahre Marwood sein, um den Zwang der Verstellung wieder aushalten zu können. – Wie hasse ich dich, niedrige Verstellung! Nicht, weil ich die Aufrichtigkeit liebe, sondern weil du die armseligste Zuflucht der ohnmächtigen Rachsucht bist. (B 3, 496)

Verstellung ist es, was Marwood fundamental von Sara unterscheidet: Sir William gibt Waitwell Hinweise, wie genau er auf Saras Mienen achten solle, wenn sie seinen zärtlichen Brief lese: „In der kurzen Entfernung von der Tugend, kann sie die Verstellung noch nicht gelernt haben, zu deren Larven nur das eingewurzelte Laster seine Zuflucht nimmt" (III.1, B 3, 468). Eine indirekte Charakterisierung Marwoods: „das eingewurzelte Laster".

Verstellung ist es auch, was Marwood Mellefont vorschlägt, als er einwilligt, Marwood könne Sara wenigstens einmal begegnen: Das Lady-Solmes-Theater, das sie vom III. Aufzug an bis fast zum Ende spielt, bezieht Mellefont mit ein, lügt er Sara doch an, wenn er ihr seine entfernte Anverwandte Lady Solmes vorstellt (vgl. III.2). Gegenüber Sara fällt sie (noch unbemerkt) jedoch aus der Rolle: Als Lady Solmes tut sie so, als wäre ihr größtes Interesse die Aussöhnung zwischen Sara und ihrem Vater. Als sie erfährt, dass es schon so weit sei (sie hatte ja mit der Indiskretion gegenüber Sir William genau das Gegenteil intendiert), fällt sie aus der Rolle (spricht *bei Seite*: „Wie sehr habe ich mir selbst geschadet! Ich Unvorsichtige!", „Und das muß ich mit anhören!", „Was für Zwang muß ich mir antun!", III.5, B 3, 482) – und erleidet eine halbe Ohnmacht!

Vollends die Maske vom Gesicht reißt sie sich in IV.8, endlich mit Sara allein. Zunächst (IV.6) spricht sie als Lady Solmes als Marwoods Anwältin, redet sie besser, als Sara es von Mellefont gehört hat, fädelt eine Intrige ein (IV.7), um Mellefont aus dem Raum zu schaffen – und die Auseinandersetzung in IV.8 spitzt sich bis zur ‚Anagnorisis' zu: „Ich erschrecke, Lady; wie verändern sich auf einmal die Züge Ihres Gesichts? Sie glühen; aus dem starren Auge schreckt Wut, und des Mundes knirschende Bewegung" (B 3, 508). Und dann sieht Sara die Wahrheit:

> SARA *die voller Erschrecken aufspringt und sich zitternd zurückzieht*: Sie, Marwood? – Ha! Nun erkenn ich sie – nun erkenn' ich sie, die mördrische Retterin, deren Dolche mich ein warnender Traum Preis gab. Sie ist es! Fliehe unglückliche Sara! Retten Sie mich, Mellefont; retten Sie Ihre Geliebte! Und du, süße Stimme meines geliebten Vaters, erschalle! Wo schallt sie? Wo soll ich auf sie zueilen? – hier? – da? – Hülfe, Mellefont! Hülfe, Betty! – Jetzt dringt sie mit tötender Faust auf mich ein! Hülfe! *eilt ab*. (B 3, 509)

Marwoods Verstellung ist hier entgleist, einzige Rettung ist der Giftanschlag gegen Sara, den sie in IV.9 plant (und in V.10 brieflich gesteht). Damit kommt sie wiederum dem Medea-Vorbild nahe: Sie tötet Sara so wie Medea Kreusa. Beim Mord am eigenen Kind bleibt es allerdings hier bei der Drohung – Arabellas Schicksal ist bei Lessing ein anderes ...

- **Jason – Mellefont**. Mellefont ist ein schwacher, wankelmütiger Charakter und ähnelt auch in dieser Hinsicht dem Jason der euripideischen *Medea*. Dass Mellefonts Liebe zu Sara durchaus ernst zu nehmen ist, soll hier nicht bezweifelt werden; nichtsdestoweniger ist er im Hinblick auf sein Heiratsversprechen, mit dem er sie gelockt hat, aus dem Vaterhaus zu fliehen, zögerlich und gleichsam uneinverstanden. Schon im ersten Aufzug liefert er eine entlarvende (und für Saras Zukunft düstere Aussichten prophezeiende) Selbstcharakterisierung:

> Ich besuchte lasterhafte Weibsbilder [...]. Ich ward öfter verführt, als ich verführte; und die ich selbst verführte, wollten verführt sein. – Aber – ich hatte noch keine verwahrlosete Tugend auf meiner Seele. Ich hatte noch keine Unschuld in ein unabsehliches Unglück gestürzt. Ich hatte noch keine Sara aus dem Hause eines geliebten Vaters entwendet, und sie gezwungen einem Nichtswürdigen zu folgen, der auf keine Weise mehr sein eigen war. (I.3, B 3, 437)

Ein Monolog im vierten Aufzug legt diese Wankelmütigkeit als Heiratsscheu nochmals deutlich offen:

> [D]er melancholische Gedanke, auf Zeit Lebens gefesselt zu sein. [...] – Sara Sampson meine Geliebte! Wie viel Seligkeiten liegen in diesen Worten! – Sara Sampson meine Ehegattin! – Die Hälfte dieser Seligkeiten ist verschwunden! Und die andre Hälfte – wird verschwinden. (IV.2, B 3, 489)

Das ist nicht nur Heiratsscheu, sondern die traurige Gewissheit, dass mit der Sara versprochenen Heirat die Liebe vergangen sein werde. Gegenüber seinem Diener Norton gibt er, nur eine Szene nach dem gerade zitierten Monolog, zu: „Die Freude, Norton? Sie ist nun für mich dahin" (IV.3, B 3,490). Für ihn werde aus der freiwilligen begehrenden Zuwendung damit Zwang: „Es ist wahr; so gewiß es ist, daß ich meine Sara ewig lieben werde; so wenig will es mir ein, daß ich sie ewig lieben soll – Soll!" (IV.3, B 3, 491 f.).

- **Saras Flucht: Familienkatastrophe**. Mellefont sieht Saras Situation, wenn er sie als „unabsehliches Unglück" (I.3, B 3, 437) bezeichnet, völlig realistisch: Das junge, gesellschaftlich unerfahrene Landmädchen ist auf die Avancen Mellefonts hereingefallen, dem ihr Vater aufgrund einer „Verbindlichkeit, die ich gegen ihn zu haben glaubte, einen allzu freien Zutritt in meinem Hause" gewährte (III.1, B 3, 467). Was hier allenfalls wie ein Problem der Tugend erscheint, erweist sich aber mit Saras Flucht aus dem väterlichen Hause als objektiver, als rechtlicher Konflikt. Junge Frauen hatten kein Recht auf eigenständige Gattenwahl, die Wahl Mellefonts und insbesondere die Flucht aus dem Hause Sir Williams verstößt gegen das väterliche Gesetz: Der Vater hatte den Weg der Tochter von der Quell- in die Zielfamilie zu bestimmen (wenn diese Bestimmung mit einer Neigung der Tochter übereinkam, hatte sie einfach Glück).

Saras Traum, von dem sie in I.7 berichtet, thematisiert genau diese ihre Schuld gegenüber der familiären Obligation:

> Aber noch schlief ich nicht ganz, als ich mich auf einmal an dem schroffsten Teile des schrecklichsten Felsen sahe. Sie gingen vor mir her, und ich folgte Ihnen mit schwankenden ängstlichen Schritten, die dann und wann ein Blick stärkte, welchen Sie auf mich zurückwarfen. Schnell hörte ich hinter mir ein freundliches Rufen, welches mir stille zu stehen befahl. Es war der Ton meines Vaters – Ich Elende! kann ich denn nichts von ihm vergessen? Ach! Wo ihm sein Gedächtnis eben so grausame Dienste leistet; wo er auch mich nicht vergessen kann! – Doch er hat mich vergessen. Trost! grausamer Trost für seine Sara! (I.7, B 3, 441 f.)

- **Saras Ähnlichkeit mit Marwood**: Im Traum erklingt ihr das Rufen des Vaters freundlich, aber sie gibt sich gewiss: „Doch er hat mich vergessen"; die metaphorische Bedeutung sowohl der Tatsache, dass sie im Traum Mellefont nachfolgt „mit schwankenden ängstlichen Schritten", als auch vor allem der Landschaft, die „schroffsten Teile des schrecklichsten Felsen", ist eindeutig: Mellefont geht, Sara folgt bloß nach – durch emotional wie familienrechtlich äußerst unwegsames Gelände! Dass Sara in diesem Traum in einer unbewussten, also dramaturgischen Vorausdeutung die eigene Ermordung vorwegnimmt, den Dolchstoß durch eine „mir ähnliche[ ] Person", dass diese Vorausdeutung weiter geht, insofern Sara auf das Sterben *dürfen* als „das Ende der Pein in dem Ende des Lebens" Bezug nimmt, was ihre Haltung im V. Aufzug vorwegnimmt, sei hier nur erwähnt. Ebenso, dass Mellefont sich mit höchster Treffsicherheit an dieser dramaturgischen Vorausdeutung beteiligt: „Ach! liebste Sara, ich verspreche Ihnen das Ende Ihrer Pein, ohne dem Ende Ihres Lebens, welches gewiß auch das Ende des meinigen sein würde" (B 3, 442).

Mellefont versucht – und das klingt *auch* wie eine teilweise Selbstrettung – Sara gegenüber ihren Fehltritt, den Verstoß gegen die väterliche Ordnung, kleinzureden: „Muß der, welcher tugendhaft sein soll, keinen Fehler begangen haben? Hat ein einziger so unselige Wirkungen, daß er eine ganze Reihe unsträflicher Jahre vernichten kann? So ist kein Mensch tugendhaft; so ist die Tugend ein Gespenst, das in der Luft zerfließet, wenn man es am festesten umarmt zu haben glaubt" (I.7, B 3, 443). Eine Argumentation allerdings, die bei Sara nicht verfängt: Auf Mellefonts sie überraschenden Vorstoß, so bald wie möglich nach Frankreich übersetzen zu wollen, um dort endlich zu heiraten, sieht sie sich eindeutig und drastisch in der Schuld: „So soll ich mein Vaterland als eine Verbrecherin verlassen?" (I.7, B 3, 445). Nicht *wie* eine Verbrecherin, als hätte sie ein Verbrechen begangen, sondern *als* eine Verbrecherin, die also ein Verbrechen begangen hat!

- **Familienkonstellation: Empfindsamkeit.** Sara befürchtet, ja verlangt aufgrund ihres Verstoßes gegen das väterliche Gesetz den *strafenden* Vater! Der allerdings, Sir William gemeinsam mit seinem Freund und Diener Waitwell, präsentiert sich ganz anders.

Am Tag der dramatischen Handlung sind Sir William und Waitwell im selben Gasthof angekommen, befinden sich also in unmittelbarer Nähe zu Sara und Mellefont (dass sie von Marwood auf die Spur gesetzt worden waren, ist hier unerheblich, gehört es doch zu einer von Marwoods Intrigen, die fehlschlagen). Sir William und Waitwell sind Saras *Familie*: Die Mutter ist bei Saras Geburt gestorben und Waitwell nimmt ohne Zweifel in gewisser Weise die Mutterrolle ein, hat er doch ein entschieden empfindsames Verhältnis zu Sara:

> WAITWELL [...] Ach Sarchen! Sarchen! Ich habe sie aufwachsen sehen; hundertmal habe ich sie als ein Kind auf diesen meinen Armen gehabt; auf diesen meinen Armen habe ich ihr Lächeln, ihr Lallen bewundert. Aus jeder kindischen Miene strahlte die Morgenröte eines Verstandes, einer Leutseligkeit, die – (I.1, B 3, 433)

Die familiäre Nähe Waitwells bestätigt Sara in III.3: „Du bist ein rechtschaffner Mann. Es sind wenig Diener die Freunde ihrer Herren!" (III.3, B 3, 478). Sir William vollzieht die vollständige Familiarisierung des (ehemaligen) Dieners, als Waitwell mit vorläufig guten Nachrichten vom Gespräch mit Sara zurückkehrt, ist die scheinbare Lösung des Konflikts in Sichtweite: „Betrachte Dich von nun [...] nicht mehr als mein Diener. [...] Ich will allen Unterschied zwischen uns aufheben" (III.7, B 3, 485).

In I.1 zeigt, gelegentlich wider Willen, auch Sir William genau dieselbe familiäre Empfindsamkeit wie sein Diener. Waitwell macht das von allem Anfang an klar: „Ach, Sie weinen schon wieder, schon wieder, Sir!" (I.1, B 3, 433). Sir William kommt anscheinend mit seiner zärtlichen Empfindung nicht zu Recht oder, anders gesagt: Er verspürt den Abstand zwischen seiner subjektiven Empfindung und der objektiven Familienrolle, die er einnehmen *sollte*. Genau deswegen fordert er Waitwell auf, eben nicht „durch die Erinnerung an vergangne Glückseligkeiten" seine „Martern" zu verschlimmern, sondern, im Gegenteil:

> [M]ache mir aus meiner Zärtlichkeit ein Verbrechen; vergrößre das Vergehen meiner Tochter; erfülle mich, wenn du kannst, mit Abscheu gegen sie; entflamme aufs neue meine Rache gegen ihren verfluchten Verführer; sage, daß Sara nie tugendhaft gewesen, weil sie es so leicht aufgehört es zu sein; sage, daß sie mich nie geliebt, weil sie mich heimlich verlassen. (I.1, B 3, 434)

Er will die Distanz erzwingen, die seine objektive gesellschaftliche Rolle erfordert, doch zärtliche Empfindung – und Eigennutz sind ihm dabei im Wege: „[S]ie ist die Stütze meines Alters, und wenn sie nicht den traurigen Rest meines Lebens versüßen hilft, wer soll es denn tun?" (ebd.). Genau diesen Eigennutz reflektiert er selbstkritisch an Saras Sterbebett: „Ein heimlicher Unwille" darüber, dass nicht nur *er* es sei, den Sara liebe oder lieben könne, gekränkte Eitelkeit oder väterliche Eifersucht, habe ihn angetrieben: „[I]ch sahe mehr auf meine Freude an dir, als auf dich selbst" (V.9, B 3, 521). Und da er hier einräumt, er habe zunächst der Liebe Saras versichert sein wollen, bevor er ihr seine „wiederschenkte" (ebd.), markiert er sein Verzögern einer Versöhnung als das unfreiwillige Öffnen jenes Zeitfensters, innerhalb dessen die Intrige Marwoods zum Ziel kommen kann, als *tödliches Zögern*!

Jeder Versuch Waitwells, Saras „Verbrechen" zu vergrößern, würde erfolglos sein – denn Sir William hat das „Verbrechen" längst uminterpretiert: „Es war der Fehler eines zärtlichen Mädchens, und ihre Flucht war die Wirkung ihrer Reue. Solche Vergehungen sind besser als erzwungene Tugenden" (I.1, B 3, 434). Einmaliges untugendhaftes Verhalten aus Zärtlichkeit, nicht aus Untugendhaftigkeit – und seine Vergebung ist, hier in I.1, an nur eine, allerdings eben eigennützige Bedingung geknüpft: „Wenn sie mich noch liebt, so ist ihr Fehler vergessen" (ebd.).

Sir William und Sara ‚begegnen' sich auf der Ebene nach außen sichtbarer Empfindsamkeit: So wie Waitwell seinen Herrn ganz zu Beginn als ‚schon wieder' Weinenden vorstellt, so berichtet der mit Waitwell im Bunde stehende Wirt über Sara: „Das gute Weibchen, oder was sie ist! Sie bleibt den ganzen Tag in ihrer Stube eingeschlossen, und weint" (I.2, B 3, 435). Und Vater und Tochter ‚begegnen' sich dort, wo die Inkongruenzen zwischen objektiven, sozusagen rechtlichen, und subjektiven Familienrollen zum Problem werden.

Für diesen Sachverhalt ist die Achsenszene des Dramas, die Brief-Szene III.3, ausschlaggebend. Der Brief, den Sir William an die in einem Nebenzimmer sich aufhaltende Tochter schrieb, den Waitwell überbringen soll, wird im Sinne der in I.1 entfalteten Charakteristik Sir Williams anmoderiert: „Es ist der Brief eines zärtlichen Vaters, der sich über nichts, als über ihre Abwesenheit beklaget" (III.1, B 3, 467). Und: Der Brief ist – dramaturgisch gesehen – die äußerliche

Form jenes oben erwähnten ‚tödlichen Zögerns': „Sage ihr, daß ich dich damit vorweg geschickt, und daß ich nur noch ihre Antwort erwarten wolle, ehe ich selbst käme, sie wieder in meine Arme zu schließen" (ebd.). Denn es ist eben jene Antwort Saras, die nicht zustande kommen kann (III.4/III.5), weil Mellefont ‚Lady Solmes' bei Sara einführen möchte, Marwood, ihre Mörderin (müßige Spekulation: Wäre Sir William einfach hinübergegangen zu einer unmittelbaren Aussprache mit Sara, hätte das Zeitfenster für Marwoods Intrige und Mord niemals existiert; und umgekehrt: Würde Sara nach der Lektüre einfach über den Gang gehen ...; vgl. Alt 2007, 217).

Wie gesagt – die Achsenszene ist III.3: Waitwell bringt den Brief zu Sara (nachdem in III.2 Mellefont kurz die Ankunft einer ‚Anverwandten', eben ‚Lady Solmes', die Sara kurz sehen wolle, angekündigt hat, womit, zusammen mit III.5, die Achsenszene mit der Peripetie, dem Umschlag der Handlung in die Katastrophe, gerahmt wird. Das ist dramaturgisch genial!). Zuallererst ist Waitwell, ein ‚Familienmitglied' seit je, der letzte, den Sara hier erwartet: „Wen seh ich? Ist es möglich? Waitwell, dich?" (III.1, B 3, 470); sie vermutet ihn als Überbringer schlimmster Nachrichten: „Ich höre es schon, ich höre es schon, du bringest mir die Nachricht von dem Tode meines Vaters! Er ist hin, der vortrefflichste Mann, der beste Vater! Er ist hin, und ich, ich bin die Elende, die seinen Tod beschleiniget hat" (B 3, 471). Noch bevor Waitwell überhaupt den Brief Sir Williams thematisiert, erfragt Sara Haltung, ja Rollencharakteristik ihres Vaters. Als Waitwell eben nicht von einem zürnenden Vater spricht – „Sir Sampson ist noch immer der zärtliche Vater" (ebd.) – ist Sara nachgerade aufgewühlt, entrüstet, schockiert:

> SARA Was sagst du? Du bist ein Bote des Unglücks, des schrecklichsten Unglücks unter allen, die mir meine feindselige Einbildung jemals vorgestellet hat! Er ist noch der zärtliche Vater? So liebt er mich ja noch? So muß er mich ja beklagen? Nein, nein, das tut er nicht; das kann er nicht tun! Siehst du denn nicht, wie unendlich jeder Seufzer, den er um mich verlöre, meine Verbrechen vergrößern würde? (B 3, 471 f.)

Saras Problem ist die spiegelbildliche Entsprechung der Rolleninkongruenz, die Sir William angedeutet hatte: Er müsste, objektiv, ein strenger, strafender Vater sein – und erweist sich als zärtlich und vergebend; und um diesen Vater abzuwehren, weigert sich Sara, den „grausamen Brief" (B 3, 472) überhaupt zu lesen:

> Einen Vater, wie ihn, zu betrüben; dazu habe ich noch den Mut gehabt. Allein ihn durch eben diese Betrübnis, ihn durch seine Liebe, der ich entsagt, dahin gebracht zu sehen, daß er sich alles gefallen läßt, wozu mich eine unglückliche Leidenschaft verleitet, das Waitwell, das würde ich nicht ausstehen. Wenn sein Brief alles enthielte, was ein aufgebrachter Vater, in solchem Falle heftiges und hartes vorbringen kann, so würde ich ihn zwar mit Schauer lesen, aber ich würde ihn doch lesen können. Ich würde gegen seinen Zorn noch einen Schatten von Verteidigung aufzubringen wissen, um ihn durch diese Verteidigung, wo möglich, noch zorniger zu machen. Meine Beruhigung wäre alsdann diese, daß bei einem gewaltsamen Zorne kein wehmütiger Gram Raum haben könne, und daß sich jener endlich glücklich in eine bittere Verachtung gegen mich verwandeln werde. Wen man aber verachtet, um den bekümmert man sich nicht mehr. Mein Va-

ter wäre wieder ruhig, und ich dürfte mir nicht vorwerfen, ihm auf immer unglücklich gemacht zu haben. (B 3, 473)

Nicht nur die Irritation wegen der traditionellen Rollenbilder, die Sara verinnerlicht hat, belastet sie, sondern auch, dass sie mit ihrem „Verbrechen" Zwang auf den Vater ausübe, nicht „den ersten Schritt" der Vergebung zu tun, sondern sich „so weit [...] zu mir herab[zu]lassen", „[s]o weit ich mich von ihm entfernet". Und sie fügt hinzu: „Wenn er mir vergiebt, so muß er mein ganzes Verbrechen vergeben, und sich noch darzu gefallen lassen, die Folgen desselben vor seinen Augen fortdauren zu sehen. Ist das von einem Vater zu verlangen?" (B 3, 476). Sara liest den Brief ihres Vaters – aber die Rollenbilder-Irritation geht weiter: „Er bittet mich? Ein Vater seine Tochter? Seine strafbare Tochter?" (B 3, 478); letztlich ist sie bereit, die Vergebung ihres Vaters anzunehmen, der versprochen hat, seine Kinder (!) zurückzuholen (vgl. ebd.).

In IV.1 beschwört Sara, noch in der Euphorie der scheinbaren Lösung des Familienkonflikts, ein empfindsames Familienethos: Dramatisch charakterisiert sie sich als „Muttermörderin" (B 3, 487) ohne Verschulden, sie charakterisiert zurückblickend Sir William als den empfindsamen und zärtlichen Vater, den sie angesichts ihres „Verbrechens" nicht wahrhaben wollte, als „einen Vater, der mich noch nie nach einer Mutter seufzen lassen". Ein Vater, der jetzt auch Mellefont als sein weiteres Kind annehme: einen „Vater, der auch Sie ungenossene Eltern will vergessen lehren" (B 3, 488).

Der empfindsame Tod. Dieses Familienethos beschwört Sara auch sterbend – sowohl gegenüber dem Vater und Waitwell als auch vor allem gegenüber Mellefont und Arabella. Mellefonts Vaterschaft und Vaterrolle gegenüber Arabella moderiert Sara zunächst als Entdeckung an, „daß seiner Liebe ein gewisses Vertrauen fehlte, welches mir eben so schmeichelhaft sein würde, als die Liebe selbst. Kurz, liebster Mellefont – Warum muß mir eine plötzliche Beklemmung das Reden so schwer machen? Ich werde es schon sagen müssen, ohne viel die behutsamste Wendung zu suchen, mit der ich es Ihnen sagen sollte. – Marwood erwähnte eines Pfandes, und der schwatzhafte Norton – Vergeben Sie es ihm nur – nannte mir einen Namen; einen Namen, Mellefont, welcher eine andre Zärtlichkeit bei Ihnen rege machen muß, als Sie gegen mich empfinden": Arabella (V.4, B 3, 514). Mellefont denunziert die Tochter einerseits als „Schande" Marwoods, als „kleine Unglückliche, der man nichts vorwerfen kann als ihre Mutter" (ebd.), andererseits räumt er allerdings ein, wie sehr er die Tochter liebe (vgl. B 3, 515) – und gibt sich damit (auch) als empfindsamer Vater zu erkennen. Der mit seiner Tochter in die Familie Sir Williams aufgenommen werden müsse; Sara schwärmt, nicht wissend, doch ahndend und vorwegnehmend, dass sie stirbt:

> Glückliche Tage, wenn mein Vater, wenn Sie, wenn Arabella, meine kindliche Ehrfurcht, meine vertrauliche Liebe, meine sorgsame Freundschaft um die Wette beschäftigen werden! Glückliche Tage! Aber ach! – sie sind noch fern in der Zukunft. – Doch vielleicht weiß auch die Zukunft nichts von ihnen, und sie sind bloß in meiner Begierde nach Glück! – Empfindungen, Mellefont, nie gefühlte Empfindungen wenden meine Augen in eine andre Aussicht! Eine dunkle Aussicht in ehrfurchtsvolle Schatten! (ebd.)

Sara realisiert ihr Sterben spätestens in V.7; zu Waitwell sagt sie:

> Glaube mir, wenn das, was ich empfinde, Annäherungen des Todes sind, – so sind die Annäherungen des Todes so bitter nicht. – Ach! – Kehre dich nicht an dieses Ach! Ohne alle unangenehme Empfindung kann es freilich nicht abgehen. Unempfindlich konnte der Mensch nicht sein; unleidlich muß er nicht sein – Aber, Betty, warum hörst du noch nicht auf, dich so untröstlich zu bezeigen?
> BETTY Erlauben Sie mir, Miß, erlauben Sie mir, daß ich mich aus Ihren Augen entfernen darf.
> SARA Geh nur; ich weiß wohl, es ist nicht eines jeden Sache, um Sterbende zu sein.
> (B 3, 519)

Das empfindsame Familienethos, das Sara in Sir Williams Haltung, in Waitwells lebenslanger Fürsorge erlebt, das sie Mellefont gegenüber beschwört, überträgt sie in die Transzendenz: Die väterliche Vergebung wird zur Vorwegnahme oder zur Garantie göttlicher Vergebung: „Wiederhole mir [sagt sie zu Waitwell], daß mein Vater versöhnt ist, und mir vergeben hat. Wiederhole es mir, und füge hinzu, daß der ewige himmlische Vater nicht grausamer sein könne. – Nicht wahr, ich kann hierauf sterben?" (V.8, ebd.).

Sir William und Sara sehen einander erstmals und einzig an Saras Sterbebett, ab V.9, in V.10 stirbt Sara bereits. Einerseits streiten beide darum, wer von ihnen die größere Schuld trage: Sara sieht sich als „eine schuldige, eine reuende, eine gestrafte Tochter" ihm gegenüber als „einem beleidigten, einem großmütigen, einem zärtlichen Vater" (V.9, B 3, 521). Die Schuld, die Sir William bei sich sieht, steckt auch in dem Vorwurf, den Mellefont (ausgerechnet er!), in V.10 hinzutretend, ihm macht: „Warum kamen Sie nicht eher? Sie kommen zu spät, Ihre Tochter zu retten!" (V.10, B 3, 522). Gegenüber Sara gibt der Vater schon vor Mellefonts Hinzutreten zu:

> Wenn du mich an mein Vergeben erinnerst, so erinnerst du mich auch daran, daß ich damit gezaudert habe. Warum vergab ich dir nicht gleich? Warum setzte ich dich in die Notwendigkeit, mich zu fliehen? Und noch heute, da ich dir schon vergeben hatte, was zwang mich, erst eine Antwort von dir zu erwarten? Itzt könnte ich dich schon einen Tag wieder genossen haben, wenn ich sogleich deinen Umarmungen zugeeilet wäre. Ein heimlicher Unwille mußte in einer der verborgensten Falten des betrognen Herzens zurückgeblieben sein, daß ich vorher deiner fortdauernden Liebe gewiß sein wollte, ehe ich dir die meinige wiederschenkte. (V.9, B 3, 521)

Es ist, wie oben schon ausgeführt, seine (auch!) eigennützige oder eifersüchtige zärtliche Liebe zur Tochter, die mitverantwortlich ist für die Tragödie!

Sara aber ermöglicht ihrem Vater sterbend eine zweite Chance – indem sie eine neue Familie stiftet: „Wenn ich hoffen dürfte, liebster Vater, daß Sie einen Sohn, anstatt einer Tochter, annehmen wollten! Und auch eine Tochter wird Ihnen mit ihm nicht fehlen, wenn Sie Arabellen dafür erkennen wollen." Sie verfügt gleichsam eine *translatio amoris patris*: Väterliche Liebe sei ihr „Erbteil", sie überträgt sie auf Mellefont und Arabella: „Ich vermache diese väterliche Liebe Ihnen, und Arabellen" (V.10, B 3, 524). Mellefont solle Arabella schnellstmöglich aus den Fängen Marwoods retten.

6.2 Miß Sara Sampson

Dazu jedoch wird es nicht kommen. Mellefont glaubt nicht an die Vergebung Sir Williams ihm gegenüber:

> MELLEFONT [...] Ich will nicht, daß Sie einen barmherzigen Blick auf mich werfen sollen! Das ist Ihre Tochter! Ich bin ihr Verführer! Denken Sie nach, Sir! – Wie soll ich Ihre Wut besser reizen? – Diese blühende Schönheit, über die Sie allein ein Recht hatten, ward wider Ihren Willen mein Raub! Meinetwegen vergaß sich diese unerfahrene Tugend! Meinetwegen riß sie sich aus den Armen eines geliebten Vaters! Meinetwegen mußte sie sterben! – Sie machen mich mit Ihrer Langmut ungeduldig, Sir! Lassen Sie mich es hören, daß Sie Vater sind.
> SIR WILLIAM Ich bin Vater, Mellefont, und bin es zu sehr, als daß ich den letzten Willen meiner Tochter nicht verehren sollte. – Laß dich umarmen, mein Sohn, den ich teurer nicht erkaufen konnte! (V.10, B 3, 525)

Vergebens: Angesichts der Schwere seiner Schuld erdolcht sich Mellefont (vgl. B 3, 526), um sterbend allerdings Saras Vermächtnis zu wiederholen: Wenn möglich, möge Sir William sich um Arabella kümmern. In Mellefonts letzten Worten wird in gewisser Weise Saras Übersetzung des vergebenden Vaters in die Transzendenz bestätigt: „Was für fremde Empfindungen ergreifen mich! – Gnade! o Schöpfer, Gnade!" (ebd.). Und Sir Williams Schlusswort Norton und Waitwell gegenüber (vgl. V.11, ebd.) nimmt Saras „Vermächtnis" an: Arabella wird seine zweite Tochter werden. Seine zweite Chance.

Miß Sara Sampson ist ein bürgerliches Trauerspiel *avant la lettre*: Weder die Vorüberlegungen im Trauerspiel-Briefwechsel (Abschn. 2.5.1; die Briefe allerdings setzen ein Jahr nach der *Sara* ein: Insofern reflektiert hier der Theoretiker Lessing, was der Dramatiker gerade gemacht hat!) noch die genaueren Bestimmungen insbesondere von Mitleid und Furcht sowie der Transformation der aristotelischen Katharsis in die ‚Verwandlung der Leidenschaften in tugendhafte Fertigkeiten' sind schon gedacht (*Hamburgische Dramaturgie*, Abschn. 2.5.2). Nichtsdestoweniger ist das Drama ein geradezu idealtypisches bürgerliches Trauerspiel: Die Figuren entstammen dem (gehobenen) mittleren Stand, Sampsons sind Landadlige fernab vom Hof, der Konflikt ist innerfamiliär, Konfliktauslöser ist die Verletzung patriarchalischer Ordnung im Hinblick auf die „Entlassung" einer Tochter von der Quellfamilie in die Zielfamilie – abstrakterer Verhandlungsgegenstand ist genau diese Ordnung bzw. ihr Zentrum: Der Vater, dessen Rolle sowie ebenso die Rollenerwartungen an ihn (Strenge, Vergebung) hier einer Reflexion bzw. Problematisierung unterzogen wird. Und Sara und Sir William empfehlen sich nachdrücklich unserm Mitleid. – Gleichzeitig ist *Miß Sara Sampson* Antikeadaption: Lessing zeigt, auch hier im Vorgriff auf seine Reflexionen kultureller Identitäten und kultureller Differenzen in der *Hamburgischen Dramaturgie*, wie antiker Stoff adaptiert, der eigenen Zeit, der eigenen Kultur, der eigenen Gesellschaft angemessen gemacht werden könne. Dass diese Dimension der *Medea*-Adaption insbesondere für die Deutung der handlungsantreibenden Figur der Marwood von entscheidender Bedeutung ist, macht diesen engen Bezug zu Euripides umso bedeutsamer.

6.3 Philotas

Das einzige, vorläufig nach *Miß Sara Sampson*, fertiggestellte Trauerspiel, *Philotas*, wurde zur Ostermesse 1759 anonym publiziert. Lessing schrieb es 1758. Das Trauerspiel ist in vielerlei Hinsicht irritierend: Ein Einakter mit acht Auftritten, ein irgendwie heroisches Trauerspiel, das allerdings in Prosa verfasst ist, ein irgendwie heroischer Protagonist, dessen Haltung irgendwie ‚unnötig' ist (um es zunächst sehr vage zu formulieren), eine absolut vermeidbare Katastrophe. Doch schauen wir zunächst einmal genauer in den Text.

Stoff und Handlung. Philotas, ein sehr junger Königssohn, den sein Vater auf sein eigenes Drängen hin einem erfahrenen Kriegsmann auf einen Patrouillengang („ich will das Gebirge durchstreifen, um den Weg nach Cäsena offen zu halten", B 4, 13) mitgegeben hatte, ist soeben von Soldaten des Königs Aridäus, mit dem sein Vater in ständigem Streit liegt, gefangen genommen worden. Die Erinnerung an den kurzen Kampf, die Tatsache, dass ihn der „alte Krieger", der ihn vom Pferde riss, „Kind" nannte, das „mit allen Bequemlichkeiten" versehene Zelt, das sein ‚Gefängnis' ist (B 4, 11), spricht seinem heldenhaft-soldatischen Selbstbild Hohn. Dem Feldherrn des Aridäus, Strato, klagt er seinen Ehrverlust, sich „von dem Gipfel [s]einer hohen Erwartungen schimpflich herabstürzen" zu wissen (B 4, 14); vor allem aber fürchtet er, die zärtliche Liebe seines Vaters würde diesen alles tun lassen, um ihn aus der Gefangenschaft zu befreien, bis zum politischen Ruin.

Aridäus, der den Sohn seines ehemaligen Freundes und jetzigen Feindes liebevoll begrüßt, gibt Philotas zu verstehen, dass praktisch gleichzeitig mit seiner Gefangennahme sein eigener Sohn, Polytimet, von Philotas' Vater gefangen genommen worden sei. Eine Mitteilung, die der Junge zunächst verarbeiten muss: Der vierte Auftritt gibt ihm die Möglichkeit zu einem ausführlichen Monolog: Nicht aber die Aussicht auf einen gütlichen Gefangenenaustausch beruhigt ihn; vielmehr begeistert ihn die verrückte Idee, hier in der Gefangenschaft zu sterben, um dem „Vater den Sieg noch in die Hände [zu] spielen" (B 4, 19). Der Vater habe ihn doch gelehrt, „ein Held sei ein Mann, der höhere Güter kenne, als das Leben" (B 4, 20) – dieses Bewusstsein löst höchste Leidenschaftlichkeit bei ihm aus: „Welch Feuer tobt in meinen Adern? Welche Begeisterung befällt mich? Die Brust wird dem Herzen zu eng! – Geduld, mein Herz! Bald will ich dir Luft machen! Bald will ich dich deines einförmigen langweiligen Dienstes erlassen! Bald sollst du ruhen, und lange ruhen –" (ebd.).

Philotas instruiert den mit ihm gefangen genommenen Soldaten Parmenio, mit dem Herold des Aridäus zum Vater zu gehen und ihm mitzuteilen, dass der Gefangenenaustausch erst morgen stattfinden solle: Er will Zeit gewinnen. Der sechste Auftritt ist wieder Monolog: Er will irgendwie an ein Schwert gelangen: „[E]s muß ein trefflicher, ein großer Anblick sein: ein Jüngling gestreckt auf den Boden, das Schwerd in der Brust!" (B 4, 28). Aridäus gibt ihm die Gelegenheit: Nach einem Dialog, der dem König Angst macht – „Du wirst mehr Siege, als glückliche Untertanen zählen" (B 4, 30) –, will der König Philotas aus der Gefangenschaft in Gesellschaft führen, dieser will dort aber nicht unbewaffnet (also sichtbar geschlagen) erscheinen; Aridäus hatte schon verordnet, dass Philotas sein Schwert zurückgegeben werde. Strato bringt ein Schwert – allerdings eines aus des Königs Arsenal: Der Sieger über Philotas wollte das erbeutete nicht hergeben. Philotas gerät in Begeisterung, ficht vor König und Feldherrn Luftgefechte, nach zwei leidenschaftlich-irren Monologen durchsticht er sich: „Ich ward verwundet und gefangen! Ja! Aber ich will es nie wieder werden!", „Ihr wollt mich nicht töten, Grausame? Ihr wollt mich mit Gewalt lebendig? – Ich lache nur! Mich lebendig gefangen? Mich? – Eher will ich dieses mein Schwerd, will ich – in diese meine Brust – eher – [...]" (B 4, 34). Allerdings hat er noch Atem genug, mit Aridäus weiter zu sprechen: Die Freiheit zu sterben hätten den Menschen „die Götter in allen Umständen des Lebens gelassen" – die stoische Auffassung vom Selbstmord; des Königs Sohn, Polytimet, lebe noch: Aridäus will ihn wiederhaben; im Elysium, wo „alle Tapfere Glieder *eines* seligen Staates" seien, sehe man sich wieder (B 4, 35). Und er stirbt endlich. Der Schluss ist empfindsam: Strato und Aridäus weinen – und der König entscheidet sich *gegen* seine politische Identität: „Komm! Schaffe mir meinen Sohn! Und wenn ich ihn habe, will ich nicht mehr König sein" (ebd.).

Sprache: Leidenschaften. Auffällig ist zunächst ganz äußerlich, dass von den acht Auftritten drei z. T. lange Monologe des Philotas sind. Das allein (ganz abgesehen von der Einaktigkeit und der Prosarede) ist ganz ungottschedianisch disponiert: Im Komödienkapitel des II. Teils seiner *Critischen Dichtkunst* hatte Gottsched den Monolog wenn auch nicht gänzlich abgelehnt, doch für unnatürlich erklärt: „Kluge Leute aber pflegen nicht laut zu reden, wenn sie allein sind. Es wäre denn in besondern Affecten, und das zwar mit wenig Worten" (Gottsched 1730, 598). Zwei Bedingungen, die Gottsched stellt, wären an Philotas zu überprüfen: Ist er ein ‚kluger' Mensch? Oder ist er „in besondern Affecten"? Dass er eben nicht „in wenigen Worten" mit sich selbst redet, liegt auf der Hand.

In „besondern Affecten" ist er auf jeden Fall: Allein die rhetorische Gestik, die Syntax seiner Monologe spricht dafür; Ausrufe, Exklamationspartikel wie O! und Ha! kommen hinzu. Gedankenstriche, die eine Pause, einen Gedankenwechsel oder auch Unsagbares markieren, häufen sich (vgl. dazu Polaschegg 2012): Das alles ist im besten Sinne die Rhetorik „hertzrührender Schreibart", wie sie Johann Jacob Breitinger in seiner *Critischen Dichtkunst* erörtert (Achter Abschnitt; 1740, 352–398). Hier bei Philotas aber ist das mehr: Der junge Protagonist ist zutiefst erregt, er ist in seinem Selbstbild zutiefst verletzt, im Dialog mit Strato (2. Auftritt) bringt er diesen durch sein Weinen zum Weinen; wenn er im Schlussauftritt eine stoische Auffassung von der „Freiheit zu sterben" zitiert, widerspricht dies in gewissem Sinne seinem unstoischen Charakter: Er ist alles andere als gefeit gegen das Gefühl! Strato versucht, Philotas' Haltung zu bändigen, weist sie als Kennzeichen seiner Jugend aus: „Fasse dich, lieber Prinz! Es ist der Fehler des Jünglings, sich immer für glücklicher, oder unglücklicher zu halten, als er ist" (B 4, 15).

Das Zentrum des Trauerspiels ist der zweite Monolog der Titelfigur, der vierte Auftritt. Das Selbstgespräch – mit Fragen, Antworten, Ausrufen und Selbstbegütigungen – verarbeitet die Nachricht von der Gefangennahme Polytimets durch

Philotas' Vater und führt zu einer letztlich irrationalen, in ihrer patriotischen Logik sich aber rational gebenden Entscheidung: zum Tod, ggf. durch Selbstmord. Irrationalität, die fast zum Wahnsinn wird, wenn er sich im sechsten Auftritt mit dem Schwert in der Brust imaginiert: „ein trefflicher, ein großer Anblick" (B 4, 28). Irrationalität der Entscheidungen an der Grenze zum Wahnsinn: Dann wäre Philotas keiner von den „klugen Leuten", die, so Gottsched, eben nicht monologisieren; er dürfte es also!

Rational ist auf jeden Fall die Referenz Philotas' auf die Erziehung, die er ‚genossen' hat, oder: an die er sich selektiv erinnert:

> Hast du mich nicht gelehrt, ein Held sei ein Mann, der höhere Güter kenne, als das Leben? Ein Mann, der sein Leben dem Wohle des Staats geweihet; sich, den einzeln, dem Wohle vieler? Ein Held sei ein Mann – Ein Mann? Also kein Jüngling, mein Vater? [...] Jedes Ding, sagte der Weltweise, der mich erzog, ist vollkommen, wenn es seinen Zweck erfüllen kann. Ich kann meinen Zweck erfüllen, ich kann zum Besten des Staats sterben: ich bin vollkommen also, ich bin ein Mann. Ein Mann, ob ich gleich noch vor wenig Tagen ein Knabe war. (B 4, 20)

Aus dem, was er gelernt hat, zu dem er erzogen worden ist, ist die wahnwitzige Entscheidung zum Tode ‚logisch' abgeleitet, zugegebenermaßen. Nichtsdestoweniger bleibt die Entscheidung – unter der Bedingung einer möglichen, greifbaren Lösung des Konflikts – irrational, insofern sie einem sinnlosen Heldenideal nacheifert. Damit stellt der *Philotas*, mitten im Siebenjährigen Krieg, patriotischen Heroismus, das Phantasma vaterländischen Heldentums, selbst zur Disposition. Dazu später mehr. Dem Heldenethos stellt das Drama ein zweites Ethos, aber ein privates und empfindsames zur Seite – oder entgegen.

Familienethos: Väter und Söhne. Philotas hält die zärtliche Liebe seines Vaters für die größte Gefahr für das Reich seines Vaters: Den geliebten Sohn zurückzugewinnen, werde sein Vater, so befürchtet er, jedem politischen Zwang des Aridäus nachgeben. Dieser ist im Blick auf die gegenwärtige Kriegssituation mehr Vater als König: „Wir Väter wollen uns unsere Söhne nicht lange vorenthalten" (B 4, 17). Der alte, vielverwundete Parmenio, Mitgefangener des Philotas, appelliert an dessen Sohnesethos: „Ich bin auch Vater, Vater eines einzigen Sohnes", und scheint den Königssohn gewinnen zu können: „Philotas. [...] Sage meinem Vater alles, was du glaubest, daß ihm ein zärtlicher Sohn bei dieser Gelegenheit muß sagen lassen" (B 4, 22). Auch der Feldherr Strato ist Vater: So sind alle Figuren Väter je eines Sohns, nur Philotas ist Sohn. Für Aridäus gehören Väterlichkeit und königlicher Sinn sogar zusammen: „[W]as ist ein König, wenn er kein Vater ist! Was ist ein Held ohne Menschenliebe!" (B 4, 31). Unklar bleibt, ob Aridäus' Distanz zu dem kalten Heldenideal, das anscheinend Philotas hat anerzogen bekommen, ob Aridäus' Heldenvorstellung, die Mitmenschlichkeit und Anteilnahme einschließt, ihn von Philotas' Vater, dem andern König, unterscheidet (dessen ‚zärtliche Vaterliebe' spricht eigentlich dafür, dass die Könige gleich denken); ausschlaggebend ist das nicht, da hier entscheidend ist, wie Philotas das erworbene Heldenideal *deutet* als Handlungsorientierung für sich selbst.

Er unterscheidet nämlich Parmenio gegenüber sehr genau zwischen seiner Familien- und seiner politischen Rolle: „Wie gern wollte der Sohn gleich itzt, wie gern wollte er noch eher, als möglich, wieder um seinen Vater, um seinen geliebten Vater sein; aber der Prinz – der Prinz kann nicht" (B 4, 23). Als Prinz, so gibt er vor, dürfe er sich aus nicht zu offenbarenden Ursachen erst morgen auslösen lassen: Er lügt, um Zeit zu gewinnen für den geplanten Tod, den treuen alten Gefolgsmann an. Der zärtliche Sohn, den er hier gibt, ist eine Täuschung!

Kontext: Siebenjähriger Krieg, vaterländische ‚Propaganda'. Der heldenhafte Tod für's Vaterland, in diesem Falle Preußen, hatte zur Zeit des Siebenjährigen Krieges eine hohe diskursive Konjunktur. Monika Fick (2016a, 160 f.) weist in plausibilisierender Ausführlichkeit auf die zwar erst zwei Jahre nach dem *Philotas* erschienene Schrift *Vom Tode für das Vaterland* von Thomas Abbt (1738–1766) hin, die aber die kurrente vaterländische Stimmung auch schon der späten 1750er Jahre sehr gut bündele. Abbt verschiebt dort das Heroische von der höfischen in die bürgerliche Sphäre; Philotas' erlernte Formel, ein jedes Ding sei erst vollkommen, wenn es seinen Zweck erfüllen könne, ordnet das Teil dem Ganzen rigoros unter – und reformuliert damit einen zentralen Gedanken Abbts, dass der Einzelne sich dem Ganzen zu opfern habe. Das gelte für König wie für Untertan: Über beiden stehe das Gesetz. Abbt argumentiert nicht nur staatstheoretisch, sondern ist Partei: Die Sache Preußens und Friedrichs II. ist die gerechte Sache. „Abbts Schrift hat ihr Zentrum in dem Bestreben, einen leidenschaftlichen Heroismus zu wecken" (Fick 2016a, 161). Bei Abbt besiegt die leidenschaftliche Vaterlandsliebe die kreatürliche Todesfurcht bis hin zum emphatischen Selbstopfer für's Vaterland.

Lessing hält dagegen: Gegenüber dem Freund Johann Wilhelm Ludwig Gleim erläutert er am 14. Februar 1759 die eigene Position:

> Was ich aber darin [in einem Brief an Ewald Christian von Kleist] von dem übertriebenen Patriotismus einfließen lassen, war weiter nichts als eine allgemeine Betrachtung [...]. Ich habe überhaupt von der Liebe des Vaterlandes (es tut mir leid, daß ich Ihnen vielleicht meine Schande gestehen muß) keinen Begriff, und sie scheinet mir aufs höchste eine heroische Schwachheit, die ich recht gern entbehre.

Gerade an Gleim, dessen (anonym erschienene) *Preußische Kriegslieder* Lessing 1758 herausgab und bevorwortete, wie an dem gemeinsamen Freund Ewald Christian von Kleist, der im August 1759 als Offizier den ‚Tod für das Vaterland' starb, konnte Lessing die von Abbt zusammengezogene Kriegs- und Vaterlandseuphorie kennen lernen. Eine patriotische Euphorie, die ihm selbst sehr fremd war: Er lehne das Lob jedes Patrioten ab, „der mich vergessen lehrt, daß ich ein Weltbürger bin" (an Gleim, 16. Dezember 1758).

In der Figur des Philotas führt Lessing den gleimschen, kleistschen und abbtschen Patriotismus bis zur Selbstopferung vor – und zwar im Drama als fastnoch-kindlich-irrationales Denken und Handeln (das jedem menschlichen, jedem Familien-Ethos widerspricht). Der Patriotismus des Philotas will, von seinem Autor her gesehen, nicht als solcher ernstgenommen werden; bei aller rationalen Argumentation der Figur: Was weiß er denn von den politischen Zielen des Vaters, denen er sich vermeintlich und letztlich sinnlos opfert. In gewisser Weise ist Philotas ein Bruder des Damis, des jungen Gelehrten: Ein unreifer Charakter, verbohrt und verbissen ans eigene Selbstbild glaubend, dort die Karikatur bloß prätendierter Gelehrtheit, die allenfalls philologische Belesenheit ist, hier das Phantasma patriotischen Heldentums – an dem allerdings anscheinend die Erziehung durch den Vater und mindestens eines ‚Weltweisen' nicht ganz unschuldig sind. In gewisser Weise werden, das nähert *Philotas* auch der Komödie an, Patriotismus und Ehrsucht hier als lasterhafte Haltung vorgeführt (vgl. Norton 1992). Das wirft, wiederum nur in gewissem Sinne, Licht voraus auf Tellheim in der *Minna* und dessen scheinbare verbohrte Fixierung auf seine verletzte Ehre, die allerdings dort vom IV. Aufzug aus nicht als lasterhafte Haltung, sondern als Folge einer juristisch begründeten, individuellen Verletzung erkennbar wird. Und: Tellheim ist ein Mensch, der Aridäus' Heldenideal entspricht; er ist kein „Held ohne Menschenliebe". Natürlich ließe sich, und das widerspräche der Diskussion einer *auch* lustspielhaften Anlage, Philotas' Patriotismus, zumindest in dieser irrationalen, verblendeten Ausprägung, als *hamartia* begreifen, bei Aristoteles der aus mangelnder Erkenntnisfähigkeit resultierende ‚Fehler' des Helden, aus dem schließlich der tragische, katastrophische Verlauf der Handlung entspringt.

Gleichwie: Der *Philotas* stellt damit nicht nur, wie eben ausgeführt, patriotischen Heroismus als Laster zur Disposition, sondern damit gleichzeitig die Gattung der heroischen Tragödie, wie sie noch Gottsched vorschwebt (und im *Cato* nicht so ganz realisiert), wie sie in der Mitte des Jahrhunderts noch Konjunktur hatte (Johann Friedrich von Cronegk (1731–1758): *Olint und Sophronia*, 1757, Johann Wilhelm von Brawe (1738–1758): *Brutus*, 1758; Ewald Christian von Kleist (1715–1759): *Seneka*, 1758; nur zur Klarstellung und Vermeidung von Missverständnissen sei notiert, dass im Unterschied zu Kleist, der im Siebenjährigen Krieg fiel, Cronegk und Brawe eines nicht-gewaltsamen Todes starben – in einem der Kriegsjahre). Im Trauerspielbriefwechsel mit Mendelssohn und Nicolai hatte Lessing am 28. November 1756 Mendelssohn gegenüber die Bewunderung, auf die hin die heroische Figur der Tragödie entworfen sei, kritisiert und stattdessen, zehn Jahre vor der *Hamburgischen Dramaturgie*, die Forderung formuliert, das „Trauerspiel [müsse] durch Erzeugung der Leidenschaften bessern" (Brief an Nicolai, November 1756; B 3, 669). Bewunderung ist ein distanzschaffender Affekt, wie Schrecken, wie Jammer und Schauder; Philotas lässt uns, bei aller Irrationalität seiner Entschlüsse, Anteil nehmen an dem, was in seiner Seele vorgeht, an seinen wenn auch rasenden Leidenschaften. Unsere Anteilnahme ist eine Form des Mit-Leids: Vielleicht weinen wir nicht, wie Aridäus und Strato im Schlussbild, aber diese beiden Figuren modellieren die Haltung, die von uns erheischt wird. Mitleid angesichts eines ‚selbstgemachten' Todes für das Vaterland, eines Heldentodes in gesteigerter Sinnlosigkeit, entlarvt den Heroismus, *gegen* den Lessing dies Trauerspiel schrieb.

6.4 *Emilia Galotti*

Entstehung. Die zwei Jahrzehnte lange Entstehungszeit der *Emilia Galotti* (s. Abb. 6.2) lässt sich grob in drei Phasen gliedern:

1) die Wahrnehmung theatralischer Bearbeitungen des antiken Stoffes um die Plebejer-Tochter Verginia bzw. Virginia in Rezensionen Lessings 1754 und 1755: u. a. das deutsche Trauerspiel *Virginia* (1755) von Johann Samuel Patzke (1727–1787), eine englische *Virginia* (1754) von Samuel Crisp (1707–1783);
2) die Loslösung der Virginia-Virginius-Handlung von den politischen Folgen, die die „Privathandlung" bei Livius hatte: In einem Brief an Nicolai vom 21. Januar

Abb. 6.2 Titelblatt *Emilia Galotti* (1772)

1758 berichtet er, augenzwinkernd, in der dritten Person über sich als ‚jungen Tragikus', dessen

> jetziges Sujet [...] eine bürgerliche Virginia [sei], der er den Titel Emilia Galotti gegeben. Er hat nemlich die Geschichte der römischen Virginia von allem dem abgesondert, was sie für den ganzen Staat interessant machte; er hat geglaubt, daß das Schicksal einer Tochter, die von ihrem Vater umgebracht wird, dem ihre Tugend werter ist als ihr Leben, für sich schon tragisch genug, und fähig genug sei, die ganze Seele zu erschüttern, wenn auch gleich kein Umsturz der ganzen Staatsverfassung darauf folgte.

Orientiert an den „Freiheiten der englischen Bühne" sei das Stück auf drei Akte angelegt.
3) die Wiederaufnahme des Projekts nach der Hamburger Dramaturgentätigkeit, zu Beginn der 1770 Jahre: Eine Aufführung in Braunschweig zum Geburtstag der Herzogin – Lessing ist mittlerweile Bibliothekar in Wolfenbüttel – am 10. März 1772 markiert den Abschluss der Arbeit am Drama, das noch im gleichen Jahr an zwölf weiteren Bühnen zur Aufführung kommt.

Stoff und Handlung. Emilia, die Tochter des reichen Landadligen Odoardo Galotti und seiner Frau Claudia, soll den Grafen Appiani heiraten. Allerdings stürzt am Tag der geplanten Hochzeit ein scheinbar zufälliges Aufeinandertreffen Emilias mit dem Prinzen Ettore Gonzaga zunächst Appiani, dann Emilia in die Katastrophe. Der Prinz, seiner bisherigen Geliebten Orsina längst überdrüssig, hat schon seit einiger Zeit ein Auge auf Emilia geworfen: Er wartet ihr am Morgen von Emilias Hochzeitstag in der Kirche auf und spricht sie leidenschaftlich an. Gonzaga, von der Nachricht der unmittelbar bevorstehenden Hochzeit überrumpelt, gibt seinem Höfling und Strippenzieher Marinelli den Auftrag, Appiani zunächst mit einem vorgeblich dienstlichen Auftrag an der Heirat zu hindern; als dies fehlschlägt, unternimmt Marinelli gemeinsam mit gedungenen Halbwelt-Banditen einen Überfall auf die Kutsche Appianis, als diese schon auf dem Weg zu den Hochzeitsfeierlichkeiten ist. Appiani wird dabei getötet, Emilia wird auf Gonzagas Lustschloss geführt, angeblich gerettet. Odoardo Galotti, schließlich auch auf dem Schloss ankommend, um seine Tochter zu beschützen, sie heimzuholen, wird durch die Gräfin Orsina über das Komplott des Prinzen informiert, das zum Tod Appianis geführt habe und darauf abziele, Emilia zur nächsten Mätresse des Prinzen zu machen. Die Orsina übergibt Odoardo einen Dolch, um (auch in ihrem Auftrag) den Prinzen aus Rache zu ermorden. Emilia will ihm den Dolch entwenden, um sich selbst durch Selbstmord vor dem drohenden Ehrverlust zu erretten. Um sie aber vor dem Selbstmord zu bewahren, ersticht Odoardo die eigene Tochter.

Antike Quelle: Livius. Wie bei *Miß Sara Sampson* überträgt Lessing einen antiken Stoff in ein frühneuzeitliches Setting. Und wie Marwood auf den Medea-Mythos, verweist hier Emilia auf den Stoff: In V.7, als Odoardo sie am Selbstmord hindern kann, bemerkt sie bitter: „Ehedem wohl gab es einen Vater, der seine Tochter von der Schande zu retten, ihr den ersten den besten Stahl in das Herz senkte –

ihr zum zweiten das Leben gab. Aber alle solche Taten sind von ehedem! Solcher Väter gibt es keinen mehr!" (V.7, B 7, 370).

Damit spielt sie an auf die Virginia-Handlung, die Livius in seiner großen Darstellung der römischen Geschichte, *Ab urbe condita libri CXLII* (lat. ‚Von der Gründung der Stadt an in 142 Büchern') im III. Buch (Kap. 44–48) ausführlich erzählt. Mitte des 5. Jahrhunderts v. u. Z., zur Zeit der römischen Republik und der Einsetzung von Zehn-Männer-Kollegien (*decemviri*) zur Bearbeitung bestimmter hoheitlicher Aufgaben, wird das Plebejermädchen Virginia Opfer der Intrige eines der (ohnehin für korrupt gehaltenen) Decemvirn. Virginia ist die Tochter des Lucius Virginius, eines Offiziers, und sie ist verlobt. Täter ist der Decemvir Appius Claudius, der aus sexueller Begierde Virginia entführen lässt sowie das Gerücht streut, sie sei in Wirklichkeit eine Sklavin und Virginius nur untergeschoben. Das Volk kann die Entführung aufhalten, dem Verlobten gelingt es, Virginia in ihr Elternhaus zu bringen. Der Vater, von fernher herbeigerufen und Virginia auf den Platz führend, wo auch Appius sich aufhält, kann zunächst eine gewaltsame Auseinandersetzung zwischen dem Volk und dem Decemvirn (resp. dessen Bewaffneten) verhindern und erhält die Erlaubnis, die Tochter und deren Amme selbst zu befragen hinsichtlich des vom Decemvirn gestreuten Gerüchts. Abseits der Menge entreißt er einem Fleischer ein Messer und ersticht Virginia mit den Worten: „hoc te uno quo possum [...] modo, filia, in libertatem vindico" (‚Auf diese einzige Art, die mir möglich ist, Tochter, bewahre ich dir die Freiheit'; Livius: *Römische Geschichte*, S. 426 f.; wie Lessing mit der Virginia-Erzählung bei Livius umgeht, erörtert genau Ter-Nedden 2016, 325 ff.). – Odoardo Galotti weiß sofort, worauf seine Tochter anspielt – und beweist ihr, dass er ein solcher Vater ist.

Koordinaten der Handlung: Zufall, Kontingenz. Die Gräfin Orsina trifft im IV. Aufzug auf dem Lustschloss des Prinzen ein, wohin sie ihn brieflich zu kommen gebeten hatte. Er allerdings hatte morgens den Brief eben *nicht* gelesen (vgl. I.1) und ist jetzt hier auf Dosalo um Emilias willen. Gegenüber Marinelli kommentiert sie dies:

> ORSINA [...] Denn sehen Sie, Marinelli, *(nachdenkend bis zur Rührung)* was mich so herzlich zu lachen macht, das hat auch seine ernsthafte – sehr ernsthafte Seite. Wie alles in der Welt! – Zufall? Ein Zufall wär' es, daß der Prinz nicht daran gedacht, mich hier zu sprechen, und mich doch hier sprechen muß? Ein Zufall? – Glauben Sie mir, Marinelli: das Wort Zufall ist Gotteslästerung. Nichts unter der Sonne ist Zufall; – am wenigsten das, wovon die Absicht so klar in die Augen leuchtet. – Allmächtige, allgütige Vorsicht, vergib mir, daß ich mit diesem albernen Sünder einen Zufall genennet habe, was so offenbar dein Werk, wohl gar dein unmittelbares Werk ist! – (IV.3, B 7, 347)

Zunächst unabhängig von der Position, die dieses Zusammentreffen Orsinas mit Marinelli in der Gesamtdramaturgie hat, markiert die Gräfin hier eines der zentralen Motive des Trauerspiels. Der Zufall als Thema bestimmt ihr gesamtes Gespräch mit Marinelli, bestimmt aber schon in den Aufzügen vorab das Geschehen vielfältig.

- Zufall ist es, dass in I.1 der Vorname einer Bittstellerin gegenüber dem Prinzen Emilia ist, was ihn an Emilia Galotti erinnert, die er einmal gesehen hat;

- Zufall ist, dass ausgerechnet am Tag von Emilias Hochzeit der Maler Conti eben nicht nur das bei ihm in Auftrag gegebene Gemälde der Orsina vorführt, sondern auch eines der Emilia Galotti, die der Maler sehr verehrt: „[E]ine von den größten Glückseligkeiten meines Lebens ist es, daß Emilia Galotti mir gesessen. Dieser Kopf, dieses Antlitz, diese Stirn, diese Augen, diese Nase, dieser Mund, dieses Kinn, dieser Hals, diese Brust, dieser Wuchs, dieser ganze Bau, sind, von der Zeit an, mein einziges Studium der weiblichen Schönheit" (I.4, B 7, 298 f.);
- Zufall ist es, dass Marinelli in I.6 – nur weil der Prinz nach Stadtgespräch, nach Gossip fragt – die heute anstehende Hochzeit des Grafen Appiani erwähnt und erst nach langem Hin und Her den Namen der Braut nennt: „Ein Mädchen ohne Vermögen und ohne Rang" habe sich diesen ‚würdigen, jungen, schönen Mann' (I.6, B 7, 302) zu verbinden gewusst, ein „Mißbündnis", das ihm von nun an die „ersten Häuser" der Residenz verschließe, was aber gleichgültig sei, da der Graf ohnehin mit seiner (in Marinellis Geschwätz immer noch namenlosen) Braut „nach seinen Tälern von Piemont" ziehen wolle (ebd.); der Prinz ist nach Offenlegung des Namens der Braut selbstredend erschüttert und gewährt Marinelli freie Hand (I.6, B 7, 305), die Hochzeitsplanung Appianis zu durchkreuzen;
- In gewissem Sinne Zufall ist der Tod Appianis, er ist ein Unfall (wenn auch nicht unwillkommen auf Seiten Marinellis): Appiani wehrt sich gegen den Überfall mit Waffengewalt, erschießt einen der Banditen und wird sodann selbst tödlich verletzt (vgl. III.2);
- Emilia hält die Tatsache, dass sie ausgerechnet auf das Lustschloss des Prinzen „gerettet" wird nach dem Überfall, für „Zufall" (III.4, B 7, 333); der Prinz bezeichnet den Über*fall*, den U*nfall* der Kutsche Appianis, der Emilia in sein Lustschloss führt, ihr gegenüber als „Zufall" (III.5, B 7, 334), Marinelli kann ihn davon überzeugen, dass der Tod des Grafen nicht beabsichtigt gewesen sei, aber nur ihn: „DER PRINZ Ich verstehe. – Nun gut, nun gut. Sein Tod war Zufall, bloßer Zufall. Sie versichern es; und ich, ich glaub es. – Aber wer mehr? Auch die Mutter? Auch Emilia? – Auch die Welt?" (IV.1, B 7, 341);
- Als Zufall interpretieren Marinelli und Orsina in der eingangs schon zitierten Szene IV.3 der Orsina und des Prinzen gleichzeitige Anwesenheit auf dem Lustschloss. Marinelli: „Ein sonderbarer Zufall" (IV.3, B 7, 345), Orsina: „Nun, worüber lach' ich denn gleich, Marinelli? – Ach, ja wohl! Über den Zufall! daß ich dem Prinzen schreibe, er soll nach Dosalo kommen; daß der Prinz meinen Brief nicht lieset, und daß er doch nach Dosalo kömmt. Ha! ha! ha! Wahrlich ein sonderbarer Zufall! Sehr lustig, sehr närrisch!" (IV.3, B 7, 346 f.). Ernsthaft werdend legt die Gräfin diesen ‚Zufall' dann in der oben zitierten Passage als Handeln der Vorsehung aus: Zufall sei es nur für den, der die göttliche Absicht dahinter nicht kenne.

Koordinaten der Handlung: Zeitnot, Eile, Übereilung. Der tragische, für Appiani wie für Emilia tödliche Verlauf der Handlung wird über das Motiv des Zufalls aus einer Verkettung höchst kontingenter Ereignisse abgeleitet. Diese Kontingenz (möglicherweise abgesehen vom Tod Appianis beim Überfall) entzieht sich den Absichten, dem Wollen der einzelnen Figuren; dass Zufälle durch göttliche Providenz gelenkt seien, ist bloße Privatmeinung der Orsina. Wenn Marinelli aber in I.6 zufällig von der heute bevorstehenden Hochzeit Appianis schwätzt, kommt ein weiteres, noch wichtigeres handlungstreibendes Moment ins Spiel. Zufall ist es noch, dass Emilia Galotti, über die Conti und der Prinz in I.4 noch geschwärmt hatten, „heute" Gräfin Appiani wird; wenn Marinelli allerdings bemerkt: „Die Trauung geschieht in der Stille, auf dem Landgute des Vaters bei Sabionetta. Gegen Mittag fahren Mutter und Tochter, der Graf und vielleicht ein paar Freunde dahin ab" (I.6, B 7, 303), setzt er den Prinzen unter Druck – unter *Zeit*druck! Wenn der Prinz fragt: „Heute sagen Sie? *schon* heute?" und Marinelli antwortet „*Erst* heute – soll es geschehen" (I.6, B 7, 305; Herv. B.J.), dann sieht der Höfling noch ein Zeitfenster für ein Eingreifen, eine Intrige. Und er realisiert diesen elementaren Zeitdruck: „So lassen Sie uns keine Zeit verlieren. – [...] Fahren Sie sogleich nach Ihrem Lustschlosse, nach Dosalo" (ebd.). Der Prinz ist jetzt in hoher Eile: „Gehen Sie, eilen Sie. Ich werfe mich sogleich in den Wagen" (ebd.). Von dem Moment an, wo Marinelli die Abreise Emilias ‚gegen Mittag' erwähnt, ist jede Handlung des Prinzen, die der Nebentext regelt, von Tempo gekennzeichnet: Er *wirft* sich in einen Stuhl, *springt* wieder *auf*, *wirft* sich dem Höfling in die Arme.

Und er entschließt sich, eben jetzt *noch nicht* nach Dosalo zu eilen:

> Es fällt mir ein, – um diese Stunde, (*nach der Uhr sehend*) um diese nämliche Stunde pflegt das fromme Mädchen alle Morgen bei den Dominikanern die Messe zu hören. – Wie wenn ich sie da zu sprechen suchte? – Doch heute, heut' an ihrem Hochzeittage, – heute werden ihr andere Dinge am Herzen liegen, als die Messe. – Indes, wer weiß? – Es ist ein Gang. (I.7, B 7, 306)

Genau dieser Schritt, Aufsuchen und Ansprechen Emilias in der Kirche, wird von Marinelli in IV.1 als entscheidender Fehler gedeutet, wisse doch Emilia erst seit der Begegnung in der Kirche vom Begehren des Prinzen, was die angebliche Zufälligkeit ihrer ‚Rettung' ins Lustschloss sofort mit Zweifeln behaftet mache; genau dieser Schritt ist *voreiliges* Handeln.

Zeitnot und Zeitdruck, Eile, Hast und voreiliges Handeln kennzeichnen in ganz unterschiedlichem Maße Handlungen und Entscheidungen der Figuren (vgl. dazu insgesamt Ter-Nedden 1986, 178 f.). Dies aber nicht, wie die Kontingenz, losgelöst von ihren Absichten, ihrem Wollen, sondern ihrem Wollen eingeschrieben – allerdings eher dem triebgeleiteten, irrationalen Wollen (oder Nicht-anders-Könnens):

- Blinde, triebgesteuerte Hast diktiert die Inhumanität, mit der der Prinz auf die Dienstgeschäfte reagiert, die sein Rat Camillo Rota bringt (schnell noch, bevor der Prinz zur Kirche eilen will): „CAMILLO ROTA Ein Todesurteil wäre zu unterschreiben. DER PRINZ Recht gern. – Nur her! geschwind. CAMILLO ROTA *stutzig und den Prinzen starr ansehend*: Ein Todesurteil, sagt' ich. DER PRINZ Ich höre ja wohl. – Es könnte schon geschehen sein. Ich bin eilig" (I.8, B 7, 307). Nur mit einer Notlüge kann der Rat den Prinzen von der fatalen Unterschrift abhalten;

- Eile oder mindestens Tempo charakterisiert sowohl die Ankunft Odoardos im Hof des Stadtsitzes: Er „sprengte [...] in den Hof", Claudia *„ihm entgegeneilend"*, Emilia sei, so erzählt sie dem Gatten, in die Kirche geeilt (II.1/II.2, 21);
- Die Banditen, deren einer zu Claudia Galotti Dienerschaft gehört, thematisieren sowohl das schon von Marinelli und dem Prinzen im I. Aufzug thematisierte „heute", „heut Abend" der geplanten Heirat, das „gegen Mittag" der Abreise des Brautpaars als auch die Eile Odoardos: Auch hier kommt er „gesprengt"; Eile aus Ungeduld: „Er kann die Zeit [Emilia endlich sicher verheiratet zu sehen] nicht erwarten" (II.3, B 7, 310);
- Emilias ungeheuerliche Erregung nach der aufgezwungenen Begegnung mit dem Prinzen zeigt sich zuallererst im Nebentext: *„stürzet in einer ängstlichen Verwirrung herein"* (II.6, B 7, 314), sie *wirft* den Schleier zurück, *wirft* sich der Mutter in die Arme. Ihre Erzählung ist von emotionaler Erregung bis in die Gedankenstriche, in die Ellipsen hinein getragen; und von Zeitlichkeitspartikeln gekennzeichnet: „Eben", „Eben", „als", „es währte nicht lange", „Endlich ward es Zeit", „Und da", „Ich floh [...], bis". Das glückliche Ende ihrer Flucht, noch verfolgt vom Prinzen bis auf die Treppe, erzählt sie schließlich im dramatisch zuspitzenden Präsens (vgl. B 7, 315 f.);
- Auch Emilia und Claudia sehen, wie Marinelli und der Prinz, Zeitdruck: Emilia „springt" in II.7 dem Bräutigam entgegen (vgl. B 7, 318), Claudia mahnt zur Eile: „Es ist hohe Zeit; nun mach, Emilia" (B 7, 319), sie verspricht, sich schnell zu schmücken: „husch, husch, und ich bin fertig" (ebd.);
- Appiani reflektiert die grundsätzliche Zeitlichkeit des Menschen – und die, in Ungeduld, psychologische Zeitwahrnehmung: „Eine kleine Geduld! – Ja, wenn die Zeit nur außer uns wäre! – Wenn eine Minute am Zeiger, sich in uns nicht in Jahre ausdehnen könnte! –"; auf Nachfrage Claudias fügt er hinzu: „noch Einen Schritt vom Ziele, oder noch gar nicht ausgelaufen sein, ist im Grunde eines" (II.8, B 7, 320 f.): Gerade Ungeduld oder sehnendes Warten lassen Zeit scheinbar unendlich langsam verlaufen;
- Marinelli stellt seinen Versuch, Appiani mit einem fingierten Auftrag des Prinzen die eigene Hochzeit verschieben zu machen, unter hohen Zeitdruck: „Sie müssen noch heut' abreisen. [...] Lieber noch in dieser nämlichen Stunde, als in der folgenden" (II.10, B 7, 323), was Appiani mit *seinem* ‚heute' ablehnt: „[I]ch soll noch heut' eine Frau nehmen", er müsse die Gnade ablehnen, „weil ich eben heute eine Verbindung vollzöge, die mein ganzes Glück ausmache" (ebd.);
- Dass Appiani nach dem fast auf ein Duell hinauslaufenden Aufeinandertreffen mit Marinelli nun nicht mehr zum Prinzen muss, um dem seine Heirat zu melden, beschleunigt die Handlung: „APPIANI Wir können nun um so viel früher abfahren. Ich gehe, meine Leute zu treiben, und bin sogleich wieder hier. Emilia wird indes auch fertig" (II.11, B 7, 325);
- *Gleichzeitig* mit dem Gespräch Marinellis und des Prinzen über den vergeblichen Auftrag an Appiani vollzieht sich in III.1 der Überfall unweit des Lustschlosses; gleichsam in Mauer‚schau' deuten die zu hörenden Schüsse auf das Geschehen, Marinelli sieht einen Maskierten zu Pferd in Richtung Schloss gesprengt kommen, ebenso wie in III.3 Emilia herauf*eilen* (vgl. B 7, 331) – und mahnt den

Prinzen, sich „[g]eschwind [zu] entfernen" (III.1, B 7, 329). Marinelli hatte also doppelt geplant: Das Gespräch mit Appiani *und* der, wenn nötig, Überfall auf die Kutsche der Brautleute; in Eile verlangt er vom Maskierten, zu berichten: „Geschwind sage mir [...]! – Ist er tot?" (III.2, B 7, 329);
- Emilia lernt, das „heute" ihres Hochzeitstages umzuinterpretieren: „Ah, was ist dieser Tag für ein Tag des Schreckens für mich!" (III.4, B 7, 333); der Prinz ermahnt sie: „So eilen Sie doch, mein Fräulein, alle diese Schreckensbilder mit eins verschwinden zu sehen" (III.5, B 7, 334); einer der Banditen kündigt Marinelli die eilige Hinzukunft Claudias an (vgl. III.6, B 7, 335) ...
- ... und Claudia rekonstruiert hellsichtig den Tagesverlauf als Herleitung dieses Verbrechens: „Heute im Tempel! [...] in der nähern Gegenwart des Ewigen! – begann das Bubenstück; da brach es aus! *Gegen den Marinelli* Ha, Mörder! feiger, elender Mörder!" (III.8, B 7, 338).

Claudias Scharfsinn ist es, der Marinelli in IV.1 dem Prinzen die übereilte, voreilige Handlung, morgens Emilia in der Kirche aufzusuchen, vorwerfen lässt. Mit dem Eintritt in den IV. Aufzug ist aber Eile, Hast, Voreiligkeit oder Übereilung kein Merkmal der Handlung mehr: Einzig Claudias Rückkehr in die Stadt, gemeinsam mit Orsina, und Odoardos Auftrag, „sogleich den Wagen herauszuschicken" (IV.8, B 7, 357), sind noch von Zeitdruck gekennzeichnet. Die Handlung ist mit dem Eintritt in den IV. Aufzug an dem Punkt angelangt, von dem sie „nur" noch in die Katastrophe münden kann. Alle Intrigen, alle Fehler aus Übereilung und Ungeduld, die bis hierher führten, sind geschehen. Im IV. Aufzug allerdings vollziehen die Orsina und Odoardo die detektivische Rekonstruktion des Tagesverlaufs nach, der von dem Messbesuch Emilias an bis hierher führte (vgl. IV.5, B 7, 351; IV.7, B 7, 354 f.; IV.8, B 7, 356).

Was Lessing hier macht, im Felde der dramatischen Zeit *und* ihrer ostinaten Thematisierung durch Figurenrede und -handeln, ist dramaturgisch wie dramenpoetologisch genial: Ungeduld, Eile, Hast und Voreiligkeit sind Momente der *Figurenpsychologie*. Damit gelingt es ihm, die klassizistisch geforderte, bloß äußerliche Regel von der Einheit der Zeit innerlich von den Figuren aus zu motivieren. Was hier, in der *Emilia Galotti*, geschieht, *kann* nur in wenigen Stunden geschehen – zufallsgeleitet und in steter Übereilung und Ungeduld. Darum auch rekonstruieren Claudia, Orsina gegenüber Marinelli und Odoardo, Odoardo gegenüber Claudia das Geschehen von der Kirchszene an: Es tritt als eine einheitliche Handlung in ihr Bewusstsein, vor ihre Augen! Als Geschehensablauf, dessen Einzelereignisse *in der Zeit* in *kausalem* Zusammenhang miteinander stehen, dessen Konsequenzen wir, mit den Figuren, im V. Aufzug gewahr werden. – Zufälle sind es, die die Handlung auslösen. *Wie* aber sie sich vollzieht, *warum* es zu diesem tragischen Verlauf kommt, ist mitnichten Ergebnis des Zufalls, sondern figurenpsychologisch motiviert.

Weitere Koordinaten der Handlung. Vor diesem Hintergrund, im Kräftefeld von Kontingenz und figurenpsychologisch eingespielter Zeitnot, Hast und Ungeduld, vollzieht sich die Handlung. Diese Handlung aber ist, neben den eben ausgeführten Einflussfaktoren, *auch* bestimmt

- durch die scharfe soziale und Bewusstseins-Differenz zwischen den höfischen Figuren (Prinz, Marinelli, Orsina) und denen des zwar angesehenen, aber niederen Landadels (Galottis, Appiani),
- durch die scharfe Differenz zwischen höfischen und familialen Beziehungen,
- durch den Kontrast zwischen höfischer Lasterhaftigkeit und ‚bürgerlicher' Tugend und
- durch Tugendhaftigkeit und Rationalität als Bestimmungsgrößen der ‚bürgerlichen' Seite selbst, die hier einen Konflikt oder eine Insuffizienz der Familie offenlegen.

Adelskritik: Prinzen und Handlanger. Der Konflikt zwischen der Familie – Vater, Tochter, Verlobter – und der politischen Macht war schon Lessings ‚Quelle', der Virginia-Handlung bei Livius, eingeschrieben. Hier trat das Familiale in die Öffentlichkeit: Die rettende Ermordung Virginias vollzog sich zwar abseits zwischen den Fleischerbuden, aber gleichsam in Sichtweite von politischer Macht und städtischer Öffentlichkeit; hier schlug das Familiale ins Politische um: Virginias Verlobter, einige Mitstreiter und die Volksmasse erzwangen die Flucht des korrupten Decemvirn, seinen vollständigen Machtverlust (vgl. Livius: *Römische Geschichte*, III.49). Letzteres spart Lessing aus: Odoardo tötet Emilia hinter verschlossenen Türen, überantwortet sich anschließend der Gerichtsbarkeit des Prinzen, der, zumindest politisch, unbehelligt bleibt.

Nichtsdestoweniger sind Prinz und adliger Hof Gegenstand der schärfsten Kritik: Am Prinzen wird höfische Doppelmoral vorgeführt, die faktisch nackte Untugend ist, an Marinelli das über Leichen gehende Kalkül des intriganten Höflings, Günstlings und Speichelleckers, an Orsina mindestens retrospektiv auch die tendenzielle Promiskuität der adligen Frau, die um gesellschaftlicher Vorteile Willen die eigene Ehre aufs Spiel setzt. Eine Haltung, der Claudia Galotti auch nicht völlig fernsteht!

- Hettore Gonzaga, der Prinz von Guastalla (die Adelsfamilie der Gonzaga residierte tatsächlich während der Renaissance in Guastalla, einer kleinen Stadt in der Emilia Romagna; ein Ettore allerdings existiert nicht in der Ahnenreihe), wird bald heiraten: Schon in I.6 erwähnt er gegenüber Marinelli seine „nahe Vermählung mit der Prinzessin von Massa" (B 7, 300), legt aber offen, dass politisch die Heirat mit seiner Mätressenwirtschaft kollidiere: Die Vermählung wolle „durchaus, daß ich alle dergleichen Händel [wie die Liebeshändel mit der Orsina] fürs Erste abbreche" (ebd.). Er charakterisiert den Konflikt, in dem er sich befinde, schärfer: „Mein Herz wird das Opfer eines elenden Staatsinteresse" (B 7, 301).
Es ist allerdings zum wenigsten sein *Herz*, um das es hier geht, sondern ungehemmtes Begehren *und* Erlangen, das die politische Macht gewährleistet; die ehemalige ‚Eroberung', die Gräfin Orsina, wird ‚abgelegt' zugunsten einer neuen, der er auf einer „Vegghia" (II.4, B 7, 313), also einer Soiree, jüngst ansichtig

6.4 Emilia Galotti

geworden ist: Emilia Galotti, deren Porträt der Maler gerade dagelassen hat. Die, aus bürgerlicher Perspektive, offensichtliche Amoralität von Heirat und Mätressenwesen legt Marinelli, Orsina indirekt zitierend, offen: „Warum [solle sie ihr Herz] zurücknehmen? fragt die Gräfin: wenn es weiter nichts, als eine Gemahlin ist, die dem Prinzen nicht die Liebe, sondern die Politik zuführet? Neben so einer Gemahlin sieht die Geliebte noch immer ihren Platz" (I.6, B 7, 301). – Im Zusammentreffen mit Odoardo Galotti legt die Gräfin Orsina die Amoralität dieses steten Neu-Begehrens in einer letztlich grausigen Rachephantasie schonungslos offen:

> Ich bin Orsina; die betrogene, verlassene Orsina. – Zwar vielleicht nur um Ihre Tochter verlassen. – Doch was kann Ihre Tochter dafür? – Bald wird auch sie verlassen sein. – Und dann wieder eine! – Und wieder eine! – Ha! *Wie in der Entzückung.* welch eine himmlische Phantasie! Wann wir einmal alle, – wir, das ganze Heer der Verlassenen, – wir alle in Bacchantinnen, in Furien verwandelt, wenn wir alle ihn unter uns hätten, ihn unter uns zerrissen, zerfleischten, sein Eingeweide durchwühlten, – um das Herz zu finden, das der Verräter einer jeden versprach, und keiner gab! Ha! das sollte ein Tanz werden! das sollte! (IV.8, B 7, 356)

Umso deutlicher wird, dass es dem Prinzen um ungehemmtes Begehren *und* Erlangen geht (das er allenfalls mit seinem ‚Herzen' verwechselt), wenn er der Zeitnot gewahr wird, in die ihn die heutige Vermählung Emilias drängt: Er überliefert sich gleichsam seinem Höfling ganz: „Liebster, bester Marinelli, denken Sie für mich" (I.6, B 7, 305). Als dieser fragt: „Wollen Sie mir freie Hand lassen, Prinz? Wollen Sie alles genehmigen, was ich tue?", antwortet „DER PRINZ Alles, Marinelli, alles, was diesen Streich abwenden kann" (ebd.). Damit wird er gewissermaßen zum Auftraggeber des Mordes an Appiani, moralisch verantwortlich für den Überfall und alle seine Konsequenzen.

Umso deutlicher wird auch, was sein ungehemmtes Begehren aus dem *Politiker* Ettore Gonzaga macht: Sein Rat Camillo Rota hält ihn ja kurz von dem gerade beschlossenen Gang zur Kirche, um Emilia abzupassen, auf – und seine politischen wie juristischen ‚Entscheidungen' werden in ihrer amoralischen Zufälligkeit regelrecht vorgeführt: „Noch ist hier eine Bittschrift einer Emilia Galot – – Bruneschi will ich sagen. – Ich habe meine Bewilligung zwar schon beigeschrieben. Aber doch – die Sache ist keine Kleinigkeit – Lassen Sie die Ausfertigung noch anstehen. – Oder auch nicht anstehen: wie Sie wollen" (I.8, B 7, 307). Rota kann mit dieser Lizenz zur eigenen Entscheidung nichts anfangen: „Nicht, wie ich will, gnädiger Herr" (ebd.). Offensichtlicher wird, dass politische oder juristische Entscheidungen ‚getrübt' sind von Gonzagas Begehren (und dem Zeitdruck) in dem unmittelbar folgenden Wortwechsel:

> DER PRINZ Was ist sonst? Etwas zu unterschreiben?
> CAMILLO ROTA Ein Todesurteil wäre zu unterschreiben.
> DER PRINZ Recht gern. – Nur her! geschwind.
> CAMILLO ROTA *stutzig und den Prinzen starr ansehend*: Ein Todesurteil, sagt' ich.
> DER PRINZ Ich höre ja wohl. – Es könnte schon geschehen sein. Ich bin eilig.

> CAMILLO ROTA *seine Schriften nachsehend*: Nun hab' ich es doch wohl nicht mitgenommen! – – Verzeihen Sie, gnädiger Herr. – Es kann Anstand damit haben bis morgen. (ebd.)

Rota kommentiert die Haltung seines Fürsten: „Recht gern? – Ein Todesurteil recht gern? – Ich hätt' es ihn in diesem Augenblicke nicht mögen unterschreiben lassen, und wenn es den Mörder meines einzigen Sohnes betroffen hätte. – Recht gern! recht gern! – Es geht mir durch die Seele dieses gräßliche Recht gern!" (ebd.). Ins Abstrakte übersetzt: Politische Machtausübung wird, unter den Bedingungen adliger Alleinherrschaft, als beeinflusst, getrübt, unterwandert von individuellen, ja psychologisch begründbaren Dispositionen oder momentanen Stimmungen ihrer Träger dargestellt und damit als unzuverlässig, nicht einer politischen Ratio folgend, hier als inhuman – und letztlich grundsätzlich als kontingent.

- Marinelli ist der ideale Handlanger für die Belange des Prinzen. Er sieht nur auf das beabsichtigte Handlungsziel – die Mittel zu seiner Erreichung sind durch den Zweck geheiligt, oder durch den Befehl des Prinzen, der den Zweck angab. So verdingt er für den Überfall auf die Kutsche Appianis Banditen, die längst polizeilich gesucht werden. Claudia Galottis Bediensteter Pirro charakterisiert in II.3 den Banditen Angelo: „Du bist seit deiner letzten Mordtat vogelfrei erkläret; auf deinen Kopf steht eine Belohnung" (B 7, 309). Diesem allerdings gelingt es im Auftrag Marinellis, Pirro gegen Bestechung die notwendigen Informationen zur Abreise des Brautpaars zu entlocken (mit dem Verweis darauf, dass Pirro schon einen solchen Verrat begangen hat bei seinem vorigen Herrn, den er in die Falle der Banditen führte).

Marinelli weiß den Überfall geschickt zu kaschieren (den er schon plante, bevor er den Versuch machte, Appiani zur Braut des Prinzen zu senden):

> MARINELLI [...] Die Ausführung ist Leuten anvertrauet, auf die ich mich verlassen kann. Der Weg geht hart an der Planke des Tiergartens vorbei. Da wird ein Teil den Wagen angefallen haben; gleichsam, um ihn zu plündern. Und ein andrer Teil, wobei einer von meinen Bedienten ist, wird aus dem Tiergarten gestürzt sein; den Angefallenen gleichsam zur Hülfe. Während des Handgemenges, in das beide Teile zum Schein geraten, soll mein Bedienter Emilien ergreifen, als ob er sie retten wolle, und durch den Tiergarten in das Schloß bringen. – So ist die Abrede. (III.1, B 7, 328)

Für die plangemäße, wenn auch nicht ohne Tote ablaufende Durchführung bezahlt Marinelli den Banditen Angelo (vgl. III.2, B 7, 330). Zynisch beklagt er, dass Angelo nicht mit einem zweiten Schuss auf den Grafen dessen Tod gewiss gemacht habe; zynisch bedauert er, dass der „arme Graf" „sich vielleicht nun martern muß", bevor er endlich an den Schussverletzungen stirbt (ebd.); Marinelli nimmt den Tod Appianis nicht nur in Kauf, sondern sieht ihn als strategischen Vorteil – vor allem für den Prinzen.

Geschickt umgarnt er Emilia in III.4, um ihr beizubringen, dass sie durch Zufall auf das Schloss des Prinzen gerettet sei; in Erwartung Claudia Galottis befürchtet er einerseits, diese sei dem „ganzen Anschlage" auf der Spur, andererseits unterstellt er, nicht ganz zu Unrecht, dass es Claudia schmeicheln könne, ihr Kind vom Prinzen umgarnt zu sehen: „Wenn ich die Mütter recht kenne: – so etwas von einer Schwiegermutter eines Prinzen zu sein, schmeichelt die meisten" (III.6, B 7, 336). Als Claudia dann davon berichtet, dass der „Name Marinelli [...] das letzte Wort des sterbenden Grafen" gewesen sei, „mit einem Tone gesprochen – mit einem Tone!" (III.8, B 7, 337), lügt er frech, er sei „von jeher des Grafen Freund; sein vertrautester Freund" gewesen (ebd.), was Claudia kontert eben mit dem „Ton", in dem Appiani gesprochen habe, der sie auf die richtige Spur führt:

> CLAUDIA [...] *Gegen den Marinelli.* Ha, Mörder! feiger, elender Mörder! Nicht tapfer genug, mit eigner Hand zu morden; aber nichtswürdig genug, zu Befriedigung eines fremden Kitzels zu morden! – morden zu lassen! – Abschaum aller Mörder! – Was ehrliche Mörder sind, werden dich unter sich nicht dulden! Dich! Dich! – Denn warum soll ich dir nicht alle meine Galle, allen meinen Geifer mit einem einzigen Worte ins Gesicht speien? – Dich! Dich Kuppler! (III.8, B 7, 358)

Sehr hellsichtig nimmt sie die Handlanger-Rolle des Intriganten und Höflings ins Visier ihrer Anklage: „nichtswürdig genug, zu Befriedigung eines fremden Kitzels zu morden! – morden zu lassen!"
In Auftritt IV.1 wird erstmals, als der Tod Appianis gewiss ist, die Verantwortlichkeit sowohl des Prinzen als auch Marinellis zum Gegenstand des Dialogs wie ebenso, allerdings nicht erstmals, das unklare Verhältnis von Zufall und Absicht. Wenn der Prinz (*auch* scheinheilig) klagt: „[I]ch bin unschuldig an diesem Blute" (B 7, 350), gibt Marinelli vor, nichts sei weniger sein Plan gewesen als der Tod Appianis. Sein Befehl an die Banditen sei gewesen, kein Blut zu vergießen, doch Appiani habe zuerst das Feuer eröffnet: „Er schoß Knall auf Fall den einen [Banditen] nieder". Der Prinz darauf hämisch: „Wahrlich, er hätte sollen Spaß verstehen" (ebd.). Marinelli gibt zudem im weiteren Verlauf des Gesprächs vor, wegen des angeblich noch ausstehenden Duells mit Appiani (weil er ihn in II.10 beleidigt habe) höchstes Interesse am Leben des Grafen gehabt zu haben, räumt aber gleichzeitig ein, in der Absprache mit den Banditen eventuelle Todesfälle bei dem Raubüberfall thematisiert zu haben: Es sei „voraus versprochen [worden], daß keiner der Unglücksfälle, die sich dabei eräugnen könnten, mir zu Schulden kommen solle." Der Prinz ist weiterhin im Zweifel: „Die sich dabei eräugnen – könnten, sagen Sie? oder sollten?" (ebd.). Diesen Zweifel hat Marinelli selbst gesät, beginnt er seine ‚Entschuldigung' doch mit: „Ich und Angelo; Vorsatz und Zufall: alles ist eins" (ebd.). Gonzaga scheint jetzt an den Zufall glauben zu wollen, weiß aber, dass, wir sprachen bereits darüber, die Galottis, dass die Welt das anders sehen könnte ...
Selbstentlarvend allerdings räsoniert der Prinz über die Vorteile, die er, objektiv, aus dem Tod des Grafen ziehen könne: „Ein Graf mehr in der Welt, oder weniger! Denke ich Ihnen so recht? – Topp! auch ich erschrecke vor einem kleinen Verbrechen nicht. Nur, guter Freund, muß es ein kleines stilles Verbrechen, ein kleines heilsames Verbrechen sein" (B 7, 341 f.). Dieses, insbesondere da es einen möglichen Verdacht erwecken könnte, sei dazu nicht geeignet gewesen.

Dass aber überhaupt der Verdacht auf Marinelli, auf den Prinzen fallen könne, so macht jetzt der Höfling klar, habe seinen eigentlichen Grund im voreiligen Verhalten des Prinzen am Morgen, sich Emilia in der Kirche aufzudrängen.

- In Marinellis Gespräch mit der Gräfin Orsina (IV.3) geht es im Wesentlichen um den Zufall, dass der Prinz hier auf Dosalo ist, *obwohl* er den Brief der Orsina *nicht* gelesen hat. In ihren Reaktionen auf Marinelli aber charakterisiert, ja etikettiert die Gräfin ihr Gegenüber als Inkarnation höfischen Schmeichler- und Intrigantentums. Seine höfisch-liebedienerische Anrede „Meine liebste, beste Gräfin" greift sie direkt auf: „[S]agen Sie mir – wenn ich anders Ihre liebste, beste Gräfin bin – Verdammt, über das Hofgeschmeiß! So viel Worte, so viel Lügen!" (B 7, 345), wenig später nennt sie ihn verächtlich ein „nachplauderndes Hofmännchen" (B 7, 346). Und in IV.5: „Kommen Sie, Marinelli; aus Barmherzigkeit, lieber Marinelli! Lügen Sie mir eines auf eigene Rechnung vor. Was kostet Ihnen denn eine Lüge?" (B 7, 348). Als sie von Marinelli vom nahen Überfall, dem Tod Appianis und der „Rettung" der Braut ins Prinzenschloß, ja zum Prinzen erfahren hat, durchschaut sie das gesamte Komplott: „Küssen möcht ich den Teufel, der ihn [den Prinzen] dazu verleitet hat! [...] Und wenn Sie selbst dieser Teufel wären, Marinelli" (B 7, 350). Und sie schreit ihm, ihn zum heimlichen Flüstern nah herangelockt habend, ins Ohr (hier im Prinzenschloss!): „Der Prinz ist ein Mörder!" (ebd.). Denn sie weiß ebenfalls durch ihre Späher von dem Treffen des Prinzen mit Emilia den Morgen in der Kirche ...

Selbst auf die vom Prinzen kontemplierte Gefahr, dass Odoardo Emilia aus Guastalla entfernen könne, ja sie sogar in ein Kloster verschließen könne (vgl. V.1), hat Marinelli noch eine infam-lügenhafte Intrige parat – dass die Furcht nicht unberechtigt war, zeigt Odoardo in V.5: Sollte Emilia nicht in die Residenz zurückkehren, müsse doch befürchtet werden, sie selbst (und ggf. ein Nebenbuhler Appianis, mit dem sie im Einverständnis gewesen sei) würde in Verdacht geraten, hinter dem Anschlag zu stecken; solchen fatalen Gerüchten könne nur durch die Rückkehr aller Galottis, ja ihrer polizeilichen Befragung innerhalb einer ‚strengsten Untersuchung' vorgebeugt werden (vgl. B 7, 364); Galotti, anscheinend höfischer Lüge nicht gewärtig und nur den makellosen Ruf seiner Tochter im Auge, gibt klein bei. Erst als der Prinz ihm den Ort der amtlichen Verwahrung der Tochter mitteilt, das Haus der Grimaldis, seines Kanzlers (bei dem die berüchtigte Vegghia letztens stattgefunden hatte), ahnt Odoardo die Falle; jetzt aber verstellt er sich selbst: Bitter-sarkastisch bemerkt er: „Das Haus eines Kanzlers ist natürlicherweise eine Freistatt der Tugend" (B 7, 366); bevor Emilia zu den Grimaldis gefahren werden solle, wolle er sie noch einmal sprechen. Wohl hat er hier die Möglichkeit, als letzten Ausweg die eigene Tochter zu töten, schon im Sinn ...

Angesichts des Leibs Emilias, gerade gestorben und in ihrem Blute, hat der Prinz das letzte Wort des Trauerspiels – mit dem er sich gleichsam halb reinwäscht und Marinelli buchstäblich verteufelt. Er wirft ihn (zumindest vorläufig!) für immer aus seinem Dienst: „Geh, dich auf ewig zu verbergen! – Geh! sag' ich" (V.8, B 7, 371). Mit seinem Schlusssatz, nach einem dramatischen Ausruf „Gott! Gott!" (ebd.), markiert er Marinelli als den eigentlichen Täter und Intriganten, der für die geschehen Tode verantwortlich sei: „Ist es, zum Unglücke so mancher, nicht genug, daß Fürsten Menschen sind: müssen sich auch noch Teufel in ihren Freund verstellen?" (ebd.): Der Höfling als der sich als Freund verstellende *Teufel*! Die Selbstentschuldung vorab nimmt das eigene Verhalten zu sehr auf die leichte Schulter: Sinnlichkeit, sexuelles Begehren lassen auch Fürsten Menschen sein – damit wird aber nicht die Mätressenwirtschaft des Menschen, der *Macht* hat, entschuldigt.

- Die Sphäre des Prinzen, die glänzende lügenhaft-amoralische Welt des Residenzadels hat für Claudia Galotti eine nicht geringe Anziehungskraft: In II.4 berichtet sie, augenscheinlich stolz, dem Gatten vom Zusammentreffen Emilias mit dem Prinzen: „Er bezeigte sich gegen sie so gnädig – – [...] Er unterhielt sich mit ihr so lange – – Schien von ihrer Munterkeit und ihrem Witze so bezaubert – – Hat von ihrer Schönheit mit so vielen Lobeserhebungen gesprochen" (B 7, 313). Odoardo bringt einerseits die Kritik an seiner das Stadtleben genießenden Frau auf den Punkt: „Und das alles erzählst du mir in einem Tone der Entzückung? O Claudia! eitle, törichte Mutter!", andererseits aber auch die Gefahr, die vom Prinzen ausgehe: „Ein Wollüstling, der bewundert, begehrt" (ebd.; und wie froh ist Claudia, dass ihr Mann bei dem aufgeregten Bericht Emilias von der Kirchenbegegnung nicht mehr anwesend ist!). Als Odoardo dann in IV.7 von der Gräfin Orsina berichtet bekommt, der Prinz habe des Morgens mit Emilia gesprochen „[m]it einer Vertraulichkeit! mit einer Inbrunst!" (B 7, 355), sieht er die ganze fatale Geschehensfolge des Tages im Lichte der Haltung seiner Frau: „*Blickt wild um sich, und stampft, und schäumet.* Nun, Claudia? Nun, Mütterchen? – Haben wir nicht Freude erlebt! O des gnädigen Prinzen! O der ganz besondern Ehre!" (ebd.).

Tugend, Vernunft – und Sinnlichkeit. Das genaue Gegenteil der korrupten, schlüpfrigen und gefahrvollen Welt des Adels und des Hofes ist die Familie – oder sie sollte es, Odoardo zufolge, jedenfalls sein (dass Claudia verwundbar ist, wurde eben gezeigt; dass sie mit Pirro einen Verräter, einen halben Banditen in ihrem Gesinde hat, lässt ihre gesamte Stadtexistenz unterhöhlt erscheinen). Unmittelbar nach ihrem Geständnis in II.4, der Prinz habe Emilia gesehen, gesprochen, bewundert, zeigt Odoardo seine patriarchale Unerbittlichkeit: „Du hättest mir das sogleich sollen gemeldet haben" (II.4, B 7, 313) – und geht. Claudia charakterisiert ihn darauf: „Welch ein Mann! – O, der rauhen Tugend! – wenn anders sie diesen Namen verdienet. – Alles scheint ihr verdächtig, alles strafbar! – Oder, wenn das die Menschen kennen heißt; – wer sollte sich wünschen, sie zu kennen?" (II.5, B 7, 314).

Die „rauhe Tugend" Odoardos wird von seinem Schwiegersohn *in spe* ganz anders wahrgenommen. Unmittelbar nach Emilias erregtem Bericht aus der Kirche tritt er hinzu, kommt gerade von einer Begegnung mit dem alten Galotti: „Welch ein Mann" – es ist natürlich kein Zufall, dass seine Rede über Odoardo genau so beginnt wie eben Claudias – die Stellen verweisen genau aufeinander. Also: „Welch ein Mann, meine Emilia, Ihr Vater! Das Muster aller männlichen Tugend! Zu was für Gesinnungen erhebt sich meine Seele in seiner Gegenwart! Nie ist mein Entschluß immer gut, immer edel zu sein, lebendiger, als wenn ich ihn sehe – wenn ich ihn mir denke" (II.7, B 7, 319). Odoardo hat in Appiani einen idealen Schwiegersohn. Zwar ist es durchaus so, dass Emilia und Appiani einander hier in der Stadt, in der Nähe des Hofes, kennenlernten, dass Appiani sie hier fand (vgl. Claudia in II.4, B 7, 312), aber die Entscheidung für eine Ehe ist nicht Sache der Brautleute, vor allem nicht der Frau. Odoardo gibt der Verbindung seinen Segen, weil Appiani ist wie er – und weil er damit seine Tochter aus seiner Familie, aus der Vater-Tochter-Beziehung, in eine fast deckungsgleiche Mann-Frau-Beziehung entlassen kann. Damit ist die tugendhafte Erziehung, die Odoardo der Tochter angedeihen ließ, auch für die Zeit ihrer Ehe, abwesend vom Vater, auf Dauer gestellt.

Dass Claudia hier anders denkt, macht schon ihr Seufzer in II.5 deutlich. Als aber jetzt Appiani seine Braut dafür lobt, dass sie am Morgen ihrer Hochzeit eben nicht um ihren Schmuck, sondern um ihre Seele bemüht gewesen sei – „Ich werde eine fromme Frau an Ihnen haben; und die nicht stolz auf ihre Frömmigkeit ist" (II.7, B 7, 319) –, wendet ihre Mutter ein: „Aber, meine Kinder, eines tun, und das andere nicht lassen!" (ebd.). Also: fromm sein *und* stolz. Oder wenigstens ein bisschen eitel, geltungssüchtig oder ähnliches ...

Dass Appiani bei aller Odoardo-Mimikry außerhalb der Familienbeziehungen keinesfalls ein Weichling oder Opportunist ist, zeigt sein Zusammentreffen mit Marinelli: Ungeachtet der Gefahr eines Duells wirft er ihm entgegen (nachdem er die ‚Ehre', für den Fürsten nach Massa zu reisen, schon ausgeschlagen hatte): „Sie sind mit Ihrem Ja wohl – ja wohl ein ganzer Affe" (II.10, B 7, 324). Und als er auf die Duellforderung sofort eingeht, macht Marinelli einen Rückzieher angeblich aus Rücksicht gegenüber dem heutigen Bräutigam; Appiani spottet: „Gutherziges Ding! Nicht doch! Nicht doch! *Indem er ihn bei der Hand ergreift.* Nach Massa freilich mag ich mich heute nicht schicken lassen; aber zu einem Spaziergange mit Ihnen hab' ich Zeit übrig. – Kommen Sie, kommen Sie!" (B 7, 325). Sicher ist er hier, das Duell schnell zu gewinnen; darum sagt er auch, sterbend, aber in einem ebenso sichern ‚Tone' „Marinelli", wie Claudia später berichtet (vgl. III.8, B 7, 337 f.).

Wir wissen nicht, erfahren recht eigentlich nicht, wie Odoardo Emilia überhaupt erzogen hat. Die städtische Sphäre hält er jedenfalls für gefährlich, „das Geräusch und die Zerstreuung der Welt, mehr die Nähe des Hofes" sei doch für Claudia der Grund gewesen, mit der Tochter in der Residenz zu sein, mehr als „die Notwendigkeit, unserer Tochter eine anständige [d. h. hier: standesgemäße!] Erziehung zu geben" (II.4, B 7, 312); das eigene Landleben, auch das, welches Appiani mit seiner zukünftigen Frau im Piemont plant, ist die Sphäre der Tugend. Dass Odoardo nicht nur hofkritisch eingestellt ist, sondern auch völlig ungeübt darin zu sein scheint, höfische Verstellung und Lüge zu durchschauen, zeigt, wie oben ausgeführt, der Auftritt V.5. – Odoardo gibt der ehelichen Verbindung Emilias seinen Segen, weil Appiani ist wie er – nichts erfahren wir von der Vorgeschichte der Ehe außer, dass sie hier in der Stadt begann, nichts über tiefe Empfindungen der Brautleute. Eher im Gegenteil: Emilia lernt am Morgen ihres Hochzeitstages, in der Begegnung mit dem Prinzen, etwas kennen, das Appiani augenscheinlich *nicht* in ihr ausgelöst hatte – und das mitnichten Gegenstand der väterlichen Erziehung war: Sinnlichkeit. Die Erregung, mit der sie der Mutter in II.6 von der Begegnung in der Kirche berichtet, ist *auch* sinnliche Aufgeregtheit. Vollends aber ist sich Emilia der Macht des sinnlichen Reizes im vorletzten Auftritt des Dramas im Klaren. Wenn ihr Vater ihr sagt, ihre Unschuld sei doch über alle Gewalt erhaben, antwortet sie auf gewissermaßen selbstentlarvende Weise:

> EMILIA Aber nicht über alle Verführung. – Gewalt! Gewalt! wer kann der Gewalt nicht trotzen? Was Gewalt heißt, ist nichts: Verführung ist die wahre Gewalt. – Ich habe Blut, mein Vater; so jugendliches, so warmes Blut, als eine. Auch meine Sinne, sind Sinne. Ich stehe für nichts. Ich bin für nichts gut. Ich kenne das Haus der Grimaldi. Es ist das Haus der Freude. Eine Stunde da, unter den Augen meiner Mutter; – und es erhob sich so mancher Tumult in meiner Seele, den die strengsten Übungen der Religion kaum in Wochen besänftigen konnten! (V.7, B 7, 369)

Emilia hat nicht Angst vor dem Prinzen! Sie hat Angst vor sich selbst, vor dem in und an ihr, auf das sie anscheinend völlig unvorbereitet ist: die nicht-rationale, nicht nur durch tugendhaften Verstand und verstandesmäßige Tugend bestimmte, sinnliche Seite des Menschen. „Ich habe Blut, mein Vater; so jugendliches, so warmes Blut, als eine. Auch meine Sinne, sind Sinne." Und sie nimmt die Insuffizienz ihrer Tugend (und damit der Erziehung Odoardos) vorweg: „Ich stehe für nichts. Ich bin für nichts gut." Die Vegghia im Hause der Grimaldis (ob auch die Begegnung mit dem Prinzen? wer weiß?) hat etwas in ihr ausgelöst, „so manche[n] Tumult in meiner Seele", das sie nicht kannte, von dem sie nicht einmal in ihrem Verstande wusste, dass es zum Menschen gehöre. Geschweige denn, dass sie es – etwa Appiani gegenüber – schon einmal verspürt hätte.

Wie stark das Moment der sinnlichen Erschütterung, Erregung ist, zeigt Emilia schon in ihrem ersten Auftritt, in ihrem Bericht von dem eben in der Kirche Erlebten in II.6. Nicht so sehr, *was* sie berichtet, sondern *wie* sie spricht, ist hier von Interesse. Die Atemlosigkeit ihrer Erzählung, das stockend sich selbst immer wieder unterbrechende Erzählen, Fragen, Ausrufe, Gedankenstriche insbesondere und Ellipsen sind Ausdrucksmittel einer „hertzrührenden Schreibart" (Breitinger: *Critische Dichtkunst* 1740, 352–397); stilistisch geht Lessing sogar hierüber hinaus und greift auf die poetische Rhetorik des Sturm und Drang voraus (vgl. Alt 2007, 223; vgl. auch Polaschegg 2012). So wie das ungrammatische Sprechen die sprachliche Logik korrumpiert, so unterminiert die Gewalt der Affekte Vernunft und Tugend.

Zurück zu V.7: Als Odoardo Emilia den Dolch, mit dem sie sich rasch durchstoßen will, wieder entreißt, provoziert sie ihn doppelt zum Mord an ihr – bevor sie auf die Virginia bei Livius verweist. Sie sucht eine Haarnadel, um sich vielleicht doch noch den Tod geben zu können, und findet in ihrem Haar – die Brautrose, zur Ausfahrt mit Appiani mittags ins Haar gesteckt. Überrascht spricht sie die Blüte an: „Du noch hier? – Herunter mit dir! Du gehörest nicht in das Haar einer, – wie mein Vater will, daß ich werden soll!" (V.7, B 7, 370). Sie unterstellt (scheinbar!), der Vater, der sie am Selbstmord hindere, wolle, dass sie zur Mätresse, zur Hure werde (die natürlich keinen Brautschmuck verdiene). Und während sie, „[i]n einem bittern Tone", auf den Vater der Virginia verweist: „Solche Väter gibt es keinen mehr", „*zerpflückt*" sie „*die Rose*" (ebd.). Was sie hier vollzieht, ist faktisch eine *Defloration*: Das Schicksal ihrer Tugend, *ihr* Schicksal wird hier im Bilde vorweggenommen. Nachdem der Vater sie erdolcht hat, spielt sie genau wieder auf dieses Bild an: „Eine Rose gebrochen, ehe der Sturm sie entblättert" (ebd.). Besser tot als (so) entehrt!

Verstand und Sinnlichkeit. Die Dramaturgie des letzten Aufzuges, der ja auf die Tötung Emilias durch ihren Vater hinausläuft, könnte eindrucksvoller nicht sein. Seit dem III. Aufzug – dort hieß die Bühnenanweisung zu Beginn: „*Die Scene, ein Vorsaal auf dem Lustschlosse des Prinzen*" (III.1, B 7, 326) – findet alles hier statt, die Bühnenanweisung des IV. und V. Aufzuges lautet jeweils lakonisch: „*Die Scene bleibt*". Der Schlussaufzug hat eine Konstante: Odoardo Galotti. V.1 zeigt den Prinzen und Marinelli, wie sie über ihn sprechen, ihn als kommend ankündigen und ihm noch ausweichen. V.2, V.4 und V.6 zeigen Odoardo allein, jeweils im Monolog; er wird gleichsam im Monologisieren unterbrochen: von Marinelli (V.3), vom Prinzen und Marinelli (V.5), von Emilia (V.7). Überhaupt nur hier, in V.7, treffen Vater und Tochter zusammen! Dass in V.8 Prinz und Höfling zu Odoardo und der sterbenden Emilia treten, rundet den Aufzug ab.

Der V. Aufzug wird über die Monologe Odoardos rhythmisiert. Der erste Monolog beginnt einerseits mit der Selbstaufforderung, „noch kälter zu werden": „Nichts verächtlicher, als ein brausender Jünglingskopf mit grauen Haaren" (V.2, B 7, 359). Dass er sich von Orsina habe „fortreißen" lassen, also nicht kalt genug geblieben sei, reflektiert er kurz, entfaltet dann aber andererseits eine Phantasie der Rache für den ermordeten Schwiegersohn:

> Genug für mich, wenn dein Mörder die Frucht seines Verbrechens nicht genießt. – Dies martere ihn mehr, als das Verbrechen! Wenn nun bald ihn Sättigung und Ekel von Lüsten zu Lüsten treiben; so vergälle die Erinnerung, diese eine Lust nicht gebüßet zu haben, ihm den Genuß aller! In jedem Traume führe der blutige Bräutigam ihm die Braut vor das Bette; und wann er dennoch den wollüstigen Arm nach ihr ausstreckt: so höre er plötzlich das Hohngelächter der Hölle, und erwache. (V.2, B 7, 359 f.)

Nur in der Anmoderation dieser Rachephantasie verlässt ihn gleichsam grammatische Rationalität: „Und deine Sache, – mein Sohn! mein Sohn! – Weinen konnt' ich nie; – und will es nun nicht erst lernen – Deine Sache wird ein ganz anderer zu seiner machen!" (V.2, B 7, 359). Die Gedankenstriche, die elliptische Rede sind Momente einer literarischen Empfindsamkeitsrhetorik, die schon morgens Emilias Erzählung von der Begegnung mit dem Prinzen gekennzeichnet hatte.

V.4 zeigt den alten Galotti, nach dem Gespräch mit Marinelli, in dem dieser nur angekündigt hat, dass Emilia zunächst wieder mit in die Stadt müsse, von Odoardo „*hitzig*" (so die BA, vgl. B 7, 361) unterbrochen, zunächst in höchster Erregung: „Wie? – Nimmermehr! – Mir vorschreiben, wo sie hin soll? – Mir sie vorenthalten? – Wer will das? Wer darf das? – Der hier alles darf, was er will?" (V.4, B 7, 361). In der Mitte seines Dialogs bremst er sich: „Aber, sieh da! Schon wieder; schon wieder rennet der Zorn mit dem Verstande davon" (ebd.). Odoardo reflektiert hier, was Emilia auf ganz andere Weise erfahren hat: Die zumindest zeitweise Übermacht der sinnlichen (hier zornigen) Erregung über den Verstand; er realisiert hier an sich selbst die Existenz des Sinnlichen, die er seiner Tochter gegenüber gleichsam verleugnete, die er auf jeden Fall kennenzulernen ihr vorenthielt.

In V.6 ist offenbar der Zorn mit seinem ‚Verstande davon': Die erste Bühnenanweisung im dritten Monolog lautet: „*blickt wild umher*" (B 7, 367). Der Prinz hatte ihn, in höfischem ‚Gesülze', geschmeichelt: „O Galotti, wenn Sie mein Freund, mein Führer, mein Vater sein wollten!" (V.5, B 7, 366) – und die Antwort fällt so aus: „*Odoardo Galotti. / Ihm nachsehend; nach einer Pause*: Warum nicht? – Herzlich gern – Ha! ha! ha! – *blickt wild umher*. Wer lacht da? – Bei Gott, ich glaub', ich war es selbst. – Schon recht! Lustig, lustig. Das Spiel geht zu Ende. So, oder so! – Aber – *Pause*" (B 7, 367). Die Reflexion einer möglichen Schuld Emilias, der eben im Gespräch mit dem Prinzen aufgeblitzte Gedanke, die eigene Tochter durch ihren Tod zu retten: Die Gedanken strömen fetzenweise durch den Monolog: „Was will ich denn für sie tun? – Hab' ich das Herz, es mir zu sagen? – Da denk' ich so was: So was, was sich nur denken läßt. – Gräßlich! Fort, fort! Ich will sie nicht erwarten. Nein!" (ebd.). Der Vorwurf an Gott (Odoardo redet „*gegen den Himmel*"), Emilia „in diesen Abgrund gestürzt" zu haben und sie dann gefälligst auch irgend zu retten, soll zur Begründung der eigenen Flucht aus der Situation dienen – allein: Emilia kommt schon herbei: „Zu spät! Ah! er [der Himmel] will meine Hand [zur Rettung der Tochter], er will sie!" (ebd.).

Das Thema von Wahnwitz und Verstand, das Lessing den alten Galotti hier sowohl performativ durchspielen als auch reflexiv behandeln lässt, war schon im Figuren-Dreieck Orsina – Odoardo – Claudia mehr als anmoderiert worden. Orsina erweist sich im IV. Aufzug als die Figur, die zentrale abstrakte Konzepte reflektiert oder im Dialog (mit Marinelli) ins Spiel bringt, die für das Drama von großer Wichtigkeit sind. Neben dem Zufall hatte sie sich Marinelli gegenüber durchaus als eine Frau gezeigt, die *denkt*, die Verstand hat: „Ist es wohl noch Wunder, daß mich der Prinz verachtet? Wie kann ein Mann ein Ding lieben, das, ihm zum Trotze, auch denken will? Ein Frauenzimmer, das denket, ist eben so ekel als ein Mann, der sich schminket" (IV.3, B 7, 346). Und, *vice versa*, Marinelli versucht, Odoardo einzureden, mit dem Verstand der Orsina sei etwas nicht in Ordnung (vgl. IV.6, B 7, 353).

Das Zusammentreffen der Gräfin Orsina mit dem alten Galotti wird mit der Reflexion bzw. Thematisierung von Affekten begonnen: Die Gräfin äußert Mitleid: „unglücklicher Mann" (IV.7, B 7, 353), was Odoardo zunächst nicht zuordnen kann (zumal er sie noch tendenziell für verrückt zu halten gedenkt); sie fährt fort: „Ich wollte treulich Schmerz und Wut mit Ihnen teilen. ODOARDO Schmerz und Wut? Madame!" (ebd.). Und erst, als sie auf seine Tochter zu sprechen kommt – „Das unglückliche Kind, ist immer das einzige" (ebd.) – reflektiert er Marinellis Verleumdung: „Doch bei Gott, so spricht keine Wahnwitzige!" (ebd.). Woraus sie schließen kann, was Marinelli ihm geflüstert hat ...

Die Gräfin aber lenkt das Gespräch zunächst in eine andere, abstraktere Richtung: „Und glauben Sie, glauben Sie mir: wer über gewisse Dinge den Verstand nicht verlieret, der hat keinen zu verlieren. [...] Auch Sie haben Verstand; und es kostet mich ein Wort, – so haben Sie keinen" (IV.7, B 7, 354). Das ist für Odoardo das Stichwort: „Ich habe schon keinen mehr, noch ehe Sie mir dieses Wort sagen, wenn Sie mir es nicht bald sagen" (ebd.). Und auf die Nachricht, dass Appiani ermordet sei, tot, sagt er: „Tot? tot? – Ha, Frau, das ist wider die Abrede. Sie wollten mich um den Verstand bringen: und Sie brechen mir das Herz" (ebd.). – Beide reden hier darüber, unter welchen Bedingungen der Mensch seinen Verstand verliert, verlieren kann, verlieren *muss*! Beide reden gleichsam in dramaturgischer Vorausdeutung über dasjenige, was in Odoardos Monologen im V. Aufzug tendenziell geschieht: „Schon wieder; schon wieder rennet der Zorn mit dem Verstande davon" (V.4, B 7, 361). Und als die Orsina wenigstens die Unterstellung eines Meuchelmordes an Appiani, an dem Emilia beteiligt gewesen sein könne, äußert, sagt die Bühnenanweisung, wie schon hier nicht nur ‚das Herz bricht', sondern der sinnliche Körper Odoardos über seinen Verstand obsiegt: „*blickt wild um sich, und stampft, und schäumet*" (IV.7, B 7, 355). Dass er jetzt im Affekt seine Taschen nach einer Waffe absucht, sagt ein Übriges.

Sowohl die Unterstellung Marinellis, Orsina sei verrückt, als auch Reflexion und Performation von Verstand und (irrationaler) Sinnlichkeit werden im Zusammentreffen der beiden Gesprächspartner mit Claudia Galotti motivisch weitergeführt. Auf der Gräfin Frage „Bin ich wahnwitzig" antwortet Odoardo: „O, – noch bin ich es auch nicht" – und die Bühnenanweisung vorab zeigt, wie nah er noch der schäumenden Erregtheit des vorigen Auftritts ist: „*wild hin und her gehend*" (IV.8, B 7, 357). Seine Frau ermahnt ihn, ruhig zu werden, so wie er es ihr eingangs abverlangt; er, „*der sich bei Erblickung seiner Gemahlin zu fassen gesucht*" (B 7, 356), jetzt „*sich zwingend*" (B 7, 357). Als er seiner Frau Geleit und Kutsche der Gräfin Orsina anempfiehlt, stellt er diese zunächst vor: „Claudia, – *ihr die Gräfin bekannt machend*: Die Gräfin Orsina; eine Dame von großem Verstande; meine Freundin, meine Wohltäterin" (IV.8, ebd.). Wahnwitzigkeit und Verstand rahmen das gesamte Zusammentreffen der Gräfin mit Odoardo.

Verstand und stärkste sinnliche Reaktion aber sind auch die Koordinaten des Zustandes von Emilia, über die die Eltern hier reden. Als Claudia zugeben muss, „daß der Prinz heute Morgen Emilien in der Messe gesprochen" (B 7, 356), thematisiert sie sofort Emilias Zustand nach dem Kirchbesuch: „Aber wenn du wüßtest, welchen Schreck es ihr verursacht; in welcher Bestürzung sie nach Hause kam" (B 7, 357); als Claudia berichtet, Emilia ‚argwohne' mindestens, dass ihr Bräutigam ermordet sei, unterstellt Odoardo: „Und sie jammert und winselt", doch Claudia unterbricht ihn. Nicht Jammern und Winseln, also unmittelbare affektive Reaktion auf das Trauma, bestimme mehr Emilias Haltung: „Das ist vorbei: nach Ihrer Art, die du kennst. Sie ist die Furchtsamste und Entschlossenste unsers Geschlechts. Ihrer ersten Eindrücke nie mächtig; aber nach der geringsten Überlegung, in alles sich findend, auf alles gefaßt" (ebd.). Jammern, Winseln, nie mächtig der ersten Eindrücke, die furchtsamste Frau – geringste Überlegung und Entschlossenheit: Bei Emilia scheint, zumindest in diesem Falle (oder aus der Perspektive der Mutter) der Verstand (die ‚geringste Überlegung') sich sofort der Gewalt der ersten Eindrücke (die sinnlich sind!) bemächtigen zu können. Für jetzt ermächtige sie das auch in ihrem Verhalten gegenüber dem Prinzen – Claudia weiter: „Sie hält den Prinzen in einer Entfernung; sie spricht mit ihm in einem Tone –" (ebd.). Dass Emilia aber der

Gewalt der Verführung, der Gewalt der eigenen Sinnlichkeit unterliegen zu können befürchtet, zeigt ihre Todesszene ...

Ständekonflikt oder innerfamiliärer Konflikt? Dass sich in der Darstellung des Prinzen und seiner Mätressenwirtschaft, bei gleichzeitiger Heiratsplanung, dass sich vor allem in der tödlichen Intrige Marinellis und insgesamt in seiner Figur als hässlicher Fratze einer Höflingskultur eine Kritik des Textes am Adel zum Ausdruck bringt, ist ohne Zweifel richtig. Dass diese auch in der scharfen Gegenüberstellung von amoralischer Hofwelt und ‚bürgerlicher' Familiensphäre als ‚Hort der Tugend' sichtbar wird, ebenso. Aber dergleichen sozialgeschichtliche (oder politische) Deutungen greifen zu kurz: Der eigentliche Konflikt im Drama ist innerbürgerlich, ja innerfamiliär erzeugt – der Prinz ist nur Katalysator. Es geht um die Insuffizienz einer Erziehung, die ausschließlich auf Vernunft und Tugend setzt, deren Menschenbild, aus körperfeindlichem Tugendwahn, die Sinnlichkeit verleugnet – und ihr letztlich unterliegt (vgl. Hillen 1970; Ter-Nedden 1986; Alt 1994). Und es geht um die Frage der Determiniertheit menschlichen Handelns – von innen: Ist die Stärke des Affekts etwas, was über jeglichen möglichen Widerstand von Vernunft und Tugend triumphiert? Wäre es so, dann wäre das Trauerspiel tiefer Einspruch gegen jeden Aufklärungs- und Vernunftoptimismus. Es muss aber auch die Frage gestellt werden dürfen, ob dasjenige, was die Bühnenhandlung simuliert, in dem eben angedeuteten Sinne überhaupt verallgemeinert werden kann: Vollzieht sich die Tragödie doch in einem ziemlich singulären Koordinatenfeld von Zufall und Zeitnot und Zeitdruck, Eile, Hast und voreiligem Handeln. Diese Singularität aber ist notwendig: Ansonsten gäbe es keinen ‚Fall', der „fähig genug sei, die ganze Seele zu erschüttern" (Lessing an Nicolai vom 21. Januar 1758). Damit aber stellt das Drama die Fragen nach Vernunft und Tugend, nach Affekt und (un-)freiem Willen. Es fragt danach. Antworten gibt es nicht.

Schauspiel: Nathan der Weise 7

Entstehung. In einer handschriftlichen Notiz protokolliert Lessing den Umarbeitungsprozess seines *Nathan* in Blankverse, die Versifikation eines ursprünglich in Prosa ausgeführten Schauspiels: „Zu versificieren angefangen den 14ten Novbr 78", für den V. Aufzug notiert er im selben Dokument den Beginn der Umarbeitung für den 7. März 1779 (B 9, 631; Paralipomenon 1). Das heißt, dass im Sommer und Frühherbst 1778 spätestens ein Text in Prosa vorgelegen haben muss; dafür spricht auch, dass Lessing in der zweiten Jahreshälfte Anzeigen für ein Subskriptionsverfahren, also gleichsam für Vorabbestellungen, sowohl etwa in der Berliner *Literatur- und Theaterzeitung* als auch in privaten Mitteilungen versandte. Im Sommer 1778, am 6. Juli, war Lessing wegen der Angriffe auf den Hamburger Hauptpastor Goeze mit herzoglichem Schreiben die Publikation „in Religions-Sachen" (vgl. B 12, 187) untersagt worden (s. Abschn. 2.2). In einem Brief an seinen Bruder Karl Gotthelf in Berlin verweist er, durchaus in Gedanken daran, die Auseinandersetzung mit Goeze mit anderen Mitteln fortzusetzen, auf einen nächtlichen „närrischen Einfall [...]. Ich habe vor vielen Jahren einmal ein Schauspiel entworfen, dessen Inhalt eine Art von Analogie mit meinen gegenwärtigen Streitigkeiten hat" (11. August 1778), ohne weitere Angaben zum Inhalt weist er Karl (und über ihn Moses Mendelssohn) auf die dritte Erzählung im ersten Buch von Boccaccios *Decamerone* hin: Die Erzählung vom Juden Melchisedech am Hof des Saladin, die die Parabel von den drei Ringen enthält. Den gleichen Hinweis bekommt die Tochter des „Ungenannten", Elise Reimarus, mit dem Zusatz: „Ich muß versuchen, ob man mich auf meiner alten Kanzel, auf dem Theater wenigstens, noch ungestört will predigen lassen" (6. September 1778). Wann es tatsächlich war, dass Lessing „vor vielen Jahren einmal ein Schauspiel entworfen" hat, das sich möglicherweise irgendwie um die Boccaccio-Erzählung rankte, lässt sich nicht erweisen; vermuten könnte man eine (inhaltlich begründbare) Nähe zu den *Juden* (1749) und zur „Rettung des Hier. Cardanus" (1754). – Obwohl Lessing erst Anfang März 1779 mit der Versifikation des V. Aufzugs begann, konnte das Schauspiel im Mai zur Ostermesse erscheinen (s. Abb. 7.1).

Abb. 7.1 Titelblatt *Nathan der Weise* (1779)

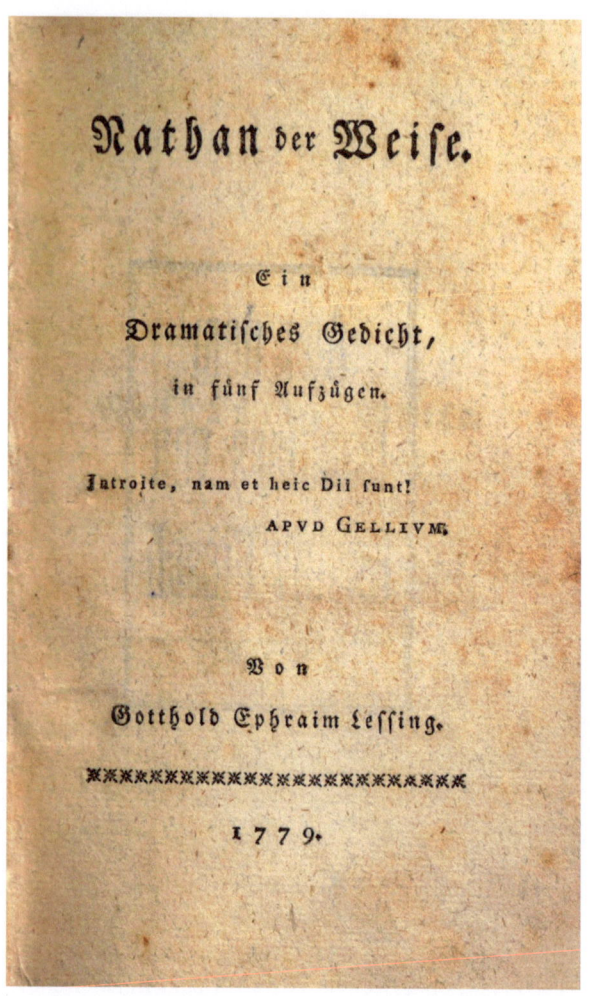

Stoff und Handlung. Die Handlung spielt zur Zeit der Kreuzzüge (in diesem Fall, unter dem Sultanat Saladins, in den Jahren 1189–1192) in Jerusalem. Als der Jude Nathan von einer Geschäftsreise zurückkommt, erfährt er, dass seine Pflegetochter Recha von einem christlichen Tempelherrn (seit 1120 für zwei Jahrhunderte ein geistlicher Ritterorden) aus dem Feuer gerettet wurde. Dieser Tempelherr verdankt sein Leben der Begnadigung durch den muslimischen Herrscher, Sultan Saladin. Dieser hatte ihn als Einzigen von zwanzig Gefangenen begnadigt, weil er auf rätselhafte Weise seinem (des Sultans) verstorbenen Bruder Assad ähnlich gesehen habe. Nathan überredet den Tempelherrn zu einem Besuch, um den Dank seiner Tochter entgegenzunehmen. – Sultan Saladin hat Geldsorgen (er möchte seine Schwester Sittah mit einem Bruder und seinen eigenen Bruder Melek mit einer Schwester des englischen Königs Richard Löwenherz verheiraten), deshalb plant er Nathan eine Fangfrage zu stellen und dessen Antwort zu nutzen, um Geld von ihm zu bekommen. Er fragt Nathan nach der „wahren Religion". Dieser antwortet mit der berühmten Ringparabel. Tief davon beeindruckt bittet der Sultan daraufhin, Nathans Freund sein zu dürfen. – Der Tempelherr hat sich unterdessen in Recha verliebt und möchte sie heiraten, obwohl sie die Tochter eines Juden ist. Als er aber erfährt, dass Recha adoptiert ist und ihre leiblichen Eltern Christen waren, wendet er sich an den Patriarchen von Jerusalem. Dieser plädiert sofort für die Todesstrafe für den Juden. Am Ende stellt sich heraus, dass Recha und der Tempelherr Geschwister und die Kinder von Assad sind. Nathan, der kein leiblicher Verwandter ist, wird als Vater anerkannt, weil er sich in Rechas ganzem Leben als Vater erwiesen hat.

Konfliktparteien I: Religionen. Das historische und geographische Setting könnte konflikthaltiger kaum sein: Jerusalem zur Zeit der Kreuzzüge, ehedem jüdische Metropole und Tempelstadt zur Zeit des Alten Testaments und des frühen 1. Jahrhunderts, von den Christen als ‚Heilige Stadt' reklamiert und seit 1187 von Saladin, dem ägyptischen Sultan, besetzt, beherbergt neben den muslimischen Herrschern das christliche Patriarchat, das die vormaligen Herrscher, die Kreuzritter, eingerichtet hatten, die Mitglieder älterer geistlicher Ritterorden (Johanniter, Templer, Deutscher Orden), einen aus der Zeit vor den Kreuzzügen stammenden koptischen oder orthodox-christlichen und natürlich einen jüdischen Bevölkerungsanteil.

Diese drei Religionen als Konfliktparteien werden im Drama vorgeführt: Einerseits in der jeweiligen Selbstwahrnehmung, andererseits in der Wahrnehmung durch die jeweils anderen. Diese Konstellationen sind zuallererst zu erarbeiten, damit darüber die Handlung genauer betrachtet werden kann.

- Schon der Beginn der Exposition, der Dialog zwischen Nathan und Daja, der Witwe eines christlichen Kreuzritters und gleichsam Hausdame bei Nathan und Recha, über den Brand des Hauses, über die Lebensgefahr für Recha und ihre Rettung durch den Tempelherrn, ist unterwandert durch eine vorbehaltvolle Haltung Dajas gegenüber Nathan: Sie *weiss*, dass Recha ein von Nathan aufgenommenes Christenkind ist, sie fühlt darob ihr Gewissen sich regen (vgl. v. 39, v. 41), sie sieht bei Nathan große Schuld:

    DAJA So seid Ihr nun!
        Wenn Ihr nur schenken könnt! nur schenken könnt!
    NATHAN Nimm du so gern, als ich dir geb': – und schweig!
    DAJA Und schweig! – Wer zweifelt, Nathan, daß Ihr nicht
        Die Ehrlichkeit, die Großmut selber seid?
        Und doch ...
    NATHAN Doch bin ich nur ein Jude. – Gelt,
        Das willst du sagen?
    DAJA Was ich sagen will,
        Das wißt Ihr besser.
    NATHAN Nun so schweig!
    DAJA Ich schweige.
        Was Sträfliches vor Gott hierbei geschieht,
        Und ich nicht hindern kann, nicht ändern kann, –
        Nicht kann, – komm' über Euch! (v. I.51–61)

Auch Daja nimmt sich, als Christin, als etwas Besseres wahr, Nathan ironisiert dies Vorurteil: „Doch bin ich *nur ein Jude*" und nimmt gelassen ihre Schlussdrohung hin: „Sträfliches [...] komm' über Euch! / NATHAN Komm' über mich!" Was soll's?

Dajas Haltung gerät in III.1 in einen scharfen Dissens mit Rechas (wohl von Nathan ererbter) Position. Dass ein Tempelherr Recha gerettet habe, vielleicht sich für sie interessiere, sieht Daja als Beförderung ihrer Hoffnung, Recha „in Europa, dich in Händen / Zu wissen, welche deiner würdig sind" (v. III.22 f.); der Subtext hier ist: Die Hände eines Juden, sei es auch ein reicher, weiser und gütiger, sind allemal nicht gut genug. Mehr noch: „Und wenn es nun dein Retter selber wäre, / Durch den sein Gott, für den er kämpft, dich in / Das Land, dich zu dem Volke führen wollte, / Für welche du geboren wurdest?" (v. III.33–36). Recha lehnt – auf die ‚Moral' der Ringparabel im selben Aufzug (vgl. III.7) vorausgreifend – die religiös-ideologische Verblendetheit hinter Dajas Haltung rundweg ab: „‚Sein, sein Gott! für den er kämpft!' / Wem eignet Gott? was ist das für ein Gott, / Der einem Menschen eignet? der für sich / Muß kämpfen lassen?" (v. III.39–42). Und sie erinnert sich an Dajas frühere Legendenerzählung: „Wenn war ich nicht ganz Ohr, so oft es dir / Gefiel, von deinen Glaubenshelden mich / Zu unterhalten?" (v. III.67–69). Allerdings habe sie diese Legenden immer *moralisch*, nicht im Sinne einer Parteinahme für eine bestimmte Religion ausgelegt: „Hab' ich ihren Taten / Nicht stets Bewunderung; und ihren Leiden / Nicht immer Tränen gern gezollt? Ihr Glaube / Schien freilich mir das Heldenmäßigste / An ihnen nie" (v. III.69–73). Was sie der parteilichen Behauptung, nur der eigene Gott sei der richtige, entgegensetzt, ist die *Haltung* gegenüber diesem Gott: „Doch so viel tröstender / War mir die Lehre, daß Ergebenheit / In Gott von unserm Wähnen über Gott / So ganz und gar nicht abhängt" (v. III.73–76). Bedeutsam ist in diesem Zusammenhang, dass Lessing bereits 1752 Voltaires Schrift „Von dem Korane und dem Mahomed" übersetzt hatte und wusste, dass Rechas „Ergebenheit / In Gott" die exakte Bedeutung des Wortes *Islam* ist: Die geborene Christin Recha, von einem Juden eher nach den Geboten einer überkonfessionellen, menschlichen Vernunftreligion als wie ein jüdisches Mädchen auferzogen, bekommt die deutsche Übersetzung des Wortes Islam in den Mund gelegt (vgl. dazu insgesamt Fick 2016b, 41 f.). – Wenn Nathan in III.7 den Richterspruch am Ende der Ringparabel gipfeln lässt in der Aufforderung, jeder Träger des Rings möge die „Kraft des Steins [...] mit Sanftmut, / Mit herzlicher Verträglichkeit, mit Wohltun, / Mit *innigster Ergebenheit in Gott*" (v. III.528–531) erweisen, dann paart er nicht nur die Dreifaltigkeit der genannten Tugenden mit einer Haltung gegenüber Gott, sondern zitiert eben die Formel, die Recha zum Auftakt des Mittelachsen-Aufzugs schon ausgesprochen hatte.

Hinsichtlich Dajas – und ihres Christentums – bezieht Recha in V.6 gegenüber Sittah eindeutig Position: Sie würdigt uneingeschränkt den Menschen Daja – „Eine Christin, die / In meiner Kindheit mich gepflegt; mich so / Gepflegt! – Du glaubst nicht! – Die mir eine Mutter / So wenig missen lassen!" (v. III.428–431). Und sie stellt pointiert den (wie der Tempelherr sagen würde) hirnverbrennenden ‚Funken der Leidenschaft' religiöser Orthodoxie und suprematistischer Phantasien dar: „die arme Frau [...] / Ist eine Christin; – muß aus Liebe quälen; / Ist eine von den Schwärmerinnen, die / Den allgemeinen, einzig wahren Weg / Nach Gott, zu wissen wähnen" (v. III.434–438).

- **Christentum**: Prominent wird das Christentum nicht als Religion, die Christenheit nicht als Religionsgemeinschaft exponiert, sondern als strategischer Akteur in einem Krieg. In I.5 versucht der Klosterbruder (der hier eine sinistrere Rolle zu spielen scheint), den Tempelherrn zur Kriegsspionage für den christlichen Patriarchen von Jerusalem zu gewinnen. Einerseits dient dieser Auftritt zum Nachtragen von Vorgeschichte: Die Gefangennahme des Tempelherrn durch Saladins Truppen bei der vergeblichen Belagerung von Tebnin (vgl. v. I.573), vor allem die Begnadigung durch den muslimischen Herrscher unmittelbar vor der Hinrichtung:

> TEMPELHERR [...]   Schon
> Den Hals entblößt, kniet' ich auf meinem Mantel,
> Den Streich erwartend: als mich schärfer Saladin
> Ins Auge faßt, mir näher springt, und winkt.
> Man hebt mich auf; ich bin entfesselt; will
> Ihm danken; seh' sein Aug' in Tränen: stumm
> Ist er, bin ich; er geht, ich bleibe. (v. I.583–589)

Andererseits aber hat der Klosterbruder einen Auftrag des Patriarchen zu erfüllen: „Er hätte durch den Herrn / Ein Briefchen gern bestellt" (v. I.607 f.). Einen Brief an König Philipp II. von Frankreich, einem der großen Akteure des Dritten Kreuzzugs, neben Richard Löwenherz und Friedrich Barbarossa. Vorher habe der Tempelherr, der sich ja frei bewegen könne in der Stadt, genau die neuen Befestigungsanlagen zu erkunden, „[d]ie Stärk' und Schwäche der von Saladin / Neu aufgeführten, innern, zweiten Mauer", um sie „[d]en Streitern Gottes, – sagt der Patriarch" zu verraten (v. I.625–628): Nur die Christen sind die ‚Streiter Gottes'!

Der Tempelherr lehnt das Ansinnen des Patriarchen rundweg ab: „Der liebe tapfre Mann will mich zu keinem / Gemeinen Boten; will mich – zum Spion" (v. I.650 f.). Sein Grund sei allerdings nicht nur, dass es nicht eines Tempelherrn ‚Beruf' sei, Spionage zu treiben (sondern einzig der Schwertkampf um Jerusalem, vgl. v. I.657), sondern dass er Saladin gegenüber eine immense „Verbindlichkeit" habe (v. I.681). Der Klosterbruder zitiert den Patriarchen:

> KLOSTERBRUDER Pfui! – Doch bliebe, – meint
> Der Patriarch, – noch immer Saladin
> Ein Feind der Christenheit, der Euer Freund
> Zu sein, kein Recht erwerben könne.
> TEMPELHERR   Freund?
> An dem ich bloß nicht will zum Schurken werden;
> Zum undankbaren Schurken? (I.689–694)

Die Christen nehmen sich als ‚die Streiter Gottes' wahr, den muslimischen Herrscher als ‚Feind der Christenheit', der als solcher keinen Anspruch auf den Titel eines Freundes (eines Christen) erwerben könne.

Dass ganz nebenbei auch vom Tempelherrn hier auf die Juden herabgeschaut wird, sei nur erwähnt: Der Patriarch sehe die Rettung des Tempelherrn durch

Saladin darin begründet, so der Klosterbruder, „[d]aß Gott zu großen Dingen Euch / Müß' aufbehalten haben"; der Tempelherr spottet: „Ja, zu großen! / Ein Judenmädchen aus dem Feu'r zu retten" (v. I.592–594).

- Der Klosterbruder, eben noch scheinbar williger Diener des Patriarchen, bezieht in IV.1, wiederum gegenüber dem Tempelherrn, scharf Distanz zu seinem Verhalten in I.5: „Der liebe Gott, der weiß / Wie sauer mir der Antrag ward, den ich / Dem Herrn zu tun verbunden war" (v. IV.17–19); Gott wisse ebenfalls, „wie sehr ich mich gefreut, / Im Innersten gefreut, daß Ihr so rund / Das alles, ohne viel Bedenken, von / Euch wies't, was einem Ritter nicht geziemt" (v. IV.21–24). Wenn der Tempelherr andeutet, er müsse den Patriarchen in einer gewissen Sache um Rat fragen (d. i. Rechas eigentliche Herkunft, Nathans ‚unrechtmäßige' Auferziehung des Christenkindes in einem jüdischen Haus: also Dajas Verrat!), lehnt der Klosterbruder jedes Mitwissen ab – und der Tempelherr reflektiert einerseits die Parteilichkeit des jeweiligen religiösen Standpunkts: „Zudem, ich seh nun wohl, / Religion ist auch Partei; und wer / Sich drob auch noch so unparteiisch glaubt, / Hält, ohn' es selbst zu wissen, doch nur seiner / Die Stange" (v. IV.56–60). Andererseits bedenkt er, ob es überhaupt des Patriarchen bedürfe – und entschließt sich, in diesem Falle nicht nur nach eigenem Willen zu handeln: „Ich will ja doch / Den Christen mehr im Patriarchen, als / Den Patriarchen in dem Christen fragen" (v. IV.67–69). Ist der Patriarch Amtsträger einer (letztlich kriegerischen) Partei, die sich Christenheit nennt? Oder ist er in erster Linie Christ, lebt also (moralisch) in der Nachfolge des Religionsstifters?

Der Patriarch erweist sich als Ersteres (IV.2); deutlicher gesagt: In ihm entlarvt sich dieses Christentum in seiner Orthodoxie als inhuman! Bevor überhaupt der vorliegende ‚Fall' abstrakt besprochen wird, unterstellt der Patriarch die eigene Unfehlbarkeit:

> PATRIARCH [...] wenn uns Gott
> Durch einen seiner Engel, – ist zu sagen,
> Durch einen Diener seines Worts, – ein Mittel
> Bekannt zu machen würdiget, das Wohl
> Der ganzen Christenheit, das Heil der Kirche,
> Auf irgend eine ganz besondre Weise
> Zu fördern, zu befestigen: wer darf
> Sich da noch unterstehn, die Willkür des,
> Der die Vernunft erschaffen, nach Vernunft
> Zu untersuchen? und das ewige
> Gesetz der Herrlichkeit des Himmels, nach
> Den kleinen Regeln einer eiteln Ehre
> Zu prüfen? (v. IV.102–114)

Sein Rat, um den der Tempelherr ihn bitte, sei anzunehmen; zu prüfen sei dieser Rat nicht: Der Amtsträger sei Sprachrohr Gottes, menschliche Vernunft sei bloß Funktion einer ‚eitlen Ehre'. – Der Tempelherr nun legt ihm den Fall vor:

> Ein Jude hätt' ein einzig Kind, – es sei
> Ein Mädchen, – das er mit der größten Sorgfalt
> Zu allem Guten auferzogen, das
> Er liebe mehr als seine Seele, das

7 Schauspiel: Nathan der Weise

> Ihn wieder mit der frömmsten Liebe liebe.
> Und nun würd' unser einem hinterbracht,
> Dies Mädchen sei des Juden Tochter nicht;
> Er hab' es in der Kindheit aufgelesen,
> Gekauft, gestohlen, – was Ihr wollt; man wisse,
> Das Mädchen sei ein Christenkind, und sei
> Getauft; der Jude hab' es nur als Jüdin
> Erzogen; laß es nur als Jüdin und
> Als seine Tochter so verharren (v. IV.117–129)

Die Reaktion des Patriarchen ist eindeutig: Ihn „schaudert" (v. IV.131), es sei an „dem Juden fördersamst / Die Strafe zu vollziehn, die päpstliches / Und kaiserliches Recht so einem Frevel, / So einer Lastertat bestimmen" (v. IV.153–156); der Fall sei klar: Die zitierten Rechtsbücher bestimmten dem „Juden, welcher einen Christen zur / Apostasie verführt, – den Scheiterhaufen, – / Den Holzstoß" (v. IV.158–160). Umso verdienter sei die Strafe „dem Juden, / Der mit Gewalt ein armes Christenkind / Dem Bunde seiner Tauf entreißt! Denn ist / Nicht alles, was man Kindern tut, Gewalt? – Zu sagen: – ausgenommen, was die Kirch' / An Kindern tut" (v. IV.160–164). Jede Einwendung des Tempelherrn beantwortet der Patriarch in der Folge mit „Tut nichts! der Jude wird verbrannt" (v. IV.168, 174, 180 f.). Jede Einwendung des Tempelherrn macht die Sache für den Juden schlimmer: Für das Kind wäre es besser gewesen, im Elend umzukommen, als durch einen Juden gerettet zu werden: „was hat / Der Jude Gott denn vorzugreifen?" (IV.171 f.); falls der Tempelherr Recht habe und der Jude habe das Kind „in *keinem* Glauben auferzogen / Und sie von Gott nicht mehr nicht weniger / Gelehrt, als der Vernunft genügt" (v. IV.178–180), sei der schlimmste Zustand vorbereitet: „Gefährlich selber für den Staat es ist, / Nichts glauben! Alle bürgerliche Bande / Sind aufgelöset, sind zerrissen, wenn / Der Mensch nichts glauben darf" (v. IV.201–204).

Der Tempelherr entzieht sich der Befragung durch den Patriarchen – alles weitere wolle und könne er nur in der Beichte, im Schutzraum priesterlicher Schweigepflicht, sagen. Der Patriarch will einerseits zu Saladin, um ihn nach einer Strafe für den (noch hypothetischen) Juden zu fragen, will andererseits aber zunächst einen Spion auf die Sache ansetzen. – Erst in V.3 reflektiert der Tempelherr die Lebensgefahr, in die er Nathan gebracht habe: „Was hab' ich Querkopf nur gestiftet! – Daß / Ein einz'ger Funken dieser Leidenschaft / Doch unsers Hirns so viel verbrennen kann" (v. V.130–132). Hier erst bezieht er deutliche Distanz zur Parteilichkeit des jeweiligen religiösen Standpunkts – zugunsten der Vernunft, für die metonymisch das ‚Hirn' hier steht.

Der Blick *von außen* auf die Christenheit, hier: von Seiten der muslimischen Figuren, bestätigt das Bild, das, entlarvt, der Patriarch bietet. Sittah, die Schwester Saladins, weist diesen auf die Illusionen hin, die seinen familien- wie machtpolitischen Einheiratsphantasien in europäische Dynastien (vgl. v. II.73 ff.) zugrundegelegen hätten:

> SITTAH Hab' ich des schönen Traums nicht gleich gelacht?
> Du kennst die Christen nicht, willst sie nicht kennen.

> Ihr Stolz ist: Christen sein; nicht Menschen. Denn
> Selbst das, was, noch von ihrem Stifter her,
> Mit Menschlichkeit den Aberglauben wirzt,
> Das lieben sie, nicht weil es menschlich ist:
> Weils Christus lehrt; weils Christus hat getan. –
> Wohl ihnen, daß er ein so guter Mensch
> Noch war! Wohl ihnen, daß sie seine Tugend
> Auf Treu und Glaube nehmen können! – Doch
> Was Tugend? – Seine Tugend nicht; sein Name
> Soll überall verbreitet werden; soll
> Die Namen aller guten Menschen schänden,
> Verschlingen. Um den Namen, um den Namen
> Ist ihnen nur zu tun. (v. II.79–93)

Sittah unterscheidet einerseits zwischen dem moralischen Anspruch, der eigentlich in der Nachfolge Christi liege und der entsprechend handelnde Christen zu *Menschen* machen würde, und dem ideologischen ‚Etikett' der Religionszugehörigkeit. Und christliche Suprematie-Ansprüche seien allein darauf aus, dieses Etikett möglichst vielen aufzuprägen; um die Verbreitung von Religion als Botschaft tugendhaften Handelns, wie der Religionsstifter es vorgelebt habe, gehe es ihnen mitnichten. Diese Suprematie-Ansprüche, so Sittah weiter im Gespräch, beträfen sogar das Verhältnis der Geschlechter: „Als wär' von Christen nur, als Christen, / Die Liebe zu gewärtigen, womit / Der Schöpfer Mann und Männin ausgestattet!" (v. II.97–99).

Insbesondere die muslimischen Figuren im *Nathan* werden zu Sprachrohren einer „massiven Christentumskritik", wie auch an anderen Orientdramen der Zeit gezeigt werden kann (vgl. Fick 2016b, 37). An zwei Stellen in diesem Dialog werden dem Christentum, abseits der unbezweifelbaren und nachfolgewerten Moralität des Stifters, „Aberglaube" (v. II.83) und Glauben an „Armseligkeiten" (v. II.100) zugeschrieben: Aus der Perspektive des Islam gehört auf jeden Fall das Mythologem der Gottessohnschaft Jesu zu diesem Aberglauben, der Islam lehnt jede Vorstellung eines geteilten (dreifaltigen) Gottes ab (Sure 5, v. 72–75; vgl. Fick 2016b, 41). Was der Patriarch illustriert, insbesondere in seinem oben dargestellten Dialog mit dem Tempelherrn, ist dies: Die zur Inhumanität verhärteten oder entstellten Ansichten des Kirchenoberen sind entweder Effekte des von Sittah beklagten Suprematie-Anspruchs oder gar zur Orthodoxie geronnene Armseligkeiten christlichen Aberglaubens.

- **Islam**. Auch wenn Saladin und Sittah zentrale Figuren im Schauspiel sind – ihre eigene Religion, der Islam, wird viel weniger prominent, man könnte auch sagen: eher untergründig, modelliert. Das liegt einerseits natürlich daran, dass Lessing für eine mitteleuropäische, d. h. nominell christliche literarische Öffentlichkeit schreibt, eine Gesellschaft, innerhalb derer Juden existierten, ausgegrenzt, verleumdet, beschädigt und verfolgt wurden; der Orient, der Islam und muslimische Menschen sind fern. Andererseits überrascht dieser Befund: Dass Lessing sich intensiv mit dem Islam, insbesondere mit dem Koran beschäftigte, konnte die Forschung längst erweisen (vgl. Kuschel 1998; Horsch 2004; Al-Shammary 2011). Für Judentum und Christentum wird im *Nathan* in „häufigen und fein ziselierten Rekursen auf die Stifterfiguren Moses und Jesus" verwiesen, „[d]och wenn für den Islam der Koran und die Sendung Mohammeds grundlegend sind, so wird beides in Lessings Stück geradezu abgrundtief beschwiegen" (Fick 2016b, 7).

Lessing vollziehe, so Karl-Josef Kuschel in seiner grundlegenden Studie zum Islam bei Lessing und im *Nathan*, „[p]rogrammatisch [...] einen *Perspektivenwechsel in der Betrachtung des Islam*: von der Außensicht zur Innensicht, vom Fremdverständnis zum Selbstverständnis" (Kuschel 1998, 102). Zutreffend ist diese Aussage insofern, als hier sympathietragende Figuren sprechen, handeln, eine hohe Kultur besitzen, die nicht gewaltsam oder orthodox agieren und Geldprobleme haben wie andere auch – und die muslimische Figuren sind. Aber ist Saladin und Sittah, ist Al-Hafi, dem Derwisch, ein ‚Selbstverständnis' der eigenen Religion in den Mund gelegt?

Nach fast achtzig Versen, in denen es zwischen Al-Hafi, Sittah und Saladin um die Gelder aus Ägypten, um die Spielschulden Saladins gegenüber Sittah ging, bringt Saladin in II.2 seine Haltung und Situation in Wiederholung einer spezifischen Formel auf den Punkt:

> Ein Kleid, Ein Schwert, Ein Pferd, – und Einen Gott!
> Was brauch' ich mehr? Wenn kanns an dem mir fehlen? (v. II.203 f.)
>
> Ein Pferd, Ein Kleid, Ein Schwert, muß ich doch haben.
> Und meinem Gott ist auch nichts abzudingen.
> Ihm gnügt schon so mit wenigen genug;
> Mit meinem Herzen. (v. II.219–222)

Was hier martialisch daherzukommen scheint – Schwert, Pferd, Gott – klingt entschieden nach einem Religionsverständnis, das Gewalt einschließt: Gewalt zur Verteidigung, aber auch zur Ausbreitung der Religion. Das wird auch gedeckt durch Teile des Korans selbst, der ja in Konkurrenz zu schon zwei bestehenden großen monotheistischen Religionen (gleichen textlichen Ursprungs!) entstand und sich durchsetzen wollte (vgl. dazu Fick 2016b, 39). Saladin geht es, auf dem Hintergrund der finanziellen Sorgen, die den Dialog bisher bestimmten, um das, was er *besitzen* müsse, um muslimischer Herrscher oder Kämpfer zu sein. Wenn aber Saladin die Formel ein zweites Mal bringt, ist der Zusatz, den er macht, entscheidend: „Ihm [meinem Gott] gnügt schon so mit wenigen genug; / *Mit meinem Herzen*" (v. II.221 f.). Hier geht es nicht mehr um Kampf, Ausbreitung des eigenen Glaubens, Herrschaft, Besitz. Hier geht es einzig um den Gottesbezug des Einzelnen – um es pointiert zu sagen: Gott braucht am Einzelnen nicht Pferd, Kleid, Schwert, nicht seinen Reichtum, nicht seinen Kampf, Gott braucht am Einzelnen nur seine Haltung gegenüber Gott, sein Herz.

Verweise Saladins und Sittahs auf das Heilige Buch des Islam, auf den Namen des Propheten, bleiben aus, ihre Religiosität scheint fast abstrakt, losgelöst zu sein von der Überlieferungstradition des Koran und der Gestalt des Propheten – und damit auch von deren gewaltsamen, intoleranten, da missionierenden Implikationen.

- **Judentum I: Fremdwahrnehmung.** Einerseits thematisiert bzw. erwähnt Nathan, erwähnen auch Al-Hafi, Saladin, der Tempelherr, der Patriarch den Begriff des ‚Juden'. Als Etikett desjenigen, der der andern, der dritten Partei zugehört. Auch Nathan unterscheidet sich, in seiner Zugehörigkeit zu dieser ältesten der drei Religionsgemeinschaften, als ‚Jude' etwa vom Tempelherrn als einem ‚Christen' (vgl. z. B. II.5, v. II.522–524). Und insbesondere Patriarch und Tempelherr (nicht zufällig die ‚christlichen' Figuren!) blicken auf die Juden herab, verächtlich. Daja gegenüber unterstellt der Tempelherr, da Daja sich wundert, dass Nathan vom Volk „der Weise" genannt werde und nicht „der Reiche": „Seinem Volk ist reich und weise / Vielleicht das Nämliche" (v. I.741 f.), reproduziert also nur ein Vorurteil gegenüber einem ganzen sogenannten Volk. Den Dialog abschließend bescheidet er sie: „Auch laßt / Den Vater mir vom Halse. Jud' ist Jude" (v. I.776 f.). Genau mit dieser suprematistischen Arroganz tritt er in II. 5 das erste Mal Nathan entgegen. Auf Nathans höfliche Anrede „Erlaubt" schnaubt er geradezu: „Was, Jude? Was" (v. II.412 f.), die Rettungstat Recha gegenüber redet er klein: „wenn's auch nur / Das Leben einer Jüdin wäre" (v. II.432 f.). Doch genau in diesem Dialog beginnt am Tempelherrn ein Prozess, zu dem der orthodoxe Patriarch völlig unfähig wäre, ein Lernprozess, der hier zunächst nur als Irritation bemerkbar ist: „Bald aber fängt / Mich dieser Jud' an zu verwirren" (v. II.465 f.) – Lessing setzt die Bemerkung in Klammern: Das heißt, sie wird beiseite gesprochen, der Tempelherr monologisiert hier für einen Moment im Dialog mit Nathan.

Genau in diesem Dialog auch findet eine ausführlichere ‚Begründung' der Vorbehalte, Vorurteile gegenüber dem Judentum statt – seitens des Tempelherrn und *nach*, vielleicht sogar *infolge* der eben beobachteten Irritation. Der Zusammenhang ist dieser: Nathan hat, anlässlich des Handelns des Tempelherrn bei und nach der Rettung Rechas aus dem Feuer, das Gespräch auf das allgemeinmenschliche Gute gebracht, das in allen Ländern und Völkern seinen Platz habe. Und der Einzelne soll sich nicht vermessen, über den Andern zu mäkeln, sich gar über den Andern gesetzt zu wähnen (vgl. v. II.496–499). Genau hier setzt der Tempelherr an – mit einer historischen *Kritik* des Judentums, innerhalb derer der Lernprozess, der eben mit Irritation begann, fortgeführt wird – oder: ihm aus Ehrlichkeit *unterläuft*:

> TEMPELHERR [...] Doch kennt Ihr auch das Volk,
> Das diese Menschenmäkelei zu erst
> Getrieben? Wißt Ihr, Nathan, welches Volk
> Zu erst das auserwählte Volk sich nannte?
> Wie? wenn ich dieses Volk nun, zwar nicht haßte,
> Doch wegen seines Stolzes zu verachten,
> Mich nicht entbrechen könnte? (v. II.500–506)

Das wäre noch eine – wenn auch kein Pogrom und keinen Heiligen Krieg veranlassende – Begründung für eine Haltung gegenüber dem Judentum. Doch was dem Tempelherrn sodann in den Mund gelegt wird, ist letztlich eine religionsgeschichtliche Perspektive auf alle drei sogenannten abrahamitischen Religionen, die bis in die Zeit der Kreuzzüge selbst, bis an den Ort, an dem die Handlung spielt, bis nach Jerusalem reicht: „Seines [des Judentums] Stolzes; / Den es auf Christ und Muselmann vererbte, / Nur sein Gott sei der rechte Gott!" (v. II.506–508). In der Formulierung klingt es so, als sei das jüdische Volk *aktiv* an diesem ‚Vererben' beteiligt gewesen (was faktisch ja vollends unrichtig ist: Mit der Kanonisierung des jüdischen Tanach als sogenanntem Alten Testament wird den Juden ihre Überlieferung gleichsam *geraubt* und zu einer Art Vorgeschichte zur ‚eigentlichen' Heilsgeschichte entwertet!). Insofern trügen die vererbenden Juden Schuld an der Haltung von Christen und Muslimen. Nichtsdestoweniger gilt die Kritik des Tempelherrn an dieser „Menschenmäkelei", an dem Unsinn, zu glauben, „[n]ur sein Gott sei der rechte Gott!", gleichermaßen Christen wie Muslimen. Denn der Tempelherr zieht die historische Linie weiter:

> Wenn hat, und wo die fromme Raserei,
> Den bessern Gott zu haben, diesen bessern
> Der ganzen Welt als besten aufzudringen,
> In ihrer schwärzesten Gestalt sich mehr
> Gezeigt, als hier, als itzt? Wem hier, wem itzt
> Die Schuppen nicht vom Auge fallen – (v. II.510–515)

„Fromme Raserei" in „ihrer schwärzesten Gestalt", „hier" und „itzt": Die massenmordenden Unternehmungen der Kreuzzüge, deren der Tempelherr ein aktiver Teil ist. Wie Saladin auch. Nathan gehört zu den Opfern.
Der Tempelherr stutzt selbst, indem er Nathan darum fragt, „[d]aß ich, ein Christ, ein Tempelherr, so rede?" (v. II.508 f.); er bittet Nathan, zu vergessen, „was ich gesagt" (v. 1303), doch Nathan lässt nicht los – und gewinnt den Tempelherrn:

> NATHAN   Ha! Ihr wißt nicht, wie viel fester
> Ich nun mich an Euch drängen werde. – Kommt,
> Wir müssen, müssen Freunde sein! – Verachtet
> Mein Volk so sehr Ihr wollt. Wir haben beide
> Uns unser Volk nicht auserlesen. Sind
> Wir unser Volk? Was heißt denn Volk?
> Sind Christ und Jude eher Christ und Jude,
> Als Mensch? Ah! wenn ich einen mehr in Euch
> Gefunden hätte, dem es gnügt, ein Mensch
> Zu heißen!
> TEMPELHERR   Ja, bei Gott, das habt Ihr, Nathan!
> Das habt Ihr! – Eure Hand! – Ich schäme mich
> Euch einen Augenblick verkannt zu haben. (v. II.517–528)

Dass der Tempelherr gleichsam einen Rückfall erleidet – Dajas Verrat wenn auch anonymisiert an den Patriarchen weitergibt und Nathan damit tatsächlich in Lebensgefahr bringt –, soll hier dies Gewinnen durch Nathan nicht in Zweifel ziehen. Ist das Handeln des Tempelherrn in der Folge doch viel weniger Effekt eines weitergelebten Vorurteils gegenüber dem ‚Juden' Nathan als viel mehr Effekt der angeblich ‚kalten' Haltung Nathans in III.9, wie der Tempelherr Nathan in V.5 gesteht (vgl. v. V.224 ff.): „Ich bildete mir ein, / Ihr wolltet, was Ihr einmal nun den Christen / So abgejagt, an einen Christen wieder / Nicht gern verlieren" (v. V.239–242). Welch ein Unsinn: „Daß / Ein einz'ger Funken dieser Leidenschaft / Doch unsers Hirns so viel verbrennen kann" (v. V.130–132). Und welch ein Irrtum über den Weg Rechas zu Nathan. Das wird uns gleich beschäftigen. Doch zuvor muss noch ein Blick auf die Wahrnehmung der Juden durch die muslimischen Figuren geworfen werden. Im Gespräch Saladins und Sittahs mit Al-Hafi über die Geldprobleme des Sultans in II.2 spricht Sittah den Derwisch auf seinen „Freund" an, der gerade von einer Handelsreise zurückgekehrt sei: „Dein hochgepriesner Jude" (v. II.245 f.), von dem er, Al-Hafi, gesagt habe, „dem / Sein Gott von allen Gütern dieser Welt / Das Kleinst' und Größte so in vollem Maß / erteilet habe. [...] Das Kleinste: Reichtum. Und / Das Größte: Weisheit" (v. II.249–254). Al-Hafi versucht zunächst abzustreiten, so gut über einen Juden gesprochen zu haben, gibt dann aber seine Wertschätzung *dieses* Juden zu erkennen: „Es ist / Ein Jude freilich übrigens, wie's nicht / Viel Juden giebt" (v. II.273–275), Almosen gebe er, ohn Ansehn der Person: „Jud' und Christ / Und Muselmann und Parsi, alles ist / Ihm eins" (v. II.282–284). Dass von diesem Juden Geld zu leihen sei, bestreitet Al-Hafi mit Verweis auf Nathans Ethos und gläubige Gesetzestreue: „Weil / Die Mild' ihm im Gesetz geboten; die / Gefälligkeit ihm aber nicht geboten: macht / Die Mild' ihn zu dem ungefälligsten / Gesellen auf der Welt" (v. II.294–298). Sittah stellt in II.3 ihrem Bruder Nathan ausführlicher hinsichtlich seiner Bildung, seiner Handelstätigkeit und des Lobes durch Al-Hafi vor – in III.4 erwarten beide dann den einbestellten Juden; Sittah: „ist's bloß / Ein Jude, wie ein Jude: gegen den / Wirst du dich doch nicht schämen" (v. III.248–251).

Die Art, wie Saladin, als Herrscher und als Nicht-Jude, in III.5 mit Nathan spricht, ist zunächst mit der suprematistischen Arroganz des Tempelherrn in II.5 vergleichbar: „Tritt näher, Jude!" (v. III.281), „Aber, aber / Aufrichtig, Jud', aufrichtig" (v. III.303 f.). Dass der Sultan vorgibt, gar nicht an Gütern und Geld interessiert zu sein, sondern an Wahrheit oder „Unterricht" (v. III.321), klingt hier wie Wertschätzung Nathans, des Juden – ist aber von Sittah erdachte, am Ende von II.4 angedeutete Falle. In die Nathan aber nicht tappen kann, da er, genauso wie beim Tempelherrn in II.5, hier im Verlaufe von III.7 einen Lern- und Erkenntnisprozess in Gang setzt, der, wie beim Tempelherrn, zu Handschlag und Freundschaftsschwur führt. Die Antwort Nathans auf Sittahs Fragen-Falle ist die Parabel von den drei Ringen, auf die noch intensiver zurückzukommen sein wird.

- **Judentum II: Nathans ‚Religion'.** Nur an einer Stelle im Drama wird die Stifter-Figur des jüdischen Glaubens namentlich benannt. In III.2 – Recha ist im Gespräch mit dem Tempelherrn, ihn fragend, wo er gewesen sei: auf dem Berg Sinai – vermutet der Tempelherr, sie wolle erfahren, „ob's wahr, / Daß noch daselbst der Ort zu sehn, wo Moses / Vor Gott gestanden, als ..." (v. III.134–136). Recha jedoch weist dies zurück: Um die Überprüfung der buchstäblichen Wahrheit der Überlieferung ist es ihr nicht zu tun. Wenn sie sagt: „Nun das wohl nicht. / Denn wo er stand, stand er vor Gott" (v. III.136 f.), erweist sie sich einerseits als getreues Sprachrohr der ‚Religion' Nathans, der sie alles gelehrt habe, was sie wisse (vgl. V.6, v. V.387–389), vor allem aber als Sprachrohr einer spezifisch *jüdischen* Auffassung von Gottesdienst bzw. der Stellung des Menschen vor Gott. Monika Fick (2016b, 3) weist darauf hin, dass in Anton Friedrich Büschings *Geschichte der jüdischen Religion* (Berlin 1779), das sich in Lessings Bibliothek befand, der Gottesdienst „bei den Juden ‚Stehen vor Gott' genannt" werde. Gleichzeitig aber weist sie darauf hin, dass das eben nicht heiße, Nathan habe das adoptierte Mädchen im konfessionellen Sinne *jüdisch* erzogen, da „die Figuren widersprüchliche Angaben darüber machen, in welchem Glauben Nathan seine Adoptivtochter nun tatsächlich erzogen hat: Tempelherr gegenüber dem Patriarchen: in der Vernunftreligion: IV.2, V.177–180 [...]; Saladin: ‚ohne Schweinefleisch': IV.4, V.442 f. [...]; Klosterbruder: als leibliches Kind, d. h. als Jüdin und [damit] in derjenigen Religion, auf die das Christentum gebaut sei: IV, 7, V.624–646" (Fick 2016b, 4).

Der Name Moses, gleichsam des Stifters des jüdischen Gesetzes, wird hier vom Christen in den Mund genommen. Nathan bezieht sich nirgends explizit auf Mose, implizit aber auf eine andere, fundamental wichtige Passage der jüdischen Überlieferung: Das Buch und die Figur Hiob. D. h., Nathan wird auf Hiob bezogen, denn Lessing gibt seiner Figur einen biographischen Erfahrungshintergrund, der die Hiob-Bezüge überdeutlich werden lässt. – Die Vorgeschichte des Verhältnisses von Nathan und Recha wird in den ersten dreieinhalb Aufzügen immer nur angedeutet – als (schwärmerische) Gewissensnot, die sie Daja bereitet (I.1), als schauderhafter „Frevel", als „Lastertat" beim Patriarchen (IV.2), als ‚Errungenschaft' beim Tempelherrn („was Ihr einmal nun den Christen / So abgejagt"; V.5, v. V.240 f.). Nathans ‚Vaterschaft' gegenüber Recha wird erst in IV.7 mit einem vorgeschichtlichen Hintergrund versehen; insofern hat dieser Auftritt eine dramaturgisch sehr wichtige Funktion, insofern er Leerstellen, die bisher offengehalten wurden, füllt. IV.7 aber hat insbesondere die ganz wichtige Funktion, Nathans eigene *religio* (im Sinne einer transzendentalen ‚Rückbindung'; vgl. Strohschneider-Kohrs 1991, 66 f.) zu bestimmen.

Diese Vorgeschichte ist in doppeltem Sinne mit dem Hauptkonflikt des Dramas verquickt: Sie ist eine Episode der Kreuzzugszeit, 18 Jahre zurückliegend – und sie demonstriert, wie die orthodoxe Inhumanität des Patriarchen, das Barbarische nicht am Christentum, aber an den Vertretern der christlichen Partei. Nathan wird vom Klosterbruder auf jene Situation angesprochen, in der er, der Klosterbruder, damals noch Reitknecht im Dienste eines Kreuzritters, Nathan den verwaisten Säugling übergeben habe – und Nathan erweitert diese Vorzeithandlung bedeutend:

> NATHAN Ihr traft mich mit dem Kinde zu Darun.
>   Ihr wißt wohl aber nicht, daß wenig Tage
>   Zuvor, in Gath die Christen alle Juden
>   Mit Weib und Kind ermordet hatten; wißt
>   Wohl nicht, daß unter diesen meine Frau
>   Mit sieben hoffnungsvollen Söhnen sich
>   Befunden, die in meines Bruders Hause,
>   Zu dem ich sie geflüchtet, insgesamt
>   Verbrennen müssen. (v. IV.659–667)

Der Pogrom zu Gath entlarvt auf ungeheuerliche Weise das Barbarentum der Kreuzritter. Die ungeheuerliche Leiderfahrung, auf die Nathan hier erinnernd zurückgeht, enthält eine Anspielung auf den biblischen Hiob: Auch dieser hatte, neben drei Töchtern, sieben Söhne. Die Fortführung seines Berichts bietet eine Reihe von „Konnotationen von Hiob-Motiven [...]: der Bericht über den mit Gott rechtenden Haderer, der – ‚in Asch' und Staub‘ – sich und die Welt verflucht, gegen sein Leidensgeschick mit zornigem Aufbegehren sich empört" (Strohschneider-Kohrs 1991, 70):

> NATHAN   Als
> Ihr kamt, hatt' ich drei Tag' und Nächt' in Asch'
> Und Staub vor Gott gelegen, und geweint. –
> Geweint? Beiher mit Gott auch wohl gerechtet,
> Gezürnt, getobt, mich und die Welt verwünscht;
> Der Christenheit den unversöhnlichsten
> Haß zugeschworen – (v. IV.667–673)

Doch dann – gleichsam zeitgleich mit der Ankunft des Reitknechts mit Kind oder dieser unmittelbar vorhergehend – habe sich eine Konversion vollzogen:

> NATHAN Doch nun kam die Vernunft allmählig wieder.
> Sie sprach mit sanfter Stimm': „und doch ist Gott!
> Doch war auch Gottes Ratschluß das! Wohlan!
> Komm! übe, was du längst begriffen hast;
> Was sicherlich zu üben schwerer nicht,
> Als zu begreifen ist, wenn du nur willst.
> Steh auf!" – Ich stand! und rief zu Gott: ich will!
> Willst du nur, daß ich will! – Indem stiegt Ihr
> Vom Pferd' [...] (v. IV.674–682)

Diese Stelle ist schwierig – und leicht fehlzudeuten: Hier geht es nicht um eine billige Lösung der Theodizee-Problematik, die menschliche Leiderfahrung als unhintergehbaren Bestandteil auch der „besten aller möglichen Welten" zu verbuchen erzwingt; hier geht es nicht (Strohschneider-Kohrs führt das ganz differenziert aus; vgl. 1991, 67–90) um den Grund oder den Sinn des Leidens in der Welt – sondern um das *Verhalten* des Menschen ihm gegenüber. Und es geht um die grundsätzliche Erkenntnis und Anerkenntnis der „Gottesexistenz" als „Gegebenes und unleugbar Wirkliches", das jenseits der Grenzen menschlicher Vernunft liege (Strohschneider-Kohrs 1991, 82), aus der aber ein moralischer, ja ein Handlungsimpuls erfolge: „übe, was du längst begriffen hast", setze, aus deinem Begreifen der Wesenheit Gottes, etwas Anderes, Gutes, an die Stelle des ‚unversöhnlichsten Hasses‘ (vgl. v. IV.672 f.). – „Ich stand! und rief zu Gott": Hier findet sich das ‚Stehen vor Gott‘, über das Recha in III.2 angesichts Moses spricht, wieder.

Nathans Ausruf „ich will" ist Selbstbehauptung – inklusive des Nachsatzes: Aus der vernunftmäßigen Anerkenntnis Gottes (auch seiner Größe und Unverstehbarkeit), die Nathan hier nicht erst vollzieht, sondern die vollzogen zu haben er sich erinnert, wird ein moralischer Selbst-Impuls geformt: Er will nicht, *was* Gott will, er will nicht, *weil* Gott will, sondern er will *selbst* – unter der Bedingung, dass Gott wolle, dass der Mensch selbst wollen dürfe: „Willst du nur, daß ich will!" (anders deutet dies etwa Vellusig 2023, 141, was ich aber grammatisch nicht plausibel finde!).

Und in dieser Haltung habe ihn der Reitknecht angetroffen. Eben nicht mehr im tiefsten Leid „in Asch' / Und Staub", sondern schon im Zustand der religiös-moralischen Selbstermächtigung:

> NATHAN [...] und überreichet mir das Kind,
> In Euern Mantel eingehüllt. – Was Ihr
> Mir damals sagtet; was ich Euch: hab' ich
> Vergessen. So viel weiß ich nur; ich nahm
> Das Kind, trugs auf mein Lager, küßt' es, warf
> Mich auf die Knie' und schluchzte: Gott! auf Sieben
> Doch nun schon Eines wieder! (v. IV.682–688)

Die Erzählung Nathans ist, nach der Ringparabel in III.7, die zweite Erzählung Nathans innerhalb der Bühnenhandlung. Hier nicht im Schutzraum der literarischen oder parabolischen Fiktion, die ihn auf dem Höhepunkt des III. Aufzugs vor der ‚Falle' Saladins schützen soll, sondern in der Ungeheuerlichkeit eigener Leiderfahrung im unmittelbaren Kontext der historischen Katastrophe, innerhalb derer wir uns noch immer befinden: den Kreuzzügen. Die Erzählung Nathans ist mehr als rührend, sie ist höchst bewegend – und die Reaktionen des Klosterbruders, die sie zuweilen unterbrechen, modellieren die Rührung voraus, die das Publikum zeigen soll: „Die Erzählung kann als wesentliches Moment der Sympathiesteuerung im *Nathan* angesehen werden" (Niefanger 2023, 332). Nathan berichtet aber eben nicht nur von dem Pogrom von Gath, nicht nur vom Gottesgeschenk einer neuen ‚Tochter', sondern, anlässlich der Pogromerfahrung, sowohl von moralischer Selbstbestimmung als auch von religiöser Erfahrung (vgl. Strohschneider-Kohrs 1991, 57 f.; Strohschneider-Kohrs 2008, 172). Die Erkenntnis, die, durch die Stimme der Vernunft artikuliert, den Wendepunkt markiert – „und doch ist Gott! / Doch war auch Gottes Ratschluß das! Wohlan!" – lässt sich übersetzen in die Formel, mit der Recha in III.1 Daja gegenüber parteilichem „Wähnen über Gott" entgegentritt, mit der Nathan in III.7 den Richterspruch der Ringparabel enden lässt: „Ergebenheit in Gott" (v. III.74 f. und v. III.531). Und das ist, wie gesagt, die deutsche Übersetzung des Wortes „Islam".

Welcher Religion Nathan mit seiner religiösen Erfahrung zugehört oder sich zuordnen lässt, lässt die Szene IV.7 provokativerweise offen:

> KLOSTERBRUDER   Nathan! Nathan!
>   Ihr seid ein Christ! – Bei Gott, Ihr seid ein Christ!
>   Ein beßrer Christ war nie!
> NATHAN   Wohl uns! Denn was
>   Mich Euch zum Christen macht, das macht Euch mir
>   Zum Juden! (v. IV.688–692)

Moralisches Verhalten ist an die Stelle jeder parteilichen Zugehörigkeit zu einer Konfessionsgemeinschaft getreten. Religion *sieht* man – im Verhalten des Einzelnen: Und der eine nennt Gutes Tun halt christlich, der andere nennt's jüdisch. Das sind nur Etiketten.

Dramatisches Zentrum: Die Parabel von den drei Ringen. Diese Nivellierung der Unterschiede zwischen immerhin zwei der drei Religionen in IV.7 wird im Zentrum des gesamten Dramas, im 7. Auftritt des III. Aufzugs, nicht nur vorbereitet, sondern als fundamentale ‚Lehre' formuliert. Als Lehre Nathans an Saladin – und als Lehre des Dramas von der Bühne herunter ins Publikum, des Textes an seine Leserinnen und Leser. Im Zentrum von III.7 steht Nathans Erzählung von den drei Ringen. Diese lässt sich aber nicht im Handumdrehen auf *eine* oder auf *ihre* Lehre hin ummünzen, sondern muss in ihrer auch in der szenischen oder dialogischen Realisierung begründeten Komplexität ausführlich erläutert werden:

- Nathans Erzählung ist seine Antwort auf eine Frage Saladins, mit der er den Juden eigentlich in eine Falle (d. i. der ‚Anschlag' Sittahs, vgl. v. II.357 f.) locken wollte, um mit Nathans Geldmitteln die eigenen Finanzprobleme zu lösen;
- Nathans Erzählung ergeht nicht an einem Stück, sondern wird, an je entscheidender Stelle, von Saladin unterbrochen bzw., mindestens einmal, auch von Nathan selbst;
- Nathan erfindet seine Erzählung nicht, sondern findet sie vor in europäischem und orientalischem Erzählgut – und er modelt das Überlieferte um, ergänzt es um die bedeutsamsten Anteile;
- Nathans Erzählung ist eine *Parabel*, d. h. die Bildebene der Erzählung muss genau nachvollzogen werden, um die Bedeutungsebene (die auch Nathan ins Spiel bringt) herausarbeiten zu können;
- Nathans Erzählung hat eine für das Drama entscheidende (und letztlich eine im vierten Aufzug plötzlich mögliche Katastrophe vermeidende) Wirkung, die an Saladin als seinem Zuhörer, seinem Publikum *auf der Bühne* sichtbar gemacht werden kann.

Mindestens hinsichtlich dieser fünf Aspekte muss die Erzählung, muss die Zentralszene des gesamten Dramas erörtert werden:

- **Dramaturgische Einbindung der Ring-Erzählung: Saladins „Falle".** Misst man den imaginären Abstand, der zwischen Saladins abfälligem „Tritt näher, Jude!" zu Beginn von III.5 (v. III.281) und seinem Ausruf „Nathan, lieber Nathan! – [...] Geh! Aber sei mein Freund" gegen Ende von III.7 (v. III.541–544) liegt, wird ersichtlich, wie sehr Saladins ursprüngliche kommunikative Absicht scheiterte. Eine scheinbar unbeantwortbare Frage will er Nathan stellen:

  > SALADIN Ich heische deinen Unterricht in ganz
  > Was anderm; ganz was anderm. – Da du nun
  > So weise bist: so sage mir doch einmal –
  > Was für ein Glaube, was für ein Gesetz
  > Hat dir am meisten eingeleuchtet?
  > NATHAN   Sultan,

> Ich bin ein Jud'.
> SALADIN   Und ich ein Muselmann.
> Der Christ ist zwischen uns. – Von diesen drei
> Religionen kann doch eine nur
> Die wahre sein. (v. III.321–329)

Saladin gibt vor, vom, wie der Volksmund sagt, ‚weisen' Nathan (von dem Saladin vor dem Auftritt II.2 noch nie gehört hatte) die Gründe vernehmen zu wollen für die Wahrheit der ‚einen' Religion, um diese dann zu seiner machen zu können (vgl. III.334 und 338). Und er lässt Nathan allein, damit dieser nachdenken könne, damit er – für das Bühnenpublikum – einen Monolog halten kann – und damit er, Saladin, kurz mit der im Nebenraum horchenden Sittah Abrede halten kann, „ob ich's recht gemacht" (spricht er *beiseite*!; v. III.347).
Nathan, in III.6, seinem Monolog, ahnt die Falle (vgl. v. III.362 f.) und ist überrascht: „Ich bin / Auf Geld gefaßt; und er will – Wahrheit. Wahrheit! / Und will sie so, – so bar, so blank, – als ob / Die Wahrheit Münze wäre!" (v. III.350–353). Wie Nathan die Idee kommt, die Geschichte von den drei Ringen zu erzählen, verschweigt der Text: Wir sehen nur das Ergebnis. Nicht als verbohrter Jude dürfe er erscheinen („Stockjude", v. III.369), „Und ganz und gar nicht Jude, geht noch minder" (v. III.370). Der Gedankenstrich in Vers III.372 ist der Moment der Ideenfindung: „– Das wars! Das kann / Mich retten! – Nicht die Kinder bloß, speist man / Mit Märchen ab. – Er kömmt. Er komme nur!" (v. III.372–374).
Dass Nathan den Sultan alles andere als ‚abspeist' mit seinem ‚Märchen', zeigt die schon angedeutete, ungeheuerliche Wirkung seiner Erzählung in III.7. Dass seine Erzählung auch nicht irgendein Märchen, ein unbedeutendes Geschichtchen ist, ist Nathan durchaus bewusst: Wenn Saladin, halb erlogen (ob Sittah nicht mehr lauscht, wissen wir nicht), ihn auffordert: „Nun, so rede! / Es hört uns keine Seele" (v. III.377 f.), antwortet Nathan, überzeugt von der grundsätzlichen, ja fundamentalen Bedeutung dessen, was er zu sagen hat: „Möcht auch doch / Die ganze Welt uns hören" (v. III.378 f.). Und Saladin realisiert, halb noch im Spott, diese prätendierte fundamentale Bedeutung: „So gewiß / Ist Nathan seiner Sache? Ha! das nenn' / Ich einen Weisen! Nie die Wahrheit zu / Verhehlen! für sie alles auf das Spiel / Zu setzen! Leib und Leben! Gut und Blut!". Nathan darauf: „Ja! ja! wanns nötig ist und nutzt" (v. III.379–384). – Und jetzt erst fragt Nathan um Erlaubnis, „ein Geschichtchen zu / Erzählen" (v. III.389 f.).

- **Die Parabel-Erzählung von den drei Ringen.** Nathan verlegt den Gegenstand seines Märchens in tiefe Vergangenheit und weite (orientalische) Ferne: „Vor grauen Jahren lebt' ein Mann in Osten" (v. III.395) – und er begabt diesen Mann mit einem (scheinbaren!) Märchen- oder Zaubergegenstand: „einen Ring von unschätzbarem Wert' / [...]. Der Stein war ein / Opal, der hundert schöne Farben spielte, / Und hatte die geheime Kraft, vor Gott / Und Menschen angenehm zu machen" (v. III.396–400). Diese Zauberkraft des Opals aber hatte (und das fügt Lessing der Stofftradition hinzu) einen psychologischen Zusatz: Sie entfaltete sich nur bei dem, der „[i]n dieser Zuversicht ihn trug" (v. III.401) – seine Wirkung also war gebunden an eine innere Haltung, an *Glauben*!

Von Generation zu Generation ward nun der Ring jeweils auf den liebsten Sohn vererbt, bis die Reihe an einen Vater kommt, der drei Söhne hat, die er gleichermaßen liebt – und jedem verspricht er den Ring. Um keinen von ihnen zurückzusetzen, lässt er zwei identische Kopien des Ringes herstellen – und jedem seiner Söhne vermacht er, unwissend den je andern beiden, einen Ring, bevor er stirbt. Der dann eintretende Streit der Söhne, wer den rechten Ring habe, wer nun Fürst im Hause sei, führt zu nichts: „der rechte Ring war nicht / Erweislich" (v. III.446 f.); der Streit wird vor einen Richter gebracht. Dieser erwägt, natürlich vergeblich, den Vater einzuberufen zur Klarstellung, will sodann die Wunderkraft des Ringes, „beliebt zu machen" (v. III.500), überprüfen an den Söhnen selbst, ergebnislos: Wenn jeder nur sich selbst am meisten liebe, wie ihm scheine, so sei keiner der Ringe der echte. Dann aber kommt der Richter zum Schiedsspruch, vielmehr zu seinem „Rat" (v. III.514):

> Mein Rat ist aber der: ihr nehmt
> Die Sache völlig wie sie liegt. Hat von
> Euch jeder seinen Ring von seinem Vater:
> So glaube jeder sicher seinen Ring
> Den echten. – Möglich; daß der Vater nun
> Die Tyrannei des Einen Rings nicht länger
> In seinem Hause dulden wollen! – Und gewiß;
> Daß er euch alle drei geliebt, und gleich
> Geliebt: indem er zwei nicht drücken mögen,
> Um einen zu begünstigen. – Wohlan!
> Es eifre jeder seiner unbestochnen
> Von Vorurteilen freien Liebe nach!
> Es strebe von euch jeder um die Wette,
> Die Kraft des Steins in seinem Ring' an Tag
> Zu legen! komme dieser Kraft mit Sanftmut,
> Mit herzlicher Verträglichkeit, mit Wohltun,
> Mit innigster Ergebenheit in Gott,
> Zu Hülf'! Und wenn sich dann der Steine Kräfte
> Bei euern Kindes-Kindeskindern äußern:
> So lad' ich über tausend tausend Jahre,
> Sie wiederum vor diesen Stuhl. Da wird
> Ein weiserer Mann auf diesem Stuhle sitzen,
> Als ich; und sprechen. (v. III.515–536)

Der Richter installiert gleichsam die psychologische Grundbedingung, unter der der Stein im Ring seit je seine Kraft nur entfalten konnte, neu: den Glauben. „So glaube jeder sicher seinen Ring / Den echten" (v. III.518 f.). Doch dieser Glaube reicht nicht hin, die „Zuversicht", der Ring habe „die geheime Kraft, vor Gott / Und Menschen angenehm zu machen" (v. III.399–401), braucht ‚Hülfe' (vgl. v. III.532): Hülfe durch eine Haltung den Menschen und Gott gegenüber. ‚Unbestochne von Vorurteilen freie Liebe', ‚Sanftmut, herzliche Verträglichkeit, Wohltun – und innigste Ergebenheit in Gott'. Von diesen fünf Tugenden sind vier diesseitige, moralische Anforderungen, sind die Koordinaten bester Menschlichkeit, der mit der fünften die Anerkenntnis eines Größeren, als jeder Mensch es ist, als *religio* beigefügt wird. Und der Richter ist sich seiner Sache gewiss, wenn er die Bedingung für einen erneuten Gerichtstermin in unvorgreiflicher Zeitenferne („tausend tausend Jahre[ ]") benennt: „Und wenn sich dann der Steine Kräfte / Bei euern Kindes-Kindeskindern äußern" (v. III.532 f.). *Der Steine! Aller drei Steine!* Gleichgültig ob's der echte sei oder nicht! Nicht die Echtheit des Steins, sondern der Glaube als Zuversicht, dieser Stein werde die erwünschte Wirkung entfalten, und vor allem die ‚Hülfe' durch die eben genannten Tugenden entscheiden über die Wirkung, die der Stein entfalten kann.

- **Stofftradition, Quellen, Lessings Ergänzungen.** Nathan erfindet diese Erzählung nicht, er findet sie vor in seinem kulturellen Gedächtnis. Woher er dieses ‚Geschichtchen' kennt, lässt sich nicht erschließen. Wohl kann Lessings Weg zur Ring-Erzählung nachvollzogen werden – und seine wichtigste Quelle macht auch gleich seine entscheidenden Hinzufügungen (sowohl zur Erzählung selbst als auch in der szenisch-dialogischen Realisierung) sichtbar. Lessings Quelle ist Boccaccios *Decamerone*, die bedeutendste Novellensammlung (in eine ebenso bedeutende Rahmenerzählung gefasst) der italienischen Frührenaissance (entstanden um die Mitte des 14. Jahrhunderts). Die dritte der Novellen des ersten Tages erzählt von einem weisen, aber geizigen Juden, Melchisedech, dem Saladin (!), in großen Geldnöten, eine Fangfrage stellt, um ihn zur Bereitstellung finanzieller Mittel zwingen zu können: Die Frage nach der wahren Religion. Melchisedech ahnt die Falle und erzählt die Gleichniserzählung von den drei Ringen. Sie endet aber, wo unter den drei Ringen der eine echte nicht mehr auffindbar ist – und Melchisedech überträgt das Gleichnis sofort: Wie bei den Ringen sei auch die Frage nach der wahren Religion immer noch in der Schwebe. Bei Boccaccio ist Saladin weniger bewegt von der Wahrheit der Erzählung als vielmehr beeindruckt von der Geschicklichkeit, mit der der Andere sich der Falle zu entziehen vermag: Er legt seine Notlage offen, Melchisedech schießt ihm reiche Geldmittel zu und bleibt zeitlebens Freund des Saladin.

Die Quellen für die Erzählung oder einzelne ihrer Motive gehen vermutlich bis in die altägyptische Mythologie, auf jeden Fall auf die mittelalterliche Gattung der Religionsgespräche, auf orientalische Gleichnisse, auf Ringerzählungen der altfranzösischen Tradition und in den *Gesta Romanorum* und vieles mehr zurück (vgl. dazu Assmann 2016; Kuschel 2016; Mecklenburg 2009). Entscheidend für Lessings Drama ist, wie Nathan die Erzählung ergänzt (und auch für diese Ergänzungen können z. T. einzelne Quellen benannt werden; vgl. Mecklenburg 2009). Die erste dieser Ergänzungen betrifft den Ring selbst: Bei Boccaccio ist es nur ein herrlicher und kostbarer Ring, den seines Werts und seiner Schönheit wegen jeder Vater immer auf denjenigen der Söhne vererben solle, der dann Oberhaupt der Familie sei. Bei Nathan hat der Ring einen Stein: ein „Opal, der hundert schöne Farben spielte" (v. III.398), selbst also uneindeutig ist, changiert, *keine* Farbe hat und *alle*. Und dieser Stein ist es, der die Zauberkraft innehat, „die geheime Kraft, vor Gott / Und Menschen angenehm zu machen" (v. III.399 f.). Oder genauer: Der Stein ist es, der diese Zauberkraft entfaltet unter der Bedingung, dass sein jeweiliger Besitzer „[i]n dieser Zuversicht [auf die Wirkung] ihn trug" (v. III.401). Damit öffnet Lessing das Bild des Ringes für seine moralische *und* religiöse Besetzung, die im letzten Teil der Erzählung Nathans der Spruch des

Richters vollzieht. Hier geht es, von Anfang an, nicht um den *Besitz* des Rings, der Wahrheit, sondern um seine sichtbare Wirkung (im moralischen Handeln wie in der Haltung zu Menschen und Gott) sowie, insbesondere, die psychologische Voraussetzung dafür: Zuversicht, Glauben.

Natürlich fehlt auch die gesamte Richterszene bei Boccaccio: Dort endet, wie gesagt, Melchisedechs Erzählung mit der Feststellung, bei den Ringen sei, wie bei den Religionen, die Frage nach der ‚wahren' noch in der Schwebe. Diese Richterszene allerdings erzählt Nathan nicht in einem Durchgang mit dem vorgängigen Rest der Erzählung. Vielmehr lässt Lessing Nathan und Saladin den Fortgang der Erzählung unterbrechen – und das ist die dritte große Differenz zwischen dem Auftritt III.7 und der Novelle bei Boccaccio.

- **Unterbrechungslogik: Deutung und Wirkung.** Als Nathan ans Ende der von Boccaccio überlieferten Erzählung kommt, ‚übersetzt' er, wie Melchisedech dort, die Bildebene der Ringerzählung in Richtung der Religionsfrage Saladins – wiederum mit szenischen wie stilistischen Beifügungen, die es nur bei Lessing gibt:

> Man untersucht, man zankt,
> Man klagt. Umsonst; der rechte Ring war nicht
> Erweislich;
> – *Nach einer Pause, in welcher er des Sultans Antwort erwartet.*
> Fast so unerweislich, als
> Uns itzt – der rechte Glaube. (v. III.445–448)

Die Pause, die Nathan macht, soll dem Sultan die Gelegenheit geben, nicht nur irgendeine Antwort zu geben, sondern – die Übersetzung der Bildebene des Gleichnisses selbst zu leisten. Der verweigert aber hier noch Verständnis oder Verstehen und Nathan übersetzt selbst. Mit einer entscheidenden Beifügung: Der echte Ring sei „*fast* so unerweislich" gewesen wie, jetzt und hier, die Frage nach dem wahren Glauben. Das heißt, die Glaubensfrage ist noch unmöglicher zu entscheiden!

Saladin nötigt Nathan zur ausholenden Explikation seiner Deutung: „Wie? das soll / Die Antwort sein auf meine Frage? ..." (v. III.448 f.); Nathan scheint, sich entschuldigend, auszuweichen: Der Vater habe doch die Ringe angefertigt, *damit* sie nicht unterscheidbar wären! Und Saladin besteht – gegen die Identität der Ringe auf der Bildebene – auf der Differenz der Religionen: „Ich dächte, / Daß die Religionen, die ich dir / Genannt, doch wohl zu unterscheiden wären. / Bis auf die Kleidung; bis auf Speis und Trank!" (v. III. 445–457). Nathans lange Antwort auf diese indirekte Frage betont das Vergleichbare an den Religionen – das sie dann wiederum mit den Ringen, inklusive des changierenden Steins und der psychologischen Voraussetzung seiner Wirkung, der Zuversicht, vergleichbar macht. Die Religionen, so Nathan, unterschieden sich vielleicht in diesem oder jenem, doch „nur von Seiten ihrer Gründe nicht. – / Denn gründen alle sich nicht auf Geschichte? / Geschrieben oder überliefert!" (v. III.458–460). Und Geschichte, Überlieferung müsse doch „allein auf Treu / Und Glauben angenommen werden? – Nicht?" (v. III.461 f.). Und wenn es darum gehe, sei doch jeder schlicht Partei:

> Nun wessen Treu und Glauben zieht man denn
> Am wenigsten in Zweifel? Doch der Seinen?
> Doch deren Blut wir sind? doch deren, die
> Von Kindheit an uns Proben ihrer Liebe
> Gegeben? die uns nie getäuscht, als wo
> Getäuscht zu werden uns heilsamer war? –
> Wie kann ich meinen Vätern weniger,
> Als du den deinen glauben? Oder umgekehrt. –
> Kann ich von dir verlangen, daß du deine
> Vorfahren Lügen strafst, um meinen nicht
> Zu widersprechen? Oder umgekehrt.
> Das nämliche gilt von den Christen. Nicht? – (v. III.463–474)

Alle drei Religionen – in ihrer relativen Unterschiedlichkeit – sieht Nathan im jeweils parteilichen Überlieferungszusammenhang begründet – und damit gewissermaßen gleich, mindestens vergleichbar miteinander. Nathan lässt Saladin nicht Zeit, in der Sache zu argumentieren, der Auftritt allerdings ermöglicht diesem, gleichsam atemlos *beiseite* zu sprechen: „Bei dem Lebendigen! Der Mann hat Recht. / Ich muß verstummen" (v. III.475 f.), um damit Nathan die Möglichkeit zu geben, „auf unsre Ring' / [...] wieder [zu] kommen" (v. III.477 f.), die Geschichte bis zum oben erörterten Richterspruch zuende zu erzählen.

Diese Unterbrechung – Selbstunterbrechung in Nathans ‚Pause', die Übersetzung oder Explikation des Ringe-Bildes durch Nathan – ist nicht die erste und nicht die letzte, aber die einzige ausführliche. Alle andern Unterbrechungen Nathans durch Saladin sind, nur im ersten Falle, Zuhörerrückmeldung („Versteh mich, Sultan. SALADIN Ich versteh dich. Weiter!"; v. III.412) oder, in allen andern Fällen, gestischer oder sprachlicher Ausdruck der *Wirkung* von Nathans Erzählung: „SALADIN *der sich betroffen von ihm gewandt*", sein begieriges „Ich hör, ich höre!" (v. III.439 f.) und „Mich verlangt zu hören, / Was du den Richter sagen lässest. Sprich!" (v. III.492 f.). Saladins Einwurf schließlich „Herrlich! herrlich!" (v. III.512) bezieht sich womöglich weniger auf den unmittelbaren Erzählzusammenhang, in den er es einstreut, als vielmehr auf den fortschreitenden Erkenntnis- oder Verstehensprozess, der in ihm stattfindet, denn sein nächstes Wort ergeht erst nach Abschluss der Erzählung: „Gott! Gott!" (v. III.538): Überwältigung! Nicht nur Verstehen ist in Saladin geschehen, sondern eine völlige Umkehrung des eigenen Selbstverständnisses sowie seiner Sicht auf Nathan:

> SALADIN   Gott! Gott!
> NATHAN   Saladin,
>   Wenn du dich fühlest, dieser weisere
>   Versprochne Mann zu sein: ...
> SALADIN *der auf ihn zustürzt, und seine Hand ergreift, die er bis zu Ende nicht wieder fahren läßt.*   Ich Staub? Ich Nichts?
>   O Gott!
> NATHAN   Was ist dir, Sultan?

SALADIN   Nathan, lieber Nathan!
Die tausend tausend Jahre deines Richters
Sind noch nicht um. – Sein Richterstuhl ist nicht
Der meine. – Geh! – Geh! – Aber sei mein Freund. (v. III.538–544)

Ganz gleich, ob Saladin Nathan vorrangig in Sittahs Falle locken wollte oder ob ihn die ernstgemeinte „Suche nach der wahren Religion" (Kuschel 1998, 253 f.) zumindest mitmotiviert: Im Sultan wird durch Nathans Erzählung ein Lernprozess ausgelöst, der an die Seite desjenigen Lernprozesses tritt, den Nathan in II.5 im Tempelherrn bewirkt. Beide Figuren sind beweglich, lernfähig, trotz Vorurteilen und Herablassung gegenüber ‚dem Juden' für eine überkonfessionelle Menschlichkeit zu gewinnen und für ein Verständnis von Religion, das deren jeweilige Wahrhaftigkeit (und ihren Offenbarungscharakter!) nicht leugnet, allerdings die religiöse Parteilichkeit zurückbindet an den familialen, ethnischen und kulturellen Überlieferungszusammenhang, in den hinein man zufällig geboren wird: „Wir haben beide", so Nathan zum Tempelherrn in II.5, „Uns unser Volk nicht auserlesen. Sind / Wir unser Volk? Was heißt denn Volk? / Sind Christ und Jude eher Christ und Jude, /Als Mensch?" (v. II.520–524). Und ein Verständnis von Religion, das diese sichtbar denkt – im moralischen Verhalten des Menschen: ‚Unbestochne von Vorurteilen freie Liebe', ‚Sanftmut, herzliche Verträglichkeit, Wohltun – und innigste Ergebenheit in Gott'.

- **Literarische Aufklärung.** Die Parabel von den drei Ringen, dieses ‚Geschichtchen', wie Nathan es vorab anmoderiert (v. III.389), ist etwas sehr anderes als die Erzählung Nathans in IV.7. Dort ging es um biographisch Erlebtes, das die Barbarei ‚christlicher' Kreuzritter bebildert, das die ‚Ankunft' Rechas in Nathans Leben erinnert (und ins Wissen des Theater- und Lesepublikums holt), das als entscheidende religiöse Erfahrung Nathans sichtbar gemacht werden kann. Hier, in III.7, geht es um eine Parabel, d. h. eine letztlich literarische Erzählung innerhalb der literarischen Simulation auf der Bühne. Ersteres ist Vorgeschichte der Figur, dieses ist erinnertes fiktionales Erzählgut, ‚Märchen'. Dieses Märchen organisiert auf der Ebene der dialogischen Dramenhandlung einen bildhaften Zusammenhang, der auf seinen Sinn, seine Bedeutung verweist – diesen Sinn, die ‚Wahrheit' aber eben nicht ins Wort treten lässt, nicht begrifflich dingfest macht. Weil das eben nicht geht! Auch wenn Nathan Teile der Bildebene übersetzt (wie eben gezeigt), übersetzt er nicht durchgehend eins zu eins, sondern hält eine Vagheit, einen Spielraum offen (z. B.: „Fast so unerweislich, als / Uns itzt – der rechte Glaube": *Fast!*, v. III.447 f.).

Dass diese ‚Aufklärung' nachhaltig ist, belegen Saladin und der Tempelherr in IV.4: Der Sultan möchte den (noch nicht als Bruderssohn Erkannten) gewinnen, gleichsam als Freund: „Bliebst du wohl bei mir? / Um mir? – Als Christ, als Muselmann: gleich viel! / Im weißen Mantel, oder Jamerlonk; / Im Tulban, oder deinem Filze: wie / Du willst! Gleich viel! Ich habe nie verlangt, / Daß allen Bäumen Eine Rinde wachse" (v. IV.305–310). Und dem Tempelherrn (immer noch befangen in der auch von ihm beim Patriarchen angezettelten lebensbedrohlichen Intrige gegen Nathan) ist hier immerhin schon eine distanzierende

Außenperspektive auf das eigene Bekenntnis möglich: „Der Aberglaub', in dem wir aufgewachsen, / Verliert, auch wenn wir ihn erkennen, darum / Doch seine Macht nicht über uns. – Es sind / Nicht alle frei, die ihrer Ketten spotten" (v. IV.377–380).

Toleranz? Die Parabel von den drei Ringen kurzerhand mit einer aufgeklärten Forderung nach Toleranz zu verrechnen, greift viel zu kurz. Erstens: Darum geht es Nathan nicht! Ihm geht es um die Begründung von Religion nicht aus dem Glauben an irgendeinen Gott, den man für den wahren, irgendeine Offenbarung, die man für die einzig wahre hält, sondern ihm geht es um die Begründung von Religion aus moralischem Handeln, also letztlich diesseitig: „Sanftmut, / Mit herzlicher Verträglichkeit, mit Wohltun, / Mit innigster Ergebenheit in Gott" (v. III.529–533). Die „innigste Ergebenheit in Gott" ist, wie gesagt, Anerkenntnis eines Größeren, als jeder Mensch es ist, und nicht das parteiliche Phantasma *eines* Gottes, der sich ausschließlich durch die eigene Überlieferungstradition offenbare und den Göttern der andern überlegen sei.

Zweitens aber: Lat. *tolerare* heißt ‚dulden'. Bloße ‚Toleranz' ist kein anstrebenswertes Ziel für Nathan (und seinen Autor). Das Verhältnis der Religionen, über das Nathan als Ideal spricht, ist überhaupt keines, innerhalb dessen eine Differenz markiert ist: Differenzen gibt es nur hinsichtlich des moralischen Handelns. Nathan verweist alle positiven Religionen auf ihre Selbstbegründung aus Geschichte und Überlieferung (vgl. III.459 f.) – und darauf, dass jede(r) derjenigen Geschichte und Überlieferung den meisten Glauben schenke, innerhalb derer sie oder er aufgezogen worden sei (vgl. III.460–470). In II.5 fragt er den Tempelherrn: „Sind Christ und Jude eher Christ und Jude, / Als Mensch?" (II.523 f.). Das gemeinsame Mensch-Sein, die gemeinsame Menschlichkeit, die *eine* Natur aller steht über den nur aus Geschichte und Überlieferung *zufällig* ableitbaren Zuordnungen zu den positiven Religionen, von denen keine Vorherrschaft oder alleinige Wahrheit beanspruchen dürfe. Wenn Goethe schreibt: „Toleranz sollte eigentlich nur eine vorübergehende Gesinnung sein: sie muß zur Anerkennung führen. Dulden heißt beleidigen" (Goethe: *Maximen und Reflexionen* 875), geht nicht einmal das in Nathans Sinne weit genug: Vollständige Anerkennung des Andersartigen im Andern wäre ungeheuer viel, aber Nathan geht es um die Nivellierung der angeblichen Differenzen. Die Aufhebung der Unterschiede im gemeinsamen Mensch-Sein.

Familie. Das Schlussbild. Das poetische Bild, zu dem die Dramaturgie des Schauspiels führt, ist gekennzeichnet über die Aufhebung der Differenzen – in der Familie. Der Tempelherr und Recha sind Geschwister, Sittah und Saladin Tante und Onkel. Tempelherr und Recha demonstrieren, was Nathan in III.7 Saladin erläutert: Diejenigen, denen man die Überlieferung glaube, so Nathan in III.7 zu Saladin, seien doch diejenigen, „deren Blut wir sind, [...] die / Von Kindheit an uns Proben ihrer Liebe / Gegeben? [...] / Wie kann ich meinen Vätern weniger, / Als du den Deinen glauben?" (v. III.465–470). Der christlich Erzogene und die von Nathan erzogene glauben ihren „Vätern" die Überlieferung: der Tempelherr bis an die Grenze des religiösen Fanatismus (wie er sich selbst eingestehen muss). Die Differenzen zwischen dem Sultan und seiner Schwester, beides Muslime, dem Tempelherrn, einem Christ, und Recha, von einem Juden eher „in keinem Glauben" (v. IV.178) erzogen, werden reduziert auf ihre zufällige (geographische und konfessionelle) Herkunft, werden nivelliert auf der natürlichst möglichen Ebene: der Familie, ‚des Blutes' (vgl. Nathan in v. III.465; vgl. den Tempelherrn in v. V.694). – Und Nathan? Er ist mit niemandem verwandt! Niemand ist hier ‚seines Blutes'!

Aber steht er wirklich außen vor? Recha bestreitet das – und das Schlussbild „*allseitiger Umarmungen*" (B 9, 627) gibt ihr recht: Im vorletzten Auftritt – sie ist noch allein mit Sittah und Saladin – bittet sie Saladin um das Versprechen, „meinen Vater mir zu lassen; und / Mich ihm! – Noch weiß ich nicht, wer sonst mein Vater / Zu sein verlangt; – verlangen kann. Wills auch / Nicht wissen. Aber macht denn nur das Blut / Den Vater? nur das Blut?" (v. V.499–503). Nein, das Blut nur macht nicht den Vater: Nathan selbst hatte Saladin gegenüber in III.7 neben dem Blut, also der natürlichen, biologischen Verwandtschaft, eine zweite Bedingung für das Vertrauen in den Glauben der Eltern, für die innere Struktur von Familie genannt: „die / Von Kindheit an uns Proben ihrer Liebe / Gegeben" (v. III.465–467). Die Liebe, wie sie unter Familienmitgliedern besteht, wie sie vor allem von Eltern ihren Kindern gezeigt und gegeben wird, ist gleichzeitig Keim und Stellvertreterin der generellen Befähigung des Menschen zu Menschlichkeit und Liebe. Die Liebe, die ein Mensch jemandem zeigt, der nicht über ‚das Blut' verwandt ist und die ‚eingeborene' Liebe erheischt, kann an deren Stelle treten: Die vernünftige und liebende Moralität des Einzelnen übertrifft dann sogar die Liebe, die die bloße Natur des Menschen einflößt.

Von der Freiheit eines ***menschen! Das Spiel mit Modalverben im *Nathan*. Auf Dajas Ausruf ganz zu Beginn von I.1, „Daß Ihr doch endlich einmal wiederkommt" (v. I.2), fragt Nathan doppelt nach: „Hab' ich denn eher wiederkommen wollen? / Und wiederkommen können" (v. I.4 f.) – und eröffnet damit ein komplexes Spiel des gesamten Textes mit Modalverben: hier ‚wollen' und ‚können'. Nur wenig später kommt das ‚müssen' an die Reihe, im Gespräch mit dem Derwisch in I.3; als dieser einen gewissen Zwang zum Ausdruck bringen möchte, dem er unterliege, widerspricht Nathan: „Muß! Derwisch! – Derwisch muß? / Kein Mensch muß müssen, und ein Derwisch müßte?" (v. I.384 f.). Und als Nathan nochmals nachfragt: „Was müßt er denn?", antwortet der Derwisch: „Warum man ihn recht bittet, / Und er für gut erkennt: das muß der Derwisch" (v. I.385 f.).

Insbesondere ‚müssen' und ‚wollen' werden im Drama unterschiedlichen Semantisierungen unterzogen (natürlich gibt es auch ‚können' und ‚dürfen' und ‚sollen'); wenn Nathan mit der Formel „Kein Mensch muß müssen" ein Menschenbild ausspricht, das den Menschen als frei von äußerem Zwang zu denken wagt, widerspricht der Derwisch *nicht*, wenn er präzisiert, was er *muss*: Er *muss*, worum er gebeten wird und was er für gut erkennt. Das Gute zu tun oder zu gewähren, ist kein äußerer Zwang, sondern innere Notwendigkeit, gleichsam Imperativ der Humanität.

Der *äußere* Zwang wird häufig genug thematisiert: Der Klosterbruder realisiert den Auftrag des Patriarchen in I.5 als Zwang: Er *soll* sich „erkundigen", er „*muß* gehorchen", *muß* dem Patriarchen glauben (vgl. v. I.554, 559, 568), die Regeln des Schachspiels wie diejenigen der (Heirats-)Politik ihres Bruders deutet Sittah als Zwang (vgl. v. II.42, 107); an den Regeln des Spiels immerhin ‚wollen' beide vorbei: Saladin *will* im Spiel mit der Schwester schachmatt sein (vgl. v. II.153; II.684). Nathan weiß, wie Tempelherren denken *sollten* (vgl. II.483); Recha weiß, wie sie handeln „*müssen*": „Tempelherren, / Die müssen einmal nun so handeln; müssen / *Wie etwas besser zugelernte Hunde,* / Sowohl aus Feuer, als aus Wasser holen" (v. III.103–106). Saladin erfährt die List, die Sittah ihn mit der vermeintlichen Fangfrage gegenüber Nathan ausführen lässt, als Zwang („Ich soll mich stellen...""; v. III.222 ff.). Der Stand, die Gruppen-Identität, zu der man sich rechnet, die gesellschaftliche Stellung üben Verhaltens- oder Denkenszwang aus.

Der Verrat Dajas gegenüber dem Tempelherrn wird mit einer fast wörtlichen Anspielung auf Nathans Satz dem Derwisch gegenüber in I.3 anmoderiert: „DAJA Ei, was Vater! Vater! / Der Vater soll schon müssen. TEMPELHERR Müssen, Daja? – / Noch ist er unter Räuber nicht gefallen. – Er muß nicht müssen. DAJA Nun, so muß er wollen; / Muß gern am Ende wollen" (v. III.786–790). Ein Zwang, den Daja auf Nathan lasten sieht aufgrund seiner angeblichen Schuld Recha und der Christenheit gegenüber, ein Zwang, den Recha in V.6 ganz anders interpretiert: Daja *wolle*, so sagt sie Sittah, ihr Nathan als Vater entziehen: „Meine gute böse Daja kann / Das wollen, – will das können" (v. V.421 f.): Auf Daja lastet, in ihrem Christenwahn, ihr scheinbarer Wille als Zwang.

Dort aber, wo Nathan und der Tempelherr in II.5 im Gespräch sind, als gerade sich der Lernprozess im Tempelherrn vollzogen hat, realisiert zunächst Nathan ein moralisches ‚Müssen' als *inneren* Zwang: „Kommt, / Wir müssen, müssen Freunde sein" (II.518 f.) und der Tempelherr schlägt ein: „Nathan, ja; / Wir müssen, müssen Freunde werden" (II.531 f.). – Kein Mensch muss müssen? Doch: Wenn er das Richtige, das Gute will, dann *muss* er! Weil er menschlich ist. – Und dieses Müssen fällt dann in eins mit dem Wollen, also dem wirklichen Wollen. Wenn Nathan gegenüber dem Klosterbruder, in Erinnerung an die Ermordung seiner Familie, sich erinnert: „Ich stand! und rief zu Gott: ich will! / Willst du nur, daß ich will!" (v. IV.680 f.), dann spielt der Text natürlich zuallererst wieder mit einem Modalverb; Nathan aber formuliert hier einerseits unter der Anerkenntnis eines Größeren, als jeder Mensch ist (welches man Gott nennen kann – oder, spinozistisch, Natur), ein Menschenbild, das dem Menschen Willen, freien Willen zuordnet. Und andererseits entscheidet er sich aus dem freien Willen heraus gegen den unversöhnlichen Hass, den er eben noch verspürt hatte, und für das Gute (und erst dann wird ihm Recha zuteil!). Dieser freie Wille, der in eins fällt mit dem inneren, moralischen ‚Müssen', ist Voraussetzung jenes ‚dritten Zustandes' in der *Erziehung des Menschengeschlechts*, in dem die Glückseligkeit deshalb gegeben ist, weil der Mensch „das Gute tun wird, weil es das Gute ist, nicht weil willkürliche Belohnungen darauf gesetzt sind" (§ 85, B 10, 96). Und dieser freie Wille kann jedem Menschen eignen – völlig unabhängig, welcher Religion er ist: Moralität liegt jenseits aller Offenbarungsreligionen.

Lessing heute? 8

Im ersten Beitrag zu seiner in der ersten Jahreshälfte 1892 im Feuilleton der sozialdemokratischen Zeitschrift *Die Neue Zeit* veröffentlichten Aufsätze über Lessing konstatiert Franz Mehring den Status Lessings in der Kulturideologie des Kaiserreichs bzw. derjenigen Klasse, die er als Bourgeoisie bezeichnet:

> Unter den großen Denkern und Dichtern des deutschen Bürgertums hat keiner im Leben tatsächlich ein schwereres, nach seinem Tode anscheinend ein glücklicheres Los gezogen als Lessing. Sein Andenken wird von den bürgerlichen Klassen gepflegt wie eine seltenste Blume im Treibhause. [...]
> Gälte dieser Kultus dem wahren Lessing, er wäre ein hohes Ehrenzeugnis des heutigen Bürgertums. Denn Lessings Werke bieten nichts, was einen Modegeschmack anziehen könnte; sie bieten selbst nur wenig, was sich die landläufige Bildung einfach anzueignen brauchte, um damit prunken zu können. Lessings Ästhetik und Kunstkritik sind heute überholt. Überholt, weil er selbst die Bahn brach, worauf andere umso schneller zum Ziele gelangen konnten, aber deshalb nicht weniger überholt. Selbst mit Nathan und Tellheim empfinden wir nicht mehr so wie mit Faust und Tell. (Mehring 1963, 29 f.)

Die Problematik oder relative Unhaltbarkeit vieler apodiktischer Setzungen hier zu Beginn desjenigen, was Mehring 1893 unter dem Titel *Die Lessing-Legende* auch in Buchform veröffentlichte und mit dem er die marxistische Lessing-Deutung begründete, sind natürlich der linken wie der bürgerlichen Lessing-Deutung nicht verborgen geblieben (vgl. etwa Hans Kochs Anmerkung Nr. 11 in Mehring 1963, 430).

Darüber soll hier aber auch gar nicht gerechtet werden (das *Lessing-Handbuch* ordnet Mehrings Arbeit sehr gut ein in die Lessingdeutung des späten 19. Jahrhunderts; vgl. Fick 2016a, 4 f.). Vielmehr soll Mehrings Einschätzung zum Aufhänger gemacht werden für grundsätzliche Fragen, die einerseits abschließend an Lessings publizistisches und literarisches Werk gerichtet werden sollen. Und andererseits muss Mehrings Einschätzung selbst historisch verortet (und damit in ihrer scheinbaren Schärfe Lessing gegenüber auch entschärft) werden, um mit einer weiteren, etwas älteren Einschätzung kontrastiert zu werden, die wiederum zum Aufhänger unserer Fragen nach Historizität und Aktualität Lessings gemacht werden kann.

Mehrings Urteil gilt ja gar nicht so sehr Lessing selbst, als vielmehr einem bürgerlichen Dichterkultus, dem neben Goethe und Schiller eben auch vor allem Lessing zum Opfer gefallen war. Zum Opfer einer Verkultung, die seinen Texten zum Trotz geschehen sei: Nichts an ihnen böte sich einem landläufigen Modegeschmack (des ausgehenden 19. Jahrhunderts) an. An anderen Stellen sei er zudem einfach überholt: In Kulturkritik und zumal mit seinem Einfühlungskonzept.

Mehrings Urteil ist aber nicht einfach eines über Lessing: Es steht am Ende eines Jahrhunderts, in dem (wie Robert Vellusig sehr schön zeigen kann; vgl. Vellusig 2023, 207–214) über etwa Hebbel und die spätere Literaturgeschichtsschreibung des 18. Jahrhunderts (z. B. Hettner 1864) Lessings Trauerspielpoetik mit dem Maßstab eines schillerschen Begriffs von Tragik gemessen wurde. Unpassende Maßstäbe führen immer zu schiefen Urteilen. Darum kann Mehring mit einigem Recht sagen, mit Tell etwa empfinde er viel mehr mit als mit Nathan oder Tellheim. Aber damit sagt er eigentlich nichts über Lessing, sondern nur über sich selbst und seine Zeit.

Spannend allerdings ist – und für das Ziel dieses Abschnitts hilfreich – eine andere Position des 19. Jahrhunderts, politisch gar nicht so weit von Mehring entfernt, ins Spiel zu bringen. Eine Position allerdings, die *vor* der durchgreifenden Schillerisierung des Blicks auf Trauerspiel und Tragik sich artikulierte – nebenbei auch unabhängig bleibt von einer bourgeoisen (und nationalistischen) Dichterverkultung.

Die größte Wertschätzung – bei beständig klarem Blick – lässt Heinrich Heine Lessing zukommen. Dieser ist für ihn „der Mann mit dem klarsten Kopfe und mit dem schönsten Herzen", so Heine in der Dramenkritik zu Wilhelm Smets Trauerspiel *Tassos Tod* (1821; HWB IV, 193). In einer der frühesten, noch vor Gervinus' *Geschichte der poetischen National-Literatur der Deutschen* liegenden literaturgeschichtlichen Darstellungen über das 18. Jahrhunderts, seiner außerordentlichen Schrift *Die romantische Schule* (1833), weist Heine Lessing die alles entscheidende Rolle bei der Erneuerung einer deutschen Literatur zu (ein Goethe oder Schiller spielt *hier* keine Rolle – und sie lösen auch nicht ein, was Lessing versprach!):

> Lessing war der literarische Arminius, der unser Theater von jener Fremdherrschaft befreite. Er zeigte uns die Nichtigkeit, die Lächerlichkeit, die Abgeschmacktheit jener Nachahmungen des französischen Theaters, das selbst wieder dem griechischen nachgeahmt schien. Aber nicht bloß durch seine Kritik, sondern auch durch seine eigenen Kunstwerke war er der Stifter der neuen deutschen Originalliteratur. Alle Richtungen des Geistes, alle Seiten des Lebens verfolgte dieser Mann mit Enthusiasmus und Uneigennützigkeit. Kunst, Theologie, Altertum Wissenschaft, Dichtkunst, Theaterkritik, Geschichte, alles trieb er mit demselben Eifer und zu demselben Zwecke. In allen seinen Werken lebt dieselbe große soziale Idee, dieselbe fortschreitende Humanität, dieselbe Vernunftreligion, deren Johannes er war und deren Messias wir noch erwarten. Diese Religion predigte immer, aber leider oft ganz allein und in der Wüste. Und dann fehlte ihm auch die Kunst, den Stein in Brot zu verwandeln; er verbrachte den größten Teil seines Lebens in Armut und Drangsal. (HWB V, 25)

Für Heine ist Lessing zuallererst *role model*: Er bewundert ihn für seinen polemischen, unbestechlichen Blick – fünfzig Jahre nach Lessings Tod. „Merkwürdig ist es, daß jener witzigste [d.i. geistreichste] Mensch in Deutschland auch zugleich der ehrlichste war. Nichts gleicht seiner Wahrheitsliebe. Lessing machte der Lüge nicht die mindeste Konzession, selbst wenn er dadurch, in der gewöhnlichen Weise der Weltklugen, den Sieg der Wahrheit nicht befördern konnte" („Zur Geschichte der Religion und Philosophie in Deutschland" 1834, HWB V, 251 f.).

Für Mehring, am Ende des 19. Jahrhunderts, ist Lessing nur eine historische Station der Entwicklung der deutschen Literatur. Überholt, nicht mehr ansprechend, nicht mehr zur Teilnahme einladend. Für Heine – Anfang der 1830er Jahre: Goethe ist gerade erst gestorben, die Kanonisierung und Verkultung der Dichter der „klassischen Periode" hat noch nicht begonnen – ist Lessings Aktualität keine Frage. Und zwar, über das Ethos seiner Person hinaus, auch in seinen „eigenen Kunstwerke[n]", in denen „dieselbe große soziale Idee, dieselbe fortschreitende Humanität" lebe.

Für Heine ist Lessing zuallererst Vorreiter auch seiner eigenen schriftstellerischen Existenz. Lessing war einer derjenigen, die den Versuch machten, schon zur Mitte des 18. Jahrhunderts im Felde bürgerlicher Öffentlichkeit ein ökonomisches Auskommen zu finden – also einer der ersten, die den Versuch machten, Schriftsteller, Literaturkritiker und öffentlicher Skribent zum Erwerbsberuf zu machen. Gerade mit dieser Ambition hatte Lessing Teil an demjenigen, was in empathischem Sinne bürgerliche Aufklärung ausmacht: die Auseinandersetzung über vielfältige Sachverhalte des öffentlichen Lebens, des privaten Lebens in Haus und Familie und des privaten Denkens, die Aushandlung desjenigen, was für den eigenen Stand oder für die Gesellschaft als politischer oder sozialer Organisation vonnöten war. Dass dabei Literatur und Literaturkritik eine höchst prominente Rolle spielten, ist kein Zufall und ist auch nicht nur der Tatsache zu verdanken, dass Lessing sich auch als Theaterdichter und Literat verstand. Vielmehr hat es auch damit zu tun, welche Rolle Literatur um 1750 in der vor allem bürgerlichen Gesellschaft inne hatte, welche bedeutsame Funktion ihr im Kontext der Selbstverständigung des Bürgertums über die eigene Identität zukam.

Dass Lessing 1767 bis 1769 auf so differenzierte und weitausholende Weise das sogenannte Nationaltheaterprojekt in Hamburg dramaturgisch und literaturkritisch begleitete, ist in gewisser Weise ein Glücksfall: Der wohl scharfsinnigste und gelehrteste Kritiker seiner Zeit, der möglicherweise am ‚appeal' des Dramatischen am intensivsten teilhabende Schriftsteller des 18. Jahrhunderts (vielleicht kommt Schiller dem noch nahe – oder aber, in einer ganz andern Liga, Iffland, Vulpius und Kotzebue) begleitet, kommentiert kritisch das Scheitern eines Versuchs, Theater als notwendige Form literarischer Kommunikation im gesamtgesellschaftlichen Kommunikationszusammenhang zu institutionalisieren (ein Versuch, der möglicherweise auch daran scheiterte, dass der größere Teil des in Hamburg Gespielten französisches *Hof*theater war ...). Mit dem Scheitern des Nationaltheaterprojekts in Hamburg wie mit dem Heraustreten aus den vielgestaltigen Arbeits- und Publikationszusammenhängen der Rezensionsorgane, an denen er mitgearbeitet hat, ist natürlich irgendwann für einen realistischen Blick der Erwerbsberuf Schriftsteller als Lebensziel obsolet. Nichtsdestoweniger haben wir bei Lessing immerhin den über mehr als zwanzig Jahre gehenden Versuch, als Skribent und Literat ökonomisch zu überleben, ohne sich, wie etwa Klopstock, die Pension eines Königs zu verdienen oder, wie Goethe, sich in viel engere Abhängigkeit eines deutschen Fürsten zu begeben.

Lessing als Heines *role model* bürgerlicher Schriftstellerexistenz ist vielgestaltig: Er wollte Schriftsteller als bürgerlichen Erwerbsberuf verstehen und realisieren können, er arbeitete an entscheidender Stelle und in entscheidender Zeit in der Mitte des Jahrhunderts an der Weiterentwicklung bürgerlicher Öffentlichkeit mit als eine ihrer schärfsten, kritischsten, lautesten, umstrittensten Stimmen und begleitete mit dem Hamburger Projekt gleichzeitig auch das vorläufige Scheitern solcher Ambitionen! Und in seinen literarischen Texten thematisiert er, was zum bürgerlichen Selbstverständnis gehört: Familie und ihre Rollenverständnisse, Gelehrtheit und Bildung, Tugend, Vernunft und Sinnlichkeit – thematisiert dies nicht nur, sondern problematisiert, führt bürgerliches Selbstverständnis auf der Bühne in die selbst miterzeugte Katastrophe.

Mehrings Einschätzung, Lessings „Ästhetik und Kunstkritik [seien] heute überholt", präzisiert er doppelt: „Überholt, weil er selbst die Bahn brach, worauf andere umso schneller zum Ziele gelangen konnten. Aber deshalb nicht weniger überholt". Dem widerspricht Heine in der *Romantischen Schule* vehement: „In allen seinen [Lessings] Werken lebt dieselbe große soziale Idee, dieselbe fortschreitende Humanität, dieselbe Vernunftreligion, deren Johannes er war und deren Messias wir noch erwarten". Also haben weder Schiller und Goethe noch sonstwer diese Rolle inne! Für Heine ist Lessing nicht überholter, bloßer Türöffner für Spätere wie Goethe und Schiller, für die spätere Genie- und Autonomieästhetik. Vielmehr ist Lessings Projekt unabgeschlossen – und damit, weil es seiner Einlösung harrt, unbezweifelbar aktuell.

Und so ist es ja auch: Lessings (Dramen-)Ästhetik und Kunstkritik sind nicht überholt: Viel weniger auf jeden Fall als die Ästhetik und Kunstkritik des Weimarer Klassizismus! Das, was, landläufig gesprochen, Lessings Trauerspielästhetik in den Vordergrund stellt, ist unabdingbare, unhintergehbare und unverzichtbare Haltung gegenüber jedem literarischen Text: Einfühlung, Anteilnahme, Mitfiebern. Dass, beide mit besten Gründen, Schiller oder Brecht diesem Einfühlungstheater verfremdende Techniken entweder klassizistischer Provenienz oder solche des epischen Theaters entgegensetzten, macht Lessing nicht überholt. Ganz im Gegenteil: Dass Brecht, zwanzig Jahre nach Mehring, es noch für nötig hielt, macht die Nachhaltigkeit des Konzepts evident. Dass Lessing mit Mitleid, Einfühlung, Anteilnahme, den wichtigsten Momenten seiner sozusagen immersiven Ästhetik, die Literatur immer als Fiktion, gewissermaßen als virtuelle Realität, autonom gegenüber der wirklichen Wirklichkeit verstanden hat, verbindet seine Ästhetik mit modernen Konzepten immersiver Medientechnik. (Nebenbei: Gerade diese Einfühlungsfähigkeit macht Mehring zum Gradmesser: „Selbst mit Nathan und Tellheim empfinden wir nicht mehr so wie mit Faust und Tell." Das ist schärfstens in Zweifel zu ziehen: Goethes Faust-Figur ist nicht auf Einfühlung angelegt, sondern auf Distanz; so will doch keiner sein! Mit *Margarete* können wir mitfühlen. – Aber auch Nathan rührt uns an!)

Es wäre vielleicht fast zu einfach und nachgerade platt, Lessings Aktualität und Nicht-Überholtheit etwa daran fest zu machen, dass der Pogrom, in dem Nathans

Familie ermordet wurde, in Gath, einem kleinen Ort in der Nähe von Gaza-Stadt stattfand. Es erscheint nachgerade platt, angesichts beispielsweise des Krieges in Nahost oder der Diversität moderner Gesellschaften mit dem *Nathan* oder etwa der Cardanus-Schrift für einen Dialog der Religionen oder der Kulturen zu plädieren. Aber wäre es, nur weil es nahe liegt oder einfach erscheint, falsch? Es zeigt ja vielmehr, wie unabgeschlossen Lessings Humanitätsprojekt weiterhin ist.

Und weit jenseits aller Aktualisierungsmöglichkeiten und -bemühungen: Lessings Werk kann allein für sich stehen. Der *Laokoon* ist eine anspruchsvolle, etwas mäandrierende, aber transparente und hochintelligente Reflexion über die Differenz der Künste, die Studentinnen und Studenten der Literaturwissenschaften immer wieder ein Licht aufgehen lässt über die Spezifik der Kunstform, mit der sie sich befassen; sie verstehen dann auch ihren Stephen King, Tolkien, Thomas Mann oder Fontane anders! Die Komödien ‚funktionieren', so wie sie sind: Der *junge Gelehrte* führt frühneuzeitliches ‚Pretending'-Gehabe in einer historischen Medienwelt vor (ein Gehabe, das nachdrücklich erfolglos bleibt), die Dramaturgie des *Freigeist* und der *Minna* ist so fesselnd, dass man sich der Anteilnahme nicht entziehen kann, ganz zu schweigen von den bürgerlichen Trauerspielen.

Was Lessing – so verstehe ich Heinrich Heine – auszeichnet, ist *Ethos*: Sowohl im Blick auf seine persönliche Haltung, im Blick auf seine Dramenfiguren (deren Haltungen vorgeführt werden: Gelehrsamkeitspose oder Freigeisterei, Intrigantentum oder väterliche bzw. töchterliche Empfindsamkeit) als auch im Blick auf seine Wirkungsästhetik: Das Mitleid, zu dem er bilden will, ist eine Haltung (gr. *ethos*) – eine Haltung ‚fortschreitender Humanität', eine Haltung der Wahrheitsliebe, der Unbestechlichkeit und der Vernunftreligion. Dass ein Faust oder Tell das Dramenpublikum Ende des 19. Jahrhunderts mehr haben ‚mitfühlen' lassen als Tellheim oder Nathan, sagt nichts über Lessing aus, sondern nur über das Dramenpublikum Ende des 19. Jahrhunderts. Mich aber fasst das an! Reißt mit, berührt zutiefst. Und beeindruckt mit seinem Ethos!

Abbildungsnachweise

Abb. 2.1 Titelblatt *Laokoon* 1766
Bayerische Staatsbibliothek München – Rar. 1930-1
https://www.digitale-sammlungen.de/de/view/bsb00074585?page=2,3

Abb. 2.2 Titelblatt *Erziehung des Menschengeschlechts* (1780)
Bayerische Staatsbibliothek München – Res/H.g.hum. 138 mu
https://www.digitale-sammlungen.de/de/view/bsb10919443?page=4,5

Abb. 2.3 Titelblatt *Briefe die neueste Litteratur betreffend* (I. Theil, 1759)
Bayerische Staatsbibliothek München – Eph.lit. 57–1/2
https://www.digitale-sammlungen.de/de/view/bsb10539049?page=,1

Abb. 2.4 Titelblatt *Hamburgische Dramaturgie* 1 (1767)
Bayerische Staatsbibliothek München – Rar. 4129-1
https://www.digitale-sammlungen.de/de/view/bsb00074698?page=8,9

Abb. 2.5a Moses Mendelssohn. Porträt von Anton Graff, um 1771
Staatsbibliothek zu Berlin. Preußischer Kulturbesitz (Musikabteilung) (MA BA o. Nr.)
© bpk / Staatsbibliothek zu Berlin

Abb. 2.5b Friedrich Nicolai. Portrait von Ferdinand Collmann (ca. 1790) nach Anton Graff
Gleimhaus Halberstadt
© The Picture Art Collection / Alamy / Alamy Stock Photos / mauritius images

Abb. 3.1a/b Titelblatt *Kleinigkeiten* 1751 + *An den Anakreon*
Bayerische Staatsbibliothek München – P.o.germ. 833
https://www.digitale-sammlungen.de/de/view/bsb10113739?page=4,5

Abb. 4.1 Frontispiz + Titelblatt *Fabeln* 1759
Bayerische Staatsbibliothek München – P.o.germ. 828
https://www.digitale-sammlungen.de/de/view/bsb10113734?page=8,9

Abb. 5.1a/b Titelblatt *Lustspiele* 1767 Bd. 2 + Titelblatt *Minna von Barnhelm*
Bayerische Staatsbibliothek München – Res/P.o.germ. 834 x-2
https://www.digitale-sammlungen.de/de/view/bsb00089816?page=6,7

Abb. 6.1 a/b Titelblatt *Schrifften* Bd. 6. 1755 + Titelblatt *Miß Sara Sampson*
           Österreichische Nationalbibliothek, Wien
           http://digital.onb.ac.at/OnbViewer/viewer.faces?doc=ABO\protect_
           %2BZ257902604
Abb. 6.2   Titelblatt *Emilia Galotti* 1772
           Bayerische Staatsbibliothek München – Res/P.o.germ. 826
           https://www.digitale-sammlungen.de/de/view/bsb10924995?page=4,5
Abb. 7.1   Titelblatt *Nathan der Weise* 1779
           Augsburg, Staats- und Stadtbibliothek – LD 4297
           https://www.digitale-sammlungen.de/de/view/bsb11260986?page=4,5

Literatur

Zitierte Werkausgabe

Werke und Briefe in 12 Bänden (in 14 Teilbänden). Hrsg. von Wilfried Barner zusammen mit Klaus Bohnen u. a., Frankfurt a. M. 1985–2003. Briefe von und an Lessing werden unter Angabe des Datums und ohne weitere Angaben immer nach dieser Ausgabe zitiert (Bde. 11.1, 11.2 und 12)

Quellen

Adelung, Johann Christoph: *Grammatisch-Kritisches Wörterbuch der Hochdeutschen Mundart.* Leipzig 1793–1801.
anon. [Johann Gottlob Benjamin Pfeil]: „Vom bürgerlichen Trauerspiele". In: *Neue Erweiterungen der Erkenntnis und des Vergnügens* 6 (1755), 31. St., S. 1–25.
Breitinger, Johann Jacob: *Critische Dichtkunst.* Bd. 2: *Fortsetzung Der Critischen Dichtkunst. Worinnen die Poetische Mahlerey In Absicht auf den Ausdruck und die Farben abgehandelt wird.* Zürich 1740.
Aristoteles: *Poetik. Griechisch/Deutsch.* Übers. und hrsg. von Manfred Fuhrmann. Stuttgart 1982.
Gottsched, Johann Christoph: *Versuch einer Critischen Dichtkunst vor die Deutschen.* Leipzig 1730.
Gottsched, Johann Christoph: *Versuch einer Critischen Dichtkunst vor die Deutschen.* Vierte sehr vermehrte Auflage Leipzig 1751.
Hederich, Benjamin: *Gründliches mythologisches Lexikon.* Leipzig 1770.
Titus Livius: *Römische Geschichte.* Hrsg. v. Hans Jürgen Hillen. Bd. I, Buch 1–3. Berlin ^{4}2011.
Horaz: *Ars poetica / Die Dichtkunst*; Stuttgart 1984.
Goethe, Johann Wolfgang: *Maximen und Reflexionen.* Hrsg. und komm. v. Benedikt Jeßing. Stuttgart 2021.
Heine, Heinrich: *Werke und Briefe in zehn Bänden.* Hrsg. von Hans Kaufmann. Berlin/Ost 1980 [HWB].
Die Fabeln Gerhards von Minden in mittelniederdeutscher Sprache zum ersten Mal herausgegeben von Albert Leitzmann. Halle 1898.
Reimarus, Hermann Samuel: *Apologie oder Schutzschrift für die vernünftigen Verehrer Gottes.* Frankfurt 1972.
Steinhöwels Äsop. Hrsg. von Hermann Österley. Tübingen 1873.

Johann Friedrich Löwens Geschichte des deutschen Theaters (1766) und Flugschriften über das Hamburger Nationaltheater (1766 und 1767). Im Neudruck mit Einl. und Erl. hrsg. von Heinrich Stümcke. Berlin 1905.

Zitierte und weiterführende Literatur

Al-Shammary, Zahim M.M.: *Lessing und der Islam*. Berlin/Tübingen 2011.
Albrecht, Wolfgang: *Gotthold Ephraim Lessing*. Stuttgart/Weimar 1997.
Alt, Peter-André: *Tragödie der Aufklärung. Eine Einführung*. Tübingen/Basel 1994.
Alt, Peter-André: *Aufklärung. Lehrbuch Germanistik*. Stuttgart/Weimar [1996] ^{3}2007.
Asmuth, Bernhard: „Anfänge der Poetik im deutschen Sprachraum". In: Plett, Heinrich F. (Hrsg.): *Renaissance-Poetik / Renaissance Poetics*. Berlin/Boston 1994, S. 94–113.
Assmann, Jan: „Der Mythos von Isis und Osiris als Ursprung der Ringparabel?" In: Aurnhammer, Achim/Cantarutti, Giulia/Vollhardt, Friedrich (Hrsg.): *Die drei Ringe. Entstehung, Wandel und Wirkung der Ringparabel in der europäischen Literatur und Kultur*. Berlin/Boston 2016, S. 3–14.
Auerochs, Bernd: „Menschenmäckelei. Über Lessings *Nathan der Weise*". In: *Weimarer Beiträge* 60 (2014), S. 5–21.
Aurnhammer, Achim/Cantarutti, Giulia/Vollhardt, Friedrich (Hrsg.): *Die drei Ringe. Entstehung, Wandel und Wirkung der Ringparabel in der europäischen Literatur und Kultur*. Berlin/Boston 2016.
Bäbler, Balbina: „Laokoon und Winckelmann: Stadien und Quellen seiner Auseinandersetzung mit der Laokoongruppe". In: Gall, Dorothee/Wolkenhauer, Anja (Hrsg.): *Laokoon in Literature and Art / Laokoon in Literatur und Kunst*. Berlin/New York 2009, S. 228–241.
Barner, Wilfried/Reh, Albert M. (Hrsg.): *Nation und Gelehrtenrepublik. Lessing im europäischen Zusammenhang*. Detroit/München 1984.
Barner, Wilfried/Grimm, Gunter E./Kiesel, Helmuth/Kramer, Martin: *Lessing. Epoche, Werk, Wirkung*. München ^{6}1998.
Beetz, Manfred: „Von der galanten Poesie zur Rokokolyrik. Zur Umorientierung erotischer und anthropologischer Konzepte in der ersten Hälfte des 18. Jahrhunderts". In: Luserke, Matthias/Marx, Reiner/Wild, Reiner (Hrsg.): *Literatur und Kultur des Rokoko*. Göttingen 2001, S. 33–61.
Benz, Wolfgang/Bergmann, Werner (Hrsg.): *Vorurteil und Völkermord. Entwicklungslinien des Antisemitismus*. Freiburg i. Br. 1997.
Berghahn, Klaus L.: *Grenzen der Toleranz. Juden und Christen im Zeitalter der Aufklärung*. Köln/Weimar/Wien 2000.
Birke, Joachim: „Der junge Lessing als Kritiker Gottscheds". In: *Euphorion* 62 (1968), S. 392–404.
Bohnen, Klaus: „‚Was ist ein Held ohne Menschenliebe¡ (*Philotas*, 7. Auftr.). Zur literarischen Kriegsbewältigung in der deutschen Aufklärung". In: Freimark, Peter/Kopitzsch, Franklin/Slessarev, Helga (Hrsg.): *Lessing und die Toleranz*. Detroit/München 1986, S. 23–38.
Bollacher, Martin: *Lessing: Vernunft und Geschichte. Untersuchungen zum Problem religiöser Aufklärung in den Spätschriften*. Tübingen 1978.
Bormann, Alexander von: „*Philotas*-Lektüren. Zum Verhältnis von Tragödie und Aufklärung". In: *Lessing Yearbook* 30 (1998), S. 31–52.
Brenner, Peter J.: *Gotthold Ephraim Lessing*. Stuttgart 2000.
Buch, Hans Christoph: *Ut Pictura Poesis. Die Beschreibungsliteratur und ihre Kritiker von Lessing bis Lukács*. München 1972.
Clark, Christopher: *Preußen. Aufstieg und Niedergang 1600–1947*. Aus dem Englischen von Richard Barth u. a. München 2007.

Cottone, Margherita: „Das Islam-Bild zur Zeit der Aufklärung in Europa. Mohammed und die muslimische Religion zwischen Voltaire und Lessing". In: Auteri, Laura/Cottone, Margherita (Hrsg.): *Deutsche Kultur am Mittelmeer*. Göppingen 2005, S. 197–214.

Detken, Anke: *Im Nebenraum des Textes. Regiebemerkungen in Dramen des 18. Jahrhunderts*. Tübingen 2009.

Dörr, Volker: „Offenbarung, Vernunft und ‚fähigere Individuen'. Die positiven Religionen in Lessings Erziehung des Menschengeschlechts". In: *Lessing Yearbook* 26 (1994), S. 29–54.

Dörr, Volker: „‚Aber Gift ist nur für uns Weiber; nicht für Männer.' Sprache, Macht, Geschlecht in Lessings *Emilia Galotti*". In: *Orbis Litterarum* 67 (2012), S. 310–331.

Durzak, Manfred: „Das Gesellschaftsbild in Lessings *Emilia Galotti*". In: *Lessing Yearbook* 1 (1969), S. 60–87.

Durzak, Manfred: „Von der Typenkomödie zum ernsten Lustspiel. Zur Interpretation des *Jungen Gelehrten*". In: Ders: *Poesie und Ratio. Vier Lessing-Studien*. Bad Homburg 1970, S. 9–43.

Ebach, Jürgen: „Hören auf das, was Israel gesagt ist – hören auf das, was in Israel gesagt ist. Perspektiven einer ‚Theologie des Alten Testaments' im Angesicht Israels". In: *Evangelische Theologie* 62 (2002), H. 1, S. 37–53.

Eichner, Siglinde: *Die Prosafabel Lessings in seiner Theorie und Dichtung. Ein Beitrag zur Ästhetik des 18. Jahrhunderts*. Bonn 1974.

Engbers, Jan: *Der „Moral-Sense" bei Gellert, Lessing und Wieland. Zur Rezeption von Shaftesbury und Hutcheson in Deutschland*. Heidelberg 2001.

Fauser, Markus (Hrsg.): *Gotthold Ephraim Lessing. Neue Wege der Forschung*. Darmstadt 2008.

Fick, Monika: *Lessing-Handbuch. Leben – Werk – Wirkung*. 2. Auflage. Stuttgart 2004.

Fick, Monika: „Verworrene Perzeptionen. Lessings *Emilia Galotti*". In: Fauser, Markus (Hrsg.): *Gotthold Ephraim Lessing. Neue Wege der Forschung*. Darmstadt 2008, S. 75–94.

Fick, Monika (Hrsg.): *Lessings Hamburgische Dramaturgie im Kontext des europäischen Theaters im 18. Jahrhundert*. Göttingen 2014 (= *Lessing Yearbook* 41).

Fick, Monika: *Lessing-Handbuch. Leben – Werk – Wirkung*. 4. aktual. und erw. Auflage. Stuttgart 2016 (= Fick 2016a).

Fick, Monika: *Lessings „Nathan der Weise" und das Bild vom Orient und Islam in Theatertexten aus der zweiten Hälfte des 18. Jahrhunderts. Überarbeitete und erweiterte Fassung des Vortrags am 10. Mai 2016 im Rahmen des Lessing-Festivals in der Herzog August Bibliothek, Wolfenbüttel*. Wolfenbüttel 2016 (= Fick 2016b).

Frisch, Max: „Der Autor und das Theater" [1964]. In: M.F.: *Öffentlichkeit als Partner*. Frankfurt a.M. 1972, S. 68–89.

Gädeke Schmidt, Jutta: *Lessings „Philotas". Ästhetisches Experiment mit satirischer Wirkungsabsicht. Ein Beitrag zur Quellenforschung, Text- und Wirkungsgeschichte*. New York u. a. 1988.

Golawski-Braungart, Jutta: „Furcht oder Schrecken: Lessing, Corneille und Aristoteles". In: *Euphorion* 93 (1999), S. 401–431.

Groß, Martina: „Übersetzung und Kritik. Shakespeare, Voltaire, Lessing". In: Ebert, Olivia u. a. (Hrsg.): *Theater als Kritik: Theorie, Geschichte und Praktiken der Ent-Unterwerfung*. Bielefeld 2018, S. 397–408.

Guthke, Karl S.: „Problem und Problematik von Lessings Faust-Dichtung". In: *Zeitschrift für deutsche Philologie* 79 (1960), S. 141–149.

Guthke, Karl S.: „Lessings Rezensionen. Besuch in einem Kartenhaus". In: *Jahrbuch des Freien Deutschen Hochstifts* 1993, S. 1–59.

Guthke, Karl S.: „Die Geburt des Nathan aus dem Geist der Reimarus-Fragmente". In: *Lessing Yearbook* 36 (2004/05), S. 13–49.

Guthke, Karl S.: *Das deutsche bürgerliche Trauerspiel*. 6. vollst. überarb. und erg. Aufl. Stuttgart/Weimar 2006.

Gutjahr, Ortrud/Kühlmann, Wilhelm/Wucherpfennig, Wolf (Hrsg.): *Gesellige Vernunft. Zur Kultur der literarischen Aufklärung. Festschrift für Wolfram Mauser zum 65. Geburtstag*. Würzburg 1993.

Harth, Dietrich: „Christian Wolffs Begründung des Exempel- und Fabelgebrauchs im Rahmen der Praktischen Philosophie". In: *Deutsche Vierteljahrsschrift für Literaturwissenschaft und Geistesgeschichte* 52 (1978), S. 43–62. https://doi.org/10.1007/BF03376326.

Hass, Hans-Egon: „Lessings *Minna von Barnhelm*". In: Steffen, Hans (Hrsg.): *Das deutsche Lustspiel*. Göttingen 1968, S. 27–47.

Hasubek, Peter (Hrsg.): *Die Fabel. Theorie, Geschichte und Rezeption einer Gattung*. Berlin 1982.

Heidsieck, Arnold: „Der Disput zwischen Lessing und Mendelssohn über das Trauerspiel". In: *Lessing Yearbook* 11 (1979), S. 7–34.

Hempel, Brita: *Sara, Emilia, Luise: drei tugendhafte Töchter. Das empfindsame Patriarchat im bürgerlichen Trauerspiel bei Lessing und Schiller*. Heidelberg 2006.

Henkel, Arthur: „Anmerkungen zu Lessings Faust-Fragment". In: *Euphorion* 64 (1970), S. 75–84.

Hettner, Hermann: Literaturgeschichte des achtzehnten Jahrhunderts. Bd. III.2: Geschichte der deutschen Literatur im achtzehnten Jahrhundert. *Zweites Buch: Das Zeitalter Friedrichs des Großen*. Braunschweig 1864.

Hillen, Gerd: „Die Halsstarrigkeit der Tugend". In: *Lessing-Yearbook* 2 (1970), S. 115–134.

Hochholdinger-Reiterer, Beate: *Kostümierung der Geschlechter. Schauspielkunst als Erfindung der Aufklärung*. Göttingen 2014.

Hochholdinger-Reiterer, Beate: „,So redet ein Franzose¡ Lessings Diderot-Übersetzung als theaterpolitisches Statement". In: Abbt, Christine/Schnyder, Peter (Hrsg.): *Formen des Politischen. Diderots Virtuosität und ihre Rezeption im deutschsprachigen Raum (1750–2000)*. Freiburg i. Br./Berlin/Wien 2019, S. 35–53.

Höfler, Günther A.: „Aposiopesen und Ellipsen. Symptomatische (Un)Bewegtheit in Dramen des Sturm und Drang und der Gegenwart". In: Rieger, Rita (Hrsg.): *Bewegungsszenarien der Moderne. Theorien und Schreibpraktiken physischer und emotionaler Bewegung*. Heidelberg 2021, S. 55–72.

Hofmann, Michael: *Aufklärung*. Stuttgart 1999.

Horsch, Silvia: *Rationalität und Toleranz. Lessings Auseinandersetzung mit dem Islam*. Würzburg 2004.

van Ingen, Ferdinand: „Tugend bei Lessing. Bemerkungen zu *Miss Sara Sampson*". In: *Amsterdamer Beiträge zur neueren Germanistik* 1 (1972), S. 43–73.

Jacob, Johann: Art. „Ut pictura Poesis". In: *Historisches Wörterbuch der Rhetorik*. Hrsg. von Gert Ueding. Bd. 9: St–Z. Berlin 2009, Sp. 997–1006.

Jung, Werner: *Gotthold Ephraim Lessing*. Paderborn 2010.

Jung-Hofmann, Christina: „Politik und Moral in Lessings *Emilia Galotti*". In: *Literatur für Leser* 87/1 (1987), S. 229–248.

Kopitzsch, Franklin: „Lessing und Hamburg. Aspekte und Aufgaben der Forschung". In: Wolfenbütteler Studien zur Aufklärung. Im Auftr. d. Lessing-Akademie hrsg. von Günter Schuh. Bd. II. Bremen/Wolfenbüttel 1975, S. 47–120.

Kord, Susanne T.: „Tugend im Rampenlicht: Friederike Sophie Hensel als Schauspielerin und Dramatikerin". In: *The German Quarterly* 66 (1993), S. 1–19.

Kornbacher-Meyer, Agnes: *Komödientheorie und Komödienschaffen Gotthold Ephraim Lessings*. Berlin 2003.

Košenina, Alexander: *Anthropologie und Schauspielkunst. Studien zur ‚eloquentia corporis' im 18. Jahrhundert*. Tübingen 1995.

Košenina, Alexander: „Der Journalist Lessing als Wegbereiter der Berliner Aufklärung". In: *Berliner Aufklärung. Kulturwissenschaftliche Studien*. Bd. 4. Hannover 2011, S. 49–61.

Kuschel, Karl-Josef: *Vom Streit zum Wettstreit der Religionen. Lessing und die Herausforderung des Islam*. Düsseldorf 1998.

Kuschel, Karl-Josef: „,Es strebe von euch jeder um die Wette ...': Zur ‚strategischen Aufwertung' des Islam in Lessings *Nathan*". In: Tück, Jan-Heiner/Langthaler, Rudolf (Hrsg.): *„Es strebe von euch jeder um die Wette". Lessings Ringparabel – ein Paradigma für die Verständigung der Religionen heute?* Freiburg i. Br. 2016, S. 153–180.

Lehmann, Johannes F.: *Der Blick durch die Wand. Zur Geschichte des Theaterzuschauers und des Visuellen bei Diderot und Lessing.* Freiburg i. Br. 2000.
Lemke, Anja: „‚Medea fiam'. Affekterzeugung zwischen Rhetorik und Ästhetik in Lessings Miss Sara Sampson". In: *Deutsche Vierteljahrsschrift für Literaturwissenschaft und Geistesgeschichte* 86 (2012), S. 206–223. https://doi.org/10.1007/BF03374741.
Loeb, Ernst: „Lessings Samuel Henzi: Eine aktuelle Thematik". In: *Monatshefte* 65 (1973), S. 351–360.
Lorey, Christoph: *Lessings Familienbild im Wechselbereich von Gesellschaft und Individuum.* Bonn/Berlin 1992.
Susanne Lüdemann: „Weibliche Gründungsopfer und männliche Institutionen. Verginia-Variationen bei Lessing, Schiller und Kleist". In: *Deutsche Vierteljahrsschrift für Literaturwissenschaft und Geistesgeschichte* 87 (2013), S. 588–599. https://doi.org/10.1007/BF03374671.
Lühe, Irmela von der: „‚Es strebe von euch jeder um die Wette'. Konkurrenz und Toleranz in Lessings ‚Ringparabel'". In: Weiershausen, Romana/Wilke, Insa/Gülcher, Nina (Hrsg.): *Aufgeklärte Zeiten? Religiöse Toleranz und Literatur.* Berlin 2011, S. 123–133.
Luserke, Matthias: *Die Bändigung der wilden Seele. Literatur und Leidenschaft in der Aufklärung.* Stuttgart/Weimar 1995.
Mahal, Günther: „Lessings Faust. Planen, Ringen, Scheitern". In: *Faust-Blätter. Archiv-Nachrichten* N. F. 11 (1972), S. 525–551.
Markiewicz, Henryk: „Ut Pictura Poesis ... A History of the Topos and the Problem". In: *New Literary History* 18.3 (1987), S. 535–558.
Marx, Reiner: „Anakreontik als lyrische Initiation. Zu Lessings *Kleinigkeiten* und Goethes *Annette*". In: Luserke, Matthias/Marx, Reiner/Wild, Reiner (Hrsg.): *Literatur und Kultur des Rokoko.* Göttingen 2001, S. 135–146.
Mauser, Wolfram: „Lessings Miss Sara Sampson. Bürgerliches Trauerspiel als Ausdruck innerbürgerlichen Konflikts". In: *Lessing Yearbook* 7 (1975), S. 7–27.
Mecklenburg, Norbert: „Was Nathan der Weise den Türken verdankt. Zu Lessings Inszenierung von Interkulturalität und Interreligiosität als Intertextualität". In: Ders.: *Das Mädchen aus der Fremde. Germanistik als interkulturelle Literaturwissenschaft.* München ²2009, S. 319–339.
Mecklenburg, Norbert: „Lessings Lustspiel Die Juden im Kontext seiner Kritik des christlichen Antisemitismus". In: *Zeitschrift für deutsche Philologie* 133 (2014), S. 481–503.
Mehring, Franz: *Die Lessing-Legende* [1892]. Hrsg. von Hans Koch. Berlin 1963.
Meier, Albert: *Dramaturgie der Bewunderung. Untersuchungen zur politisch-klassizistischen Tragödie des 18. Jahrhunderts.* Frankfurt a.M. 1993.
Mein, Georg: „Morior, ergo sum. Der verhinderte Tausch in Lessings *Philotas*". In: Ders./Schößler, Franziska (Hrsg.): *Tauschprozesse. Kulturwissenschaftliche Verhandlungen des Ökonomischen.* Bielefeld 2005, S. 181–201.
Meyer-Sickendieck, Burkhard: *Zärtlichkeit. Höfische Galanterie als Ursprung der bürgerlichen Empfindsamkeit.* Paderborn 2016.
Michelsen, Peter: „Die Erregung des Mitleids durch die Tragödie. Zu Lessings Ansichten über das Trauerspiel im Briefwechsel mit Mendelssohn und Nicolai". In: *Deutsche Vierteljahrsschrift für Literaturwissenschaft und Geistesgeschichte* 40 (1966), S. 548–566. https://doi.org/10.1007/BF03375240.
Michelsen, Peter: „Der Kritiker des Details. Lessing in den *Briefen, die Neueste Literatur betreffend*". In: *Wolfenbütteler Studien zur Aufklärung.* Im Auftrag der Lessing-Akademie hrsg. von Günter Schulz. Bd. II. Bremen/Wolfenbüttel 1975, S. 47–120.
Michelsen, Peter: *Der unruhige Bürger. Studien zu Lessing und zur Literatur des 18. Jahrhunderts.* Würzburg 1990.
Michelsen, Peter: „Der Streit um die christliche Wahrheit: Lessing, mit den Augen Goezes gesehen". In: *Lessing Yearbook* 24 (1992), S. 1–24.
Müller, Klaus-Detlef: „Das Erbe der Komödie im bürgerlichen Trauerspiel. Lessings *Emilia Galotti* und die commedia dell' arte". In: *Deutsche Vierteljahrsschrift für Literaturwissenschaft und Geistesgeschichte* 46 (1972), S. 28–60. https://doi.org/10.1007/BF03376223.

Niefanger, Dirk: *Lessing divers. Soziale Milieus, Genderformationen; Ethnien und Religionen.* Göttingen 2023.

Niefanger, Dirk/Och, Gunnar/Siwczyk, Birka (Hrsg.): *Lessing und das Judentum. Lektüren, Dialoge, Kontroversen im 18. und 19. Jahrhundert.* Hildesheim/Zürich/New York 2015.

Nisbet, Hugh B.: *Lessing. Eine Biographie.* Aus dem Englischen übersetzt v. Karl S. Guthke. München 2008.

Nolting, Winfried: *Die Dialektik der Empfindung. Lessings Trauerspiele „Miß Sara Sampson" und „Emilia Galotti".* Stuttgart 1986.

Norton, Robert E.: „‚Ein bitteres Gelächter'. Tragic and Comic Elements in Lessing's *Philotas*". In: *Deutsche Vierteljahrsschrift für Literaturwissenschaft und Geistesgeschichte* 66 (1992), S. 450–465. https://doi.org/10.1007/BF03396309.

Och, Gunnar: „Lessings Lustspiel *Die Juden* im 18. Jahrhundert". In: Bayerdörfer, Hans-Peter (Hrsg.): *Theatralia Judaica. Emanzipation und Antisemitismus als Momente der Theatergeschichte. Von der Lessing-Zeit bis zur Shoah.* Tübingen 1992, S. 42–63.

Ott, Michael: *Das ungeschriebene Gesetz. Ehre und Geschlechterdifferenz in der deutschen Literatur um 1800.* Freiburg i. Br. 2001.

Petsch, Robert (Hrsg.): *Lessings Briefwechsel mit Mendelssohn und Nicolai über das Trauerspiel. Nebst verwandten Schriften Nicolais und Mendelssohns Zusatz.* Leipzig 1910.

Petsch, Robert (Hrsg.): *Lessings Faustdichtung. Mit erläuternden Beigaben.* Heidelberg 1911.

Pfaff, Peter: „Theaterlogik. Zum Begriff einer poetischen Weisheit in Lessings Nathan der Weise". In: *Lessing Yearbook* 15 (1983), S. 95–109.

Pikulik, Lothar: *„Bürgerliches Trauerspiel" und Empfindsamkeit.* Köln/Graz 1966.

Polaschegg, Andrea: „Ausdruckskunst! Satzzeichen als Indizien des Affekts in Ode und Briefroman des 18. Jahrhunderts". In: Nebrig, Alexander/Spoerhase, Carlos (Hrsg.): *Die Poesie der Zeichensetzung. Studien zur Stilistik der Interpunktion.* Bern u. a. 2012, S. 157–182.

Profitlich, Ulrich: „Fermenta cognitionis. Zum 95. Stück der Hamburgischen Dramaturgie". In: *Lessing Yearbook* 38 (2008/2009), S. 41–51.

Profitlich, Ulrich: „Mitleid und Entsetzen. Zur Deutung der Briefe Lessings an Mendelssohn und Nicolai über das Trauerspiel". In: *Euphorion* 103 (2009), S. 1–12.

Prutti, Brigitte: *Bild und Körper. Weibliche Präsenz und Geschlechterbeziehungen in Lessings Dramen: Emilia Galotti und Minna von Barnhelm.* Würzburg 1996.

Pütz, Peter: *Die Leistung der Form. Lessings Dramen.* Frankfurt a. M. 1986.

Riedel, Volker: „Der Tod fürs Vaterland. Lessings *Philotas* und seine Tragödienfragmente mit Stoffen aus der griechischen Geschichte". In: Ders.: *Literarische Antikenrezeption. Aufsätze und Vorträge.* Jena 1996, S. 132–151.

Robert, Jörg/Vollhardt, Friedrich (Hrsg.): *Unordentliche Collectanea. Gotthold Ephraim Lessings Laokoon zwischen antiquarischer Gelehrsamkeit und ästhetischer Theoriebildung.* Berlin/Boston 2013.

Rohrbacher, Stefan/Schmidt, Michael: *Judenbilder. Kulturgeschichte antijüdischer Mythen und antisemitischer Vorurteile.* Reinbek bei Hamburg 1991.

Rose, Dirk: „Lessings Krieg. Zum publizistischen und polemikgeschichtlichen Ort der Litteraturbriefe (1759–1765)". In: Stockhorst, Stefanie (Hrsg.): *Krieg und Kriegserfahrung im 18. Jahrhundert. Kulturgeschichtliche Studien.* Hannover 2015, S. 93–112.

van Runset, Ute: „Lessing und Voltaire, ein Mißverständnis? Untersuchung eines Einflusses und seiner deutsch-französischen Rezeption". In: Barner, Wilfried/Reh, Albert M. (Hrsg.): *Nation und Gelehrtenrepublik. Lessing im europäischen Zusammenhang.* Detroit/München 1984, S. 257–269.

Sanna, Simonetta: „Von *Miss Sara Sampson* zu *Emilia Galotti*: Die Formen des Medea-Mythos im Lessingschen Theater". In: *Lessing Yearbook* 24 (1992), S. 45–76.

Sanna, Simonetta: *Lessings Emilia Galotti. Die Figuren des Dramas im Spannungsfeld von Moral und Politik.* Tübingen 1998.

Saße, Günter: *Die aufgeklärte Familie. Untersuchungen zu Genese, Funktion und Realitätsbezogenheit des familialen Wertsystems im Drama der Aufklärung.* Tübingen 1988.

Saße, Günter: *Liebe und Ehe. Oder: Wie sich die Spontaneität des Herzens zu den Normen der Gesellschaft verhält. Lessings „Minna von Barnhelm"*. Tübingen 1993.
Sauder, Gerhard: „,Teuflische Geschwindigkeit' in der *Historia von D. Johann Fausten*, den Puppenspielen, Lessings *Faust*-Fragment und bei Maler Müller". In: Standke, Jan (Hrsg.): *Gebundene Zeit. Zeitlichkeit in Literatur, Philologie und Wissenschaftsgeschichte*. Heidelberg 2014, S. 113–128.
Schadewaldt, Wolfgang: „Furcht und Mitleid? Zur Deutung des Aristotelischen Tragödiensatzes". In: *Hermes. Zeitschrift für klassische Philologie* 83 (1955), S. 129–171.
Schenkel, Martin: „,Wer über gewisse Dinge den Verstand nicht verlieret, der hat keinen zu verlieren'. Zur Dialektik der bürgerlichen Aufklärung in Lessings *Emilia Galotti*". In: *Zeitschrift für deutsche Philologie* 105 (1986), S. 165–172.
Schings, Hans-Jürgen: *Der mitleidigste Mensch ist der beste Mensch. Poetik des Mitleids von Lessing bis Büchner*. München 1980.
Schmitt-Sasse, Joachim: *Das Opfer der Tugend. Zu Lessings „Emilia Galotti" und einer Literaturgeschichte der ‚Vorstellungskomplexe' im 18. Jhdt.* Bonn 1983.
Schmitz-Emans, Monika: „Kunstwissenschaft". In: *Handbuch Literaturwissenschaft*. Bd. 2. *Methoden und Theorien*. Hrsg. von Thomas Anz. Stuttgart/Weimar 2007, 419–427.
Schneider, Helmut J.: „Aufklärung und Fiktion in Lessings Ringparabel". In: Schmiedt, Helmut/Ders. (Hrsg.): *Aufklärung als Form. Beiträge zu einem historischen und aktuellen Problem*. Würzburg 1997, S. 46–63.
Schneider, Helmut J.: „Der Zufall der Geburt. Lessings *Nathan der Weise* und die geschichtsphilosophische Familie" [1994]. In: Ders.: *Genealogie und Menschheitsfamilie. Dramaturgie der Humanität von Lessing bis Büchner*. Berlin 2011, S. 175–199.
Schneider, Sabine: „Die Laokoon-Debatte: Kunstreflexion und Medienkonkurrenz im 18. Jahrhundert". In: Benthien, Claudia/Weingart, Brigitte (Hrsg.): *Handbuch Literatur & Visuelle Kultur*. Berlin, München, Boston 2014, S. 68–85.
Schoeps, Julius H.: „Das Dreigestirn der Berliner Aufklärung. Eine Skizze der Freundschaftsbeziehungen zwischen Moses Mendelssohn, Gotthold E. Lessing und Friedrich Nicolai". In: Stockhorst, Stefanie (Hrsg.): *Friedrich Nicolai im Kontext der kritischen Kultur der Aufklärung*. Göttingen 2013, S. 275–295.
Schönenborn, Martina: *Tugend und Autonomie. Die literarische Modellierung der Tochterfigur im Trauerspiel des 18. Jahrhunderts*. Göttingen 2004.
Schröder, Jürgen: „,Nathan der Weise. Ein Drama der Verständigung". In: Bohnen, Klaus (Hrsg.): *Lessings „Nathan der Weise"*. Darmstadt 1984, S. 267–289.
Schulz, Günter (Hrsg.): *Lessing und der Kreis seiner Freunde*. Heidelberg 1985.
Schulz, Georg-Michael: *Tugend, Gewalt und Tod. Das Trauerspiel der Aufklärung und die Dramaturgie des Pathetischen und des Erhabenen*. Tübingen 1988.
Seeba, Hinrich C.: *Die Liebe zur Sache. Öffentliches und privates Interesse in Lessings Dramen*. Tübingen 1973.
Spitz, Hans-Jörg: „Lessings Fabeln in Prolog- und Epilogfunktion". In: Rücker, Helmut/Seidel, Kurt Otto (Hrsg.): *„Sagen mit Sinne". Festschrift für Marie-Luise Dittrich zum 65. Geburtstag*. Göppingen 1976, S. 291–327.
Stauf, Renate: „,O Galotti, wenn Sie mein Freund, mein Führer, mein Vater seyn wollten!' Über die versäumte Fürstenerziehung in Lessings Emilia Galotti". In: Berghahn, Cord-Friedrich/Dies. (Hrsg.): *Kulturelle Konfigurationen. Conrad Wiedemann zum 65. Geburtstag*. Germanisch-Romanische Monatsschrift Sonderband. Heidelberg 2002, S. 129–151.
Steinmetz, Horst: „Der Kritiker Lessing. Zu Form und Methode der *Hamburgischen Dramaturgie*". In: *Neophilologus* 52 (1968) S. 30–48.
Steinmetz, Horst: *Die Komödie der Aufklärung*. Stuttgart 1978.
Steinmetz, Horst (Hrsg.): *Gotthold Ephraim Lessings „Minna von Barnhelm". Dokumente zur Rezeptions- und Interpretationsgeschichte*. Königstein/Ts. 1979.
Steinmetz, Horst: *Das deutsche Drama von Gottsched bis Lessing. Ein historischer Überblick*. Stuttgart 1987.

Selma Stern: *Der Preußische Staat und die Juden.* Bd. 3: *Die Zeit Friedrichs des Großen. Erste Abteilung: Darstellung.* Tübingen 1971.
Stockhorst, Stefanie: *Einführung in das Werk Gotthold Ephraim Lessings.* Darmstadt 2011.
Strohschneider-Kohrs, Ingrid: *Vernunft als Weisheit. Studien zum späten Lessing.* Tübingen 1991.
Strohschneider-Kohrs, Ingrid: „Lessings *Nathan*-Dichtung. Einige Problemgedanken aus dem Text erläutert". In: *Blätter Abrahams. Beiträge zum interreligiösen Dialog* 3 (2004), S. 35–56.
Strohschneider-Kohrs, Ingrid: „,Nathan' – poetische Chiffre der religio-Erfahrung". In: Fauser, Markus (Hrsg.): *Gotthold Ephraim Lessing. Neue Wege der Forschung.* Darmstadt 2008, S. 161–181.
Ter-Nedden, Gisbert: *Lessings Trauerspiele. Der Ursprung des modernen Dramas aus dem Geist der Kritik.* Stuttgart 1986.
Ter-Nedden, Gisbert: *Der fremde Lessing. Eine Revision des dramatischen Werks.* Hrsg. von Robert Vellusig. Göttingen 2016.
Till, Dietmar: „,Anschauende Erkenntnis'. Literatur und Philosophie bei Wolff, Gottsched und Lessing". In: Stašková, Alice/Zeisberg, Simon (Hrsg.): *Sentenz in der Literatur. Perspektiven auf das 18. Jahrhundert.* Göttingen 2014, S. 19–36.
Tummuseit, Katharina: „Lessings Sprache der Leidenschaften. Dramatische Satzstrukturen, ihre Aufbauprinzipien und Textfunktionen in den bürgerlichen Trauerspielen *Miß Sara Sampson* (1755) und *Emilia Galotti* (1772)". In: Simmler, Franz/Wich-Reif, Claudia (Hrsg.): *Syntaktische Variabilität in Synchronie und Diachronie vom 9. bis 18. Jahrhundert.* Berlin 2011, S. 415–448.
Utz, Peter: *Das Auge und das Ohr im Text. Literarische Sinneswahrnehmung in der Goethezeit.* München 1990.
Vellusig, Robert: *Lessing und die Folgen.* Stuttgart 2023.
Verweyen, Theodor: „Emanzipation der Sinnlichkeit im Rokoko? Zur ästhetik-theoretischen Grundlegung und funktionsgeschichtlichen Rechtfertigung der deutschen Anakreontik". In: *Germanisch-Romanische Monatsschrift* N. F. 25 (1975), S. 276–306.
Vollhardt, Friedrich: „Lessings Lektüre. Anmerkungen zu den Rettungen, zum Faust-Fragment, zu der Schrift über Leibniz von den ewigen Strafen und zur Erziehung des Menschengeschlechts". In: *Euphorion* 100 (2006), S. 359–393.
Vollhardt, Friedrich: „Gotthold Ephraim Lessing und die Toleranzdebatten der Frühen Neuzeit". In: Ders. (Hrsg.): *Toleranzdiskurse in der Frühen Neuzeit.* Berlin/Boston 2015, S. 381–415.
Vollhardt, Friedrich: *Gotthold Ephraim Lessing.* München 2016.
Vonhausen, Astrid J.: *Rolle und Individualität. Zur Funktion der Familie in Lessings Dramen.* Bern 1993.
Weiershausen, Romana: „,Wo ist die Gabe der Verstellung hin¿ Systematiken des Gefühls auf der Bühne. Lessings *Miß Sara Sampson*, Diderots *Der natürliche Sohn* und Schlegels *Düval und Charmille*". In: Pailer, Gaby/Schößler, Franziska (Hrsg.): *GeschlechterSpielRäume. Dramatik, Theater, Performance und Gender.* Amsterdam/New York 2011, S. 75–93.
Weiershausen, Romana: *Zeitenwandel als Familiendrama. Genre und Politik im deutschsprachigen Theater des 18. Jahrhunderts.* Bielefeld 2018
Wellbery, David E.: *Lessing's Laokoon. Semiotics and Aesthetics in the Age of Reason.* Cambridge/London/New York u. a. 1984.
Wieckenberg, Ernst-Peter: „Angst vor der Aufklärung? Der Hamburger Hauptpastor Goeze und die aufgeklärten Theologen". In: Schmidt-Glintzer, Helwig (Hrsg.): *Aufklärung im 21. Jahrhundert.* Wiesbaden 2004, S. 107–153.
Wiedemann, Conrad: „Ein schönes Ungeheuer: Zur Deutung von Lessings Einakter *Philotas*". In: *Germanisch-Romanische Monatsschrift* 17 (1967), S. 381–397.
Wilke, Jürgen: „Die Zeitschriften Lessings und seines Kreises". In: *Literarische Zeitschriften des 18. Jahrhunderts (1688–1789).* Stuttgart 1978, S. 61–97.
Wilms, Wilfried: „Im Griff des Politischen – Konfliktfähigkeit und Vaterwerdung in *Emilia Galotti*". In: *Deutsche Vierteljahrsschrift für Literaturwissenschaft und Geistesgeschichte* 76 (2002), S. 50–73. https://doi.org/10.1007/BF03375839.

Wittkowski, Wolfgang: *Hausväter im Drama Lessings und des Sturms und Drangs*. Frankfurt a.M. 2013.
Woesler, Winfried: „Lessings *Miß Sara Sampson* und Senecas *Medea*". In: *Lessing Yearbook* 10 (1978), S. 75–93.
Woesler, Winfried: „Zur Ringparabel in Lessings *Nathan*. Die Herkunft der Motive". In: *Wirkendes Wort* 43 (1993), S. 557–568.
Wosgien, Gerlinde Anna: *Literarische Frauenbilder von Lessing bis zum Sturm und Drang. Ihre Entwicklung unter dem Einfluß Rousseaus*. Frankfurt a.M./Berlin/Bern/New York/Paris/Wien 1999.
Wurst, Karin A.: *Familiale Liebe ist die ‚wahre Gewalt'. Die Repräsentation der Familie in G. E. Lessings dramatischem Werk*. Amsterdam 1988.
Wurst, Karin A.: „Gender and Identity in Lessing's Dramas". In: Fischer, Barbara/Fox, Thomas (Hrsg.): *A Companion to the Works of Gotthold Ephraim Lessing*. Rochester, Camden House [2]2010, S. 231–257.
Zielke, Oxana (Hrsg.): *Nathan und seine Erben. Beiträge zur Geschichte des Toleranzgedankens in der Literatur. Festschrift für Martin Bollacher*. Würzburg 2005.
Zimmermann, Rolf Christian: „Die Devise der wahren Gelehrsamkeit. Zur satirischen Absicht von Lessings Komödie *Der junge Gelehrte*". In: *Deutsche Vierteljahrsschrift für Literaturwissenschaft und Geistesgeschichte* 66 (1992), S. 283–299. https://doi.org/10.1007/BF03396301.
Zymner, Rüdiger: „Fabel". In: Jaeger, Friedrich (Hrsg.): *Enzyklopädie der Neuzeit*. Bd. 3. Stuttgart 2006, Sp. 735–740.

MIX
Papier aus verantwortungsvollen Quellen
Paper from responsible sources
FSC® C105338

If you have any concerns about our products,
you can contact us on
ProductSafety@springernature.com

In case Publisher is established outside the EU,
the EU authorized representative is:
**Springer Nature Customer Service Center GmbH
Europaplatz 3, 69115 Heidelberg, Germany**

Printed by Libri Plureos GmbH
in Hamburg, Germany